불교상용의범 佛教常用儀範

佛教常用儀範

불교상용의범

편찬 海沙

운주사

일러두기

一。 본서는 사찰에서 전통적으로 전승되고 있는 상용의 범음을 위주로 찬술하였다. 영산재나 수륙재·예수재·각배재와 같이 그 규모가 크고 전문성을 지녀야 거행할 수 있는 의식과 달리 사찰에서 일상적으로 재를 설행할 때 거행되는 상주권공재를 중심으로 각 청문과 시식문, 더불어 방생의식까지 첨부하여 누구나 편리하게 의식을 집전할 수 있도록 하였다.

一。 본서는 한글과 한자를 병기(竝記)하였으며, 의미를 알기 위해서는 마땅히 한자가 우선시 되어야 하나 한자의 어려움을 겪는 분들을 위하여 한글을 우선시 하였다. 더불어 진언은 산스트리트어 음역이기에 굳이 한자 병기는 의미가 없어 수록하지 않았다.

一。 본서에 수록한 「상주권공재의(常任勸供齋儀)」는 현행 의식과 다소 차이가 있다. 본서에 서술된 의식문은 운흥사 본 『요집문』(1691) 소수 「사명일상주권공」을 비롯하여 지선(智禪) 편 『오종범음집』(1740) 소수 「일용상주권공문」, 대흥사 본 『상주권공문』(1803년), 대흥사 소장본 『상주권공문』, 운문사 본 『상주권공문』, 원각사 소장본 『상주권공작법절차』, 파계사 소장본 『작법절차』 소수 「상주권공」, 최취허(崔就墟)·안석연(安錫淵) 공편 『불자 필람』(1931), 안진호 편 『석문의범』(1935) 소수 「상주권공」, 『요집』(1) 소수 「상주권공」, 대성사 소장본 『선가일용요집』 소수 「상주권공절차」, 『요집』(2) 소수 「광음청 상주권공」, 백파궁선(白坡亘璇) 편 『작법귀감』(1860), 대성사 소장본 『요집문』을 중심으로 살펴보고 보완하였다.

또한 청문과 시식문, 기타 의식문은 앞서 참고한 의식집을 비롯하여 서봉사 본 『제반문』

(1580), 해인사 본 『운수단가사』(1605), 증심사 본 『운수단가사』(1636), 송강사

본 『운수단가사』(1636), 대원사 본 『운수단가사』(1639), 『오종범음집』(1661),

해인사 본 『운수단작법』(1664), 신흥사 본 『제반문』(1670), 금산사 본 『제반문』

(1694), 『태상현령북두본명연생진경』(1714), 『제반문』(1719), 칠처사 본 『행문』

일용묵념식경』(1704), 지환(智還) 편 『범음산보집』(1721), 해인사 본 『자기산보문』

(1724), 대승사 본 『오백가영』(1733), 도림사 본 『천지명양수륙재의범음산보집』

(1739), 『범망경술기』(통일신라), 백파긍선(白坡亘璇) 편 『작법위감』(1860), 『요집』

(1), 동국대 중앙도서관 소장 『요집문』(1860), 해인사 본 『일용작법』(1882), 표충사

박물관소장 『공화집』(1887), 해인사 본 『제반문』, 대흥사 소장본 『오백나한청문』, 동국대

중앙도서관 소장본 『증수선교시식의문』, 김룡춘명 주해 『의문주해』(1900) 등 그 외 다수의

의식문을 참고하였음을 밝힌다.

一. 본 의식집의 특징은 첫째, 상주권공재는 내용과 구성이 보완되어 재의(齋儀)로서의 적합성을

갖추고자 하였다. 본 내용은 한정미(韓貞美)의 논문 「상주권공재의 구성 체계와 적합성

검토」(『한국불교학』 제107집)에서 자세히 서술되어 있으니 참고하길 바란다. 둘째, 현

재 유통되고 있지 않는 오백나한청문(五百羅漢請文)을 복원하여 오백나한을 모신 도량에서

설행할 수 있도록 하였다. 셋째, 현행 설행되고 있는 청문[각단불공]과 시식문 중 누락된

부분이나 필요한 내용 등은 복원하고 증보하였다. 예를 들자면 구병시식에 관욕이 편입되었

다거나, 종사영반에서 고혼을 함께 청할 때와 종사청만 하는 경우의 방법, 칠성청에 칠성연

○ 명경과 부두본명연생진경·칠성배송의식이 첨부되었고、조왕청은 불설조왕경과 환희조왕경을 수록하였으며、현왕청에는 불전조스승주 등등이 보완되었고 신중대례천의문과 방생의궤도 상세히 수록하고자 하였다。더불어 사명일대례와 사명일시식도 수록하여 각 사찰에서 각종 불사 시 필요한 의식을 활용할 수 있도록 의식문을 집대성 하였다。

○ 본서의 구성은 일상의례와 제반의식、상주권공재、천문[각단불공]、시식·영반、부록 등 여섯 항목으로 분류하여 의식문을 수록하였다。일상의례는 사찰에서 일상적으로 거행하는 조석예불과 사시마지、각단 예경의식을 수록하였고、제반의식은 천도재나 각종 재회 시 설행되는 의식문을 수록하였으며、상주권공재의도 별도로 분류하여 수록하였다。천문에서는 각단의 불공의식문을 수록하였고 이후 각종 시식과 영반을 수록하였다。부록편에서는 사명일대령과 시식、설법의식、방생의궤、금강경찬、무상계 등을 수록하였다。

○ 재회(齋會)나 각종 불공의식을 거행하다 보면 시간이 촉박하여 약례로 거행하는 경우가 있으므로 본문에「약례 시 생략 가능하다」라는 주(註)를 달았으며、참고문헌의 의례집에 수록된 의식문이 다를 경우「예를 들어 청사(請詞)와 가영(歌詠) 등이 두 종류로 나뉠 때」에는 두 가지 모두 수록하여 참고하도록 하였다。

○ 본문 사이에 작은 글씨체 괄호( )의 주(註)는 참고문헌에 수록된 내용이며、참고표시(※)의 내용은 원활한 의식 진행을 위해 편자(編者)가 참고사항을 적은 것이다。

○ 본문 글씨체보다 작은 크기로 적힌 게송과 게문의 제목들은 의식 시 독송하지 않으며[마하반야바라밀다심경]처럼 함께 독송하는 제목들은 본문 글씨체와 동일하게 하여 구분하였다。

차례

일상의례

一。 새벽예불 .... 一七

(一) 도량석 .... 二一

(一) 조례종성 .... 二二

(一) 대사물 .... 二三

(一) 상단예불 .... 三〇

(一) 상축 .... 三二

(一) 사중축원 .... 三四

(一) 행선축원 .... 三四

(一) 이산혜연선사 발원문 .... 三五

(一) 신중단예경 .... 三七

四〇

一。 상단예경

　(二) 향수해례 …………………………………………… 四二

　(一) 사성례 …………………………………………………… 四二

　(一) 오분향례 ……………………………………………… 四五

　(一) 소예참례 ……………………………………………… 四九

　(一) 대예참례 ……………………………………………… 五一

一。 각단예경 …………………………………………………… 五六

　(一) 극락전 …………………………………………………… 八七

　(一) 약사전 …………………………………………………… 八七

　(一) 용화전 …………………………………………………… 八八

　(一) 관음전 …………………………………………………… 八九

　(一) 명부전 …………………………………………………… 九0

　(二) 나한전 …………………………………………………… 九一

　(二) 나한전 …………………………………………………… 九三

（一） 산왕단 .... 九四

（二） 조왕단 .... 九五

（一） 칠성단 .... 九六

（二） 독성단 .... 九七

（一） 용왕단 .... 九八

一。 송주 .... 九九

一。 사시마지 .... 一一六

（二） 상단 .... 一一六

（一） 신중단 .... 一一八

一。 저녁예불 .... 一二〇

（二） 석례종송 .... 一二〇

（一） 상단예불 .... 一二一

（二） 신중단예경 .... 一二三

제반의식

一。 시련 .... 一二五

一。 재대령 .... 一二九

一。 관욕 .... 一三一

一。 신중작법 .... 一三八

一。 신중삼십구위 .... 一五一

一。 신중일백사위 .... 一五三

一。 신중소창불 .... 一六〇

一。 천수경 .... 一七三

一。 조전점안 .... 一七六

一。 금은전이운 .... 一八五

                                          一九一

상주권공재

一。 엄정의식 ·· 一九三

一。 설법의식 ·· 一九七

一。 건단의식 ·· 二〇一

一。 상단 ··· 二〇三

  一) 소청상위 ·· 二〇三

  一) 헌좌안위 ·· 二〇六

  一) 가지변공 ·· 二〇七

附) 상주권공-상단 약례 ···························· 二一七

  一) 가지변공 ·· 二二三

  一) 헌좌안위 ·· 二二五

一。 관음별청 ·· 二二三

  一) 헌좌안위 ·· 二二五

  一) 가지변공 ·· 二二六

一。 중단 ··· 二三一

(一) 소청중위 .... 二三一

(二) 헌좌안위 .... 二三五

(二) 보신배헌 .... 二三七

一。 시식 .... 二四三

(二) 관음시식 .... 二四三

一。 봉송·회향 .... 二六一

(二) 경신봉송 .... 二六一

청문 (각단불공)

一。 삼보통청 .... 二六九

一。 신중권공 .... 二八六

一。 미타청 二九0

一。 약사청 .... 二九九

一。미륵청 .... 三〇六

一。관음청 .... 三一三

一。지장청 .... 三二四

一。신중청 .... 三三九

一。십육나한청 .... 三五一

一。오백나한청 .... 三七八

一。독성청 .... 四〇八

一。칠성청 .... 四一七

一。신중대례청 .... 四四五

一。산신청 .... 四六五

一。용왕청 .... 四七五

一。조왕청 .... 四八四

一。현왕청 .... 四九八

一。가람청 .... 五〇九

시식·영반

一. 화엄시식 .... 五一七

一. 전시식 .... 五二〇

一. 구병시식 .... 五三七

一. 상용영반 .... 五五四

一. 종사영반 .... 五七九

一. 헌식규 .... 五九三

一. 헌식규 .... 六一六

부록

一. 사명일대령 .... 六二五

一. 사명일시식 .... 六四六

一. 설법의식 .... 六六六

一. 방생의궤 .... 六七〇

一. 금강경찬 .... 六八七

一. 무상계 .... 六八九

일상의례

【日常儀禮】

一。새벽예불

一。상단예경

一。각단예경

一。송주

一。사시마지

一。저녁예불

참고사항

一○ 사찰에서의 일상의례(日常儀禮)는 조·석예불과 사시마지(巳時摩旨) 세 종류이다. 일상의례는 특별한 재회(齋會)나 불사(佛事)가 있어 설행되는 의식이 아니라 일상적인 의식을 말한다. 새벽에 일어나면 부처님께 예경을 하며[새벽예불], 사시(巳時)가 되면 부처님 전에 마지(摩旨)를 올리고[사시마지], 하루를 마무리 하며 저녁예불을 올리는 것이다. 다만 일상적으로 거행되는 의식일지라도 사찰마다 약간의 차이는 있을 수 있다. 그러므로 본서에서 수록한 내용은 사찰의 특성에 따라 약간의 차이가 있을 수 있음을 양지(諒知)하기 바란다.

一○ 새벽예불의 순서는 도량석→아침종송→사물[범종、홍고、목어、운판 순]→동당쇠[결재 시]→예불쇠→상단예경[칠정례·오분향례·향수해례·사성례·소예참례·대예참례 등 택하여]→축원→신중단예경[다게、삼정례、탄백 순]→각단예불→송주 순으로 마친다.

一○ 상단예불은 일반적으로 오분향례나 향수해례·소예참례를 모시고、결재 기간에는 향수해례와 사성례를 모시는 것이 전통방식이다. 그러나 최근 들어 칠정례를 모시는 경우가 많아서 고민 끝에 칠정례를 먼저 수록하였다. 편자의 생각으로는 전통의식문으로 거행하는 것이 내용면에서 더욱 장엄스럽고 여법하다고 생각되니 참고하길 바란다.

一○ 사시마지는 석가모니 부처님께서 하루에 한 번 오전에만 식사를 하셨던 것에 준하여 사시에 공양을 올리는 것을 말한다. 예전에는 사찰에서 연년이 거행되는 불사를 제외하고는 불공을 올리는 재자(齋者)가 각각 기도를 올렸던 반면、최근에는 대체적으로 일정한 법회 날을 정해 신도들이 함께 불공을 올리는 형태로 바뀌었다. 이 때 의식은 일반적으로 삼보통청[제불통청]을 거행한다. 이와 같이 개인 불공이 아닌 대중동참 법회가 많아지고 삼보통청을 자주 거행하다 보니, 특별한 불공이 없는 날에도 사시에 삼보통청을 거행하는 것으로 차츰 인식되어 일상화된 것으로 보인다. 그러나 사시마지와 삼보통청은 크게 보아 권공의식이라 할 수 있지만, 그 성격은 분명 차이가 있다. 사시마지는 일상의 례로 간략하며 삼보통청은 설판자가 있어 공양물을 갖추어 거행하는 불공의식이라고 보면 될 것이다. 사시마지 의식절 차는 정법계진언→공양게→삼정례→4종 진언→탄백→축원 순으로 하되 의식은 가감할 수 있다.

一. 저녁예불의 순서는 저녁종성→사물[대종, 홍고, 목어, 운판 순]→각단예경→상단예불→ 신중단예경→송주 순으로 거행한다. 새벽예불과의 차이점은 새벽예불 시는 상단과 신중단 예경을 모신 후 각단예경을 하였다면, 저녁예불은 각단예경을 마친 후에 상단과 신중단예경 을 모신다는 것이다. 상단의 예불은 오분향례 혹은 칠정례를 모신다.

一. 조석예불과 사시마지, 저녁예불 이후에 송주를 모실 수 있다. 순당·간당·설법과 함께 수행의식으로 대표되는 의식이 송주이다. 송주의 본 의미는 다라니의 지송을 뜻하지만, 수 행의식으로서의 송주는 염불의 효과를 극대화하여 염불삼매에 들기 위한 방법일 것이다.

● 새벽예불(朝禮佛)

■ 도량석(道場釋)

※ 도량석은 사찰 내의 대중 및 일체중생에게 기침(起寢)을 알려 하루가 시작됨과 동시에 예불을 모실 때가 되었음을 알리기 위함이며, 도량을 청정케 하고, 도량 주위의 짐승이나 미물이 예기치 않는 피해를 입지 않도록 안전한 장소로 피하게 한다는 의미로, 주로 인시(寅時)에 거행한다.

※ 의식절차는 ① 대웅전에 촛불과 향, 청수를 올리고 삼배를 한 후, ② 대웅전 앞 월대(月臺)에서 대웅전을 향해 서서 목탁을 낮은 소리부터 올리고 다시 내리기를 세 번 반복하고, 다시 한 번 올려서 일자 목탁을 치며 도량을 돈다. ③ 염불의 시작은 정구업진언에서 개법장진언까지 독송한 후에 하고자 하는 경문을 독송하면 된다. 경문으로는 천수경・반야심경・화엄경약찬게・법화경약찬게・사대주・관세음보살 사십이수주・백팔다라니문・법성게 등등 사찰의 특성에 따라 필요한 내용을 독송하고, 시간에 따라 내용을 가감할 수 있다. ④ 도량석을 마칠 때가 되면 대원성취진언과 보궐진언, 보회향진언을 외우면서 처음 시작한 곳에 당도하여, ⑤ 마지막으로 회향발원문을 독송하면서 목탁을 내렸다가 다시 한 번 목탁을 올려 놓고 마친다.

정구업진언
淨口業眞言

수리수리 마하수리 수수리 사바하 (三遍)

오방내외안위제신진언
五方內外安慰諸神眞言

나무 사만다 못다남 옴 도로도로 지미 사바하 (三遍)

개경게(開經偈)

무상심심미묘법 백천만겁난조우 아금문견득수지 원해여래진실의
無上甚深微妙法 百千萬劫難遭遇 我今聞見得受持 願解如來眞實意

개법장진언
開法藏眞言

옴 아라남 아라다 (三遍)

※ 천수경 · 반야심경 · 화엄경약찬게 · 법화경약찬게 · 사대주 · 관세음보살 사십이수주 · 백팔
다라니문 · 법성게 등등 택하여 일자 목탁에 맞추어 도량을 돌면서 독송한다。

(도량석을 마칠 때)

대원성취진언
大願成就眞言

옴 아모카 살바다라 사다야 시베 훔 (三遍)

보궐진언
補闕眞言

옴 호로호로 사야목계 사바하 (三遍)

보회향진언
普回向眞言

옴 삼마라 삼마라 미만나 사라마하 자거라바 훔 (三遍)

회향발원문(回向發願文)

계수서방안락찰 접인중생대도사 아금발원원왕생 유원자비애섭수
稽首西方安樂刹 接引衆生大導師 我今發願願往生 唯願慈悲哀攝受

※ 종송은 쇳송이라고도 하며、도량석 직후 지옥중생을 포함한 일체중생의 섬불을 목적으로 정해진 규식에 의해 종을 울리며 종송을문(鐘頌文)과 장엄염불(莊嚴念佛)을 염송(念誦)하는 의식이다.

※ 의식절차는 ①종 앞에 조용히 앉아 합장을 하고 당목(撞木、종을 울리는 나무망치)으로 마루 나 종 틀을 가만히 치기 시작하여 점점 크게 쳐서 올려 놓는다. 이것은 잠자듯 멈추어 있는 종을 간접적으로 울려 갑자기 타종으로 인해 종이 깨지는 것을 예방하려는 것이며、동시에 종성이 시작됨을 다른 전각(殿閣)에 알리는 신호 역할도 한다. ②도량석과 같은 방법으로 서서히 종을 올려놓고 종성을 시작하며、염불하는 동안 종소리의 여음이 끊이지 않도록 일정하게 한 번씩 쳐 주며、종송과 장엄염불을 한다. 이때 장엄염불은 시간에 따라 가감할 수 있다. ③마 칠 때가 되면 마지막 부분에 이르러 종을 한 번 길게 내린 후、다시 한 마루 올려 놓고 마친다.

신종송(晨鍾頌)

원차종성변법계 철위유암실개명
願此鍾聲遍法界 鐵圍幽暗悉皆明

삼도이고파도산 일체중생성정각
三途離苦破刀山 一切衆生成正覺

례화엄문(禮華嚴文)

나무 비로교주 화장자존 연보게지금문 포낭함지옥축 진진혼입 찰찰원융
南無 毘盧教主 華藏慈尊 演寶偈之金文 布琅函之玉軸 塵塵混入 刹刹圓融

십조구만오천사십팔자　일승원교　대방광불화엄경
十兆九萬五千四十八字　一乘圓敎　大方廣佛華嚴經

제일게(第一偈)

약인욕지　삼세일체불　응관법계성　일체유심조
若人欲了知　三世一切佛　應觀法界性　一切唯心造

나 모 아 따 시 지 남 삼 먁 삼 못 다 구 치 남 옴 아 자 나 바 바 시 지 리 지 리 훔 (三遍)

파지옥진언
破地獄眞言

■ 장엄염불(莊嚴念佛)

원아진생무별념　아미타불독상수　심심상계옥호광　염념불리금색상
願我盡生無別念　阿彌陀佛獨相隨　心心常繫玉豪光　念念不離金色相

아집염주법계관　허공위승무불관　평등사나무하처　관구서방아미타
我執念珠法界觀　虛空爲繩無不貫　平等舍那無何處　觀求西方阿彌陀

나무서방대교주　무량수여래불　「나무아미타불」(十念)
南無西方大敎主　無量壽如來佛　南無阿彌陀佛

※게송을 마칠 때마다 후렴으로 「나무아미타불」을 한다. 본 기호는 연꽃天(❀)으로 한다.

일상의례 **24**

극락세계십종장엄(極樂世界十種莊嚴)

법장서원수인장엄　法藏誓願修因莊嚴
사십팔원원력장엄　四十八願願力莊嚴
미타명호수광장엄　彌陀名號壽光莊嚴
삼대사관보상장엄　三大士觀寶像莊嚴

미타국토안락장엄　彌陀國土安樂莊嚴
보하청정덕수장엄　寶河清淨德水莊嚴
주야장원시분장엄　晝夜長遠時分莊嚴

이십사락정토장엄　二十四樂淨土莊嚴
삼십종익공덕장엄　三十種益功德莊嚴

보전여의누각장엄　寶殿如意樓閣莊嚴

❀

제불보살십종대은(諸佛菩薩十種大恩)

발심보피은　發心普被恩
난행고행은　難行苦行恩
일향위타은　一向爲他恩
수형육도은　隨形六途恩
수축중생은　隨逐眾生恩

대비심중은　大悲深重恩
은승창열은　隱勝彰劣恩
은실시권은　隱實示權恩
시멸생선은　示滅生善恩
비념무진은　悲念無盡恩

❀

보현보살십종대원(普賢菩薩十種大願)

예경제불원　禮敬諸佛願
칭찬여래원　稱讚如來願
광수공양원　廣修供養願
참제업장원　懺除業障願
수희공덕원　隨喜功德願

청전법륜원　請轉法輪願
청불주세원　請佛住世願
상수불학원　常隨佛學願
항순중생원　恒順眾生願
보개회향원　普皆回向願

❀

도솔래의상 兜率來儀相　　비람강생상 毗藍降生相　　사문유관상 四門遊觀相　　유성출가상 踰城出家相

설산수도상 雪山修道相　　수하항마상 樹下降魔相　　녹원전법상 鹿苑轉法相　　쌍림열반상 雙林涅槃相

오종대은명심불망 (五種大恩銘心不忘)

※ 첫 구절 「각안기소국왕지은」은 현 시대에 맞게 국왕을 국가로 바꾸어 하는 경우도 있다.

각안기소국왕지은 各安其所國王之恩　　생양구로부모지은 生養劬勞父母之恩　　유통정법사장지은 流通正法師長之恩

사사공양단월지은 四事供養檀越之恩　　탁마상성붕우지은 琢磨相成朋友之恩　　당가위보유차염불 當可爲報唯此念佛

고성염불십종공덕 (高聲念佛十種功德)

일자공덕능배수면 一者功德能排睡眠　　이자공덕천마경포 二者功德天魔驚怖　　삼자공덕성변시방 三者功德聲遍十方　　사자공덕삼도식고 四者功德三途息苦

오자공덕외성불입 五者功德外聲不入　　육자공덕염심불산 六者功德念心不散　　칠자공덕용맹정진 七者功德勇猛精進　　팔자공덕제불환희 八者功德諸佛歡喜

구자공덕삼매현전 九者功德三昧現前　　십자공덕왕생정토 十者功德往生淨土

세존당입설산중　世尊當入雪山中
일좌부지경육년　一坐不知經六年
인견명성운오도　因見明星云悟道
언전소식변삼천　言詮消息遍三千

외외낙락정나라　巍巍落落淨裸裸
독보건곤수반아　獨步乾坤誰伴我
약야산중봉자기　若也山中逢子期
기장황엽하산하　豈將黃葉下山下

청산첩첩미타굴　青山疊疊彌陀窟
창해망망적멸궁　滄海茫茫寂滅宮
물물염래무가애　物物拈來無罣碍
기간송정학두홍　幾看松亭鶴頭紅

극락당전만월용　極樂堂前滿月容
옥호금색조허공　玉毫金色照虛空
약인일념칭명호　若人一念稱名號
경각원성무량공　頃刻圓成無量功

아미타불재하방　阿彌陀佛在何方
착득심두절막망　着得心頭切莫忘
염도염궁무념처　念到念窮無念處
육문상방자금광　六門常放紫金光

산당정야좌무언　山堂靜夜坐無言
적적요요본자연　寂寂寥寥本自然
하사서풍동림야　何事西風動林野
일성한안여장천　一聲寒鴈唳長天

천척사륜직하수　千尺絲綸直下垂
일파자동만파수　一波自動萬波隨
야정수한어불식　夜靜水寒魚不食
만선공재월명귀　滿船空載月明歸

자종금신지불신　自從今身至佛身
견지금계불훼범　堅持禁戒不毀犯
유원제불작증명　唯願諸佛作證明
영사신명종불퇴　寧捨身命終不退

삼계유여급정륜　三界猶如汲井輪
백천만겁역미진　百千萬劫歷微塵
차신불향금생도　此身不向今生度
갱대하생도차신　更待何生度此身

십념왕생원　왕생극락원　상품상생원　광도중생원
十念往生願　往生極樂願　上品上生願　廣度衆生願 ❀

지옥도중수고중생　문차종성이고득락
地獄途中受苦衆生　聞此鐘聲離苦得樂

아귀도중수고중생　문차종성이고득락
餓鬼途中受苦衆生　聞此鐘聲離苦得樂

축생도중수고중생　문차종성이고득락
畜生途中受苦衆生　聞此鐘聲離苦得樂

수라도중수고중생　문차종성이고득락
修羅途中受苦衆生　聞此鐘聲離苦得樂

법계함령수고중생　문차종성이고득락
法界含靈受苦衆生　聞此鐘聲離苦得樂 ❀

※ 다음 수록된 사찰 대중의 관계 영가축원 내용은 생략할 수 있으며、생략 시 바로 「원공법계제
증생~」을 한다.

모산모사 수월도량 주지 여시회합원대중등 복위 각 상세선망부모 다생사장
某山某寺 水月道場 住持 如時會合院大衆等 伏爲 各 上世先亡父母 多生師長

누대종친 제형숙백 자매질손 일체친속등 각열위열명영가 차사최초 창건이래
累代宗親 弟兄叔伯 姉妹姪孫 一切親屬等 各列位列名靈駕 此寺最初 創建以來

지어중건중수 화주시주 도감별좌 불전내외 일용범제집물 대소결연 수위동참
至於重建重修 化主施主 都監別座 佛前內外 日用凡諸什物 大小結緣 守衛同參

등 각열위열명영가 문차종성이고득락
等 各列位列名靈駕 聞此鐘聲離苦得樂 ❀

원공법계제중생 　동입미타대원해 　진미래제도중생 　자타일시성불도
願共法界諸衆生 　同入彌陀大願海 　盡未來際度衆生 　自他一時成佛道

※다음의 진언을 마치는 동안에는 송을 서서히 내리고, 염불을 마친 후에는 다시 한 번 종을 올려놓고 마친다.

아미타불본심미묘진언
阿彌陀佛本心微妙眞言
다냐타 옴 아리 다라 사바하 (三~七遍)

※대부분 앞 진언으로 죠송을 마치나, 다음의 게송을 하는 경우도 있다. 이때의 의식은 앞서 설명한데로 마무리하면 된다.

원이차공덕 　보급어일체 　아등여중생 　당생극락국
願以此功德 　普及於一切 　我等與衆生 　當生極樂國

동견무량수 　개공성불도
同見無量壽 　皆空成佛道

※이어서 사물을 울린다.

■ 대사물(大四物)

※ 사물은 대중에게 예불시간을 알리고 삼악도에서 고통받는 중생들로 하여금 잠시나마 고통을 쉬고 깨달음의 인연을 짓게 하고자 거행한다. 대종은 지옥중생[大鍾請冥府衆], 목어는 수부중생[木魚請水府衆], 운판은 허공중생[雲板請空界衆], 법고는 세간중생[法鼓請世間衆]을 위한 것으로 사찰마다 사물을 거행하는 순서와 횟수는 차이를 보인다. 아침에 울리는 사물은 모두 올려놓고[활(活)] 마치고, 저녁에 치는 사물은 모두 내려놓고[살(殺)] 마친다. 더불어 범종각에 있는 사물은 대사물(大四物)이라 하고, 대사물을 줄여 법당에서 의식 시 사용하는 사물은 소사물(小四物:요령·소북·목탁·태징)이라 한다.

① 범종은 아침에 33추, 저녁에 28추를 치는데, 이는 사찰의 가풍에 따라 조·석을 바꾸어 치는 경우도 있다. 처음 치는 종과 마지막 종을 칠 때에는 도들망치쇠가 들어간다.

② 홍고는 서서히 한 마루 올려서[活] 한바탕 홍고를 울린 후, 점차 홍고를 내린 다음[殺], 다시 한 마루 올린다[活].

③ 목어는 한 마루 올려놓고 마친다. 주의할 사항은 간혹 목어의 뱃속에 나무 막대를 넣고 치는 경우가 있는데, 전통적으로는 이렇게 하지 않았었다. 식당작법 시에 행하는 것처럼 목어의 한쪽 걸부분[배 바깥쪽]을 쳐 준다. 뱃속을 파 놓은 이유는 소리의 울림통 역할을 하기 위함이다. 목어를 축소해 놓은 목탁을 생각해 보면 이해가 될 것이다.

④ 운판은 한 마루 올려놓는다.

⑤ 동당쇠[자웅금(雌雄金)]는 치악산 상원사의 유래한 것으로, 본래 암수 한 쌍의 꿩이 부리로 종을 울린 것을 본 따 치게 되었다고 한다. 암컷은 힘이 약하기에 부리를 모아서 한 번씩 「땡」 하고 울렸고, 수컷은 힘이 세기 때문에 부리를 벌리고 위 부리와 아래 부리로 한 번씩 쳐서 「동-당-」 하고 소리를 냈다고 한다. 동당쇠 타법은 특이하며, 주로 결재 시에만 동당쇠를 친다. 이상과 같이 결재에 치는 방법이 있는가 하면, 대중 처소에는 법당에서 예불쇠를 칠 때 큰 방에서는 금고로 예불쇠를 치기도 한다.

* 결재기간 이외에 보통의 경우에는 사물을 친 후、 바로 예불종을 친다.

⑥ 예불쇠는 상단예불 모시기 바로 전에 대중이 운집한 것을 확인한 후 예불의 시작을 알리는 목적으로、법당에 있는 소종을 친다. 예불종의 방법은 처음 도돌망치를 친 후에 한 마루를 내리고、다시 한마루를 올리고 내리고를 두 번 반복하고、마지막으로 한마루를 올려서 마친다.

■ 상단예불(上壇禮佛)

※ 일반적으로는 오분향례나 향수해례·소예참례를 모시고 결재기간에는 향수해례와 사성례를 모시는 것이 전통방법이다. 그러나 최근 들어 칠정례를 모시는 경우가 많아서 칠정례를 수록하였으니, 각 사찰에 맞게 예불문을 택하여 거행하면 될 것이다.

다게(茶偈)

아금청정수 (我今淸淨水) **변위감로다** (變爲甘露茶) **봉헌삼보전** (奉獻三寶前)

원수애납수 (願垂哀納受) **원수애납수** (願垂哀納受)

원수자비애납수 (願垂慈悲哀納受)

칠정례(七頂禮)

지심귀명례 (至心歸命禮) **삼계도사** (三界導師) **사생자부** (四生慈父) **시아본사** (是我本師) **석가모니불** (釋迦牟尼佛)

지심귀명례 (至心歸命禮) **시방삼세** (十方三世) **제망찰해** (帝網刹海) **상주일체** (常住一切) **불타야중** (佛陀耶衆)

지심귀명례 (至心歸命禮) **시방삼세** (十方三世) **제망찰해** (帝網刹海) **상주일체** (常住一切) **달마야중** (達摩耶衆)

지심귀명례 (至心歸命禮)

지심귀명례 至心歸命禮 대지문수사리보살 大智文殊舍利菩薩 대행보현보살 大行普賢菩薩 대비관세음보살 大悲觀世音菩薩

지심귀명례 至心歸命禮 대원본존 大願本尊 지장보살마하살 地藏菩薩摩訶薩

지심귀명례 至心歸命禮 영산당시 靈山當時 수불부촉 受佛咐囑 십대제자 十大弟子 십육성 十六聖 오백성 五百聖 독수성 獨修聖

지심귀명례 至心歸命禮 내지 乃至 천이백 千二百 제대아라한 諸大阿羅漢 무량자비성중 無量慈悲聖衆

지심귀명례 至心歸命禮 서건동진 西乾東震 급아해동 及我海東 역대전등 歷代傳燈 제대조사 諸大祖師 천하종사 天下宗師

지심귀명례 至心歸命禮 일체미진수 一切微塵數 제대선지식 諸大善知識

지심귀명례 至心歸命禮 시방삼세 十方三世 제망찰해 帝網刹海 상주일체 常住一切 승가야중 僧伽耶衆

지심귀명례 至心歸命禮 무진삼보 無盡三寶 대자대비 大慈大悲 수아정례 受我頂禮 명훈가피력 冥熏加被力 원공법계제중생 願共法界諸衆生

유원 唯願 무진삼보 자타일시성불도 自他一時成佛道

※ 축원의 내용은 입재 기간이나 기도기간, 일상적으로 하는 내용들을 달리 할 수 있으므로 상황에 맞게 첨부하면 될 것이다. 다음의 상단축원은 행선축원의 내용과 일상적으로 사용할 수 있는 내용을 조합한 것으로 참고하길 바란다.

앙고 시방삼세 제망중중 무진삼보자존 불사자비 허수증명 상래소수불공덕
仰告 十方三世 帝網重重 無盡三寶慈尊 不捨慈悲 許垂證明 上來所修佛功德

회향삼처실원만 시이 사바세계 남섬부주 동양 대한민국 모산 모사 수월도량
回向三處悉圓滿 是以 裟婆世界 南贍部洲 東洋 大韓民國 某山 某寺 水月道場

주지 여시회합원대중등 지심봉위 대한민국 천추만세 국운융창 남북평화통일
住持 與時會合院大衆等 至心奉爲 大韓民國 千秋萬歲 國運隆昌 南北平和統一

국태민안 세계평화 만민함락 불일증휘 법륜상전어만세
國泰民安 世界平和 萬民咸樂 佛日增輝 法輪常轉於萬歲

※ 상축에 이어 사중축원을 할 수 있다.

■ 사중축원(寺中祝願)

억원 모산 모사 불사도중 앙몽 삼보대성존 가피지묘력 일체마장장애 영위소멸
抑願 某山 某寺 佛事途中 仰蒙 三寶大聖尊 加被之妙力 一切魔障障碍 永爲消滅

종초지말 어기중간 무장무애 환희원만 성취지발원
從初至末 於其中間 無障無礙 歡喜圓滿 成就之發願

※ 다음 행선축원은 상축에 이어서 하거나、상축과 사중축원을 한 후 연결하여 해도 무방하다。

※ 축원 말미「원공함령등피안」은 현재「중동함령등피안」으로 하는 경우가 있는데、대부분의
의식집에서는「원공함령」이나「법계함령」으로 표기되어 있다。

■ 행선축원(行禪祝願) 一

원당성조복무량　성상소화구덕상
願堂成造福無量　聖像塑畵具德相

궁전채화획장엄　인등향촉득광명
宮殿彩畵獲莊嚴　引燈香燭得光明

창호도배면팔난　유기철물신견고
窓戶塗褙免八難　鍮器鐵物身堅固

해설마장어무애　불양헌답복무변
海雪麻醬語無礙　佛糧獻畓福無邊

시방시주원성취　시회대중각복위
十方施主願成就　時會大衆各伏爲

선망부모왕극락　현존사친수여해
先亡父母往極樂　現存師親壽如海

법계애혼이고취　산문숙정절비우
法界哀魂離苦趣　山門肅靜絶悲憂

사내재액영소멸　토지천룡호삼보
寺內災厄永消滅　土地天龍護三寶

산신국사보정상　원공함령등피안
山神局司補禎祥　願共含靈登彼岸

세세상행보살도　구경원성살바야
世世常行菩薩道　究竟圓成薩婆若

마하반야바라밀
摩訶般若波羅蜜

「나무석가모니불」
南無釋迦牟尼佛

(三稱)

■ 행선축원(行禪祝願) 二

조석향등헌불전 朝夕香燈獻佛前
귀의삼보예금선 歸依三寶禮金仙
우순풍조민안락 雨順風調民安樂
천하태평법륜전 天下泰平法輪轉

원아세세생생처 願我世世生生處
상어반야불퇴전 常於般若不退轉
여피본사용맹지 如彼本師勇猛智
여피사나대각과 如彼舍那大覺果

여피문수대지혜 如彼文殊大智慧
여피보현광대행 如彼普賢廣大行
여피지장무변신 如彼地藏無邊身
여피관음삼십이응 如彼觀音卅二應

시방세계무불현 十方世界無不現
보령중생입무위 普令衆生入無爲
문아명자면삼도 聞我名者免三途
견아형자득해탈 見我形者得解脫

여시교화항사겁 如是教化恒沙劫
필경무불급중생 畢竟無佛及衆生
시방시주원성취 十方施主願成就
시회대중각복위 時會大衆各伏爲

선망부모왕극락 先亡父母往極樂
현존사친수여해 現存師親壽如海
법계애혼이고취 法界哀魂離苦趣
산문숙정절비우 山門肅靜絕悲憂

사내재액영소멸 寺內災厄永消滅
토지천룡호삼보 土地天龍護三寶
산신국사보정상 山神局司補禎祥
원공함령등피안 願共含靈登彼岸

세세상행보살도 世世常行菩薩道
구경원성살바야 究竟圓成薩婆若
마하반야바라밀 摩訶般若波羅蜜
「나무석가모니불」 南無釋迦牟尼佛 (三稱)

■ 이산혜연선사 발원문(怡山慧然禪師 發願文)

시방삼세　부처님과　팔만사천　큰법보와　보살성문　스님네께

지성귀의　하옵나니　자비하신　원력으로　굽어살펴　주옵소서

저희들이　참된성품　등지옵고　무명속에　뛰어들어　나고죽는

물결따라　빛과소리　물이들고　심술궂고　욕심내어　온갖번뇌

쌓았으며　보고듣고　맛봄으로　한량없는　죄를지어　잘못된길

갈팡질팡　생사고해　헤매면서　나와남을　집착하고　그른길만

찾아다녀　여러생에　지은업장　크고작은　많은허물　삼보전에

원력빌어　일심참회　하옵나니　바라옵건대　부처님이　이끄시고

보살님네　살피시어　고통바다　헤어나서　열반언덕　가사이다

이세상에　명과복은　길이길이　창성하고　오는세상　불법지혜

무럭무럭　자라나서　날적마다　좋은국토　밝은스승　만나오며

바른신심　굳게세워　아이로서　출가하여　귀와눈이　총명하고

말과뜻이 진실하며 세상일에 물안들고 청정범행 닦고닦아

서리같이 엄한계율 털끝인들 범하리까 점잖은 거동으로

모든생명 사랑하며 이내목숨 버리어도 지성으로 보호하리

삼재팔난 만나잖고 불법인연 구족하며 반야지혜 드러나고

보살마음 견고하여 제불정법 잘배워서 대승진리 깨달은뒤

육바라밀 행을닦아 아승지겁 뛰어넘고 곳곳마다 설법으로

천겁만겁 의심끊고 마군중을 항복받고 삼보를 뵙사올제

시방제불 섬기는일 잠깐인들 쉬오리까 온갖법문 다배워서

모다통달 하옵거든 복과지혜 함께늘어 무량중생 제도하며

여섯가지 신통얻고 무생법인 이룬뒤에 관음보살 대자비로

시방법계 다니면서 보현보살 행원으로 많은중생 건지올제

여러갈래 몸을나퉈 미묘법문 연설하고 지옥아귀 나쁜곳엔

광명놓고 신통보여 내모양을 보는이나 내이름을 듣는이는

보리마음 모두내어 윤회고를 벗어나되 화탕지옥 끓는물은

감로수로 변해지고 검수도산 날센칼날 연꽃으로 화하여서

고통받던 저중생들 극락세계 왕생하며 나는새와 기는짐승

원수맺고 빚진이들 갖은고통 벗어나서 좋은복락 누려지다

모진질병 돌적에는 약풀되어 치료하고 흉년드는 세상에는

쌀이되어 구제하되 여러중생 이익한일 한가진들 빼오리까

천겁만겁 내려오던 원수거나 친한이나 이세상의 권속들도

누구누구 할것없이 얽히었던 애정끊고 삼계고해 뛰어나서

시방세계 중생들이 모두성불 하사이다 허공끝이 있사온들

이내소원 다하리까 유정들도 무정들도 일체종지 이루어지이다.

■ 신중단예경(神衆壇禮敬)

※ 다게 3구 「유기옹호중」은 결재기간에는 「유기화엄중(唯冀華嚴衆)」으로 거행한다.

다게(茶偈)

청정명다약 유기옹호중
清淨茗茶藥 唯冀擁護衆

능제병혼침
能除病昏沈

원수애납수 원수자비애납수
願垂哀納受 願垂慈悲哀納受

원수애납수
願垂哀納受

예경(禮敬)

지심귀명례 화엄회상 욕색제천중
志心歸命禮 華嚴會上 欲色諸天衆

진법계 허공계
盡法界 虛空界

지심귀명례 화엄회상 팔부사왕중
志心歸命禮 華嚴會上 八部四王衆

진법계 허공계
盡法界 虛空界

지심귀명례 화엄회상 호법선신중
志心歸命禮 華嚴會上 護法善神衆

진법계 허공계
盡法界 虛空界

탄백(歎白)

원제천룡팔부중 위아옹호불리신
願諸天龍八部衆 爲我擁護不離身

어제란처무제란 여시대원능성취
於諸難處無諸難 如是大願能成就

摩訶般若波羅蜜多心經

마하반야바라밀다심경

※ 반야심경은 생략 가능하고, 신중축원도 할 수 있다.

관자재보살 觀自在菩薩 행심반야바라밀다시 行深般若波羅蜜多時 조견오온개공 照見五蘊皆空 도일체고액 度一切苦厄 사리자 舍利子 색불이공 色不異空

공불이색 空不異色 색즉시공 色卽是空 공즉시색 空卽是色 수상행식 受想行識 역부여시 亦復如是 사리자 舍利子 시제법공상 是諸法空相 불생불멸 不生不滅

불구부정 不垢不淨 부증불감 不增不減 시고공중무색 是故空中無色 무수상행식 無受想行識 무안이비설신의 無眼耳鼻舌身意 무색성향미촉법 無色聲香味觸法

무안계 내지무의식계 無眼界 乃至無意識界 무무명 역무무명진 無無明 亦無無明盡 내지무노사 乃至無老死 역무노사진 亦無老死盡 무고집멸도 無苦集滅道

무지역무득 無智亦無得 이무소득고 以無所得故 보리살타 菩提薩埵 의반야바라밀다고 依般若波羅蜜多故 심무가애 心無罣礙 무가애고 無罣礙故 무유 無有

공포 恐怖 원리전도몽상 遠離顚倒夢想 구경열반 究竟涅槃 삼세제불 三世諸佛 의반야바라밀다고 依般若波羅蜜多故 득아뇩다라삼먁삼보 得阿耨多羅三藐三菩

리 고지반야바라밀다 提 故知般若波羅蜜多 시대신주 是大神呪 시대명주 是大明呪 시무상주 是無上呪 시무등등주 是無等等呪 능제일체고 能除一切苦

진실불허 眞實不虛 고설반야바라밀다주 故說般若波羅蜜多呪 즉설주왈 卽說呪曰

「아제아제 바라아제 바라승아제 모지 사바하」 (三遍)

● 상단예경(上壇禮敬)

■ 향수해례(香水海禮)

다게(茶偈)

아금청정수 我今淸淨水
변위감로다 變爲甘露茶
봉헌삼보전 奉獻三寶前

원수애납수 願垂哀納受
원수애납수 願垂哀納受
원수자비애납수 願垂慈悲哀納受

향수해례(香水海禮)

나무 南無 향수해 香水海 화장계 華藏界 비로해회 毗盧海會 제불제보살 諸佛諸菩薩

나무 南無 천화대 千華臺 연장계 蓮藏界 사나해회 舍那海會 제불제보살 諸佛諸菩薩

나무 南無 천화상 千華上 백억계 百億界 서가해회 釋迦海會 제불제보살 諸佛諸菩薩

나무 南無 일월광 日月光 유리계 琉璃界 약사해회 藥師海會 제불제보살 諸佛諸菩薩

南無 나무 安養國 안양국 極樂界 극락계 彌陀 미타 海會 해회 諸佛諸菩薩 제불제보살

南無 나무 兜率天 도솔천 內院界 내원계 慈氏 자씨 海會 해회 諸佛諸菩薩 제불제보살

南無 나무 大威德 대위덕 金輪界 금륜계 消災 소재 海會 해회 諸佛諸菩薩 제불제보살

南無 나무 清凉山 청량산 金色界 금색계 文殊 문수 海會 해회 諸佛諸菩薩 제불제보살

南無 나무 峨嵋山 아미산 銀色界 은색계 普賢 보현 海會 해회 諸佛諸菩薩 제불제보살

南無 나무 金剛山 금강산 眾香界 중향계 法起 법기 海會 해회 諸佛諸菩薩 제불제보살

南無 나무 洛迦山 낙가산 七寶界 칠보계 觀音 관음 海會 해회 諸佛諸菩薩 제불제보살

南無 나무 七珍山 칠진산 八寶界 팔보계 勢至 세지 海會 해회 諸佛諸菩薩 제불제보살

南無 나무 閻摩羅 염마라 幽冥界 유명계 地藏 지장 海會 해회 諸佛諸菩薩 제불제보살

南無 나무 盡虛空 진허공 徧法界 변법계 塵沙 진사 海會 해회 諸佛諸菩薩 제불제보살

나무 南無

서건사칠 당토이삼 오파분류 역대전등 제대조사 천하종사
西乾四七 唐土二三 五派分流 歷代傳燈 諸大祖師 天下宗師

일체미진수 제대선지식
一切微塵數 諸大善知識

유원 唯願

무진삼보 대자대비 수아정례 명훈가피력 원공법계제중생
無盡三寶 大慈大悲 受我頂禮 冥熏加被力 願共法界諸衆生

동입미타대원해
同入彌陀大願海

※ 이어서 사성례를 모시고 축원과 신중단 예경을 모시나、사성례를 생략할 수도 있다。

축원 ⇩ p。三四。

■ 사성례(四聖禮)

헌향게(獻香偈)

아금지차일주향　我今持此一炷香

변성무진향운개　變成無盡香雲蓋

봉헌극락사성전　奉獻極樂四聖前

원수애납수　願垂哀納受　원수애납수　願垂哀納受　원수자비애납수　願垂慈悲哀納受

※ 앞 의식 말미 「원수자비애납수」에서 인사를 하고 엎드린 상태에서 사성례 염불을 시작하면서 일어선다. 꺽쇠(「」)친 명호는 열 번[或多聲]을 염송하는데, 그 방법은 서 있는 상태에서 정근목탁에 맞추어 아홉 번[九聲、或多聲]을 염송하고 열 번째[마지막]는 절[拜]을 하면서 거행한다. 동일한 방법으로 사성(四聖)께 예경하면 된다.

사성례(四聖禮)

나무서방정토　극락세계　아등도사　무량수여래불　「나무아미타불」(九聲、或多聲)

南無西方淨土　極樂世界　我等導師　無量壽如來佛　南無阿彌陀佛

나무아미타불 南無阿彌陀佛 拜　或、나무 서방대교주 무량수여래불 南無 西方大敎主 無量壽如來佛 拜

나무서방정토 南無西方淨土　극락세계 대자대비 「관세음보살」極樂世界 大慈大悲 觀世音菩薩 (九聲、或多聲)

나무 대자대비 南無 大慈大悲 관세음보살 觀世音菩薩 拜

나무서방정토 南無西方淨土　극락세계 대희대사 「대세지보살」極樂世界 大喜大捨 大勢至菩薩 (九聲、或多聲)

나무 대희대사 南無 大喜大捨 대세지보살 大勢至菩薩 拜

나무서방정토 南無西方淨土　극락세계 일체청정 「대해중보살」極樂世界 一切清淨 大海衆菩薩 (九聲、或多聲)

나무 일체청정 南無 一切清淨 대해중보살 大海衆菩薩 拜

유원 사성 대자대비 수아정례 명훈가피력 원공법계제중생 唯願 四聖 大慈大悲 受我頂禮 冥熏加被力 願共法界諸衆生

동입미타대원해 同入彌陀大願海

시방삼세불 十方三世佛 아미타제일 阿彌陀第一 구품도중생 九品度衆生 위덕무궁극 威德無窮極

아금대귀의 我今大歸依 참회삼업죄 懺悔三業罪 범유제복선 凡有諸福善 지심용회향 至心用回向

원동염불인 願同念佛人 진생극락국 盡生極樂國 견불요생사 見佛了生死 여불도일체 如佛度一切

왕생게 (往生偈)

원아임욕명종시 願我臨欲命終時 진제일체제장애 盡除一切諸障碍 면견피불아미타 面見彼佛阿彌陀 즉득왕생안락찰 卽得往生安樂刹

공덕게 (功德偈)

원이차공덕 願以此功德 보급어일체 普及於一切 아등여중생 我等與衆生 당생극락국 當生極樂國

동견무량수 同見無量壽 개공성불도 皆空成佛道

왕생게 (往生偈)

원왕생 願往生
원왕생 願往生
왕생극락견미타 往生極樂見彌陀
획몽마정수기별 獲蒙摩頂授記莂

원왕생 願往生
원왕생 願往生
원재미타회중좌 願在彌陀會中坐
수집향화상공양 手執香花常供養

원왕생 願往生
원왕생 願往生
왕생화장연화계 往生華藏蓮花界
자타일시성불도 自他一時成佛道

상품상생진언 上品上生眞言
옴 마니다니 흠흠 바탁 사바하 (三遍)

대원성취진언 大願成就眞言
옴 아모카 살바다라 사다야 시베 흠 (三遍)

보궐진언 補闕眞言
옴 호로호로 사야목계 사바하 (三遍)

보회향진언 普回向眞言
옴 삼마라 삼마라 미만나 사라마하 자거라바 흠 (三遍)

회향발원문(回向發願文)
계수서방안락찰 稽首西方安樂刹
접인중생대도사 接引衆生大導師
아금발원원왕생 我今發願願往生
유원자비애섭수 唯願慈悲哀攝受

※ 이어서 축원 모시고 신중단 예경을 모신다. 축원 ⇨ p.三四.

■ 오분향례(五分香禮)

오분향례(五分香禮)

계향 정향 혜향 해탈향 해탈지견향
戒香 定香 慧香 解脫香 解脫知見香

광명운대 주변법계 공양시방 무량불법승
光明雲臺 周徧法界 供養十方 無量佛法僧

헌향진언
獻香眞言

옴 바아라 도비야 훔 (三遍)

지심귀명례 법보화 삼신불
志心歸命禮 法報化 三身佛

지심귀명례 과거삼존 현재사위 칠여래불
志心歸命禮 過去三尊 現在四位 七如來佛

지심귀명례 오부세계 제위여래불 당래용화교주 자씨미륵존불
志心歸命禮 五部世界 諸位如來佛 當來龍華敎主 慈氏彌勒尊佛

지심귀명례 진시방 극삼제 화엄해회 난사제불
志心歸命禮 盡十方 極三際 華嚴海會 難思諸佛

지심귀명례 궁고금 휘천지 법성해장 주함패엽
志心歸命禮 亘古今 輝天地 法性海藏 珠函貝葉

지심귀명례 志心歸命禮
도량교주 道場教主 관세음보살 觀世音菩薩 대원본존 大願本尊 지장보살 地藏菩薩

지심귀명례 志心歸命禮
만허공 滿虛空 변법계 遍法界 성라보익 星羅輔翼 진사보살 塵沙菩薩

지심귀명례 志心歸命禮
화엄말회 華嚴末會 오십삼 五十三 제위선지식 諸位善知識 여선재동자 與善財童子

지심귀명례 志心歸命禮
영산당시 靈山當時 수불부촉 受佛付囑 십육성 十六聖 오백성 五百聖 독수성 獨修聖 내지 乃至

천이백 千二百 제대아라한 諸大阿羅漢 자비성중 慈悲聖衆

우부귀의 又復歸依 여시시방 如是十方 진허공계 盡虛空界 일체삼보 一切三寶 무량현성 無量賢聖

유원 唯願 무진삼보 無盡三寶 대자대비 大慈大悲 수아정례 受我頂禮 명훈가피력 冥熏加被力 원공법계제중생 願共法界諸衆生 동입미타대원해 同入彌陀大願海

※ 이어서 축원 모시고 신중단 예경을 모신다。 축원 ⇩ p。三四。

■ 소예참례(小禮懺禮)

다게(茶偈)

아금청정수(我今清淨水)　변위감로다(變爲甘露茶)　봉헌삼보전(奉獻三寶前)

원수애납수(願垂哀納受)　원수애납수(願垂哀納受)　원수자비애납수(願垂慈悲哀納受)

소예참례(小禮懺禮)

지심귀명례(志心歸命禮)　암밤남함캄(暗鑁南唅坎)　대교주(大敎主)　청정법신(淸淨法身)　비로자나불(毘盧遮那佛)

지심귀명례(志心歸命禮)　아바라하카(阿縛羅賀佉)　법계주(法界主)　원만보신(圓滿報身)　노사나불(盧舍那佛)

지심귀명례(志心歸命禮)　아라바자나(阿羅縛佐那)　사바대교주(娑婆大敎主)　천백억화신(千百億化身)　서가모니불(釋迦牟尼佛)

지심귀명례(志心歸命禮)　과거삼존(過去三尊)　현재사위(現在四位)　칠여래불(七如來佛)

지심귀명례(志心歸命禮)　동방만월세계(東方滿月世界)　십이상원(十二上願)　약사유리광불(藥師琉璃光佛)　서방극락세계(西方極樂世界)

지심귀명례 志心歸命禮
사십팔대원 四十八大願 아미타불 阿彌陀佛

지심귀명례 志心歸命禮
남방환희세계 南方歡喜世界 보승여래불 寶勝如來佛 북방무우세계 北方無憂世界 부동존여래불 不動尊如來佛

지심귀명례 志心歸命禮
중방화장세계 中方華藏世界 십신무애 十身無碍 비로자나불 毘盧遮那佛 당래용화교주 當來龍華教主

지심귀명례 志心歸命禮
자씨미륵존불 慈氏彌勒尊佛

지심귀명례 志心歸命禮
참제업장 懺除業障 십이존불 十二尊佛 지장원찬 地藏願讚 이십삼존 二十三尊 제위여래불 諸位如來佛

지심귀명례 志心歸命禮
금륜보계 金輪寶界 치성광여래불 熾盛光如來佛 북두대성 北斗大聖 칠성여래불 七星如來佛

지심귀명례 志心歸命禮
찬탄미타 讚嘆彌陀 시방제불 十方諸佛 서멸중죄 誓滅重罪 삼십오불 三十五佛

지심귀명례 志心歸命禮
삼천불조 三千佛祖 오십삼불 五十三佛 과현미래삼세 過現未來三世 삼천제불 三千諸佛

지심귀명례 志心歸命禮
천봉만학 千峰萬壑 평원광야 平原曠野 해안강두 海岸江頭 중중보탑 重重寶塔

지심귀명례 志心歸命禮
시방삼세 十方三世 제망중중 帝綱重重 무진해회 無盡海會 상주일체 常住一切 불타야중 佛陀耶衆

지심귀명례
志心歸命禮
일승원교 一乘圓教 대방광불화엄경 大方廣佛華嚴經 대승종교 大乘終教 실상묘법연화경 實相妙法蓮華經

지심귀명례
志心歸命禮
무애대비심 無礙大悲心 백천대다라니 百千大陀羅尼 경율론삼장 經律論三藏 십이부일체수다라 十二部一切修多羅

원만교해
圓滿教海

지심귀명례
志心歸命禮
시방삼세 十方三世 제망중중 帝綱重重 무진해회 無盡海會 상주일체 常住一切 달마야중 達摩耶衆

지심귀명례
志心歸命禮
오봉성주 五峰聖主 칠불조사 七佛祖師 대성문수사리보살 大聖文殊舍利菩薩 여래장자 如來長子 법계원왕 法界願王

지심귀명례
志心歸命禮
만행무궁 萬行無窮 보현보살마하살 普賢菩薩摩訶薩

지심귀명례
志心歸命禮
보문시현 普聞示現 원력홍심 願力弘深 대자대비 大慈大悲 관세음보살 觀世音菩薩 염불삼매 念佛三味 섭화 攝化

지심귀명례
志心歸命禮
중생 衆生 대희대사 大喜大捨 대세지보살마하살 大勢至菩薩摩訶薩

지심귀명례
志心歸命禮
능단무명 能斷無明 미세혹결 微細惑結 대지금강장보살 大智金剛藏菩薩 최멸중생 摧滅衆生 인아업산 人我業山

대자제장애보살마하살
大慈除障碍菩薩摩訶薩

지심귀명례 志心歸命禮
중생도진 방증보리 衆生度盡 方證菩提 대원본존 大願本尊 지장보살 地藏菩薩 진언궁중 眞言宮中 신통 神通

지심귀명례 志心歸命禮
장엄 莊嚴 불모대자 佛母大慈 준제보살마하살 準提菩薩摩訶薩

지심귀명례 志心歸命禮
자융즉세 慈融卽世 비진후겁 悲臻後劫 대성자씨 大聖慈氏 미륵보살 彌勒菩薩 일생보처 一生補處 제단 際斷

지심귀명례 志心歸命禮
윤회 輪廻 제화가라보살마하살 提華羯羅菩薩摩訶薩

지심귀명례 志心歸命禮
상주금강 常住金剛 연설반야 演說般若 대혜법기보살 大慧法起菩薩 분골향성 焚骨香城 상제구법 常啼求法

지심귀명례 志心歸命禮
살타파륜보살 薩陀波崙菩薩 여기권속 與其眷屬 일만이천보살마하살 一萬二千菩薩摩訶薩 일체청정 一切清淨

지심귀명례 志心歸命禮
일월이궁 日月二宮 양대보살 兩大菩薩 대성인로왕보살 大聖引路王菩薩

대해중보살마하살 大海衆菩薩摩訶薩

지심귀명례 志心歸命禮
화엄말회 華嚴末會 오십삼제위선지식 五十三諸位善知識 여일생능원 與一生能圓 광겁지과 廣劫之果 선재동자 善財童子

지심귀명례 志心歸命禮
영산당시 靈山當時 수불부촉 受佛咐囑 십육성 十六聖 오백성 五百聖 독수성 獨修聖 내지 乃至

지심귀명례 志心歸命禮
천이백 千二百 제대아라한성중 諸大阿羅漢聖衆

시방삼세 十方三世 제망중중 帝網重重 무진해회 無盡海會 상주일체 常住一切 승가야중 僧伽耶衆

유원 唯願 무진삼보 無盡三寶 대자대비 大慈大悲 수아정례 受我頂禮 명훈가피력 冥熏加被力 원공법계제중생 願共法界諸衆生

동입미타대원해 同入彌陁大願海

※ 이어서 축원을 모시고 신중단 예경을 한다. 축원 ⇩ p.三四.

■ 대예참례(大禮懺禮)

※ 대예참례는 화엄대례문(華嚴大禮文)을 집약하여 구성된 예참의식이다. 대부분의 예문(禮文)과 예참례문(禮懺禮文)의 시작은 나무(南無)와 지심귀명례(志心歸命禮)로 시작하고, 불공의식 시 지심정례공양(志心頂禮供養)으로 바꾸어서 거행한다. 본 대예참례의 시작 부분도 의례집마다 나무와 지심정례공양 등으로 달리 수록되어 있다. 본서에서는 지심정례공양으로 수록은 하였으나, 편자의 생각으로는 예불을 모실 때는 「소예참례」와 같이 지심귀명례로 거행하는 것이 좋을 듯하다.

다게(茶偈) 或, 〔공양시방조어사 연향청정미묘법 삼승사과해탈승 원수云〕

이차청정 무량공구 앙승삼보 가지묘력 변성감로상미 봉헌우진법계
以此淸淨 無量供俱 仰承三寶 加持妙力 變成甘露上味 奉獻于盡法界

허공계 시방삼세 제망중중 청정향엄해 원명화장칠처구회 주반중중
虛空界 十方三世 帝網重重 淸淨香嚴海 圓明華藏七處九會 主伴重重

무진법문 설주가청 일체제불 제대보살 무진삼보자존전
無盡法門 說主可聽 一切諸佛 諸大菩薩 無盡三寶慈尊前

원수애납수 원수애납수 원수자비애납수
願垂哀納受 願垂哀納受 願垂慈悲哀納受

지심정례공양 상주법계 진언궁중 반야해회 청정향엄해 원명화장도 불가설 마
志心頂禮供養 常住法界 眞言宮中 般若海會 淸淨香嚴海 圓明華藏都 不可說 摩

니보운장엄 아승지광명 주망간착 일체중보 현환무애 만덕진상 응연적멸 양불
尼寶雲莊嚴 阿僧祇光明 珠網問錯 一切衆寶 顯煥無涯 萬德眞常 凝然寂滅 量不

가측 공공적절어의천 심불가애 담담언망어교해 초명안첩기황주 옥백제후차제
可測 空空寂跡絶於義天 深不可涯 湛湛言忘於教海 蟭螟眼睫起皇州 玉帛諸候次第

투 천자임헌논토광 태허유시일부구 형연훈현 암밤남함캄대교주 청정법신
投 天子臨軒論土廣 太虛猶是一浮漚 逈然熏現 暗鑠南舍坎大教主 淸淨法身

비로자나불
毘盧遮那佛

(중화) 여시해회 일체제불
(衆和) 如是海會 一切諸佛

지심정례공양 상주법계 진언궁중 반야해회 색구경천상 대보련화중 십화장 미
志心頂禮供養 常住法界 眞言宮中 般若海會 色究竟天上 大寶蓮花中 十華藏 微

진수 대인상 이장엄 아승지 항하사 묘광명 위권속 제근일일 상호무변 주반
塵數 大人相 以莊嚴 阿僧祇 恒河沙 妙光明 爲眷屬 諸根一一 相好無邊 主伴

중중 위륜유이 해상증영내외가 왕래상속기수파 일조고로수평탄 구습의연주양
重重 威倫有異 海上曾營內外家 徃來相續幾隨波 一條古路雖平坦 舊習依然走兩

차 자타수용 아바라하카 법계주 원만보신 노사나불
叉 自他受用 阿縛羅賀佉 法界主 圓滿報身 盧舍那佛

(중화) 여시해회 일체제불
(衆和) 如是海會 一切諸佛

지심정례공양 상주법계 진언궁중 반야해회 도솔타천상 상가일륜 마갈제국중
志心頂禮供養 常住法界 眞言宮中 般若海會 兜率陀天上 象駕日輪 摩竭提國中

용반각수 교담삼백여회 도탈중생 주세칠십구년 이락군품 월마은한전성원 소
龍蟠覺樹 教談三百餘會 度脫衆生 住世七十九年 利樂群品 月磨銀漢轉成圓 素

면서광조대천 연비산산공착영 고륜본불낙청천 응물수형화 아라바자나 사바
面舒光照大千 連臂山山空捉影 孤輪本不落青天 應物隨形化 阿羅縛左那 娑婆

일대교주 천백억화신 석가모니불
一代教主 千百億化身 釋迦牟尼佛

(중화) 여시해회 일체제불
(衆和) 如是海會 一切諸佛

지심정례공양 신지광명 보주법계 청정무애 비지원만 제일과거비바시불 제이
志心頂禮供養 身智光明 普周法界 清淨無礙 悲智圓滿 第一過去毗婆尸佛 第二

시기불 제삼비사부불 원증법계 해탈삼매 구경법문 수순근욕 제사현재구류손
尸棄佛 第三毗舍浮佛 圓證法界 解脫三昧 究竟法門 隨順根欲 第四現在拘留孫

불 제오구나함모니불 제육가섭불 제칠석가모니불 선혜보살 방광명어도사궁중
佛 第五拘那含牟尼佛 第六迦葉佛 第七釋迦牟尼佛 善慧菩薩 放光明於兜史宮中

마야부인 감서몽어비라국토

摩耶夫人 感瑞夢於毘羅國土

산화작악 승상입태 도솔래의상 아본사 석가모니

散花作樂 乘象入胎 兜率來儀相 我本師 釋迦牟尼

불 구룡토수 세금구어운면 사련부화 봉옥족어풍단 건건칠보 아아수성 비람강

佛 九龍吐水 洗金軀於雲面 四蓮敷花 奉玉足於風端 蹇蹇七步 哦哦數聲 毘藍降

생상 아본사 석가모니불 암문임조지애명 현관서인지고노 지간탈사 심절불의

生相 我本師 釋迦牟尼佛 暗聞林鳥之哀鳴 現觀庶人之苦惱 志懇脫徒 心切拂衣

사문유관상 아본사 석가모니불 책자류비어중위 봉청련개어대루 인마비참용

四門遊觀相 我本師 釋迦牟尼佛 策紫騮轡於衆圍 奉青蓮蓋於大罍 人馬悲慘龍

신환희 유성출가상 아본사 석가모니불 시비무상어가란지선 경흔진락어나찰지

神歡喜 踰城出家相 我本師 釋迦牟尼佛 始悲無常於迦蘭之仙 竟欣眞樂於羅刹之

수 설암위가 임조작려 설산수도상 아본사 석가모니불 하변 수난타지미죽 석

獸 雪巖爲家 林鳥作侶 雪山修道相 我本師 釋迦牟尼佛 河邊 受難陀之麋粥 石

상각파순지사미 천인헌악 지기퇴마 수하항마상 아본사 석가모니불 소범중어

上却波旬之邪迷 天人獻樂 地祇退魔 樹下降魔相 我本師 釋迦牟尼佛 召梵衆於

녹원 주반안열 시묘법어마승 인과하경 농엽지제 제분정가 녹원전법상 아본사

鹿苑 主伴雁列 示妙法於馬勝 因果河傾 弄葉止啼 除糞定價 鹿苑轉法相 我本師

석가모니불 시라각성 수단공어순타 사라학수 시쌍부어가섭 마야통읍 범중비

釋迦牟尼佛 尸羅角城 受單供於純陀 娑羅鶴樹 示雙趺於迦葉 摩耶痛泣 梵衆悲

애 쌍림열반상 아본사 석가모니불 사고무인법부전 녹원학수양망연 조조대사

哀 雙林涅槃相 我本師 釋迦牟尼佛 四顧無人法不傳 鹿苑鶴樹兩茫然 朝朝大士

부세 처처명성현벽천 시아본사 석가모니불
生浮世 處處明星現碧天 是我我本師 釋迦牟尼佛

(중화) 여시해회 일체제불
(衆和) 如是海會 一切諸佛

지심정례공양 월조장공 영락천강지수 능인출세 지투만휘지기 여래진실지비
志心頂禮供養 月照長空 影落千江之水 能仁出世 智投萬彙之機 如來眞實智悲

민제중생 원지건성례 수애작증명 단거만월 광화군미 상행이륙지홍자 증접사
愍諸衆生 願知虔誠禮 垂哀作證明 端居滿月 廣化群迷 常行二六之弘慈 拯接四

생이해탈 시기서로 조성왕생 십이대원접군기 일편비심무공결 범부전도병근심
生而解脫 示其西路 助成往生 十二大願接群機 一片悲心無空缺 凡夫顚倒病根深

불우약사죄난멸 동방만월세계 약사유리광여래불 서방정토 극락세계 청련감목
不遇藥師罪難滅 東方滿月世界 藥師疏璃光如來佛 西方淨土 極樂世界 靑蓮紺目

자금진신 애일체중생 미탈윤회고뇌 이대비원력 별개환주장엄 수무피아지사심
紫金眞身 哀一切衆生 未脫輪廻苦惱 以大悲願力 別開幻住莊嚴 雖無彼我之私心

편유인연어차토 자금엄상 휘화백억찰중 백옥명호 선전오봉산상 광류처처무
偏有因緣於此土 紫金嚴相 輝華百億刹中 白玉明毫 旋轉五峰山上 光流處處無

불섭생 영화중중 유연개도 약유삼심극비 십념공성 접향구련 영사오탁 무량광
不攝生 影化重重 有緣皆度 若有三心克備 十念功成 接向九蓮 令辭五濁 無量光

중화불다 앙첨개시아미타 응신각정황금상 보계도선벽옥라 대성자부 아미타불
中化佛多 仰瞻皆是阿彌陀 應身各挺黃金相 寶髻都旋碧玉螺 大聖慈父 阿彌陀佛

(중화) 여시해회 일체제불
(衆和) 如是海會 一切諸佛

지심정례공양 진양명방 장최승보 열개유암지문 인발환희지심 보현육십사종지
志心頂禮供養 鎭陽明方 仗最勝寶 悅開幽暗之門 因發歡喜之心 普現六十四種之

범음 광도이십오유지군품 남방환희세계 보승여래불 처군동이시지이적정방편
梵音 廣度二十五有之群品 南方歡喜世界 寶勝如來佛 處群動而示之以寂靜方便

멸우고이도지우상락향관 항방백보무외광명 보조시방무수진찰 북방무우세계
滅憂苦而導之于常樂鄉關 恒放百寶無畏光明 普照十方無數塵刹 北方無憂世界

부동존여래불 중방화장세계 신상보주 등피진계 청정허공신 비로자나불 위광
不動尊如來佛 中方華藏世界 身相普周 等彼眞界 淸淨虛空身 毘盧遮那佛 威光

혁혁 무능영탈 위세초승신 비로자나불 무변묘색 구족청정 복덕심광신 비로자
赫赫 無能映奪 威勢超勝身 毘盧遮那佛 無邊妙色 其足淸淨 福德深廣身 毘盧遮

나불 일체불찰 실개시현 수의수생신 비로자나불 진수상호 원명만족 상호장엄
那佛 一切佛刹 悉皆示現 隨意受生身 毘盧遮那佛 塵數相好 圓明滿足 相好莊嚴

신 비로자나불 유감사현 무격산하 대원연법신 비로자나불 종종화불 종신유출
身 毘盧遮那佛 有感斯現 無隔山河 大願演法身 毘盧遮那佛 種種化佛 從身流出

자재응화신 비로자나불 지광황요 보조세간 입상묘지신 비로자나불 일일도량
自在應化身 毘盧遮那佛 智光晃曜 普照世間 入相妙智身 毘盧毘那佛 一一道場

신지구유 미륜정법신 비로자나불 부동본처 보변난사 역지의정신 비로자나불
身智俱遊 彌綸正法身 毘盧遮那佛 不動本處 普遍難思 力持依正身 毘盧遮那佛

종종장진 종종덕원 광대생식 광명변조 국토중생업보신 성문연각보살신 여래
種種障盡 種種德圓 廣大生息 光明遍照 國土衆生業報身 聲聞緣覺菩薩身 如來

지신여법신 여공보변허공신 여시등 내외십신 비로자나불
智身與法身 如空普遍虛空身 如是等 內外十身 毘盧遮那佛

(중화) 여시해회 일체제불
(衆和) 如是海會 一切諸佛

지심정례공양 현거지족 당강용화 광시칠변지언음 보화오승지성중 복연증승
志心頂禮供養 現居知足 當降龍華 宏示七辯之言音 普化五乘之聖衆 福緣增勝

수량무궁 원력장엄 자비광대 사천년중 항거보처 팔만세시 삼회도인무수
壽量無窮 願力莊嚴 慈悲廣大 四千年中 恒居補處 八萬歲時 三會度人 度人無數

백천중생 번뇌단진복지원 위극일생보처존 적광토중불류의 방대광명조불화당
百千衆生 煩惱斷盡福智圓 位極一生補處尊 寂光土中不留意 放大光明助佛化當

래교주 자씨미륵존불 무상도동 등등무진 묘광대성사 이만억 일월등명불 불성
來教主 慈氏彌勒尊佛 無上道同 燈燈無盡 妙光大聖師 二萬億 日月燈明佛 佛性

변기 광리군생 불경대성사 이천억 운자재등왕불 팔만보탑
遍記 廣利群生 不輕大聖師 二千億 雲自在燈王佛 八萬寶塔

소신연비 약왕대성사 이만일월정명덕불 시방범천 우화공양 십육대성사 대통
燒身燃臂 藥王大聖師 二萬日月淨明德佛 十方梵天 雨花供養 十六大聖師 大通

지승여래불 삼변정토 보화문신 석가분형 시방제불 밀수관음 광제군생 천광왕
智勝如來佛 三變淨土 普化問訊 釋迦分形 十方諸佛 密授觀音 廣濟群生 千光王

정주여래불
淨住如來佛

아미타불 본소사 세자재왕여래불 불신충만어법계 보현일체중생
阿彌陀佛 本所師 世自在王如來佛 佛身充滿於法界 普現一切衆生

전 수연부감미부주 이항처차보리좌 여시등 팔백만억 나유타여래불
前 隨緣赴感靡不周 而恒處此菩提座 如是等 八百萬億 那由他如來佛

(중화) 여시해회 일체제불
(衆和) 如是海會 一切諸佛

지심정례공양 이대자비 이위체고 구호중생 이위자량 어제병고 위작양의 어실
志心頂禮供養 以大慈悲 而爲體故 救護衆生 以爲資粮 於諸病苦 爲作良醫 於失

도자 시기정로 어암야중 위작광명 어빈궁자 영득복장 평등요익 일체중생 참
道者 示其正路 於闇夜中 爲作光明 於貧窮者 永得伏藏 平等饒益 一切衆生 懺

죄업장 일십이존 참회제불 지장원찬 이십삼존 제위여래불 능멸천재 성취만덕
罪業障 一十二尊 懺悔諸佛 地藏願讚 二十三尊 諸位如來佛 能滅千災 成就萬德

금륜보계 치성광등 칠성여래불 찬탄미타 육방제불 가사당세계 삼품회상 일체
金輪寶界 熾盛光等 七星如來佛 讚嘆彌陀 六方諸佛 袈裟幢世界 三品會上 一切

제불 화엄경중 화현신운 일체제불 영제고혼 초생극락 다보불등 일체제불 서
諸佛 華嚴經中 化現身雲 一切諸佛 令諸孤魂 超生極樂 多寶佛等 一切諸佛 誓

멸중죄 삼십오불 삼천불조 오십삼불 미타참중 일천오백존불 불명경중 팔천제
滅重罪 三十五佛 三千佛祖 五十三佛 彌陀懺中 一千五百尊佛 佛名經中 八千諸

불 과거장엄겁천불 현재현겁천불 미래성숙겁천불 불신보변시방중 삼세여래일
佛 過去莊嚴劫千佛 現在賢劫千佛 未來星宿劫千佛 佛身普遍十方中 三世如來一

切同
광대원운항부진 廣大願雲恒不盡
왕양각해묘난궁 汪洋覺海妙難窮
무량무변 無量無邊
일체제불 一切諸佛

지심정례공양 志心頂禮供養
(중화) 여시해회 일체제불
(衆和) 如是海會 一切諸佛

상 像
마니보상진주상 摩尼寶像眞珠像
자마염부단금상 紫磨閻浮檀金像
여시시방허공계 如是十方虛空界

우전금상전단상 優塡金像栴檀像
아육왕조동철상 阿育王造銅鐵像
사자오중옥석상 獅子吳中玉石像
제국토중칠보 諸國土中七寶

무량일체제형상 無量一切諸形像
복성동반 福城東畔

전단보탑 栴檀寶塔
영산법회 靈山法會

불입열반 不入涅槃
선도성중 善度城中

보부인천 普覆人天
자비보탑 慈悲寶塔
적요허광 寂寥虛曠

증청묘법 다보여래 證聽妙法 多寶如來
전신보탑 全身寶塔
서가여래 釋迦如來
정골치아 頂骨齒牙

사라림중 沙羅林中
인과교철 因果交徹
장엄보탑 莊嚴寶塔
일체여래 一切如來

미묘무상 微妙無相
일체제불 一切諸佛
시현보탑 示現寶塔
일체중생 一切衆生

희견보살 喜見菩薩
팔만사천 八萬四千
청정보탑 淸淨寶塔
팔곡사두 八斛四斗

오색사리 五色舍利
아육왕수 阿育王樹
천진보탑 天眞寶塔
축서산중 鷲捿山中
오천유순 五千由旬

봉정대상 鳳頂臺上
서가여래 釋迦如來
사리보탑 舍利寶塔
금강계단 金剛戒壇
서가여래 釋迦如來
불로보탑 佛顱寶塔
청량산중 淸凉山中

중대소진 中臺所鎭
서가여래 釋迦如來
정골보탑 頂骨寶塔
천의산중 天衣山中
삼만반지 三萬盤地
은탑금탑 銀塔金塔
수마노탑 水瑪瑙塔
만대륜왕 萬代輪王

삼계주 쌍림시멸기천추 진신사리금유재 보사군생예불휴 천봉만학 평원광야
三界主 雙林示滅幾千秋 眞身舍利今猶在 普使群生禮不休 千峯萬壑 平原曠野

해안강두 중중보탑
海岸江頭 重重寶塔

(중화) 여시해회 자비보탑
(衆和) 如是海會 慈悲寶塔

지심정례공양 사바세계 차사천하 남염부제 칠처구회 주변시방 동류찰 이류찰
志心頂禮供養 娑婆世界 此四天下 南閻浮提 七處九會 周遍十方 同類刹 異類刹

진찰종 진화장 화장지외 시방무간 여찰해 여찰종 무수무량 무변무등 불가칭
塵刹種 盡華藏 華藏之外 十方無間 餘刹海 餘刹種 無數無量 無邊無等 不可稱

불가량 불가설전 불가설 진법계 허공계 시방삼세 제망중중 불타야 양족존 삼
不可量 不可說轉 不可說 盡法界 虛空界 十方三世 帝綱重重 佛陀耶 兩足尊 三

각원 만덕구 천인조어사 범성대자부 종진계 등응지 비화보 수궁삼제시 횡변
覺圓 萬德具 天人調御師 凡聖大慈父 從眞界 等應持 悲化報 竪窮三際時 橫遍

시방처 진법뢰 명법고 광부권실교 대개방편로 십신무애 사지원성 자비접물
十方處 震法雷 鳴法鼓 廣敷權實教 大開方便路 十身無碍 四智圓成 慈悲接物

희사이생 오안원명 십호구족 자재치성여단엄 명칭길상급존귀 여시육덕개원만
喜捨利生 五眼圓明 十號具足 自在熾盛與端嚴 名稱吉祥及尊貴 如是六德皆圓滿

응당총호 바가범 법신보신화신자부 상주일체진여불보
應當摠號 婆伽梵 法身報身化身慈父 常住一切眞如佛寶

(중화) 여시해회 일체제불
(衆和) 如是海會 一切諸佛

지심정례공양 비로교주 화장자존 연보게지금문 포낭함지옥축 진진혼입 찰찰
志心頂禮供養 毘盧教主 華藏慈尊 演寶偈之金文 布琅函之玉軸 塵塵混入 刹刹

원융 교해충심 법운미만 궁자경악 난사법문 십조구만 오천사십팔자 사만오천
圓融 敎海冲深 法雲彌漫 窮子驚愕 難思法門 十兆九萬 五千四十八字 四萬五千

게 삼십구품 약본화엄경 십만게 사십팔품 하본화엄경 사십구만팔천팔백게 일
偈 三十九品 略本華嚴經 十萬偈 四十八品 下本華嚴經 四十九萬八千八百偈 一

천이백품 중본화엄경 십삼천대천세계미진수게 일사천하 미진수품 상본화엄경
千二百品 中本華嚴經 十三千大千世界微塵數偈 一四天下 微塵數品 上本華嚴經

대해량묵 수미취필 서차법문 부득소분 보안화엄경 변어허공 용모단처 이언설
大海量墨 須彌聚筆 書此法門 不得少分 普眼華嚴經 遍於虛空 容毛端處 以言說

성 무유궁진 동설화엄경 세계기이 중생역별 여래어피 현신입교 시설부동 부
聲 無有窮盡 同說華嚴經 世界旣異 衆生亦別 如來於彼 現身立教 示設不同 部

류난량 이설화엄경 수변법계 연여제불 호위주반 시방내증 제언아국 개설차경
類難量 異說華嚴經 雖遍法界 然與諸佛 互爲主伴 十方來證 齊言我國 皆說此經

주반화엄경 위여근기 부능문차통방지설 수기설교 영입차문 권속화엄경 총융
主伴華嚴經 謂餘根器 不能聞此通方之說 隨機說教 令入此門 眷屬華嚴經 摠融

위일 대수다라 일회일품 일구일문 개섭일체무유분한 원만화엄경 관장지수 상
爲一 大修多羅 一會一品 一句一文 皆攝一切無有分限 圓滿華嚴經 盥掌之水 尙

증생령 독송사수 공원종지 제일게
拯生靈 讀誦思修 功圓種智 第一偈

약인욕요지 삼세일체불 응관법계성 일체유
若人欲了知 三世一切佛 應觀法界性 一切惟

심조 여시청정무장애 무진법문
心造 如是淸淨無障碍 無盡法門

(중화) 여시해회 원만교해
(衆和) 如是海會 圓滿敎海

지심정례공양 영산법회 종담팔년 전부가업 난사법문 십만팔천일십사자 대승
志心頂禮供養 靈山法會 終談八年 傳付家業 難思法門 十萬八千一十四字 大乘

종교 실상묘법연화경 일광동조 일우보윤 이설구통 이장소제 삼주개시 삼거출
終教 實相妙法蓮華經 一光東照 一雨普潤 二說俱通 二障消除 三周開示 三車出

택 사덕성취 사행원만 오백수기 오천퇴석 육종진동 육근성덕 칠축번선 칠취
宅 四德成就 四行圓滿 五百授記 五千退席 六種震動 六根成德 七軸飜宣 七趣

식고 팔왕출가 구유전창 구결돈소 십여보연 시방동증 이십팔품 제
息苦 八王出家 九喩全彰 九結頓消 十如普演 十方同證 二十八品 第

일게 제법종본래 상자적멸상 불자행도이 내세득작불 여시청정무장애 무진법문
一偈 諸法從本來 常自寂滅相 佛子行道已 來世得作佛 如是淸淨無障碍 無盡法門

(중화) 여시해회 원만교해
(衆和) 如是海會 圓滿敎海

지심정례공양 문오종명 초찰보시복 설반게의 승하사소승 문수달천진 보현명
志心頂禮供養 聞五種名 超刹寶施福 說半偈義 勝河沙小乘 文殊達天眞 普賢明

연기 보안문관행 강장변삼혹 미륵단윤회 정혜분증위 위덕기삼관 변음수단복
緣起 普眼問觀行 剛藏辨三惑 彌勒斷輪廻 淨慧分證位 威德起三觀 辨音修單複

정업제사상 보각이사병 원각삼기참 현선청유통 여시대사차제문 원통각오대법
淨業除四相 普覺離四病 圓覺三期懺 賢善請流通 如是大士次第問 圓通覺悟大法

왕 광명장해선밀어 유통변화제함식 대승돈교원각경 묘담총지부동존 수능엄왕
王光明藏海宣密語 流通變化濟含識 大乘頓教圓覺經 妙湛摠持不動尊 首楞嚴王

세희유 소아억겁전도상 불역승지획법신 원금득과성보왕 환도여시항사중 장차
世稀有 銷我億劫顛倒想 不歷僧祇獲法身 願今得果成寶王 還度如是恒沙眾 將此

심심봉진찰 시즉명위보불은 복청세존위증명 오탁악세서선입 여일중생미성불
深心奉塵刹 是則名爲報佛恩 伏請世尊爲證明 五濁惡世誓先入 如一眾生未成佛

종불어차취니원 대웅대력대자비 희갱심제미세혹 영아조등무상각 어시방계좌
終不於此就泥洹 大雄大力大慈悲 希更審除微細惑 令我早登無上覺 於十方界坐

도량 순야다성가소망 삭가라심무동전 대승종교수능엄경 여시청정무장애 무
道場 舜若多性可銷亡 鑠迦羅心無動轉 大乘終教首楞嚴經 如是清淨無障碍 無

(종화) 여시해회 원만교해
(衆和) 如是海會 圓滿教海

진법문
盡法門

지심정례공양 아함십이 방등팔 이십일재 상설법 삼선법문최상승 전설사처십
志心頂禮供養 阿含十二 方等八 二十一載 常說法 三善法門最上乘 轉說四處十

육회 보조중생번뇌암 전어사식성사지 증득금강불괴신 불견유루오욕락 생생치
六會 普照衆生煩惱暗 轉於四識成四智 證得金剛不壞身 不見有漏五欲樂 生生値

차보리심 세세획거안락지 실상관조문자삼 일일반야개구족 도계오천일백사
此菩提心 世世獲居安樂地 實相觀照文字三 一一般若皆具足 都計五千一百四

십구자 삼십이분 제일게 범소유상 개시허망 약견제상비상 즉견여래 대승시교
十九字 三十二分 第一偈 凡所有相 皆是虛妄 若見諸相非相 卽見如來 大乘始教

반야경 아관유마방장실 능수구백만보살 삼만이천사자좌 실능용수불박착 우능
般若經 我觀維摩方丈室 能受九百萬菩薩 三萬二千獅子座 悉能容受不迫窄 又能

분포일발반 염어시방무량중 난취묘희불세계 여지침봉일조엽 소부사의난사법
分布一鉢飯 饜於十方無量衆 斷取妙喜佛世界 如持針鋒一棗葉 小不思議難思法

문 유마거사소설경 여시청정무장애 무진법문
門 維摩居士所說經 如是清淨無障礙 無盡法門

(중화) 여시해회 원만교해
(衆和) 如是海會 圓滿教海

지심정례공양 발사십팔지서원 원원도생 개일십육지관문 문문섭화 구제익자
志心頂禮供養 發四十八之誓願 願願度生 開一十六之觀門 門門攝化 救濟溺者

월고해지신항 지도미인 출윤회지첩경 고초삼계 형출사류 시방접인제군생 구
越苦海之迅航 指導迷人 出輪廻之捷徑 高超三界 逈出四類 十方接引諸群生 九

품호지여일자 육자법문 불타삼도 오탁악세 독유백년 자광조처 지옥위지붕괴
品護持如一子 六字法門 不墮三途 五濁惡世 獨留百年 慈光照處 地獄爲之崩隤

성호지시 천마위지송구 부사의불력 무장애신통 일성능멸 팔십억겁 생사중죄
聖號持時 天魔爲之悚懼 不思議佛力 無障碍神通 一聲能滅 八十億劫 生死重罪

일성능획 팔십억겁 수승공덕 삼도노상교 개개회정 구품지변 사인인진보 육방
一聲能獲 八十億劫 殊勝功德 三途路上教 箇箇廻程 九品池邊 使人人進步 六方

공찬 십찰동선 칭찬정토 아미타경 계수자비대교주 지언견후광함장 남방세계
共讚 十刹同宣 稱讚淨土 阿彌陀經 稽首慈悲大教主 地言堅厚廣含藏 南方世界

용향운 향우화운급화우 보우보운무수종 위상위서변장엄 천인문불시하인 불언
涌香雲 香雨花雲及花雨 寶雨寶雲無數種 爲祥爲瑞遍莊嚴 天人問佛是何因 佛言

지장보살지 삼세여래동찬앙 시방보살공귀의 아금숙식대인연 찬양지장진공덕
地藏菩薩至 三世如來同讚仰 十方菩薩共歸依 我今宿植大因緣 讚揚地藏眞功德

광도장필증보리 지장보살본원경 여시청정무장애 무진법문
廣度將畢證菩提 地藏菩薩本願經 如是清淨無障碍 無盡法門

(중화) 여시해회 원만교해
(衆和) 如是海會 圓滿教海

지심정례공양 사십구년 상설법문 부율담상열반경 대보부모은중경 구모생천
志心頂禮供養 四十九年 常說法門 扶律談常涅槃經 大報父母恩重經 救母生天

목련경 천지팔양신주경 삼세삼천불명경 오천오백불명경 사익범천소문경 대승
目連經 天地八陽神呪經 三世三千佛名經 五千五百佛名經 思益梵天所問經 大乘

방광총지경 약사여래본원경 칭찬대승공덕경 사십이장경 여래유교경 조상공덕
方廣摠持經 藥師如來本願經 稱讚大乘功德經 四十二章經 如來遺教經 造像功德

경
經

조탑공덕경 造塔功德經 욕상공덕경 浴像功德經 출가공덕경 出家功德經 미륵상생경 彌勒上生經 반주삼매경 般舟三昧經 대승동성경 大乘同性經 법 法

경 經 승만경 勝鬘經 지세경 持世經 보적경 寶積經 법구경 法句經 불지경 佛地經 백유경 百喻經 연기경 緣起經 변의경 辨意經 충심경 忠心經 효자 孝子

화삼매경 華三昧經 십주단결경 十住斷結經 보살본행경 菩薩本行經 아함경 阿含經 방등경 方等經 능가경 楞伽經 대비경 大悲經 비화경 悲華經 보운 寶雲

경 經 삼혜경 三慧經 칠불경 七佛經 고왕경 高王經 태사경 太子經 앙굴경 央掘經 보요경 普曜經 흥현경 興現經 인왕경 仁王經 교능전리이중 教能詮理理中

현 玄 의리수행과자연 依理修行果自然 보게인간방십만 寶偈人間方十萬 금문해내광삼천 金文海內廣三千 여시청정무장애 如是清淨無障礙 무진법문 無盡法門

(중화) (衆和) 여시해회 如是海會 원만교해 圓滿教海

지심정례공양 志心頂禮供養 일자다자 一字多字 총지법문 摠持法門 신묘장구대다라니 神妙章句大陀羅尼 불정존승대다라니 佛頂尊勝大陀羅尼 수능엄 首楞嚴

왕대다라니 王大陀羅尼 성불수구대다라니 成佛隨求大陀羅尼 불모준제대다라니 佛母準提大陀羅尼 마리지천대다라니 摩利支天大陀羅尼 관음보살 觀音菩薩

모다라니 姥陀羅尼 속질보현만다라니 速疾普賢滿陀羅尼 육자대명왕다라니 六字大明王陀羅尼 예적대원만다라니 穢跡大圓滿陀羅尼 전단향신다 栴檀香身陀

라니 羅尼 보살서원다라니 菩薩誓願陀羅尼 소재길상다라니 消災吉祥陀羅尼 길상광명다라니 吉祥光明陀羅尼 본심미묘다라니 本心微妙陀羅尼 묘길상 妙吉祥

다라니
陀羅尼

숙명지다라니
宿命智陀羅尼

대광명다라니
大光明陀羅尼

여의륜다라니
如意輪陀羅尼

오인심다라니
五印心陀羅尼

대법거다라니
大法炬陀羅尼

멸업장다라니
滅業障陀羅尼

보생다라니
寶生陀羅尼

화취다라니
火聚陀羅尼

법인다라니
法印陀羅尼

자광조처연화출
慈光照處蓮花出

혜안관시지
慧眼觀時地

옥공 우황대비신주력 중생성불찰나중 여시청정무장애 무진법문
獄空 又況大悲神呪力 衆生成佛刹那中 如是清淨無障碍 無盡法門

(중화) 여시해회 원만교해
(衆和) 如是海會 圓滿教海

지심정례공양 삼취정계 여래친선 원호백겁 수행지전 파호천화 사퇴지시 왕양
志心頂禮供養 三聚淨戒 如來親宣 源乎百劫 修行之前 派乎千花 辭退之時 汪洋

어녹원용성 한만어상암축령 개감로문 입보리로 칠변찬지막궁 천성앙지무제
於鹿苑龍城 瀚漫於象岩鷲嶺 開甘露門 入菩提路 七辯讚之莫窮 千聖仰之無際

가위 진불지모 생제도사 묘약지왕 능치중병 오위대사 막불뇌차인원 십찰보왕
可謂 眞佛之母 生諸導師 妙藥之王 能治衆病 五位大士 莫不賴此因圓 十刹寶王

무불유자과만 대악병중 계위양약 대포외중 계위수호 대암명중 계위명등 삼악
無不由玆果滿 大惡病中 戒爲良藥 大怖畏中 戒爲守護 大暗冥中 戒爲明燈 三惡

도중 계위교량 계여대사 이능판물 능유소지 계여대지 생성만물 계
途中 戒爲橋梁 戒如大師 以能辦物 能有所至 戒如大地 生成萬物 戒

여대해 만복소귀 계여누주 성도소의 계여성곽 성도소빙 계여청지 세척심구
如大海 萬福所歸 戒如樓柱 聖道所依 戒如城郭 聖道所憑 戒如清池 洗滌心垢

계여명경 戒如明鏡 조요자성 照了自性 계여영락 戒如瓔珞 장엄법신 莊嚴法身 계여금보 戒如金寶 법재여의 法財如意 계여선벌 戒如船筏 능도고해 能渡苦海

계여복장 戒如伏藏 이제빈핍 以濟貧乏 계여명일월 戒如明日月 역여영락주 亦如瓔珞珠 미진보살중 微塵菩薩衆 유시성정각 由是成正覺 보살정계 菩薩淨戒

사분률 四分律 비구정계오분률 比丘淨戒五分律 심지법문최상승 心地法門最上乘 육십일품범망경 六十一品梵網經 보조진로업혹문 普照塵勞業惑門 진시 盡是

보현진법계 普賢眞法界 일체유심개응섭 一切有心皆應攝 부동이승편국행 不同二乘偏局行 여시청정무장애 如是淸淨無障碍 무진법문 無盡法門

(중화) (衆和) 여시해회 如是海會 원만교해 圓滿敎海

지심정례공양 志心頂禮供養 원유대사 爰有大士 궐호마명 厥號馬鳴 종백본요의경 宗百本了義經 조제기신론 造諸起信論 의풍문약 義豊文約 해행구 解行俱

겸 兼 인연입의해석분 因緣立義解釋分 수행신심이익분 修行信心利益分 위설일체제중생 爲說一切諸衆生 증입불이마하연 證入不二摩訶衍 일심이문 一心二門

삼대사신 三大四信 오행등법 五行等法

삼대보살지론 무진법문 無盡法門 통현장자화엄론 通玄長者華嚴論 천친보살십지론 天親菩薩十地論 바수반두법화론 波藪般豆法華論

친광보살불지론 親光菩薩佛地論 무착보살반야론 無著菩薩般若論 미륵보살유가론 彌勒菩薩瑜伽論 현혜보살잡집론 玄慧菩薩雜集論 호법보살유 護法菩薩唯

식론 識論 현양성교론 顯揚聖敎論 보리자량론 菩提資粮論 대승장엄론 大乘莊嚴論 백법명문론 百法明門論 대지도론 大智度論 열반론 涅槃論 구사론 俱舍論

정리론 현종론 성실론 사제론 수상론 제불심심광대의 아금수순총지설 회차공
正理論 顯宗論 成實論 四諦論 隨相論 諸佛甚深廣大義 我今隨順總持說 回此功

덕여법성 보리일체중생계 여시청정무장애 무진법문
德如法性 普利一切衆生界 如是淸淨無障碍 無盡法門

(중화) 여시해회 원만교해
(衆和) 如是海會 圓滿敎海

지심정례공양 사바세계 차사천하 남염부제 칠처구회 주변시방 동류찰 이류찰
志心頂禮供養 娑婆世界 此四天下 南閻浮提 七處九會 周遍十方 同類刹 異類刹

진찰종 진화장 화장지외 시방무간 여찰해 여찰종 무수무량 무변무등 불가칭
塵刹種 盡華藏 華藏之外 十方無間 餘刹海 餘刹種 無數無量 無邊無等 不可稱

불가량 불가설전 불가설 진법계 허공계 시방삼세 제망중중 달마야 이욕존 보
不可量 不可說轉 不可說 盡法界 虛空界 十方三世 帝綱重重 達摩耶 離欲尊 實

장취 옥함축 결집어서역 번역전동토 조사홍 현철판 성장소 삼승분돈점 오교
藏聚 玉函軸 結集於西域 飜譯傳東土 祖師弘 賢哲判 成章疏 三乘分頓漸 五敎

정종취 귀신호 용천흠 도미표월지 제열침감로 일진본적 만법무언 위리유정
定宗趣 鬼神護 龍天欽 導迷標月指 除熱斟甘露 一眞本寂 萬法無言 爲利有情

교분십이 청정법계 평등소류 계경응송여수기 풍송자설급연기 본사본생역방광
敎分十二 淸淨法界 平等所流 契經應頌與授記 諷誦自說及緣起 本事本生亦方廣

미증비유병논의 경장율장 논장진전 상주일체 심심법보
未曾譬喩並論議 經藏律藏 論藏眞詮 常住一切 甚深法寶

지심정례공양 진묵겁전 조성성각 항사계내 유화군미 이칭용종지존 부호법왕
志心頂禮供養 塵墨劫前 早成正覺 恒沙界內 誘化群迷 已稱龍種之尊 復號法王

(중화) 여시해회 원만교해
(衆和) 如是海會 圓滿教海

지자 체주법계 통변난사 화만진방 삼세불모 오봉성주 칠불조사 확주사계성가
之子 體周法界 通變難思 化滿塵邦 三世佛母 五峰聖主 七佛祖師 廓周沙界聖伽

람 만목문수접화담 언하부지개활안 회두지견구산암 대성문수사리보살 좌거백
藍 滿目文殊接話談 言下不知開活眼 回頭只見舊山巖 大聖文殊師利菩薩 坐踞白

상지왕 현화아미지경 곡제무유 인극아성 지전지상 보현보살 과무불궁 불사인
象之王 現化峨嵋之境 曲濟無遺 隣極亞聖 地前地上 普賢菩薩 果無不窮 不捨因

문묘각위중 보현보살 덕주법계 지순조선 등각위중 보현보살 체성주변 수연
門妙覺位中 普賢菩薩 德周法界 至順調善 等覺位中 普賢菩薩 體性周徧 隨緣

성덕 이사무애 보현보살 일즉일체 일체즉일 사사무애 보현보살 덕무불변 우
成德 理事無碍 普賢菩薩 一卽一切 一切卽一 事事無碍 普賢菩薩 德無不徧 佑

상이하 명문시방 신통자재 여래장자 법계원왕 보현신상여허공 의진이주비국
上利下 名聞十方 神通自在 如來長子 法界願王 普賢身相如虛空 依眞而住非國

토 수제중생심소욕 시현보신등일체 만행무궁 보현보살마하살
土 隨諸眾生心所欲 示現普身等一切 萬行無窮 普賢菩薩摩訶薩

(중화) 여시해회 제대보살
(衆和) 如是海會 諸大菩薩

지심정례공양 대방광불화엄경 화장장엄세계해 호위명난 체작침퇴 연핵교리
志心頂禮供養 大方廣佛華嚴經 華藏莊嚴世界海 互爲明難 遞作碪椎 研竅教理

이오군생 화피진계 용주삼세 문수보살 지혜명료 묘각심성 각수보살 법재구족
以悟群生 化被塵界 用周三世 文殊菩薩 智慧明了 妙覺心性 覺首菩薩 法財具足

교화중생 재수보살 진속무애 선지인과 보수보살 요달여래 설법공덕 덕수보살
教化衆生 財首菩薩 眞俗無碍 善知因果 寶首菩薩 了達如來 說法功德 德首菩薩

복전조도 여목장신 목수보살 위구보리 비수만행 정진수보살 정행성취 법문무
福田照導 如目將身 目首菩薩 爲求菩提 備修萬行 精進首菩薩 正行成就 法門無

량 법수보살 이지만행 능정무애 지수보살 상정불찰 일도청정 현수보살 십불
量 法首菩薩 二智萬行 能淨無碍 智首菩薩 常淨佛刹 一道淸淨 賢首菩薩 十佛

세계 극미진수 동명동호 법혜보살 십만불찰 극미진수 동명동호 금강장보살
世界 極微塵數 同名同號 法慧菩薩 十萬佛刹 極微塵數 同名同號 金剛藏菩薩

백억불찰 극미진수 동명동호 보현보살 수습공화만행 안좌수월도량 항복경상
百億佛刹 極微塵數 同名同號 普賢菩薩 修習空華萬行 安坐水月道場 降伏鏡像

천마 증성몽중불과 화엄경중 제대보살마하살
天魔 證成夢中佛果 華嚴經中 諸大菩薩摩訶薩

(종화) 여시해회 제대보살
(衆和) 如是海會 諸大菩薩

지심정례공양 해안고절처 보타낙가산 정법명왕 성관자재 발응취대 순염주홍
志心頂禮供養 海岸孤絶處 普陀洛迦山 正法明王 聖觀自在 髮凝翠黛 唇艶朱紅

검투단하 미만초월 사칭다리 시호길상 교소의이목환중동 좌청련이신엄백복
臉透丹霞 眉彎初月 乍稱多利 時號吉祥 皎素衣而目焕重瞳 坐青蓮而身嚴百福

향접위고 성찰구애 사월현어구소 형분중수 여춘행어만국 체비군방 대비대원
響接危苦 聲察求哀 似月現於九宵 形分衆水 如春行於萬國 體備群芳 大悲大願

대성대자 대성자모 관세음보살 해중용출보타산 관음보살재기간 삼근자죽위반
大聖大慈 大聖慈母 觀世音菩薩 海中湧出普陀山 觀音菩薩在其間 三根紫竹為伴

러 일지양류쇄진방 앵무함화내공양 용녀헌보천반주 각답연화천타현 수집감로
侶 一枝楊柳灑塵邦 鸚鵡含花來供養 龍女獻寶千般珠 脚踏蓮華千朶現 手執甘露

도중생 사부사의덕 관세음보살 이십오원통 관세음보살 사십이수 관세음보살 천수천
度衆生 四不思議德 觀世音菩薩 二十五圓通 觀世音菩薩 四十二手 觀世音菩薩 千手千

십구시현신 관세음보살 일십일면 관세음보살 십사무외력 관세음보살
十九示現身 觀世音菩薩 一十一面 觀世音菩薩 十四無畏力 觀世音菩薩

안 관세음보살 팔만사천 삭가라수 팔만사천 모다라비 팔만사천 청정보목 혹
眼 觀世音菩薩 八萬四千 爍迦羅手 八萬四千 母陀羅臂 八萬四千 清淨寶目 或

자혹위 분형산체 영제중생 발고여락 일엽홍련재해중 벽파심처현신통 작야보
慈或威 分形散體 令諸衆生 找苦與樂 一葉紅蓮在海中 碧波深處現神通 昨夜寶

타관자재 금일강부도량중 대자대비 관세음보살마하살
陀觀自在 今日降赴道場中 大慈大悲 觀世音菩薩摩訶薩

(중화) 여시해회 제대보살
(衆和) 如是海會 諸大菩薩

지심정례공양 위신자재 색상단엄
志心頂禮供養 威神自在 色相端嚴

관중보계수천화 신상운의경오채 신광병출금
冠中寶髻垂千華 身上雲衣輕五彩 神光迸出金

병외 섭화중생 호상분휘탁세중 조촉군품 대희대사 대세지보살 염마라 유명계
瓶外 攝化衆生 毫相分輝濁世中 照燭群品 大喜大捨 大勢至菩薩 閻摩羅 幽冥界

취의원정 시상사문 집석지주 안여추월 치배가설 미수수양 비심이장구삼도 홍
毳衣圓頂 示相沙門 執錫持珠 顏如秋月 齒排珂雪 眉秀垂楊 悲心而長救三途 弘

원이매유육취 중생도진 방증보리 지옥미제 서불성불 대원본존 지장보살 만월
願而每遊六趣 衆生度盡 方證菩提 地獄未除 誓不成佛 大願本尊 地藏菩薩 滿月

진용 징강정안 장마니이시원과위 제함담이유섭인문 보방자광 상휘혜검 조명
眞容 澄江淨眼 掌摩尼而示圓果位 蹄萫莒而猶蹭因門 普放慈光 常揮慧劍 照明

음로 단멸죄근 당절귀의 해지감응 자인적선 서구중생 수중금석 진개지옥지문
陰路 斷滅罪根 倘切歸依 奚遲感應 慈仁積善 誓救衆生 手中金錫 振開地獄之門

장상명주 광섭대천지계 염왕전상 업경대전 위남염부제중생 작개증명공덕주
掌上明珠 光攝大千之界 閻王殿上 業鏡臺前 爲南閻浮提衆生 作個證明功德主

십구생래위선녀 탈의입지호지장 명간위주도생원 지옥문전루만행 대원본존
十九生來爲善女 脫衣入地號地藏 冥間爲主度生願 地獄門前淚萬行 大願本尊

지장보살마하살
地藏菩薩摩訶薩

(중화) 여시해회 일체보살
(衆和) 如是海會 一切菩薩

지심정례공양 수경천충지보개 신괴백복지화만 도청혼어극락계중 인망령 향
志心頂禮供養 手擎千層之寶盖 身掛百福之華鬘 導清魂於極樂界中 引亡靈 向

벽련대반 대성인로왕보살 능단무명 미세혹결 대성금강장보살 최멸중생 인아
碧蓮臺畔 大聖引路王菩薩 能斷無明 微細惑結 大聖金剛藏菩薩 摧滅衆生 人我

업산 대자제장애보살 자융즉세 비진후겁 자씨미륵보살 보불법륜 제단윤회
業山 大慈除障碍菩薩 慈融卽世 悲臻後劫 慈氏彌勒菩薩 補佛法輪 除斷輪廻

제화가라보살 진언궁중 신통장엄 불모대자 준제보살 상주금강 연설반야 대혜
提花羯羅菩薩 眞言宮中 神通莊嚴 佛母大慈 準提菩薩 常住金剛 演說般若 大慧

법기보살 분골향성 상제구법 살타파륜보살 연수왕보살 장수왕보살 여기권속
法起菩薩 焚骨香城 常啼求法 薩陀波崙菩薩 延壽王菩薩 長壽王菩薩 與其眷屬

일만이천보살 상계교주 천장보살 음부교주 지지보살 유명교주 지장보살 백명
一萬二千菩薩 上界教主 天藏菩薩 陰府教主 地持菩薩 幽冥教主 地藏菩薩 百明

이생 천광파암 일광변조 소재보살 성주숙왕 청량조야 월광변조 식재보살 약
利生 千光破暗 日光遍照 消災菩薩 星主宿王 清凉照夜 月光遍照 息災菩薩 藥

왕보살 약상보살 종피상방 내예사바 찬탄공양 구백만보살 무진의보살 해탈월
王菩薩 藥上菩薩 從彼上方 來詣娑婆 讚嘆供養 九百萬菩薩 無盡意菩薩 解脫月

보살 청량산 일만보살 구위우탁안변주 진작삼도혼처월 능이묘수집연화 접인
菩薩 清凉山 一萬菩薩 俱爲五濁岸邊舟 盡作三途昏處月 能以妙手執蓮華 接引

중생향낙방 보리고광 대지굉심 일체청정 대해중보살마하살
衆生向樂邦 菩提高廣 大智宏深 一切清淨 大海衆菩薩摩訶薩

(중화)
(衆和) 여시해회 제대보살
如是海會 諸大菩薩

지심정례공양 대방광불화엄경 화장장엄세계해 선지식자 시아사부 선지식자
志心頂禮供養 大方廣佛華嚴經 華藏莊嚴世界海 善知識者 是我師傳 善知識者

시아안목 선지식자 시아진량 선지식자 시아지승 사라림중 광설법계 수다라문
是我眼目 善知識者 是我津梁 善知識者 是我智乘 沙羅林中 廣說法界 修多羅門

대성문수사리동자 묘봉산상 서보경행 덕운비구 해문국중 법우윤물 해운비구
大聖文殊師利童子 妙峰山上 徐步經行 德雲比丘 海門國中 法雨潤物 海雲比丘

능가도변 해안취락 선주비구 자재성중 설륜자법 미가장자 주림성중 정시법계
楞伽途邊 海岸聚落 善住比丘 自在城中 說輪字法 彌伽長者 住林城中 正示法界

해탈장자 마니취락 신안부동 해당비구 여시내지 장엄누각 광시법계 미륵보살
解脫長者 摩尼聚落 身安不動 海幢比丘 如是乃至 莊嚴樓閣 廣示法界 彌勒菩薩

요신우수 회시법문 문수보살 공덕지혜 구족장엄 보현보살 일생능원 광겁지과
遙伸右手 誨示法門 文殊菩薩 功德智慧 具足莊嚴 普賢菩薩 一生能圓 廣劫之果

선재동자 여시오십삼 제위선지식 겁중소유제불현 실개승사진무여 함이청정신
善財童子 如是五十三 諸位善知識 劫中所有諸佛現 悉皆承事盡無餘 咸以清淨信

해심 청문호지소설법 무량무변 자비성자
解心 聽聞護持所說法 無量無邊 慈悲聖者

(중화) 여시해회 제대선지식
(衆和) 如是海會 諸大善知識

지심정례공양 삼천계내 백억찰중 불입열반 현서선정 증사제리 단삼유신 오인
志心頂禮供養 三千界內 百億剎中 不入涅槃 現棲禪定 證四諦理 斷三有身 悟因

연공 출사생계 진명량우 시대복전 염화미소 격외선전 두타제일 가섭존자 다
緣空 出四生界 眞明良友 是大福田 拈花微笑 格外禪詮 頭陀第一 迦葉尊者 多

문총지 유통교해 다문제일 아난존자 지혜무쌍 결요분명 지혜제일 사리불존자
聞摠持 流通教海 多聞第一 阿難尊者 智慧無雙 決了分明 知慧第一 舍利弗尊者

광겁유래 증득공성 해공제일 수보리존자 구대변재 설법여운 법문제일 부루나
曠劫由來 證得空性 解空第一 須菩提尊者 具大辯才 說法如雲 法門第一 富樓那

존자 원명통달 신변난사 신통제일 목건련존자 천안증청 등관생사 천안제일
尊者 圓明通達 神變難思 神通第一 目犍連尊者 天眼澄清 等觀生死 天眼第一

아나율존자 논량의리 단여석신 논의제일 가전연존자 비수제도 성취행문 밀행
阿那律尊者 論量義理 端如析薪 論議第一 迦旃延尊者 備修諸度 成就行門 密行

제일 라후라존자 어육진경 요오색성 지계제일 우바리존자 사향사과 조원성
第一 羅睺羅尊者 於六塵境 了悟色性 持戒第一 優婆夷尊者 四向四果 早圓成

삼명육통실구족 밀승아불정령촉 주세항위진복전 여래상족 십대제자
三明六通悉具足 密承我佛叮嚀囑 住世恒爲眞福田 如來上足 十大弟子

(종화) 여시해회 제대존자
(衆和) 如是海會 諸大尊者

지심정례공양 능인기멸지후 자씨미생지전 불취적멸 현주선나 혹어원소암반
志心頂禮供養 能仁旣滅之後 慈氏未生之前 不就寂滅 現住禪那 或於猿嘯巖畔

하납반견이요도 霞衲半肩而樂道
혹어월명송하 或於月明松下
설미부안이관공 雪眉覆眼而觀空
주세응진 대아라한 서구다니주 住世應眞 大阿羅漢 西瞿陀尼洲
제일빈두로존자 가습미라국 第一賓頭盧尊者 迦濕彌羅國
제이가락가벌차존자 동승신주 第二迦諾迦伐蹉尊者 東勝身洲
제삼가락가바리타도아존자 북구로주 第三迦諾迦跋釐墮闍尊者 北俱盧洲
제사소빈타존자 남섬부주 第四蘇頻陀尊者 南瞻部洲
제오낙구라존자 탐몰라주 第五諾矩羅尊者 耽沒羅洲
제육발타라존자 승가다주 第六跋陀羅尊者 僧伽荼洲
제칠가리가존자 발랄나주 第七迦理迦尊者 鉢剌那洲
제팔벌사라불다라존자 향취산중 第八伐闍羅弗多羅尊者 香醉山中
제구수박가존자 삼십삼천중 第九戍博迦尊者 三十三天中
제십반탁가존자 필리양구주 第十半託迦尊者 畢利颺瞿洲
제십일라호라존자 반도파산중 第十一羅怙羅尊者 半度波山中
제십이나가서나존자 광협산중 第十二那伽犀那尊者 廣脇山中
제십삼인게라존자 가주산중 第十三因揭羅尊者 可住山中
제십사벌라바사존자 축봉산중 第十四伐羅波斯尊者 鷲峰山中
제십오아시다존자 지축산중 第十五阿氏多尊者 持軸山中
제십육주다반탁가존자 第十六注茶半託迦尊者
주현성월야개일 하견빙설동견홍 안청비관이릉어 무진장중색시공 여시오
晝現星月夜開日 夏見氷雪冬見虹 眼聽鼻觀耳能語 無盡藏中色是空 如是五
백성 독수성 내지 천이백 제대아라한성중 百聖 獨修聖 乃至 千二百 諸大阿羅漢聖衆

(중화) 여시해회 제대성중
(衆和) 如是海會 諸大聖衆

지심정례공양 화엄칠조 적거팔지 최사현정 마명보살 수하생신 용궁오도 용수
志心頂禮供養 華嚴七祖 跡居八地 摧邪現正 馬鳴菩薩 樹下生身 龍宮悟道 龍樹 四

보살 위진해악 휘등고금 제심조사 선능개연 최상종승 운화응공 사
菩薩 威振海岳 輝騰古今 帝心祖師 善能開演 最上宗乘 雲華祖師 五雲凝空

화추지 현수대사 수상이소 발탁유혼 청량국사 심지개통 의천낭요 규봉선사
花墜地 賢首大師 首相二疏 拔擢幽昏 清凉國師 心地開通 義天朗曜 圭峰禪師

해외전등 도의국사 나계정주 범일국사 상기만천 철감국사 무설유양 무염국사
海外傳燈 道義國師 螺髻頂珠 梵日國師 霜氣滿天 哲鑑國師 無舌愈揚 無染國師

산신현청 도헌국사 남악분휘 혜철국사 해동초조 원효국사 의상조사 윤필거사
山神現請 道憲國師 南岳分輝 慧徹國師 海東初祖 元曉國師 義湘祖師 閏筆居士

자장율사 보조국사 일체작법지처 위작증명법사 서천국 백팔대조사 제라박타
慈藏律師 普照國師 一切作法之處 爲作證明法師 西大國 百八代祖師 提納縛陀

존자 지공대화상 고려국 공민왕사 보제존자 나옹대화상 조선국 태조왕사 묘
尊者 指空大和尚 高麗國 恭愍王師 普濟尊者 懶翁大和尚 朝鮮國 太祖王師 妙

엄존자 무학대화상 아인망처초삼계 대오진공증법신 무영수두화난만 청산의구
嚴尊者 無學大和尚 我人忘處超三界 大悟眞空證法身 無影樹頭花爛熳 青山依舊

겁전춘 제대조사 천하종사 일체미진수 제대선지식
劫前春 諸大祖師 天下宗師 一切微塵數 諸大善知識

(중화) 여시해회 제대조사
(衆和) 如是海會 諸大祖師

지심정례공양 사바세계 차사천하 남염부제 칠처구회 주변시방 동류찰 이류찰
志心頂禮供養 娑婆世界 此四天下 南閻浮提 七處九會 周遍十方 同類刹 異類刹

진찰종 진화장 화장지외 시방무간 여찰해 여찰종 무수무량 무변무등 불가칭
塵刹種 盡華藏 華藏之外 十方無間 餘刹海 餘刹種 無數無量 無邊無等 不可稱

불가량 불가설전 불가설 진법계 허공계 시방삼세 제망중중 승가야 중중존 오
不可量 不可說轉 不可說 盡法界 虛空界 十方三世 帝綱重重 僧伽耶 衆中尊 五

덕사 육화려 이생위사업 홍법시가무 피요진 상연좌 적정처 차신불추의 충장
德師 六和侶 利生爲事業 弘法是家務 避擾塵 常宴座 寂靜處 遮身拂毳衣 充腸

채신우 발항용 석해호 법등상변조 조인상전부 돈오점오 비증지증 일승삼승
採辛芋 鉢降龍 錫解虎 法燈常遍照 祖師常傳付 頓悟漸悟 悲增智增 一乘三乘

동체별체 수성이리 이증삼명 등지삼현병사과 보살연각성문승 무색성중현색성
同體別體 修成二利 已證三明 等地三賢並四果 菩薩緣覺聲聞僧 無色聲中現色聲

대비위체이군생 일승대승 소승현성 상주일체 청정승보
大悲爲體利群生 一乘大乘 小乘賢聖 常住一切 清淨僧寶

(종화) 여시해회 일체현성
(衆和) 如是海會 一切賢聖

유원 무진삼보 대자대비 수아정례 명훈가피력 원공법계제중생 동입미타대원해
唯願 無盡三寶 大慈大悲 受我頂禮 冥熏加被力 願共法界諸衆生 同入彌陀大願海

발원문(發願文)

앙고 仰告

시방삼세 十方三世
제망중중 帝網重重
무진삼보 無盡三寶
불사자비 不捨慈悲
허수낭감 許垂朗鑑
금일재자 今日齋者
여시회대중 與時會大衆

사사시주 四事施主
보여법계 普與法界
사생칠취 四生七趣
삼도팔난 三途八難
사은삼유 四恩三有
일체중생 一切衆生
원생생세세 願生生世世
재재처 在在處

처 處
진진찰찰 塵塵刹刹
찰진진찰 刹塵塵刹
안중상견 眼中常見
여시경전 如是經典
이중상문 耳中常聞
여시경전 如是經典
구중상송 口中常誦
여시 如是

경전 經典
수중상서 手中常書
여시경전 如是經典
심중상오 心中常悟
여시경전 如是經典
중중상설 衆中常說
여시경전 如是經典
원생생세세 願生生世世

재재처처 在在處處
진진찰찰 塵塵刹刹
찰진진찰 刹塵塵刹
상득친근 常得親近
화장세계 華藏世界
일체성현 一切聖賢
자비섭수 慈悲攝受
경여소설 經如所說

실원증명 悉願證明

금일재자 今日齋者
시회대중 時會大衆
사사시주 四事施主
보여법계 普與法界
사생칠취 四生七趣
삼도팔난 三途八難
사은삼유 四恩三有
일체중생 一切衆生

소무시이래 消無始以來
진법계 盡法界
허공계 虛空界
무량죄구 無量罪垢
해무시이래 解無始以來
진법계 盡法界
허공계 虛空界
무량원결 無量寃結

단 斷
무시이래 無始以來
진법계 盡法界
허공계 虛空界
무량무명 無量無明
적무시이래 積無始以來
진법계 盡法界
허공계 虛空界
무량행원 無量行願
집무 集無

시이래 진법계 허공계 무량복지 득무시
始以來 盡法界 虛空界 無量福智 得無始

이래 진법계 허공계 무량불과 도무시
以來 盡法界 虛空界 無量佛果 度無始

이래 진법계 허공계 무량중생 동왕극락 친견미타 획몽마정기 증오무생인
以來 盡法界 虛空界 無量衆生 同往極樂 親見彌陀 獲蒙摩頂記 證悟無生忍

금일재자 시회대중 사사시주 보여법계 사생칠취 삼도팔난 사은삼유 일체중생
今日齋者 時會大衆 四事施主 普與法界 四生七趣 三途八難 四恩三有 一切衆生

이차공양공덕 이차예경공덕 이차칭경공덕 이차발원공덕 이차수희공덕 이차
以此供養功德 以此禮敬功德 以此稱經功德 以此發願功德 以此隨喜功德 以此

찬탄공덕 원여피 대방광불화엄경 십처십회불보살 동유화장장엄해 동입보리대
讚歎功德 願如彼 大方廣佛華嚴經 十處十會佛菩薩 同遊華藏莊嚴海 同入菩提大

도량 상봉화엄불보살 상몽제불대광명 소멸무량중죄장 획득무량대지혜 돈성무
道場 常逢華嚴佛菩薩 常蒙諸佛大光明 消滅無量衆罪障 獲得無量大智慧 頓成無

상최정각 광도무변제중생 이보제불막대은 세세상행보살도 구경원만대보리
上最正覺 廣度無邊諸衆生 以報諸佛莫大恩 世世常行菩薩道 究竟圓滿大菩提

마하반야바라밀
摩訶般若婆羅蜜

● 각단예경(各壇禮敬)

■ 극락전(極樂殿)

예경(禮敬)

지심귀명례 극락도사 아미타여래불
志心歸命禮 極樂導師 阿彌陀如來佛

지심귀명례 좌우보처 관음세지양대보살
志心歸命禮 左右補處 觀音勢至兩大菩薩

지심귀명례 일체청정 대해중보살마하살
志心歸命禮 一切淸淨 大海衆菩薩摩訶薩

탄백(歎白)

무량광중화불다 앙첨개시아미타
無量光中化佛多 仰瞻皆是阿彌陀

응신각정황금상 보계도선벽옥라 고아일심귀명정례
應身各挺黃金相 寶髻都旋碧玉螺 故我一心歸命頂禮

■ 약사전(藥師殿)

예경(禮敬)

지심귀명례 동방만월세계 십이상원 약사유리광여래불
志心歸命禮 東方滿月世界 十二上願 藥師琉璃光如來佛

지심귀명례 좌보처 일광변조보살마하살
志心歸命禮 左補處 日光遍照菩薩摩訶薩

지심귀명례 우보처 월광변조보살마하살
志心歸命禮 右補處 月光遍照菩薩摩訶薩

탄백(歎白)

십이대원접군기 일편비심무공결
十二大願接群機 一片悲心無空缺

범부전도병근심 불우약사죄난멸
凡夫顚倒病根深 不遇藥師罪難滅

고아일심귀명정례
故我一心歸命頂禮

예경(禮敬)

지심귀명례 志心歸命禮
현거도솔 現居兜率　당강용화 當降龍華　자씨미륵존여래불 慈氏彌勒尊如來佛

지심귀명례 志心歸命禮
복연증승 福緣增勝　수량무궁 壽量無窮　자씨미륵존여래불 慈氏彌勒尊如來佛

지심귀명례 志心歸命禮
원력장엄 願力莊嚴　자비광대 慈悲廣大　자씨미륵존여래불 慈氏彌勒尊如來佛

탄백(歎白)

고거도솔허제반 高居兜率許躋攀　원사용화조우란 遠嗣龍華遭遇難

백옥호휘충법계 白玉毫輝充法界　자금의상화진환 紫金儀相化塵寰

고아일심귀명정례 故我一心歸命頂禮

■ 관음전(觀音殿)

예경(禮敬)

지심귀명례 보문시현 원력홍심 대자대비 관세음보살
志心歸命禮 普門示現 願力弘深 大慈大悲 觀世音菩薩

지심귀명례 심성구고 응제중생 대자대비 관세음보살
志心歸命禮 尋聲救苦 應諸衆生 大慈大悲 觀世音菩薩

지심귀명례 좌보처 남순동자 우보처 해상용왕
志心歸命禮 左補處 南巡童子 右補處 海上龍王

탄백(歎白)

일엽홍련재해중 벽파심처현신통
一葉紅蓮在海中 碧波深處現神通

작야보타관자재 금일강부도량중 고아일심귀명정례
昨夜寶陀觀自在 今日降赴道場中 故我一心歸命頂禮

상단예경(上壇禮敬)

지심귀명례 지장원찬 이십삼존 제위여래불
志心歸命禮 地藏願讚 二十三尊 諸位如來佛

지심귀명례 유명교주 지장보살마하살
志心歸命禮 幽冥教主 地藏菩薩摩訶薩

지심귀명례 좌우보처 도명존자 무독귀왕
志心歸命禮 左右補處 道明尊者 無毒鬼王

탄백(歎白)

지장대성위신력 항하사겁설난진
地藏大聖威神力 恒河沙劫說難盡

견문첨례일념간 이익인천무량사
見聞瞻禮一念間 利益人天無量事

고아일심귀명정례
故我一心歸命頂禮

중단예경(中壇禮敬)

지심귀명례 志心歸命禮　풍도대제 酆都大帝　명부시왕중 冥府十王衆

지심귀명례 志心歸命禮　태산부군 泰山府君　판관귀왕중 判官鬼王衆

지심귀명례 志心歸命禮　장군동자 將軍童子　사자졸리 使者卒吏　아방등중 阿旁等衆

탄백(歎白)

제성자풍수불호 諸聖慈風誰不好　명왕원해최란궁 冥王願海最難窮

오통신속우란측 五通神速尤難測　명찰인간순식중 明察人間瞬息中

고아일심귀명정례 故我一心歸命頂禮

예경(禮敬)

지심귀명례 영산교주 시아본사 서가모니불
志心歸命禮 靈山敎主 是我本師 釋迦牟尼佛

지심귀명례 좌우보처 양대보살
志心歸命禮 左右補處 兩大菩薩

지심귀명례 십육대아라한 감재직부 제위사자등중
志心歸命禮 十六大阿羅漢 監齋直符 諸位使者等衆

탄백(歎白)

청련좌상월여생 삼천계주석가존
青蓮座上月如生 三千界主釋迦尊

자감궁중성약렬 십육대아라한중 고아일심귀명정례
紫紺宮中星若列 十六大阿羅漢衆 故我一心歸命頂禮

■ 산왕단(山王壇、一名 山神閣 山靈閣 山祭壇)

예경(禮敬)

지심귀명례 志心歸命禮 　만덕고승 萬德高勝 　성개한적 性皆閑寂 　산왕대신 山王大神

지심귀명례 志心歸命禮 　차산국내 此山局內 　항주대성 恒住大聖 　산왕대신 山王大神

지심귀명례 志心歸命禮 　시방법계 十方法界 　지령지성 至靈至誠 　산왕대신 山王大神

탄백(歎白)

영산석일여래촉 靈山昔日如來囑 　위진강산도중생 威振江山度衆生

만리백운청장리 萬里白雲靑嶂裡 　운거학가임한정 雲車鶴駕任閒情

고아일심귀명정례 故我一心歸命頂禮

■ 조왕단(竈王壇)

예경(禮敬)

지심귀명례 팔만사천 조왕대신
志心歸命禮 八萬四千 竈王大神

지심귀명례 좌보처 담시력사
志心歸命禮 左補處 擔柴力士

지심귀명례 우보처 조식취모
志心歸命禮 右補處 造食炊母

탄백(歎白)

향적주중상출납 호지불법역최마
香積廚中常出納 護持佛法亦摧魔

인간유원내성축 제병소재강복다
人間有願來誠祝 除病消災降福多

고아일심귀명정례
故我一心歸命頂禮

■ 칠성단(七星壇、一名七星閣)

예경(禮敬)

지심귀명례 志心歸命禮
금륜보계 金輪寶界 치성광여래불 熾盛光如來佛

지심귀명례 志心歸命禮
좌우보처 左右補處 일광월광 日光月光 양대보살 兩大菩薩

지심귀명례 志心歸命禮
북두대성 北斗大星 칠원성군 七元星君 주천열요 周天列曜 제성군중 諸星君衆

탄백(歎白)

자미대제통성군 紫微大帝統星君 십이궁중태을신 十二宮中太乙神

칠정제림위성주 七政齊臨爲聖主 삼태공조작현신 三台共照作賢臣

고아일심귀명정례 故我一心歸命頂禮

예경(禮敬)

지심귀명례 천태산상 독수선정 나반존자
志心歸命禮 天台山上 獨修禪定 那畔尊者

지심귀명례 천상인간 응공복전 나반존자
志心歸命禮 天上人間 應供福田 那畔尊者

지심귀명례 불입열반 대사용화 나반존자
志心歸命禮 不入涅槃 待竢龍華 那畔尊者

탄백(歎白)

나반신통세소희 행장현화임시위
那畔神通世所稀 行藏現化任施爲

송암은적경천겁 생계잠형입사유
松巖隱跡經千劫 生界潛形入四維

고아일심귀명정례
故我一心歸命頂禮

■ 용왕단(龍王壇)

예경(禮敬)

지심귀명례 삼주호법 위태천신
志心歸命禮 三州護法 韋馱天神

지심귀명례 좌보처 사가라용왕
志心歸命禮 左補處 沙伽羅龍王

지심귀명례 우보처 화수길용왕
志心歸命禮 右補處 和修吉龍王

탄백(歎白)

시우행운사대주 오화수출구천두
施雨行雲四大洲 五花秀出救千頭

도생일념귀무념 백곡이리해중수
度生一念歸無念 百穀以利海衆收

고아일심귀명정례
故我一心歸命頂禮

● 송주 (誦呪)

※ 송주는 사대주와 장엄염불을 독송하며, 시간에 따라 내용은 가감할 수 있다.

송주를 모시는 전통방법은 북과 광쇠를 이용하며, 대방의 지전(持殿)이 북과 광쇠로 송주를 시작하면, 대중은 동음으로 의식을 거행한다. 「정구업진언」부터 장엄염불 초반 「나무서방대고주무량수여래불」까지는 염불성으로 의식을 거행한다. 이후, 「나무아미타불」 십념은 아주 천천히 염송하고, 이후의 장엄염불은 송주성으로 거행하며, 이후 「나무아미타불」 이후 광쇠로 전통방법이 어려운 경우에는 일반적인 형태의 평염불과 장엄염불성으로 거행하면 될 것이다. 송주 말미에 섭수게「~유원자비애섭수」를 하고 나면, 일어나서 경쇠 들고 부처님 앞에 나아가 경쇠 3번 친 후, 「유심정토자성미타 연지해회 제불제보살(3)」과, 공덕게를 모신 다음, 소종을 3번 쳐주고, 그 후 광쇠와 북을 동시에 3번 친 후 「성불합쇼(성불하십시오)」로 마친다.

정구업진언
淨口業眞言

수리수리 마하수리 수수리 사바하 (三遍)

오방내외안위제신진언
五方內外安慰諸神眞言

나무 사만다 못다남 옴 도로도로 지미 사바하 (三遍)

개경게 (開經偈)

무상심심미묘법
無上甚深微妙法

백천만겁난조우
百千萬劫難遭遇

아금문견득수지
我今聞見得受持

원해여래진실의
願解如來眞實意

개법장진언
開法藏眞言

옴 아라남 아라다 (三遍)

흠 다로옹박 사바하 (三遍)

다냐타 옴 아나례 비사제 비라 바아라 다리 반다 반다니 바아라 바니반 호

나무대불정
南無大佛頂

여래밀인
如來密因

수증요의
修證了義

제보살만행
諸菩薩萬行

수능엄신주
首楞嚴神呪

정본 관자재보살 여의륜주
正本 觀自在菩薩 如意輪呪

나무 못다야 나무 달마야 나무 승가야 나무 아리야 바로기제 사라야 모지사다야 마하사다야 마하가로 니가야 하리다야 다냐타 가가나 바라지진다 마니 마하무다례 루로루로 지따 하리다예 비사예 옴 부다나 부다니 야둥 (三遍)

불정심 관세음보살 모다라니
佛頂心 觀世音菩薩 姥陀羅尼

나모라 다나다라 야야 나막 아리야 바로기제 새바라야 모지 사다바야 마하

사다바야 마하가로 니가야 다냐타 아바다 아바다 바리바제 인혜혜 다냐타

살바다라니 만다라야 인혜혜 바리 마수다 못다야 옴 살바 작수가야 다라니

인지리야 다냐타 바로기제 새바라야 살바도따 오하야미 사바하 (三遍)

불설소재길상다라니
佛說消災吉祥陀羅尼

나무 사만다 못다남 아바라지 하다사 사나남 다냐타 옴 카카 카헤 카헤 훔

훔 아바라 아바라 바라아바라 바라아바라 지따 지따 지리 지리 빠다 빠다

선지가 시리예 사바하 (三遍)

※ 다음 게송부터는 저녁송주도 동일하다.

준제공덕취 准提功德聚 **적정심상송** 寂靜心常誦 **일체제대난** 一切諸大難 **무능침시인** 無能侵是人

천상급인간 天上及人間 **수복여불등** 受福如佛等 **우차여의주** 遇此如意珠 **정획무등등** 定獲無等等

「나무칠구지불모대준제보살」 (三說)
南無七俱胝佛母大准提菩薩

정법계진언
淨法界眞言
옴 람 (三遍)

호신진언
護身眞言
옴 치림 (三遍)

관세음보살 본심미묘 육자대명왕진언
觀世音菩薩 本心微妙 六字大明王眞言
옴 마니 반메 훔 (三遍)

준제진언
准提眞言
나무 사다남 삼먁 삼못다 구치남 다냐타
「옴 자례주례 준제 사바하 부림」 (三遍)

아금지송대준제
我今持誦大准提
즉발보리광대원
卽發菩提廣大願
원아정혜속원명
願我定慧速圓明
원아공덕개성취
願我功德皆成就

원아승복변장엄
願我勝福遍莊嚴
원공중생성불도
願共衆生成佛道

여래십대발원문
如來十大發願文

원아영리삼악도
願我永離三惡道
원아속단탐진치
願我速斷貪瞋癡
원아상문불법승
願我常聞佛法僧
원아근수계정혜
願我勤修戒定慧

원아항수제불학
願我恒隨諸佛學
원아불퇴보리심
願我不退菩提心
원아결정생안양
願我決定生安養
원아속견아미타
願我速見阿彌陀

원아분신변진찰 　　 원아광도제중생
願我分身遍塵刹 　　 願我廣度諸衆生

발사홍서원
發四弘誓願

중생무변서원도 　 번뇌무진서원단 　 법문무량서원학 　 불도무상서원성
衆生無邊誓願度 　 煩惱無盡誓願斷 　 法門無量誓願學 　 佛道無上誓願成

자성중생서원도 　 자성번뇌서원단 　 자성법문서원학 　 자성불도서원성
自性衆生誓願度 　 自性煩惱誓願斷 　 自性法門誓願學 　 自性佛道誓願成

발원이 귀명례삼보
發願已 歸命禮三寶

「나무상주시방불 　 나무상주시방법 　 나무상주시방승」 (三說)
南無常住十方佛 　 南無常住十方法 　 南無常住十方僧

■ 장엄염불(莊嚴念佛) ※장엄염불 게송은 시간에 따라 가감할 수 있다.

아미타불진금색 　 상호단엄무등륜 　 백호완전오수미 　 감목징청사대해
阿彌陀佛眞金色 　 相好端嚴無等倫 　 白毫宛轉五須彌 　 紺目澄清四大海

광중화불무수억 　 화보살중역무변 　 사십팔원도중생 　 구품함령등피안
光中化佛無數億 　 化菩薩衆亦無邊 　 四十八願度衆生 　 九品含靈登彼岸

南無西方大教主　無量壽如來佛　「南無阿彌陀佛」（十念）

이차예찬불공덕 以此禮讚佛功德
장엄법계제유정 莊嚴法界諸有情
임종실원왕서방 臨終悉願往西方
공도미타성불도 共觀彌陀咸成佛道

극락세계보지중 極樂世界寶池中
구품연화여거륜 九品蓮華如車輪
미타장육금구립 彌陀丈六金軀立
좌수당흉우수수 左手當胸右手垂

녹라의상홍가사 綠羅衣上紅袈裟
금면미간백옥호 金面眉間白玉毫
좌우관음대세지 左右觀音大勢至
시립장엄심제관 侍立莊嚴審諦觀

귀명성자관자재 歸命聖者觀自在
신약금산담복화 身若金山薝蔔花
귀명성자대세지 歸命聖者大勢至
신지광명조유연 身智光明照有緣

삼성소유공덕취 三聖所有功德聚
수월진사대약공 數越塵沙大若空
시방제불함찬탄 十方諸佛咸讚嘆
진겁부능궁소분 塵劫不能窮少分

시고아금공경례 是故我今恭敬禮

원아진생무별념 願我盡生無別念
아미타불독상수 阿彌陀佛獨相隨
심심상계옥호광 心心常繫玉豪光
염념불리금색상 念念不離金色相

아집염주법계관 我執念珠法界觀
허공위승무불관 虛空爲繩無不貫
평등사나무하처 平等舍那無何處
관구서방아미타 觀求西方阿彌陀

나무서방대교주 南無西方大教主
무량수여래불 無量壽如來佛
「나무아미타불」 「南無阿彌陀佛」 （十念）
남무아미타불 南無阿彌陀佛

※ 다음 게송부터는 게송 한 구절 마칠 때마다 후렴으로 「나무아미타불」을 염송한다。

극락세계십종장엄(極樂世界十種莊嚴)

법장서원수인장엄 法藏誓願修因莊嚴
사십팔원원력장엄 四十八願願力莊嚴
미타명호수광장엄 彌陀名號壽光莊嚴
삼대사관보상장엄 三大士觀寶像莊嚴
미타국토안락장엄 彌陀國土安樂莊嚴
보하청정덕수장엄 寶河清淨德水莊嚴
보전여의누각장엄 寶殿如意樓閣莊嚴
주야장원시분장엄 晝夜長遠時分莊嚴
이십사락정토장엄 二十四樂淨土莊嚴
삼십종익공덕장엄 三十種益功德莊嚴

미타인행사십팔원(彌陀因行四十八願)

악취무명원 惡趣無名願
무타악도원 無墮惡道願
동진금색원 同眞金色願
형모무차원 形貌無差願
성취숙명원 成就宿命願
생획천안원 生獲天眼願
생획천이원 生獲天耳願
보지심행원 普知心行願
신족초월원 神足超越願
정무아상원 淨無我想願
결정정각원 決定正覺願
광명보조원 光明普照願
수량무궁원 壽量無窮願
성문무수원 聲聞無數願
중생장수원 衆生長壽願
개획선명원 皆獲善名願
제불칭찬원 諸佛稱讚願
십념왕생원 十念往生願
임종현전원 臨終現前願
회향개생원 回向皆生願

구족묘상원 具足妙相願　함계보처원 咸階補處願　신공타방원 晨供他方願　소수만족원 所須滿足願　선입본지원 善入本智願

나라연력원 那羅延力願　장엄무량원 莊嚴無量願　보수실지원 實樹悉知願　획승변재원 獲勝辯才願　대변무변원 大辯無邊願

국정보조원 國淨普照願　무량승음원 無量勝音願　몽광안락원 蒙光安樂願　성취총지원 成就摠持願　영리여신원 永離女身願

문명지과원 聞名至果願　천인경례원 天人敬禮願　수의수념원 須衣隨念願　자생심정원 纔生心淨願　수현불찰원 樹現佛刹願

무제근결원 無諸根缺願　현증등지원 現證等持願　문생호귀원 聞生豪貴願　구족선근원 具足善根願　공불견고원 供佛堅固願

욕문자문원 欲聞自聞願　보리무퇴원 菩提無退願　현획인지원 現獲忍地願

제불보살십종대은 (諸佛菩薩十種大恩)

발심보피은 發心普被恩　난행고행은 難行苦行恩　일향위타은 一向爲他恩　수형육도은 隨形六途恩　수축중생은 隨逐眾生恩

대비심중은 大悲深重恩　은승창열은 隱勝彰劣恩　은실시권은 隱實示權恩　시멸생선은 示滅生善恩　비렴무진은 悲念無盡恩

보현보살십종대원 (普賢菩薩十種大願)

예경제불원 禮敬諸佛願

칭찬여래원 稱讚如來願

광수공양원 廣修供養願

참제업장원 懺除業障願

수희공덕원 隨喜功德願

청전법륜원 請轉法輪願

청불주세원 請佛住世願

상수불학원 常隨佛學願

항순중생원 恒順衆生願

보개회향원 普皆回向願

석가여래팔상성도(釋迦如來八相成道)

도솔래의상 兜率來儀相

비람강생상 毗藍降生相

사문유관상 四門遊觀相

유성출가상 踰城出家相

설산수도상 雪山修道相

수하항마상 樹下降魔相

녹원전법상 鹿苑轉法相

쌍림열반상 雙林涅槃相

다생부모십종대은(多生父母十種大恩)

회탐수호은 懷耽守護恩

임산수고은 臨産受苦恩

생자망우은 生子忘憂恩

연고토감은 咽苦吐甘恩

회간취습은 廻乾就濕恩

유포양육은 乳哺養育恩

세탁부정은 洗濯不淨恩

원행억념은 遠行憶念恩

위조악업은 爲造惡業恩

구경연민은 究竟憐愍恩

오종대은명심불망(五種大恩銘心不忘)

각안기소국왕지은 各安其所國王之恩

생양구로부모지은 生養劬勞父母之恩

유통정법사장지은 流通正法師長之恩

사사공양단월지은
四事供養檀越之恩

탁마상성붕우지은
琢磨相成朋友之恩

당가위보유차염불
當可爲報唯此念佛

고성염불십종공덕(高聲念佛十種功德)

일자공덕능배수면
一者功德能排睡眠

이자공덕천마경포
二者功德天魔驚怖

삼자공덕성변시방
三者功德聲遍十方

사자공덕삼도식고
四者功德三途息苦

오자공덕외성불입
五者功德外聲不入

육자공덕염심불산
六者功德念心不散

칠자공덕용맹정진
七者功德勇猛精進

팔자공덕제불환희
八者功德諸佛歡喜

구자공덕삼매현전
九者功德三昧現前

십자공덕왕생정토
十者功德往生淨土

청산첩첩미타굴
靑山疊疊彌陀窟

창해망망적멸궁
滄海茫茫寂滅宮

물물염래무가애
物物拈來無罣碍

기간송정학두홍
幾看松亭鶴頭紅

극락당전만월용
極樂堂前滿月容

옥호금색조허공
玉毫金色照虛空

약인일념칭명호
若人一念稱名號

경각원성무량공
頃刻圓成無量功

삼계유여급정륜
三界猶如汲井輪

백천만겁역미진
百千萬劫歷微塵

차신불향금생도
此身不向今生度

갱대하생도차신
更待何生度此身

천상천하무여불
天上天下無如佛

시방세계역무비
十方世界亦無比

세간소유아진견
世間所有我盡見

일체무유여불자
一切無有如佛者

※ 이후부터는 염불성으로 거행한다.

찰진심념가수지 剎塵心念可數知
대해중수가음진 大海中水可飲盡
허공가량풍가계 虛空可量風可繫
무능진설불공덕 無能盡說佛功德

가사정대경진겁 假使頂戴經塵劫
신위상좌변삼천 身爲牀座徧三千
약부전법도중생 若不傳法度衆生
필경무능보은자 畢竟無能報恩者

아차보현수승행 我此普賢殊勝行
무변승복개회향 無邊勝福皆回向
보원침익제중생 普願沈溺諸衆生
속왕무량광불찰 速往無量光佛刹

아미타불재하방 阿彌陀佛在何方
착득심두절막망 着得心頭切莫忘
염도염궁무념처 念到念窮無念處
육문상방자금광 六門常放紫金光

보화비진요망연 報化非眞了妄緣
법신청정광무변 法身淸淨廣無邊
천강유수천강월 千江有水千江月
만리무운만리천 萬里無雲萬里天

원공법계제중생 願共法界諸衆生
동입미타대원해 同入彌陀大願海
진미래제도중생 盡未來際度衆生
자타일시성불도 自他一時成佛道

나무서방정토 극락세계 삼십육만억 일십일만 구천오백 동명동호 대자대비 아
南無西方淨土 極樂世界 三十六萬億 一十一萬 九千五百 同名同號 大慈大悲 阿

미타불 나무서방정토 극락세계 불신장광 상호무변 금색광명 변조법계 사십팔원
彌陀佛 南無西方淨土 極樂世界 佛身長廣 相好無邊 金色光明 遍照法界 四十八願

도탈중생 불가설 불가설전 불가설 항하사 불찰미진수 도마죽위 무한극수 삼백
度脫衆生 不可說 不可說轉 不可說 恒河沙 佛刹微塵數 稻麻竹葦 無限極數 三百

육십만억 일십일만 구천오백 동명동호 대자대비 아등도사 금색여래 아미타불
六十萬億 一十一萬 九千五百 同名同號 大慈大悲 我等導師 金色如來 阿彌陀佛

나무 무견정상상 아미타불
南無 無見頂上相 阿彌陀佛

나무 정상육계상 아미타불
南無 頂上肉髻相 阿彌陀佛

나무 발감유리상 아미타불
南無 髮紺琉璃相 阿彌陀佛

나무 미간백호상 아미타불
南無 眉間白毫相 阿彌陀佛

나무 미세수양상 아미타불
南無 眉細垂楊相 阿彌陀佛

나무 안목청정상 아미타불
南無 眼目淸淨相 阿彌陀佛

나무 이문제성상 아미타불
南無 耳聞諸聖相 阿彌陀佛

나무 비고원직상 아미타불
南無 鼻高圓直相 阿彌陀佛

나무 설대법나상 아미타불
南無 舌大法螺相 阿彌陀佛

나무 신색진금상 아미타불
南無 身色眞金相 阿彌陀佛

나무문수보살
南無文殊菩薩

나무보현보살
南無普賢菩薩

나무관세음보살
南無觀世音菩薩

나무대세지보살
南無大勢至菩薩

나무금강장보살
南無金剛藏菩薩

나무제장애보살
南無除障碍菩薩

나무미륵보살 南無彌勒菩薩

나무지장보살 南無地藏菩薩

나무일체청정대해중보살마하살 南無一切清淨大海衆菩薩摩訶薩

원공법계제중생 願共法界諸衆生
동입미타대원해 同入彌陀大願海

발원게(發願偈)

원동염불인 願同念佛人
진생극락국 盡生極樂國
견불요생사 見佛了生死
여불도일체 如佛度一切

시방삼세불 十方三世佛
아미타제일 阿彌陀第一
구품도중생 九品度衆生
위덕무궁극 威德無窮極

아금대귀의 我今大歸依
참회삼업죄 懺悔三業罪
범유제복선 凡有諸福善
지심용회향 至心用回向

왕생게(往生偈)

원아임욕명종시 願我臨欲命終時
진제일체제장애 盡除一切諸障碍
면견피불아미타 面見彼佛阿彌陀
즉득왕생안락찰 即得往生安樂刹

공덕게(功德偈)

원이차공덕 願以此功德
보급어일체 普及於一切
아등여중생 我等與衆生
당생극락국 當生極樂國

동견무량수 (同見無量壽) 개공성불도 (皆空成佛道)

원왕생 (願往生) 원왕생 (願往生) 왕생극락견미타 (往生極樂見彌陀) 획몽마정수기별 (獲蒙摩頂受記別)

원왕생 (願往生) 원왕생 (願往生) 원재미타회중좌 (願在彌陀會中坐) 수집향화상공양 (手執香華常供養)

원왕생 (願往生) 원왕생 (願往生) 원생화장연화계 (願生華藏蓮花界) 자타일시성불도 (自他一時成佛道)

무량수불설왕생정토주 (無量壽佛說往生淨土呪)

나무 아미다바야 다타가다야 다디야타 아미리 도바비 아미리다 싯담바비 아미리다 비가란제 아미리다 비가란다 가미니 가가나 깃다가례 사바하 (三遍)

결정왕생정토진언 (決定往生淨土眞言)

나무 사만다 못다남 옴 아마리도 다바베 사바하 (三遍)

상품상생진언 (上品上生眞言)

옴 마니다니 훔훔 바탁 사바하 (三遍)

아미타불본심미묘진언 (阿彌陀佛本心微妙眞言)

다냐타 옴 아리다라 사바하 (三遍)

옴 노계 새바라 라아 하릭 (三遍)

아미타불심중심주
阿彌陀佛心中心呪

옴 아마리다 제체 하라 훔 (三遍)

무량수여래심주
無量壽如來心呪

무량수여래근본다라니
無量壽如來根本陀羅尼

나모라 다나다라 야야 나막알야 아미다바야 다타아다야 알하제 삼먁삼못다

야 다냐타 옴 아마리제 아마리도 나바베 아마리다 삼바베 아마리다 알베 아

미리다 싯제 아마리다 제체 아마리다 미가란제 아마리다 미가란다 아미니

아마리다 아아야 나비가례 아마리다 낭노비 사바례 살발타 사다니 살바갈마

가로삭사 염가례 사바하 (三遍)

답살무죄진언
踏殺無罪眞言

옴 이제리니 사바하 (三遍)

해원결진언
解冤結眞言

옴 삼다라 가닥 사바하 (三遍)

발보리심진언
發菩提心眞言

옴 모지 짓다 못다 바나야 믹 (三遍)

보시주은진언
報施主恩眞言

옴 아리야 승하 사바하 (三遍)

보부모은중진언
報父母恩重眞言

옴 아아나 사바하 (三遍)

선망부모왕생정토진언
先亡父母往生淨土眞言

나무 사만다 못다남 옴 숫제유리 사바하 (三遍)

문수보살법인능소정업주
文殊菩薩法印能消定業呪

옴 바계타 나막 사바하 (三遍)

보현보살멸죄주
普賢菩薩滅罪呪

지바닥 비니바닥 오소바닥 카혜 카혜 (三遍)

관세음보살멸업장진언
觀世音菩薩滅業障眞言

옴 아로늑계 사바하 (三遍)

지장보살멸정업진언
地藏菩薩滅定業眞言

옴 바라 마니 다니 사바하 (三遍)

대원성취진언
大願成就眞言

옴 아모카 살바다라 사다야 시베 훔 (三遍)

보궐진언
補闕眞言

옴 호로호로 사야목계 사바하 (三遍)

보회향진언
普回向眞言

옴 삼마라 삼마라 미만나 사라마하 자거라바 훔 (三遍)

회향발원문 (回向發願文)

계수서방안락찰 접인중생대도사 아금발원원왕생 유원자비애섭수
稽首西方安樂刹 接引衆生大導師 我今發願願往生 唯願慈悲哀攝受

유심정토 자성미타 연지해회 제불제보살 (三說)
唯心淨土 自性彌陀 蓮池海會 諸佛諸菩薩

공덕게 (功德偈)

원이차공덕 보급어일체 아등여중생 당생극락국
願以此功德 普及於一切 我等與衆生 當生極樂國

동견무량수 개공성불도
同見無量壽 皆空成佛道

※ 저녁송주는 천수경(p。一七六。)을 모신 후、 아침송주 장엄염불(p。一○三。)부터는 동일

하게 한다。

◉ 사시마지 (巳時摩旨)

■ 상단(上壇)

※ 마지쇠(새벽 예불쇠와 동일)를 친 후 거행하며, 축원의 내용은 상황에 맞게 가감한다.

정법계진언 淨法界眞言

옴 람 (三七遍)

공양게 (供養偈)

공양시방조어사 供養十方調御士
연양청정미묘법 演揚清淨微妙法
삼승사과해탈승 三乘四果解脫僧

원수애납수 願垂哀納受
원수애납수 願垂哀納受
원수자비애납수 願垂慈悲哀納受

예참 (禮懺)

지심정례공양 至心頂禮供養
시방삼세 十方三世
제망찰해 帝網刹海
상주일체 常住一切
불타야중 佛陀耶衆

지심정례공양 至心頂禮供養
시방삼세 十方三世
제망찰해 帝網刹海
상주일체 常住一切
달마야중 達磨耶衆

지심정례공양 至心頂禮供養
시방삼세 十方三世
제망찰해 帝網刹海
상주일체 常住一切
승가야중 僧伽耶衆

유원 唯願
무진삼보 無盡三寶
대자대비 大慈大悲
수차공양 受此供養
명훈가피력 冥熏加被力
원공법계제중생 願共法界諸衆生
동입미타대원해 同入彌陀大願海

축원(祝願)

상래소수불공덕 上來所修佛功德
회향삼처실원만 回向三處悉圓滿

지심봉위 至心奉爲
대한민국 大韓民國
천추만세 千秋萬歲
국운융창 國運隆昌
남북평화통일 南北平和統一
국태민안 國泰民安
세계평화 世界平和
만민 萬民

모산 某山
모사 某寺
수월도량 水月道場
주지 住持
여시회합원대중등 與時會合院大衆等

함락 咸樂
불일증휘 佛日增輝
법륜상전어만세 法輪常轉於萬歲
원당성조복무량 願堂成造福無量
성상소화구덕상 聖像塑畵具德相
궁전채화획 宮殿彩畵獲

장엄 莊嚴
인등향촉득광명 引燈香燭得光明
창호도배면팔난 窓戶塗褙免八難
유기철물신견고 鍮器鐵物身堅固
해설마장어무애 海雪麻醬語無礙
불양 佛糧

헌답복무변 獻畓福無邊
시방시주원성취 十方施主願成就
시회대중각복위 時會大衆各伏爲
선망부모왕극락 先亡父母往極樂
현존사친수여해 現存師親壽如海

법계애혼이고취 法界哀魂離苦趣
산문숙정절비우 山門肅靜絶悲憂
사내재액영소멸 寺內災厄永消滅
토지천룡호삼보 土地天龍護三寶
산신국사보 山神局司補

정상 禎祥
원공함령등피안 願共含靈登彼岸
세세상행보살도 世世常行菩薩道
구경원성살바야 究竟圓成薩婆若
「마하반야바라밀」(三稱) 摩訶般若婆羅蜜

다게(茶偈)

이차청정명다약 以此清淨茗茶藥　능제병혼침 能除病昏沈　유기옹호중 唯冀擁護衆

원수애납수 願垂哀納受　원수애납수 願垂哀納受　원수자비애납수 願垂慈悲哀納受

예참(禮懺)

지심정례공양 志心頂禮供養　진법계허공계 盡法界虛空界　화엄회상 華嚴會上　욕색제천중 欲色諸天衆

지심정례공양 志心頂禮供養　진법계허공계 盡法界虛空界　화엄회상 華嚴會上　팔부사왕중 八部四王衆

지심정례공양 志心頂禮供養　진법계허공계 盡法界虛空界　화엄회상 華嚴會上　호법선신중 護法善神衆

탄백(歎白)

원제천룡팔부중 願諸天龍八部衆　위아옹호불리신 爲我擁護不離身　어제란처무제란 於諸難處無諸難　여시대원능성취 如是大願能成就

축원(祝願)

절이 상어일체 작법지처 위작옹호 불사자비 허수낭감 모산 모사 수월도량
切以 常於一切 作法之處 爲作擁護 不捨慈悲 許垂朗鑑 某山 某寺 水月道場

금차 지극지정성 금일 공양재자 모처거주 모인보체 각기 동서사방 출입왕환
今此 至極之精誠 今日 供養齋者 某處居住 某人保體 各其 東西四方 出入往還

상봉길경 불봉재해 관재구설 삼재팔난 사백사병 영위소멸 가내청정 무장무애
常逢吉慶 不逢災害 官災口舌 三災八難 四百四病 永爲消滅 家內淸淨 無障無礙

각기 심중소구소원 성취지발원 원제유정등 삼업개청정 봉지제불교 화남대성
各其 心中所求所願 成就之發願 願諸有情等 三業皆淸淨 奉持諸佛敎 化南大聖

존 「마하반야바라밀」(三說)
尊 摩訶般若波羅蜜

◉ 저녁예불(夕禮佛)

■ 석례종송(夕禮鍾頌)

혼종송(昏鍾頌)

문종성 번뇌단 지혜장 보리생 이지옥 출삼계 원성불 도중생
聞鍾聲 煩惱斷 智慧長 菩提生 離地獄 出三界 願成佛 度衆生

파지옥진언
破地獄眞言

옴 가라지야 사바하 (三遍)

※ 저녁종성을 마치고 나면 사물(범종、홍고、목어、운판 순)을 친 후 각단 예경(p。八七。)을 모신다。사물을 치는 방법은、앞서 언급하였듯이 사찰마다 차이가 있을 수 있다。저녁에 울리는 사물은 먼저 범종 28추를 치고、홍고와 목어、운판은 한 마루 내려놓는다。각 전각에 소임을 맡은 스님은 각단 예경을 모신다。각단 예경을 마친 대중이 법당에 모이면 예불종을 한 마루 내린 후、오분향례(p。四九。) 혹은 칠정례(p。三二。)를 모시고 소종을 3번 쳐서 마친다。이어서 신중단(p。一三三。)은 장군죽비를 한 번 친 후 향운게→삼정례→탄백으로 예경을 모신다。이후 저녁송주도 가능하며、저녁송주는 천수경(p。一七六。)을 모신 후 아침송주 장어엄염불(p。一〇三。)부터 거행하면 된다。

■ 상단예불(上壇禮佛)

※ 헌향진언 이후 칠정례로 모셔도 된다.

오분향례(五分香禮)

계향 정향 혜향 해탈향 해탈지견향
戒香　定香　慧香　解脫香　解脫知見香

광명운대 주변법계 공양시방 무량불법승
光明雲臺　周偏法界　供養十方　無量佛法僧

헌향진언 獻香眞言

옴 바아라 도비야 훔 (三遍)

지심귀명례 법보화 삼신불
志心歸命禮　法報化　三身佛

지심귀명례 과거삼존 현재사위 칠여래불
志心歸命禮　過去三尊　現在四位　七如來佛

지심귀명례 오부세계 제위여래불 당래용화교주 자씨미륵존불
志心歸命禮　五部世界　諸位如來佛　當來龍華教主　慈氏彌勒尊佛

지심귀명례 진시방 극삼제 화엄해회 난사제불
志心歸命禮　盡十方　極三際　華嚴海會　難思諸佛

지심귀명례 志心歸命禮 긍고금 亘古今 휘천지 輝天地 법성해장 法性海藏 주함패엽 珠函貝葉

지심귀명례 志心歸命禮 도량교주 道場教主 관세음보살 觀世音菩薩 대원본존 大願本尊 지장보살 地藏菩薩

지심귀명례 志心歸命禮 만허공 滿虛空 변법계 遍法界 성라보익 星羅輔翼 진사보살 塵沙菩薩

지심귀명례 志心歸命禮 화엄말회 華嚴末會 오십삼 五十三 제위선지식 諸位善知識 여선재동자 與善財童子

지심귀명례 志心歸命禮 영산당시 靈山當時 수불부촉 受佛付囑 십육성 十六聖 오백성 五百聖 독수성 獨修聖 내지 乃至

천이백 千二百 제대아라한 諸大阿羅漢 자비성중 慈悲聖衆

우부귀의 又復歸依 여시시방 如是十方 진허공계 盡虛空界 일체삼보 一切三寶 무량현성 無量賢聖

유원 唯願 무진삼보 無盡三寶 대자대비 大慈大悲 수아정례 受我頂禮 명훈가피력 冥熏加被力 원공법계제중생 願共法界諸衆生

동입미타대원해 同入彌陀大願海

향운게 (香雲偈)

이차청정향운공 以此清淨香雲供
봉헌옹호성중전 奉獻擁護聖衆前
감찰아등건성례 鑑察我等虔誠禮

원수애납수 願垂哀納受
원수애납수 願垂哀納受
원수자비애납수 願垂慈悲哀納受

예경 (禮敬)

지심귀명례 志心歸命禮 진법계 盡法界 허공계 虛空界 화엄회상 華嚴會上 욕색제천중 欲色諸天衆

지심귀명례 志心歸命禮 진법계 盡法界 허공계 虛空界 화엄회상 華嚴會上 팔부사왕중 八部四王衆

지심귀명례 志心歸命禮 진법계 盡法界 허공계 虛空界 화엄회상 華嚴會上 호법선신중 護法善神衆

원제천룡팔부중 願諸天龍八部衆
위아옹호불리신 爲我擁護不離身

탄백 (歎白)

어제란처무제란 於諸難處無諸難
여시대원능성취 如是大願能成就

제반의식

【諸般儀式】

一。시련
一。재대령
一。관욕
一。신중작법
一。신중삼십구위
一。신중일백사위
一。신중소창불
一。천수경
一。조전점안
一。금은전이운

참고사항

○ 시련의식은 재의 규모에 따라 생략할 수 있다.

○ 대령은 재대령과 사명일대령이 있다. 이 중 재대령은 천도재나 각종 재회 시 영가를 청하는 의식이며, 사명일대령은 사명일에 거행하는 대령의식을 말한다.

○ 관욕의식은 간혹 시간과 여건에 따라 생략할 수 있으며, 이와 같이 관욕을 생략하고 대령만을 거행하는 것을 「민대령」이라고 한다.

○ 신중작법의 방법은 세 가지로 분류할 수 있다. 첫째는 「3거목」으로 청하는 방법이며, 둘째는 「39위」, 셋째는 「104위」로 청하는 방법이다. 의식의 규모에 따라 1종을 택하여 거행하면 된다. 근래에 들어 104위를 축소하여 「소창불」이라 칭하여 사용되고 있는 의식문도 첨부하였다.

○ 「104위」 상단의 4보살인 권(眷)·색(索)·애(愛)·어(語)보살의 명호는 금강(金剛)을 넣어 금강권·금강색·금강애·금강어보살로, 그 명호를 명확하게 하였음을 밝힌다.

○ 『천수경』의 원래 경명은 『천수천안관세음보살광대원만무애대비심다라니경』(가범달마본)이다. 관음신앙이 지배적이었던 한국불교에서 본 경전의 관음신행과 관련한 신묘장구다라니[대비주 혹은 천수주, 천수]를 중심으로 여러 다라니와 현교적 시송(詩頌)들을 재편(再編)하여 새로운 의궤형태로 편찬된 것이 현행 의식용 『천수경』이다. 현행 의식용 『천수경』의 성립 시기는 명확하지 않으나, 1969년 통도사에서 간행된 『행자수지』에서 현행 『천수경』

의 완결된 형태가 처음으로 나타난다. 이와 같이 현행 『천수경』이 유통되어 독송된 것은
그리 오래된 일이 아니다. 20세기 중엽 이전의 의식집에 수록된 청문(請文)들을 살펴 보면
엄정의식[할향~참회진언]을 거행한 후 제불통청, 관음청, 지장청, 미타청 등등의 청문을
설행한다. 즉, 현행 권공의식 대용으로 의식용 『천수경』을 독송한 것이
다. 그러므로 모든 청문을 거행하기 전에 거행하였던 의식용 『천수경』 대신 엄정의식도
가능하다.

一. 조전점안 시 사용되는 진언은 『예수재찬요』(1576)를 비롯하여 『영산대회작법절차』
(1634), 『오종범음집』(1661), 『석문의범』 등을 비교해 보니, 약간의 차이가 있었
다. 그러므로 본서에서는 그중 일치하는 진언을 위주로 채택하였음을 밝힌다.

一. 「금은전이운」과 「경함이운」은 별도의 의식이나, 편의상 금은전이운과 경함이운을 합쳐
놓은 의식집이 유통되다 보니 금은전 점안만 하였는데도 경함이운까지 하고 있는 경우가
있다. 하여 본서에서는 금은전이운만을 수록하였다.

● 시련 (侍輦)

옹호게 (擁護偈)

봉청시방제현성 범왕제석사천왕 가람팔부신기중 불사자비원강림
奉請十方諸賢聖 梵王帝釋四天王 伽藍八部神祇衆 不捨慈悲願降臨

헌좌게 (獻座偈)

아금경설보엄좌 봉헌일체성현전 원멸진로망상심 속원해탈보리과
我今敬設寶嚴座 奉獻一切聖賢前 願滅塵勞妄想心 速圓解脫菩提果

헌좌진언
獻座眞言

옴 가마라 승하 사바하 (三遍)

다게 (茶偈)

금장감로다 봉헌성현전 감찰건간심 원수애납수 원수애납수 원수자비애납수
今將甘露茶 奉獻聖賢前 鑑察虔懇心 願垂哀納受 願垂哀納受 願垂慈悲哀納受

행보게 (行步偈)

이행천리만허공 귀도정망도정방 삼업투성삼보례 성범동회법왕궁
移行千里滿虛空 歸道情忘到淨邦 三業投誠三寶禮 聖凡同會法王宮

산화락 (三說)
散花落

※ 짓소리로 인성이를 지으며 본당으로 향한다.

나무대성인로왕보살마하살 (三稱)
南無大聖引路王菩薩摩訶薩

※ 도량에 당도하여 영축게를 거행한 후 기경작법(起經作法)을 거행한다.

영축게 (靈鷲偈)

영축염화시상기 궁동부목접맹귀 음광불시미미소 무한청풍부여수
靈鷲拈華示上機 肯同浮木接盲龜 飮光不是微微笑 無限淸風付與誰

보례삼보 (普禮三寶)

보례시방상주불 보례시방상주법 보례시방상주승
普禮十方常住佛 普禮十方常住法 普禮十方常住僧

● 재대령(齋對靈)

거불(擧佛)

나무 극락도사 아미타불
南無　極樂導師　阿彌陀佛

나무 좌우보처 양대보살
南無　左右補處　兩大菩薩

나무 접인망령 인로왕보살
南無　接引亡靈　引路王菩薩

※ 대령소는 병법사문이 읽으며, 봉독 후 소(疏)를 소통(疏桶)에 넣어 영단에 놓는다.

고혼소(孤魂疏、一名 對靈疏)

(피봉식) 소청문소 배헌삼대가친등중
(皮封式)　召請文疏　拜獻三代家親等衆

석가여래 유교제자 봉행가지 병법사문 모 근봉
釋迦如來　遺敎弟子　奉行加持　秉法沙門　某　謹封

수설대회소
修設大會所

개문

蓋聞 生死路暗 憑 佛燭而可明

苦海波深 仗 法船而可渡 四生六道 迷眞則 似蟻

생사로암 빙 불촉이가명 고해파심 장 법선이가도 사생육도 미진즉 사의

순환 巡環

八難三途

팔난삼도 자정즉 여잠처견 상차생사 종고지금 미오심원 나능면의 비빙

恣情則 如蠶處繭 傷嗟生死 從古至今 未悟心源 那能免矣 非憑

불력 佛力

難可超昇 娑婆世界

난가초승 사바세계 모처 모산 모사 청정수월도량 금차지극지정성 대령

某處 某山 某寺 清淨水月道場 今此至極之精誠 對靈

천혼재자 薦魂齋者

某處居住 某人伏爲 所薦 某人靈駕 今則 天風肅靜 白日明明(夜漏沈)

모처거주 모인복위 소천 모인영가 금즉 천풍숙정 백일명명(야루침)

침) 전열향화 이신영청 나무일심봉청 대성인로왕보살마하살 우복이 일령불매

專列香花 以伸迎請 南無一心奉請 大聖引路王菩薩摩訶薩 右伏以 一靈不昧

팔식분명 귀계도량 영첨공덕 진원숙채 응념돈소 정각보리 수심변증 근소

八識分明 歸居道場 領霑功德 陳寃宿債 應念頓消 正覺菩提 隨心便證 謹疏

불기 모년 모월 모일 병법사문 모 근소

佛紀 某年 某月 某日 秉法沙門 某 謹疏

지옥게 (地獄偈)

철위산간옥초산 화탕노탄검수도 팔만사천지옥문 장비주력금일개

鐵圍山間沃焦山 鑊湯爐炭劍樹刀 八萬四千地獄門 仗秘呪力今日開

거 사바세계 남섬부주 동양 대한민국 모처 모산 모사 청정수월도량 금차
據 裟婆世界 南瞻部洲 東洋 大韓民國 某處 某山 某寺 清淨水月道場 今此

지극지정성 ○○재시 대령재자
至極至精誠 ○○齋時 對靈齋者

재당 ○○재지신 모인영가복위 위주 상세선망부모 다생사장 소천 모인영가「재설·삼설」
齋堂 ○○齋之辰 某處居住 某人伏爲 所薦 某人靈駕 上世先亡父母 多生師長 五族六親 遠近親戚「再說。三說」

제형숙백 자매질손 일체친속등 각열위영가 내지 철위산간 오무간지옥 일일일
弟兄叔伯 姉妹姪孫 一切親屬等 各列位靈駕 乃至 鐵圍山間 五無間地獄 一日一

야 만사만생 만반고통 수고함령등중 각열위영가 겸급법계 사생칠취 삼도팔난
夜 萬死萬生 萬般苦痛 受苦含靈等衆 各列位靈駕 兼及法界 四生七趣 三途八難

사은삼유 일체유식 함령등중 각열위영가 차도량내외 동상동하 유주무주 침혼
四恩三有 一切有識 含靈等衆 各列位靈駕 此道場內外 洞上洞下 有主無主 沈魂

체백 일체애혼불자등 각각열위열명영가
滯魄 一切哀魂佛子等 各各列位列名靈駕

착어(着語)

생본무생 멸본무멸 생멸본허 실상상주 영가 환회득 무생멸저 일구마 (양구)
生本無生 滅本無滅 生滅本虛 實相常住 靈駕 還會得 無生滅低 一句麼 (良久)

부앙은현현 시청명력력 약야회득 돈증법신 영멸기허 기혹미연 승불신력 장법
俯仰隱玄玄 視聽明歷歷 若也會得 頓證法身 永滅飢虛 其或未然 承佛神力 仗法

가지 부차향단 수아묘공 증오무생
加持 赴此香壇 受我妙供 證悟無生

※ 양구(良久)는 「조금 있다가」라는 의미로, 증명법사는 이때 요령을 세 번 흔들거나 금강저를 세 번 들었다 놓거나、주장자를 바닥에 세 번 치는 등의 방법으로 영가에게 본래 면목을 일깨워 준다.

진령게 (振鈴偈)

이차진령신소청 금일영가보문지 원승삼보력가지 금일[야]금시래부회
以此振鈴伸召請 今日靈駕普聞知 願承三寶力加持 今日[夜]今時來赴會

보소청진언
普召請眞言

나무 보보제리 가리다리 다타 아다야 (三遍)

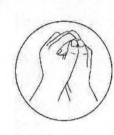

소청인(召請印) 두 손의 두지(검지)、중지、무명지、소지 중 오른손이 왼손바닥 안으로 서로 깍지를 껴서 서로 갈고리처럼 걸듯이 바싹 쥐고 두 대지(엄지)는 폈다가 위에서 아래로 내린다.

일심봉청 인연취산 금고여연 허철광대 영통왕래 자재무애 금차 지극지정성
一心奉請 因緣聚散 今古如然 虛徹廣大 靈通往來 自在無碍 今此 至極之精誠

천혼재자 모인복위 소천 모인영가 승불신력 장법가지 내예향단 수첨법공
薦魂齋者 某人伏爲 所薦 某人靈駕 承佛神力 仗法加持 來詣香壇 受霑法供

향연청
香烟請

일심봉청 실상이명 법신무적 종연은현 약경상지유무 수업승침 여정륜지고하
一心奉請 實相離名 法身無跡 從緣隱現 若鏡像之有無 隨業昇沈 如井輪之高下

묘변막측 환래하란 금차 지극지정성 대령천혼재자 모인복위 소천 모인영가
妙變莫測 幻來何難 今此 至極之精誠 對靈薦魂齋者 某人伏爲 所薦 某人靈駕

승불신력 장법가지 내예향단 수첨향공
承佛神力 仗法加持 來詣香壇 受霑香供

향연청
香烟請

일심봉청 생종하처래 사향하처거 생야일편부운기 사야일편부운멸 부운자체본
一心奉請 生從何處來 死向何處去 生也一片浮雲起 死也一片浮雲滅 浮雲自體本

무실 생사거래역여연 독유일물상독로 담연불수어생사 금차 지극지정성 천혼

無實 生死去來亦如然 獨有一物常獨露 湛然不隨於生死 今此 至極之精誠 薦魂

재자 모인복위 소천 모인영가 재당○○재지신 모인영가복위 위주 상세선망부

齋者 某人伏爲 所薦 某人靈駕 齋堂○○齋之辰 某人靈駕伏爲 爲主 上世先亡父

모 다생사장 오족육친 원근친척 제형숙백 자매질손 일체친속등 각열위영가

母 多生師長 五族六親 遠近親戚 弟兄叔伯 姉妹姪孫 一切親屬等 各列位靈駕

내지 철위산간 오무간지옥 일일일야 만사만생 만반고통 수고함령등중 각열위

乃至 鐵圍山間 五無間地獄 一日一夜 萬死萬生 萬般苦痛 受苦含靈等衆 各列位

영가 겸급법계 사생칠취 삼도팔난 사은삼유 일체유식 함령등중 각열위영가

靈駕 兼及法界 四生七趣 三途八難 四恩三有 一切有識 含靈等衆 各列位靈駕

차도량내외 동상동하 유주무주 침혼체백 일체애혼불자등 각열위명영가

此道場內外 洞上洞下 有主無主 沈魂滯魄 一切哀魂佛子等 各列位列名靈駕

승불신력 장법가지 내예향단 수첨향등다미공

承佛神力 仗法加持 來詣香壇 受霑香燈茶米供

향연청

香烟請

가영(歌詠)

제령한진치신망 諸靈限盡致身亡
석화광음몽일장 石火光陰夢一場

삼혼묘묘귀하처 三魂杳杳歸何處
칠백망망거원향 七魄茫茫去遠鄉

모인영가 某人靈駕
기수건청 旣受虔請
이강향단 已降香壇
방사제연 放捨諸緣
부흠사전 俯歆斯奠

모인영가 某人靈駕
일주청향 一炷清香
정시영가 正是靈駕
본래면목 本來面目
수점명등 數點明燈
정시영가 正是靈駕
착안시절 着眼時節
선헌조주 先獻趙州

다 후진향적찬 茶後進香積饌
어차물물 於此物物
환착안마 (양구) 還着眼麽(良久)
저두앙면무장처 低頭仰面無藏處
운재청천수재병 雲在青天水在瓶

모인영가 某人靈駕
기수향공 旣受香供
이청법음 已聽法音
합장전심 合掌專心
참례금선 參禮金仙

※ 관욕을 하지 않을 경우에는 다음의 게송을 한 후 바로 지단진언(p.一四五。)을 한다.

모인영가 某人靈駕
기수향공 旣受香供
이청법음 已聽法音
합장전심 合掌專心
참례금선 參禮金仙

● 관욕(灌浴)

※ 관욕단은 남신구와 여신구를 각각 설치하며 각기 위패를 모실 상과 향탕수, 양칫물, 양칫물을 받을 그릇, 수건 2장, 비누, 치약, 칫솔을 준비하고 지의(紙衣)는 지의함에 담아 준비하며, 기와장(지의를 사를 때 필요)도 준비한다. 관욕단 앞에는 증명상을 준비하는데, 촛대와 향로, 향수(香水)를 준비한다. 더불어 관욕실에는 욕실방(浴室榜∴p. 一五○。)을 붙인다.

■ 인예향욕편(引詣香浴篇)

상래이빙 불력법력 삼보위신지력 소청법계인도 일체인륜 급무주고혼 계유정
上來已憑 佛力法力 三寶威神之力 召請法界人道 一切人倫 及無主孤魂 泊有情

등중 이계도량 대중성발 청영부욕
等衆 已屬道場 大衆聲鈸 請迎赴浴

신묘장구대다라니
神妙章句大陀羅尼

나모라 다나 다라 야야 나막 알야 바로기제 새바라야 모지 사다바야 마하 사다바야 마하 가로 니가야 옴 살바 바예수 다라나 가라야 다사명 나막 가리다바 이맘 알야 바로기제 새바라 다바 니라간타 나막 하리나야 마발다 이사미 살발타 사다남 수반 아예염 살바 보다남 바바말아 미수다감 다냐타

사미 살발타 사다남 수반 아예염 살바 보다남 바바마라 미수다감 다냐타 옴

아로계 아로가 마지로가 지가란제 혜혜하례 마하 모지 사다바 사마라 사마

라 하리나야 구로구로 갈마 사다야 사다야 도로도로 미연제 마하 미연제 다

라다라 다린나레 새바라 자라자라 마라 미마라 아마라 몰제 예혜혜 로계 새

바라 라아 미사미 나사야 나베 사미 사미 나사야 모하자라 미사미 나사야

호로호로 마라 호로 하례 바나마 나바 사라사라 시리시리 소로소로 못자못

자 모다야 모다야 메다리야 니라간타 가마사 날사남 바라 하리나야 마낙 사

바하 실다야 사바하 마하 실다야 사바하 실다유예 새바라야 사바하 니라 간

타야 사바하 바라하 목카 싱하 목카야 사바하 바나마 하따야 사바하 자가라

욕다야 사바하 상카 섭나네 모다나야 사바하 마하라 구타 다라야 사바하 바

마 사간타 이사 시체다 가릿나 이나야 사바하 먀가라 잘마 이바 사나야 사

바하 「나모라 다나 다라 야야 나막 알야 바로기제 새바라야 사바하」(三遍)

※신묘장구대다라니는 3편을 지송해야 하나、약례 시 1편은 제대로 하고 2편은 꺽쇠(「」)의

진언만 지송하기도 한다。이후의 의식에서도 적용된다。

반야심경(般若心經) 云云

※ 정로진언 시 위패를 관욕단으로 모신다.

정로진언

淨路眞言

옴 소싯디 나자리다라 나자리다라 모라다예 자라자라

만다만다 하나하나 훔 바탁 (三遍)

견실합장인(堅實合掌印) 다섯손가락을 펴서 합장한다.

※ 입실게 시 위패를 욕실로 모신다.

입실게(入室偈)

일종위배본심왕 기입삼도역사생 금일척제번뇌염 수연의구자환향

一從違背本心王 幾入三途歷四生 今日滌除煩惱染 隨緣依舊自還鄉

■ 가지조욕편(加持澡浴篇)

상부정삼업자 무월호징심 결만물자 막과어청수 시이 근엄욕실 특비향탕 희

詳夫 淨三業者 無越乎澄心 潔萬物者 莫過於淸水 是以 謹嚴浴室 特備香湯 希

일탁어진로 획만겁지청정 하유목욕지게 대중수언후화

一濯於塵勞 獲萬劫之淸淨 下有沐浴之偈 大衆隨言後和

목욕게 (沐浴偈)

아금이차향탕수 관욕고혼급유정 신심세척영청정 증입진공상락향
我今以此香湯水 灌浴孤魂及有情 身心洗滌令清淨 證入眞空常樂鄉

※ 목욕진언 시 관욕바라를 거행할 수도 있다.

목욕진언
沐浴眞言

옴 바다모 사니사 아모까 아레 훔 (三遍)

목욕인(沐浴印) 양손 약지(넷째손가락)와 소지(새끼손가락)를 안으로 깍지 껴서 손바닥 속에 넣되 오른손이 왼손을 누르게 하고, 두 중지(가운데손가락)는 펴서 끝을 맞대고 양쪽 검지(둘째손가락)로 중지의 등을 누른다. 두 엄지는 중지의 가운데 마디를 누른다.

작양지진언
嚼楊枝眞言

옴 바아라 하 사바하 (三遍)

금강권인(金剛拳印) 왼손 엄지로 약지의 아랫마디를 누르고 주먹을 쥔다.

수구진언
漱口眞言

옴 도로리 구로구로 사바하 (三遍)

왼손으로 금강권을 쥔 상태에서 셋째、넷째、다섯째손가락을 편다。

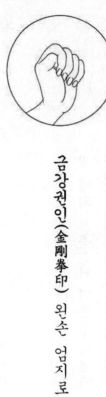

세수면진언
洗手面眞言

옴 사만다 바리 숫제훔 (三遍)

금강권인(金剛拳印) 왼손 엄지로 약지의 아랫마디를 누르고 주먹을 쥔다。

■ 가지화의편(加持化衣篇)

제불자 관욕기주 신심구정 금이여래 무상비밀지언 가지명의 원차일의 위다의
諸佛子 灌浴旣周 心身俱淨 今以如來 無上秘密之言 加持冥衣 願此一衣 爲多依

이다의 위무진지의 영청신형 부장부단 불착불관 승전소복지의 변성해탈지복
以多衣 爲無盡之衣 令稱身形 不長不短 不窄不寬 勝前所服之衣 變成解脫之服

고오불여래 유화의재다라니 근당선념

故吾佛如來 有化衣財陀羅尼 謹當宣念

※ 화의재진언 시 지의(紙衣)를 사르다.

화의재진언

化衣財眞言

나무 사만다 못다남 옴 바자나 비로기제 사바하 (三遍)

화의재진언

化衣財眞言

연화합장인(蓮花合掌印) 두 손의 열 손가락을 세워서 손가락과 손바닥을 함께 합하는 합장으로, 그 모양이 연꽃의 봉오리를 닮았다 해서 붙여진 이름이다.

수의진언

授衣眞言

옴 바리마라바 바아리니 훔 (三遍)

제불자 지주기주 화의이변 무의자 여의부체 유의자 기고환신 장예정단 선정복식

諸佛子 持呪旣周 化衣已遍 無衣者 與衣覆體 有衣者 棄古換新 將詣淨壇 先整服飾

연화권인(蓮花拳印) 오른손으로 주먹을 쥐고、왼손으로 물을 묻혀 관욕소로를 향해 뿌린다。

착의진언 着衣眞言

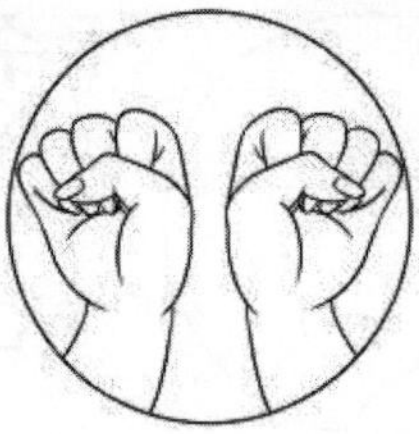

옴 바아라 바사세 사바하 (三遍)

양손 엄지손가락으로 나머지 네 손가락 끝을 눌러 주먹을 쥔다。

정의진언 整衣眞言

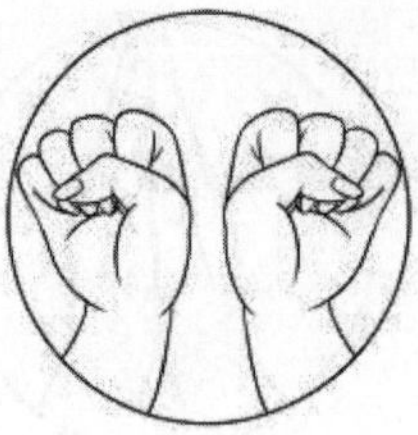

옴 삼만다 사다라나 바다메 훔 박 (三遍)

양손 엄지손가락으로 나머지 네 손가락 끝을 눌러 주먹을 쥔다。

※ 출욕참성편 시 관욕단에서 위패를 모시고 나온다。

■ 출욕참성편(出浴參聖篇)

제불자 기주복식 가예단장 예삼보지자존 청일승지묘법 청리향욕 당부정단
諸佛子 旣周服飾 可詣壇場 禮三寶之慈尊 聽一乘之妙法 請離香浴 當赴淨壇

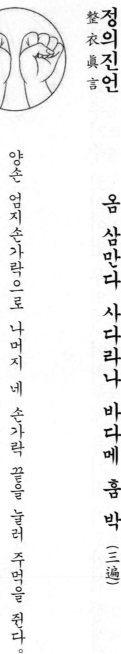

합장전심 서보전진
合掌專心 徐步前進

지단진언
指壇眞言

옴 예이혜 베로자나야 사바하 (三遍)

지단인(指壇印) 오른손으로 금강권을 짓되 둘째손가락을 펴서 인로왕보살이 자리한 영혼단(혹은 상단)을 향하도록 방향을 가리킨다.

법신게 (法身偈)

법신변만백억계 보방금색조인천
法身遍滿百億界 普放金色照人天

응물현형담저월 체원정좌보련대
應物現形潭底月 體圓正坐寶蓮臺

산화락 (三說)
散花落

※ 인성(引聲)을 지으며 (혹은 법성게 云云) 위패를 모시고 대중은 본당으로 나아간다.

나무대성인로왕보살 (三說)
南無大聖引路王菩薩

※ 정중(庭中)에 이르러서 정중게(庭中偈)를 하고 다음에 개문게(開門偈)를 거행한다。

정중게(庭中偈)

일보증부동 내향수운간 기도아련야 입실예금선
一步曾不動 來向水雲間 旣到阿練若 入室禮金仙

개문게(開門偈)

권박봉미륵 개문견석가 삼삼예무상 유희법왕가
捲箔逢彌勒 開門見釋迦 三三禮無上 遊戲法王家

■ 가지예성편(加持禮聖篇)

상래 위명도유정 인입정단이경 금당예봉삼보 부삼보자 삼신정각 오교영문 삼
上來 爲冥道有情 引入淨壇已竟 今當禮奉三寶 夫三寶者 三身正覺 五教靈文 三

현십성지존 사과이승지중 여등 기래법회 득부향연 상삼보지난봉 경일심이신
賢十聖之尊 四果二乘之衆 汝等 旣來法會 得赴香筵 想三寶之難逢 傾一心而信

례 하유보례지게 대중수언후화
禮 下有普禮之偈 大衆隨言後和

보례삼보(普禮三寶)

보례시방상주 普禮十方常住　제불타 諸佛陀

보례시방상주 普禮十方常住　법신보신화신 法身報身化身

보례시방상주 普禮十方常住　경장율장논장 經藏律藏論藏　제달마 諸達摩

보례시방상주 普禮十方常住　보살연각성문 菩薩緣覺聲聞　제승가 諸僧伽

제불자 諸佛子　행봉성회 幸逢聖會　이례자존 已禮慈尊　의생한우지심 宜生罕遇之心　가발난조지상 可發難遭之想　청리단소 請離壇所　당부명연 當赴冥筵

동형진수 同享珎羞　각구묘도 各求妙道

법성게 (法性偈)

법성원융무이상 法性圓融無二相
제법부동본래적 諸法不動本來寂
무명무상절일체 無名無相絶一切
증지소지비여경 證智所知非餘境

진성심심극미묘 眞性甚深極微妙
불수자성수연성 不守自性隨緣成
일중일체다중일 一中一切多中一
일즉일체다즉일 一即一切多即一

일미진중함시방 一微塵中含十方
일체진중역여시 一切塵中亦如是
무량원겁즉일념 無量遠劫即一念
일념즉시무량겁 一念即是無量劫

구세십세호상즉 九世十世互相即
잉불잡란격별성 仍不雜亂隔別成
초발심시변정각 初發心時便正覺
생사열반상공화 生死涅槃相共和

이사명연무분별
理事冥然無分別

십불보현대인경
十佛普賢大人境

능인해인삼매중
能仁海印三昧中

번출여의부사의
繁出如意不思議

우보익생만허공
雨寶益生滿虛空

중생수기득이익
衆生隨器得利益

시고행자환본제
是故行者還本際

파식망상필부득
叵息妄想必不得

무연선교착여의
無緣善巧捉如意

귀가수분득자량
歸家隨分得資糧

이다라니무진보
以陀羅尼無盡寶

장엄법계실보전
莊嚴法界實寶殿

궁좌실제중도상
窮坐實際中道床

구래부동명위불
舊來不動名爲佛

괘전게(掛錢偈)

제불대원경
諸佛大圓鏡

필경무내외
畢竟無內外

야양금일회
爺孃今日會

미목정상시
眉目正相撕

■ 수위안좌편(受位安座篇)

제불자 상래승불섭수 장법가지 기무수계이임연 원획소요이취좌 하유안좌지게
諸佛子 上來承佛攝受 仗法加持 既無因繫以臨筵 願獲逍遙而就座 下有安座之偈

대중수언후화
大衆隨言後和

안좌게(安座偈)

아금의교설화연 　我今依教說華筵
다과진수열좌전 　茶果珍羞列座前
대소의위차제좌 　大小依位次第坐
전심제청연금언 　專心諦聽演金言

수위안좌진언
受位安座眞言

옴 마니 군다니 훔훔 사바하 (三遍)

다게(茶偈)

백초임중일미신 　百草林中一味新
조주상권기천인 　趙州常勸幾千人
팽장석정강심수 　烹將石鼎江心水

원사망령헐고륜 　願使亡靈歇苦輪
원사고혼헐고륜 　願使孤魂歇苦輪
원사제령헐고륜 　願使諸靈歇苦輪

以上 灌浴儀式 終

■ 욕실방 (浴室榜)

절이 감로향탕 세척다생지죄구 청량법수 탕제누겁지진로 욕해탈지 척환화체
切以 甘露香湯 洗滌多生之罪垢 清涼法水 蕩除累劫之塵勞 浴解脫池 滌幻化體

신업청정 가이예봉여래 묘촉선명 자시법신무구 종자세과 불염진애 이열뇌향
身業清淨 可以禮奉如來 妙觸宣明 自是法身無垢 從茲洗過 不染塵埃 離熱惱鄉

거진정계 우금출방어욕실소 장괘효유 유명자 연금소청 유명입욕 내시신식업
居眞淨界 右今出榜於浴室所 張掛曉喻 幽冥者 然今召請 幽冥入浴 乃是神識業

상지구 비시시해 혼백지체 이남녀상 종분단신 사허망정 획광명상 목욕이경
相之軀 非是屍骸 魂魄之體 離男女相 從分段身 捨虛妄情 獲光明相 沐浴已竟

수범패성 예어도량 참례성용구수
隨梵唄聲 詣於道場 參禮聖容求受

불기 모년 모월 모일 병법사문 근압
佛紀 某年 某月 某日 秉法沙門 謹押

● 신중작법(神衆作法)

옹호게(擁護偈)

팔부금강호도량 공신속부보천왕 삼계제천함래집 여금불찰보정상
八部金剛護道場 空神速赴報天王 三界諸天咸來集 如今佛刹補禎祥

거목(擧目)

나무 금강회상 불보살
南無 金剛會上 佛菩薩

나무 도리회상 성현중
南無 忉利會上 聖賢衆

나무 옹호회상 영기등중
南無 擁護會上 靈祇等衆

가영(歌詠)

옹호성중만허공 도재호광일도중 고아일심귀명정례
擁護聖衆滿虛空 都在毫光一道中 故我一心歸命頂禮

신수불어상옹호 봉행경전영류통
信受佛語常擁護 奉行經典永流通

다게 (茶偈)

청정명다약 　 능제병혼침 　 유기옹호중
淸淨茗茶藥 　 能除病昏沈 　 唯冀擁護衆

원수애납수 　 원수애납수 　 원수자비애납수
願垂哀納受 　 願垂哀納受 　 願垂慈悲哀納受

탄백 (歎白)

제석천왕혜감명 　 사주인사일념지 　 애민중생여적자 　 시고아금공경례
帝釋天王慧鑑明 　 四洲人事一念知 　 哀愍衆生如赤子 　 是故我今恭敬禮

以上 神衆作法 終

◉ 신중삼십구위(神衆三十九位)

옹호게(擁護偈)

팔부금강호도량 공신속부보천왕 삼계제천함래집 여금불찰보정상
八部金剛護道場 空神速赴報天王 三界諸天咸來集 如今佛刹補禎祥

상단(上壇)

봉청 관찰무상 소행평등 무수 대자재천왕
奉請 觀察無常 所行平等 無數 大自在天王

봉청 개이적정 안주기중 무량 광과천왕
奉請 皆以寂靜 安住其中 無量 廣果天王

봉청 광대법문 근작이익 무량 변정천왕
奉請 廣大法門 勤作利益 無量 徧淨天王

봉청 광대적정 무애법문 무량 광음천왕
奉請 廣大寂靜 無碍法門 無量 光音天王

봉청 개구대자 연민중생 불가사의수 대범천왕
奉請 皆具大慈 憐愍衆生 不可思議數 大梵天王

봉청 수습방편 광대법문 무수 타화자재천왕
奉請 修習方便 廣大法門 無數 他化自在天王

봉청(奉請) 조복중생(調伏衆生) 영득해탈(令得解脫) 무량(無量) 화락천왕(化樂天王)

봉청(奉請) 개근염지(皆勤念持) 제불명호(諸佛名號) 불가사의수(不可思議數) 도솔타천왕(兜率陀天王)

봉청(奉請) 개근수습(皆勤修習) 광대선근(廣大善根) 무량수(無量數) 야마천왕(夜摩天王)

봉청(奉請) 개근발기(皆勤發起) 일체세간(一切世間) 무량(無量) 삼십삼천왕(三十三天王)

봉청(奉請) 개근수습(皆勤修習) 이익중생(利益衆生) 무량(無量) 일천자(日天子)

봉청(奉請) 개근현발(皆勤現發) 중생심보(衆生心實) 무량(無量) 월천자(月天子)

유원(唯願) 신장자비(神將慈悲) 옹호도량(擁護道場) 성취불사(成就佛事)

가영(歌詠)

욕색제천제성중(慾色諸天諸聖衆)
상수불회현자엄(常隨佛會現慈嚴)
소행평등보관찰(所行平等普觀察)
위구중생무피염(爲救衆生無疲厭)
고아일심귀명정례(故我一心歸命頂禮)

제반의식 **154**

중단(中壇)

奉請 봉청 深生信解 심생신해 歡喜愛重 환희애중 無量 무량 乾闥婆王 건달바왕

奉請 봉청 無碍法門 무애법문 廣大光明 광대광명 無量 무량 鳩槃茶王 구반다왕

奉請 봉청 興雲布雨 흥운포우 熱惱除滅 열뇌제멸 無量 무량 諸大龍王 제대용왕

奉請 봉청 皆勤守護 개근수호 一切衆生 일체중생 無量 무량 夜叉王 야차왕

奉請 봉청 廣大方便 광대방편 永割癡網 영할치망 無量 무량 摩睺羅王 마후라왕

奉請 봉청 心恒快樂 심항쾌락 自在遊戱 자재유희 無量 무량 緊那羅王 긴나라왕

奉請 봉청 成就方便 성취방편 救攝衆生 구섭중생 不可思議數 불가사의수 迦樓羅王 가루라왕

奉請 봉청 悉已精勤 실이정근 摧伏我慢 최복아만 無量 무량 阿修羅王 아수라왕

唯願 유원 神將慈悲 신장자비 擁護道場 옹호도량 成就佛事 성취불사

가영(歌詠)

팔부사왕내부회　八部四王來赴會
심항쾌락이무궁　心恒快樂利無窮
개근해탈방편력　皆勤解脫方便力
섭복군마진위웅　懾伏群魔振威雄
고아일심귀명정례　故我一心歸命頂禮

하단(下壇)

봉청 奉請　개어묘법　皆於妙法　능생신해　能生信解　무량 無量　주주신 主晝神

봉청 奉請　개근수습　皆勤修習　이법위락　以法爲樂　무량 無量　주야신 主夜神

봉청 奉請　보방광명　普放光明　항조시방　恒照十方　무량 無量　주방신 主方神

봉청 奉請　심개이구　心皆離垢　광대명결　廣大明潔　무량 無量　주공신 主空神

봉청 奉請　개근산멸　皆勤散滅　아만지심　我慢之心　무량 無量　주풍신 主風神

봉청 奉請　시현광명　示現光明　열뇌제멸　熱惱除滅　무량 無量　주화신 主火神

봉청(奉請) 상근구호(常勤救護) 일체중생(一切衆生) 무량(無量) 주수신(主水神)

봉청(奉請) 공덕대해(功德大海) 충만기중(充滿其中) 무량(無量) 주해신(主海神)

봉청(奉請) 개근작의(皆勤作意) 이익중생(利益衆生) 무량(無量) 주하신(主河神)

봉청(奉請) 막불개득(莫不皆得) 대희성취(大喜成就) 무량(無量) 주가신(主稼神)

봉청(奉請) 성개이구(性皆離垢) 인자우물(仁慈祐物) 무량(無量) 주약신(主藥神)

봉청(奉請) 개유무량(皆有無量) 가애광명(可愛光明) 불가사의수(不可思議數) 주림신(主林神)

봉청(奉請) 개어제법(皆於諸法) 득청정안(得清淨眼) 무량(無量) 주산신(主山神)

봉청(奉請) 친근제불(親近諸佛) 동수복업(同修福業) 불세계(佛世界) 미진수(微塵數) 주지신(主地神)

봉청(奉請) 엄정여래(嚴淨如來) 소거궁전(所居宮殿) 불세계(佛世界) 미진수(微塵數) 주성신(主城神)

봉청(奉請) 성취원력(成就願力) 광흥공양(廣興供養) 불세계(佛世界) 미진수(微塵數) 도량신(道場神)

奉請 봉청 친근여래 親近如來 수축불사 隨逐不捨 불세계 佛世界 미진수 微塵數 족행신 足行神

奉請 봉청 성취대원 成就大願 공양제불 供養諸佛 불세계 佛世界 미진수 微塵數 신중신 身衆神

奉請 봉청 항발대원 恒發大願 공양제불 供養諸佛 불세계 佛世界 미진수 微塵數 집금강신 執金剛神

唯願 유원 신장자비 神將慈悲 옹호도량 擁護道場 성취불사 成就佛事

가영 (歌詠)

품류무변형색별 品類無邊形色別
수기원력현신통 隨其願力現神通
봉행불법상위호 奉行佛法常爲護
이익중생일체동 利益衆生一切同
고아일심귀명정례 故我一心歸命頂禮

다게 (茶偈)

청정명다약 淸淨茗茶藥
능제병혼침 能除病昏沈
유기옹호중 唯冀擁護衆
원수애납수 願垂哀納受
원수애납수 願垂哀納受
원수자비애납수 願垂慈悲哀納受

탄백(歎白)

제석천왕혜감명 사주인사일념지 애민중생여적자 시고아금공경례
帝釋天王慧鑑明　四洲人事一念知　哀愍衆生如赤子　是故我今恭敬禮

以上 神衆三十九位 終

● 신중일백사위(神衆一百四位)

옹호게(擁護偈)

八部金剛護道場
팔부금강호도량

空神速赴報天王
공신속부보천왕

三界諸天咸來集
삼계제천함래집

如今佛刹補禎祥
여금불찰보정상

상단(上壇)

봉청 여래화현 원만신통
奉請 如來化現 圓滿神通

대예적금강성자
大穢跡金剛聖者

봉청 소멸중생 숙재구앙
奉請 消滅衆生 宿災舊殃

청제재금강
青除災金剛

봉청 파제유정 온황제독
奉請 破除有情 瘟瘟諸毒

벽독금강
碧毒金剛

봉청 주제공덕 소구여의
奉請 主諸功德 所求如意

황수구금강
黃隨求金剛

봉청 주제보장 파제열뇌
奉請 主諸寶藏 破除熱惱

백정수금강
白淨水金剛

봉청 견불신광 여풍속질
奉請 見佛身光 如風速疾

적성화금강
赤聲火金剛

봉청(奉請) 자안시물(慈眼示物) 지파재경(智破災境) 정제재금강(定除災金剛)

봉청(奉請) 피견뢰장(披堅牢藏) 개오중생(開悟衆生) 자현신금강(紫賢神金剛)

봉청(奉請) 응물조생(應物調生) 지아성취(智芽成就) 대신력금강(大神力金剛)

봉청(奉請) 처어중회(處於衆會) 방편경물(方便警物) 금강권보살(金剛眷菩薩)

봉청(奉請) 지달정경(智達定境) 복수정업(福修定業) 금강색보살(金剛索菩薩)

봉청(奉請) 수제중생(隨諸衆生) 현신조복(現神調伏) 금강애보살(金剛愛菩薩)

봉청(奉請) 청정운음(淸淨雲音) 보경군미(普警羣迷) 금강어보살(金剛語菩薩)

봉청(奉請) 동방(東方) 염만다가대명왕(焰曼怛迦大明王)

봉청(奉請) 남방(南方) 바라이야다가대명왕(鉢羅扸也怛迦大明王)

봉청(奉請) 서방(西方) 바랍마다가대명왕(鉢納摩怛迦大明王)

봉청 奉請 북방 北方 미거라다가대명왕 尾仡羅怛迦大明王

봉청 奉請 동남방 東南方 탁기라야대명왕 托枳羅惹大明王

봉청 奉請 동남방 東南方 니라능나대명왕 尼羅能拏大明王

봉청 奉請 서남방 西南方 마하마라대명왕 摩訶摩羅大明王

봉청 奉請 서북방 西北方 아좌라나타대명왕 阿左羅曩他大明王

봉청 奉請 동북방 東北方 바라반다라대명왕 縛羅播多羅大明王

봉청 奉請 하방 下方 오니쇄자거라바리제대명왕 塢尼灑作仡羅縛里帝大明王

봉청 奉請 상방 上方 신장자비 神將慈悲

유원 唯願 옹호도량 擁護道場 성취불사 成就佛事

가영(歌詠)

금강보검최위웅 金剛寶劍最威雄 일할능최외도봉 一喝能摧外道鋒

변계건곤개실색 수미도탁반공중 고아일심귀명정례
遍界乾坤皆失色 須彌倒卓半空中 故我一心歸命頂禮

중단(中壇)

奉請 사바계주 娑婆界主 호령독존 號令獨尊 대범천왕 大梵天王

奉請 삼십삼천 三十三天 지거세주 地居世主 제석천왕 帝釋天王

奉請 북방호세 北方護世 대약차주 大藥叉主 비사문천왕 毘沙門天王

奉請 동방호세 東方護世 건달바주 乾闥婆主 지국천왕 持國天王

奉請 남방호세 南方護世 구반다주 鳩般茶主 증장천왕 增長天王

奉請 서방호세 西方護世 위대룡주 爲大龍主 광목천왕 廣目天王

奉請 백명이생 白明利生 천광파암 千光破暗 일궁천자 日宮天子

奉請 성주숙왕 星主宿王 청량조야 清凉照夜 월궁천자 月宮天子

봉청 奉請 친복마원 親伏魔冤 서위력사 誓爲力士 금강밀적 金剛密跡

봉청 奉請 색계정거 色界頂居 존특지주 尊特之主 마혜수라천왕 摩醯首羅天王

봉청 奉請 이십팔부 二十八部 총영귀신 摠領鬼神 산지대장 散脂大將

봉청 奉請 능여총지 能與摠持 대지혜취 大智慧聚 대변재천왕 大辯才天王

봉청 奉請 수기소구 隨基所求 영득성취 令得成就 대공덕천왕 大功德天王

봉청 奉請 은우사부 殷憂四部 외호삼주 外護三洲 위태천신 韋馱天神

봉청 奉請 증장출생 增長出生 발명공덕 發明功德 견로지신 堅牢地神

봉청 奉請 각장수음 覺場垂蔭 인과호엄 因果互嚴 보리수신 菩提樹神

봉청 奉請 생제귀왕 生諸鬼王 보호남녀 保護男女 귀자모신 鬼子母神

봉청 奉請 행일월전 行日月前 구병과란 救兵戈難 마리지신 摩利支神

奉請 봉청 / 秘藏法寶 비장법보 / 主執群龍 주집군룡 / 娑竭羅龍王 사가라용왕

奉請 봉청 / 掌幽陰權 장유음권 / 爲地獄主 위지옥주 / 閻摩羅王 염마라왕

奉請 봉청 / 衆星環拱 중성환공 / 北極眞君 북극진군 / 紫微大帝 자미대제

奉請 봉청 / 北斗第一 북두제일 / 陽明貪狼 양명탐랑 / 太星君 태성군

奉請 봉청 / 北斗第二 북두제이 / 陰精巨門 음정거문 / 元星君 원성군

奉請 봉청 / 北斗第三 북두제삼 / 眞人綠存 진인녹존 / 貞星君 정성군

奉請 봉청 / 北斗第四 북두제사 / 玄冥文曲 현명문곡 / 紐星君 유성군

奉請 봉청 / 北斗第五 북두제오 / 丹元廉貞 단원염정 / 綱星君 강성군

奉請 봉청 / 北斗第六 북두제육 / 北極武曲 북극무곡 / 紀星君 기성군

奉請 봉청 / 北斗第七 북두제칠 / 天關破軍 천관파군 / 關星君 관성군

奉請 봉청　北斗第八 북두제팔　洞明外輔星君 통명외보성군

奉請 봉청　北斗第九 북두제구　隱光內弼星君 은광내필성군

奉請 봉청　上台虛精 상태허정　開德眞君 개덕진군

奉請 봉청　中台六淳 중태육순　司空星君 사공성군

奉請 봉청　下台曲生 하태곡생　司祿星君 사록성군

奉請 봉청　二十八宿 이십팔수　周天列曜 주천열요　諸大星君 제대성군

奉請 봉청　以能將手 이능장수　隱攝日月 은섭일월　阿修羅王 아수라왕

奉請 봉청　清淨速疾 청정속질　普慧光明 보혜광명　迦樓羅王 가루라왕

奉請 봉청　悅意吼聲 열의후성　懾伏衆魔 섭복중마　緊那羅王 긴나라왕

奉請 봉청　勝慧莊嚴 승혜장엄　須彌堅固 수미견고　摩睺羅伽王 마후라가왕

유원(唯願) 신장자비(神將慈悲) 옹호도량(擁護道場) 성취불사(成就佛事)

가영(歌詠)

범왕제석사천왕(梵王帝釋四天王) 불법문중서원견(佛法門中誓願堅)
열입초제천만세(列立招提千萬歲) 자연신용호금선(自然神用護金仙) 고아일심귀명정례(故我一心歸命頂禮)

하단(下壇)

봉청(奉請) 이십오위(二十五位) 만사길상(萬事吉祥) 호계대신(護戒大神)

봉청(奉請) 일십팔위(一十八位) 내호정법(內護正法) 복덕대신(福德大神)

봉청(奉請) 차일주처(此一住處) 보덕정화(普德淨華) 토지신(土地神)

봉청(奉請) 장엄도량(莊嚴道場) 수호만행(守護萬行) 도량신(道場神)

봉청(奉請) 수호섭지(守護攝持) 일체필추(一切苾蒭) 가람신(伽藍神)

奉請 봉청　衆妙宮殿 중묘궁전　光明破暗 광명파암　主火神 주화신
奉請 봉청　雲雨等潤 운우등윤　發生萬物 발생만물　主水神 주수신
奉請 봉청　成就妙粳 성취묘경　旋轉無已 선전무이　碓磑神 대애신
奉請 봉청　誓除不淨 서제부정　普潔衆生 보결중생　圜廁神 청칙신
奉請 봉청　離塵濯熱 이진탁열　保生歡喜 보생환희　主井神 주정신
奉請 봉청　萬德高勝 만덕고승　性皆閒寂 성개한적　主山神 주산신
奉請 봉청　檢察人事 검찰인사　分明善惡 분명선악　主竈神 주조신
奉請 봉청　積集無邊 적집무변　淸淨福業 청정복업　主庭神 주정신
奉請 봉청　廣大靈通 광대영통　出入無碍 출입무애　門戶神 문호신
奉請 봉청　普覆法界 보부법계　周遍含容 주변함용　屋宅神 옥택신

봉청 奉請　견리자재 堅利自在　밀염승일 密焰勝日　주금신 主金神

봉청 奉請　탁간서광 擢幹舒光　생아발요 生芽發耀　주목신 主木神

봉청 奉請　생성주지 生成住持　심지만덕 心地萬德　주토신 主土神

봉청 奉請　보관세업 普觀世業　영단미혹 永斷迷惑　주방신 主方神

봉청 奉請　증고제액 拯苦濟厄　십이유생 十二類生　토공신 土公神

봉청 奉請　운행사주 運行四洲　기진한서 紀陳寒暑　연직방위신 年直方位神

봉청 奉請　파암장물 破暗藏物　능냉능열 能冷能熱　일월시직신 日月時直神

봉청 奉請　광흥공양 廣興供養　치무량불 值無量佛　광야신 廣野神

봉청 奉請　원리진구 遠離塵垢　구함만덕 具含萬德　주해신 主海神

봉청 奉請　법하유주 法河流注　윤익군품 潤益群品　주하신 主河神

奉請 봉청 普興雲幢 보흥운당 離垢香積 이구향적 主江神 주강신

奉請 봉청 威光特達 위광특달 分置列堠 분치열후 道路神 도로신

奉請 봉청 嚴淨如來 엄정여래 所居宮殿 소거궁전 主城神 주성신

奉請 봉청 布花如雲 포화여운 妙光逈曜 묘광형요 草卉神 초훼신

奉請 봉청 成就妙香 성취묘향 增長精氣 증장정기 主稼神 주가신

奉請 봉청 飄擊雲幢 표격운당 所行無碍 소행무애 主風神 주풍신

奉請 봉청 隨諸業報 수제업보 施利多般 시리다반 主雨神 주우신

奉請 봉청 於晝攝化 어주섭화 行德恒明 행덕항명 主晝神 주주신

奉請 봉청 導引慧明 도인혜명 令知正路 영지정로 主夜神 주야신

奉請 봉청 無量威儀 무량위의 最上莊嚴 최상장엄 身衆神 신중신

봉청 奉請 친근여래 親近如來 수축불사 隨逐不捨 족행신 足行神

봉청 奉請 장판수요 掌判壽夭 사명신 司命神

봉청 奉請 밀정자량 密定資糧 사록신 司祿神

봉청 奉請 좌종주동 左從注童 장선신 掌善神

봉청 奉請 우축주동 右逐注童 장악신 掌惡神

봉청 奉請 행벌행병 行罰行病 이위대신 二位大神

봉청 奉請 온황고채 瘟瘟痼瘵 이위대신 二位大神

봉청 奉請 이의삼재 二儀三才 오행대신 五行大神

봉청 奉請 음양조화 陰陽造化 부지명위 不知名位 일체호법선신 一切護法善神 영기등중 靈祇等衆

유원 唯願 신장자비 神將慈悲 옹호도량 擁護道場 성취불사 成就佛事

가영(歌詠)

옹호성중만허공 擁護聖衆滿虛空 도재호광일도중 都在毫光一道中

신수불어상옹호 信受佛語常擁護 봉행경전영류통 奉行經典永流通 고아일심귀명정례 故我一心歸命頂禮

다게(茶偈)

청정명다약 淸淨茗茶藥 능제병혼침 能除病昏沈

원수애납수 願垂哀納受 유기옹호중 唯冀擁護衆

원수애납수 願垂哀納受 원수자비애납수 願垂慈悲哀納受

탄백(歎白)

제석천왕혜감명 帝釋天王慧鑑明 사주인사일념지 四洲人事一念知

애민중생여적자 哀愍衆生如赤子 시고아금공경례 是故我今恭敬禮

以上 神衆 一百四位 終

◉ 신중소창불(神衆小唱佛)

※ 소창불은 일백사위를 축소한 것으로、『작법귀감』(1860)「약례신중위목」을 참고하였다.

옹호게(擁護偈)

팔부금강호도량　공신속부보천왕　삼계제천함래집　여금불찰보정상
八部金剛護道場　空神速赴報天王　三界諸天咸來集　如今佛刹補禎祥

소창불(小唱佛)

봉청　여래화현　원만신통　대예적금강성자
奉請　如來化現　圓滿神通　大穢跡金剛聖者

봉청　청제재금강　벽독금강
奉請　青除災金剛　碧毒金剛

봉청　황수구금강　백정수금강
奉請　黃隨求金剛　白淨水金剛

봉청　적성화금강　정제재금강
奉請　赤聲火金剛　定除災金剛

봉청　자현신금강　대신력금강
奉請　紫賢神金剛　大神力金剛

봉청　금강권보살　금강색보살
奉請　金剛眷菩薩　金剛索菩薩

奉請 봉청 금강애보살 金剛愛菩薩 금강어보살 金剛語菩薩

奉請 봉청 대위덕 大威德 대분노 大忿怒 감로군다리등 甘露軍茶利等 십대명왕 十代明王

奉請 봉청 사바계주 婆婆界主 대범천왕 大梵天王 지거세주 地居世主 제석천왕 帝釋天王

奉請 봉청 호세안민 護世安民 사방천왕 四方天王 일월이궁 日月二宮 양대천자 兩大天子

奉請 봉청 이십제천 二十諸天 제대천왕 諸大天王 북두대성 北斗大聖 칠원성군 七元聖君

奉請 봉청 묘호음성 妙好音聲 아수라왕 阿修羅王 이십오위 二十五位 호계대신 護戒大神

奉請 봉청 일십팔위 一十八位 복덕대신 福德大神 도량토지 道場土地 가람대신 伽藍大神

奉請 봉청 용왕산왕 竈王山王 이위대신 二位大神 오방오제 五方五帝 오위신기 五位神祇

奉請 봉청 가야나제 伽耶那提 이대금강 二大金剛 감재직부 監齋直符 이위사자 二位使者

奉請 봉청 강신하백 江神河伯 수부등중 水府等衆 유현주재 幽顯主宰 영기등중 靈祇等衆

봉청 奉請
음양조화 陰陽造化 부지명위 不知名位 일체호법 一切護法 선신등중 善神等衆

유원 唯願
신장자비 神將慈悲 옹호도량 擁護道場 성취불사 成就佛事

가영 (歌詠)
옹호성중만허공 擁護聖衆滿虛空 도재호광일도중 都在毫光一道中
신수불어상옹호 信受佛語常擁護 봉행경전영류통 奉行經典永流通 고아일심귀명정례 故我一心歸命頂禮

다게 (茶偈)
청정명다약 淸淨茗茶藥 능제병혼침 能除病昏沈 유기옹호중 唯冀擁護衆
원수애납수 願垂哀納受 원수애납수 願垂哀納受 원수자비애납수 願垂慈悲哀納受

탄백 (歎白)
제석천왕혜감명 帝釋天王慧鑑明 사주인사일념지 四洲人事一念知 애민중생여적자 哀愍衆生如赤子 시고아금공경례 是故我今恭敬禮

⊙ 천수경(千手經)

정구업진언
淨口業眞言

수리수리 마하수리 수수리 사바하 (三遍)

오방내외안위제신진언
五方內外安慰諸神眞言

나무 사만다 못다남 옴 도로도로 지미 사바하 (三遍)

개경게 (開經偈)

무상심심미묘법 백천만겁난조우 아금문견득수지 원해여래진실의
無上甚深微妙法　百千萬劫難遭遇　我今聞見得受持　願解如來眞實意

개법장진언
開法藏眞言

옴 아라남 아라다 (三遍)

천수천안관자재보살 광대원만 무애대비심 대다라니 계청
千手千眼觀自在菩薩　廣大圓滿　無碍大悲心　大陀羅尼　啓請

계수관음대비주 원력홍심상호신 천비장엄보호지 천안광명변관조
稽首觀音大悲主　願力洪深相好身　千臂莊嚴普護持　千眼光明遍觀照

진실어중선밀어 무위심내기비심 속령만족제희구 영사멸제제죄업
眞實語中宣密語　無爲心內起悲心　速令滿足諸希求　永使滅除諸罪業

제반의식　**176**

천룡중성동자호 天龍衆聖同慈護
백천삼매돈훈수 百千三昧頓薰修
수지신시광명당 受持身是光明幢
수지심시신통장 受持心是神通藏

세척진로원제해 洗滌塵勞願濟海
초증보리방편문 超證菩提方便門
아금칭송서귀의 我今稱誦誓歸依
소원종심실원만 所願從心悉圓滿

나무대비관세음 南無大悲觀世音
원아속지일체법 願我速知一切法
나무대비관세음 南無大悲觀世音
원아조득지혜안 願我早得智慧眼

나무대비관세음 南無大悲觀世音
원아속도일체중 願我速度一切衆
나무대비관세음 南無大悲觀世音
원아조득선방편 願我早得善方便

나무대비관세음 南無大悲觀世音
원아속승반야선 願我速乘般若船
나무대비관세음 南無大悲觀世音
원아조득월고해 願我早得越苦海

나무대비관세음 南無大悲觀世音
원아속득계정도 願我速得戒定道
나무대비관세음 南無大悲觀世音
원아조등원적산 願我早登圓寂山

나무대비관세음 南無大悲觀世音
원아속회무위사 願我速會無爲舍
나무대비관세음 南無大悲觀世音
원아조동법성신 願我早同法性身

아약향도산 我若向刀山
도산자최절 刀山自摧折
아약향화탕 我若向火湯
화탕자고갈 火湯自枯竭

아약향지옥 我若向地獄
지옥자소멸 地獄自消滅
아약향아귀 我若向餓鬼
아귀자포만 餓鬼自飽滿

아약향수라 我若向修羅
악심자조복 惡心自調伏
아약향축생 我若向畜生
자득대지혜 自得大智慧

나무관세음보살마하살
南無觀世音菩薩摩訶薩

나무대세지보살마하살
南無大勢至菩薩摩訶薩

나무천수보살마하살
南無千手菩薩摩訶薩

나무여의륜보살마하살
南無如意輪菩薩摩訶薩

나무대륜보살마하살
南無大輪菩薩摩訶薩

나무관자재보살마하살
南無觀自在菩薩摩訶薩

나무정취보살마하살
南無正趣菩薩摩訶薩

나무만월보살마하살
南無滿月菩薩摩訶薩

나무수월보살마하살
南無水月菩薩摩訶薩

나무군다리보살마하살
南無軍茶利菩薩摩訶薩

나무십일면보살마하살
南無十一面菩薩摩訶薩

나무제대보살마하살
南無諸大菩薩摩訶薩

「나무본사아미타불」 (三說)
南無本師阿彌陀佛

신묘장구대다라니
神妙章句大陀羅尼

나모라 다나 다라 야야 나막 알야 바로기제 새바라야 모지 사다바야 마하

사다바야 마하 가로 니가야 옴 살바 바예수 다라나 가라야 다사명 나막 가

리다바 이맘 알야 바로기제 새바라 다바 니라간타 나막 하리나야 마발다 이

사미 살발타 사다남 수반 아예염 살바 보다남 바바마라 미수다감 다냐타 옴

아로계 아로가 마지로가 지가란제 혜혜하례 마하 모지 사다바 사마라 사마

라 하리나야 구로구로 갈마 사다야 사다야 도로도로 미연제 마하 미연제 다

라다라 다린나레 새바라 자라자라 마라 미마라 아마라 몰제 예혜혜 로계 새

바라 라아 미사미 나사야 나베 사미 사미 나사야 모하자라 미사미 나사야

호로호로 마라 호로 하례 바나마 나바 사라사라 시리시리 소로소로 못자못

자 모다야 모다야 메다리야 니라간타 가마사 날사남 바라 하리나야 마낙 사

바하 싣다야 사바하 마하 싣다야 사바하 싣다유예 새바라야 사바하 니라간

타야 사바하 바라하 목카 싱하 목카야 사바하 바나마 하따야 사바하 자가라

욕다야 사바하 상카 섭나네 모다나야 사바하 마하라 구타 다라야 사바하 바

마 사간타 이사 시체다 가릿나 이나야 사바하 먀가라 잘마 이바 사나야 사

바하 「나모라 다나 다라 야야 나막 알야 바로기제 새바라야 사바하」 (三遍)

※ 신묘장구대다라니는 3편을 지송해야 하나、 약례 시 1편은 제대로 하고 2편은 끽쇠(「」)의

진언만 지송하기도 한다。 이후의 의식에서도 적용된다.

사방찬(四方讚)

일쇄동방결도량 一灑東方潔道場
이쇄남방득청량 二灑南方得淸凉
삼쇄서방구정토 三灑西方俱淨土
사쇄북방영안강 四灑北方永安康

도량찬(道場讚)

도량청정무하예 道場淸淨無瑕穢
삼보천룡강차지 三寶天龍降此地
아금지송묘진언 我今持誦妙眞言
원사자비밀가호 願賜慈悲密加護

참회게(懺悔偈)

아석소조제악업 我昔所造諸惡業
개유무시탐진치 皆有無始貪瞋癡
종신구의지소생 從身口意之所生
일체아금개참회 一切我今皆懺悔

참제업장십이존불(懺除業障十二尊佛)

나무참제업장보승장불 南無懺除業障寶勝藏佛
보광왕화염조불 寶光王火燄照佛
일체향화자재력왕불 一切香華自在力王佛
백억항하사결정불 百億恒河沙決定佛
진위덕불 振威德佛
금강견강소복괴산불 金剛堅强消伏壞散佛
보광월전묘음존왕불 寶光月殿妙音尊王佛
환희장마니보적불 歡喜藏摩尼寶積佛
무진향승왕불 無盡香勝王佛
사자월불 獅子月佛
환희장엄주왕불 歡喜莊嚴珠王佛
제보당마니승광불 帝寶幢摩尼勝光佛

십악참회 (十惡懺悔)

살생중죄금일참회　　투도중죄금일참회　　사음중죄금일참회
殺生重罪今日懺悔　　偸盜重罪今日懺悔　　邪淫重罪今日懺悔

망어중죄금일참회　　기어중죄금일참회　　양설중죄금일참회
妄語重罪今日懺悔　　綺語重罪今日懺悔　　兩舌重罪今日懺悔

악구중죄금일참회　　탐애중죄금일참회　　진에중죄금일참회
惡口重罪今日懺悔　　貪愛重罪今日懺悔　　瞋恚重罪今日懺悔

치암중죄금일참회
癡暗重罪今日懺悔

백겁적집죄　일념돈탕제　여화분고초　멸진무유여
百劫積集罪　一念頓蕩除　如火焚枯草　滅盡無有餘

죄무자성종심기　심약멸시죄역망　죄망심멸양구공　시즉명위진참회
罪無自性從心起　心若滅是罪亦忘　罪忘心滅兩俱空　是卽名爲眞懺悔

참회진언
懺悔眞言

옴 살바 못자 모지 사다야 사바하 (三遍)

준제공덕취　적정심상송　일체제대난　무능침시인
准提功德聚　寂靜心常誦　一切諸大難　無能侵是人

천상급인간　수복여불등　우차여의주　정획무등등
天上及人間　受福如佛等　遇此如意珠　定獲無等等

「나무칠구지불모대준제보살」(三說)
南無七俱胝佛母大准提菩薩

정법계진언
淨法界眞言
옴 람 (三遍)

호신진언
護身眞言
옴 치림 (三遍)

관세음보살 본심미묘 육자대명왕진언
觀世音菩薩 本心微妙 六字大明王眞言
옴 마니 반메 훔 (三遍)

준제진언
准提眞言
나무 사다남 삼먁 삼못다 구치남 다냐타
「옴 자례주례 준제 사바하 부림」(三遍)

아금지송대준제 즉발보리광대원 원아정혜속원명 원아공덕개성취
我今持誦大准提 卽發菩提廣大願 願我定慧速圓明 願我功德皆成就

원아승복변장엄 원공중생성불도
願我勝福遍莊嚴 願共衆生成佛道

여래십대발원문
如來十大發願文

원아영리삼악도
願我永離三惡道

원아속단탐진치
願我速斷貪瞋癡

원아상문불법승
願我常聞佛法僧

원아근수계정혜
願我勤修戒定慧

원아항수제불학
願我恒隨諸佛學

원아불퇴보리심
願我不退菩提心

원아결정생안양
願我決定生安養

원아속견아미타
願我速見阿彌陀

원아분신변진찰
願我分身遍塵刹

원아광도제중생
願我廣度諸衆生

발사홍서원
發四弘誓願

중생무변서원도
衆生無邊誓願度

번뇌무진서원단
煩惱無盡誓願斷

법문무량서원학
法門無量誓願學

불도무상서원성
佛道無上誓願成

자성중생서원도
自性衆生誓願度

자성번뇌서원단
自性煩惱誓願斷

자성법문서원학
自性法門誓願學

자성불도서원성
自性佛道誓願成

발원이 귀명례삼보
發願已 歸命禮三寶

「나무상주시방불
南無常住十方佛

나무상주시방법
南無常住十方法

나무상주시방승」
南無常住十方僧

(三說)

정삼업진언 淨三業眞言

옴 사바바바 수다살바 달마 사바바바 수도함 (三遍)

개단진언 開壇眞言

옴 바아라 뇌로 다가다야 삼마야 바라베 사야 훔 (三遍)

건단진언 建壇眞言

옴 난다난다 나지나지 난다바리 사바하 (三遍)

정법계진언 淨法界眞言

라자색선백 羅字色鮮白　공점이엄지 空點以嚴之　여피계명주 如彼髻明珠　치지어정상 置之於頂上

진언동법계 眞言同法界　무량중죄제 無量衆罪除　일체촉예처 一切觸穢處　당가차자문 當加此字門

나무 사만다 못다남 람 (三遍)

◉ 조전점안(造錢點眼)

※ 할향부터 참회진언까지의 의식은 「천수경」정구업진언부터 참회진언(p. 176~181.)까지로 대체할 수 있다.

할향(喝香)

전단목주중생상 梅檀木做衆生像
급여여래보살형 及與如來菩薩形
만면천두수각리 萬面千頭雖各異
약문훈기일반향 若聞薰氣一般香

연향게(燃香偈)

계정혜해지견향 戒定慧解知見香
변시방찰상분복 遍十方刹常氛馥
원차향연역여시 願此香烟亦如是
훈현자타오분신 熏現自他五分身

할등(喝燈)

달마전등위계활 達摩傳燈爲計活
종사병촉작가풍 宗師秉燭作家風
등등상속방불멸 燈燈相續方不滅
대대유통진조종 代代流通振祖宗

연등게(燃燈偈)

대원위주대비유 大願爲炷大悲油
대사위화삼법취 大捨爲火三法聚
보리심등조법계 菩提心燈照法界
아아훔 조제군생원성불 阿阿吽 照諸群生願成佛

할화(喝花)

모란화왕함묘유 牧丹花王含妙有
작약금예체분방 芍藥金藥體芬芳
함담홍련동염정 菡萏紅蓮同染淨
갱생황국상후신 更生黃菊霜後新

서찬게(舒讚偈)

아금신해선근력 我今信解善根力
급여법계연기력 及與法界緣起力
불법승보가지력 佛法僧寶加持力
소수선사원원만 所修善事願圓滿

삼귀의(三歸依)

지심신례 불타야 양족존 至心信禮 佛陀耶 兩足尊
지심신례 달마야 이욕존 至心信禮 達摩耶 離欲尊
지심신례 승가야 중중존 至心信禮 僧伽耶 衆中尊

합장게(合掌偈)

합장이위화 신위공양구 성심진실상 찬탄향연부
合掌以爲花 身爲供養具 誠心眞實相 讚歎香煙覆

고향게 (告香偈)

향연변부삼천계　정혜능개팔만문　유원삼보대자비　문차신향임법회

香烟遍覆三千界　定慧能開八萬門　唯願三寶大慈悲　聞此信香臨法會

개계 (開啓)

상부　수함청정지공　향유보훈지덕　고장법수　특훈묘향　쇄사법연　성우정토

詳夫　水含淸淨之功　香有普熏之德　故將法水　特熏妙香　灑斯法筵　成于淨土

쇄수게 (灑水偈)

관음보살대의왕　감로병중법수향　쇄탁마운생서기　소제열뇌획청량

觀音菩薩大醫王　甘露瓶中法水香　灑濯魔雲生瑞氣　消除熱惱獲淸凉

복청게 (伏請偈)

복청대중　동음창화　신묘장구대다라니

伏請大衆　同音唱和　神妙章句大陀羅尼

신묘장구대다라니

神妙章句大陀羅尼

나모라 다나 다라 야야 나막 알야 바로기제 새바라야 모지 사다바야 마하 사다바야 마하 가로 니가야 옴 살바 바예수 다라나 가라야 다사명 나막 가

리다바 이맘 알야 바로기제 새바라 다바 니라간타 나막 하리나야 마발다 이

사미 살발타 사다남 수반 아예염 살바 보다남 바바마라 미수다감 다냐타 옴

아로계 아로가 마지로가 지가란제 혜혜하례 마하 모지 사다바 사마라 사마

라 하리나야 구로구로 갈마 사다야 사다야 도로도로 미연제 마하 미연제 다

라다라 다린나레 새바라 자라자라 마라 미마라 아마라 몰제 예혜혜 로계 새

바라 라아 미사미 나사야 나베 사미 사미 나사야 모하자라 미사미 나사야

호로호로 마라 호로 하례 바나마 나바 사라사라 시리시리 소로소로 못자못

자 모다야 모다야 메다리야 니라간타 가마사 날사남 바라 하리나야 마낙 사

바하 싣다야 사바하 마하 싣다야 사바하 싣다유예 새바라야 사바하 니라간

타야 사바하 바라하 목카 싱하 목카야 사바하 바나마 하따야 사바하 자가라

욕다야 사바하 상카 섭나네 모다나야 사바하 마하라 구타 다라야 사바하 바

마 사간타 이사 시체다 가릿나 이나야 사바하 먀가라 잘마 이바 사나야 사

바하 「나모라 다나 다라 야야 나막 알야 바로기제 새바라야 사바하」 (三遍)

사방찬(四方讚)

일쇄동방결도량　이쇄남방득청량　삼쇄서방구정토　사쇄북방영안강
一灑東方潔道場　二灑南方得清凉　三灑西方俱淨土　四灑北方永安康

엄정게 (嚴淨偈)

도량청정무하예　삼보천룡강차지　아금지송묘진언　원사자비밀가호
道場清淨無瑕穢　三寶天龍降此地　我今持誦妙眞言　願賜慈悲密加護

참회게 (懺悔偈)

아석소조제악업　개유무시탐진치　종신구의지소생　일체아금개참회
我昔所造諸惡業　皆由無始貪嗔癡　從身口意之所生　一切我今皆懺悔

참회진언
懺悔眞言

옴 살바 못자 모지 사다야 사바하 (三七遍)

※ 양지(楊枝) 스물한 가지로 발을 만들어 그 위에 점안하고자 하는 지전을 쌓아 올린다. 쇄수(灑水)할 물은 월덕방위(月德方位∷正·五·九月은 丙方、二·六·十月은 甲方、三·七·至月은 壬方、四·八·臘月에는 庚方)에서 길어와 증명상에 준비하며, 모든 진언은 백팔 편씩 지송한다. (各眞言百八遍)

월덕수진언
月德水眞言

옴 바아라 훔 밤 사바하 (百八遍)

※ 조전점안 시 진언은 의식문마다 약간의 차이를 보인다. ○ 표시의 진언은 참고로 수록하였다.

조전진언
造錢眞言
옴 바아라 훔 사바하 (百八遍)

성전진언
成錢眞言
옴 반자나 훔 사바하 (百八遍)

나무불수 南無佛水 나무법수 南無法水 나무승수 南無僧水 나무오방용왕수 南無五方龍王水 (三七遍) ○옴 아라 훔 사바하

쇄향수진언
灑香水眞言
옴 바아라 바 훔 (百八遍)

변성금은전진언
變成金銀錢眞言
옴 반자나 반자니 사바하 (百八遍)

개전진언
開錢眞言
옴 반자나니 훔 사바하 (百八遍) ○옴 자나니 훔 사바하

괘전진언
掛錢眞言
옴 발사라 반자니 사바하 (百八遍)

※ 이운을 별도로 하지 않을 경우 헌전진언을 한다.

헌전진언
獻錢眞言
옴 아자나 훔 사바하 (百八遍)

● 금은전이운(金銀錢移運)

옹호게(擁護偈)

팔부금강호도량　공신속부보천왕　삼계제천함래집　여금불찰보정상
八部金剛護道場　空神速赴報天王　三界諸天咸來集　如今佛刹補楨祥

금은전이운게(金銀錢移運偈)

수도금은산부동　불번천제명과아　인간지작명간보　진시여래묘력다
誰道金銀山不動　不煩天帝命夸娥　人間紙作冥間寶　儘是如來妙力多

산화락　(三說)
散花落

나무마하반야바라밀　(三說)　或、
南無摩訶般若波羅蜜

나무 영산회상 불보살　(三說)
南無 靈山會上 佛菩薩

헌전진언
獻錢眞言

옴 아자나 훔 사바하　(百八遍)

헌전게(獻錢偈)

퇴퇴정사백은산　금장봉헌명관중　물기망망광야간
堆堆正似白銀山　今將奉獻冥官衆　勿棄茫茫曠野間

화지성전겸비수
化紙成錢兼備數

상주권공재

【常住勸供齋】

一. 엄정의식
一. 설법의식
一. 건단의식
一. 상단
一. 신중단
一. 관음시식
一. 봉송 · 회향

참고사항

一。 상주권공재는 설단(設壇)의 채비가 용이하다는 점에서 사찰에서 언제든 설행할 수 있는 재의(齋儀)이다。 그러나 전승되어 온 과정에서 상황에 따라 축약과 첨가의 변화를 거쳐 본연의 의식체계가 약화되고 재의 의미마저 불분명해졌다면 재정비가 필요한 시점이라고 생각한다。 하여 본서에서는 일러두기에서 밝힌 참고문헌을 토대로 상주권공재 본래의 원형에 정합성(整合性)을 갖추고자 지편(再編)하였음을 밝힌다。

一。 상주권공재 의식의 특징을 살펴보면 상위(上位)의 권공의식이 있음에도 불구하고 별도의 관음청을 모시는 것이다。 이는 한국불교에서 지배적인 관음신앙이 결부되어 구성되어진 것으로 볼 수 있다。 또한 시식을 통한 망자의 추천(追薦)의 성격도 포함되어 있으며、 신중단 [소청중위]의 의식이 신중대례청(神衆大禮請)을 방불케 하는 의식으로 구성되어 있는 것에서 설판자의 현세안녕을 위한 염원이 대두하게 공존하는 특성을 지니고 있다고 볼 수 있다。

一。 상주권공재의 절차는 재의 성격에 따라 차이가 있다。 만약 천도재를 상주권공재로 설행할 경우라면 먼저 시련을 거행하고 대령、 관욕、 신중작법、 조전점안、 금은전이운、 상단권공、 신중단권공、 시식、 봉송・회향 순으로 거행한다。 다만 나열한 의식 중에 시련과 조전 점안、 금은전이운 등은 여건에 따라 생략할 수도 있다。 또한 천도재가 아닌 불공의식이라면 신중작법을 거행한 후 상단권공과 신중단권공、 시식、 봉송・회향 순으로 거행하면 된다。

一。 상주권공재의 상단의식은 대략 다섯 가지 방법으로 설행할 수 있다。 첫째는 본 의식문에 수록되어 있는 차서대로 소청상위와 관음별청을 각각 모시는 방법이다。 둘째는 상단 소청상위부터 다게(p 。 二〇三~二〇七〇)까지 마친 후、 관음별청 거불부터 다게(p 。 二二三~二二六〇)를 거행하고 가지변공(p 。 二〇七〇)을 동시에 거행하여 공양을 올리는 방법이다。 이때 탄백과 축원 내용은 상단의 내용으로 거행하면 된다。 세 번째 방법은 상단의식을 약례화하여 거행한 후 관음별청을 거행하는 것이다。 넷째、 시간이 촉박할 경우 상단 청사(請詞) 이후 관음청사를 넣어 별도로 관음별청을 하지 않고 생략하는 방법이다。 다섯 번째는 약례로 상단 소청상위 [或、 삼보통청]와 관음별청[或、 관음청] 중 주존에 맞게 1종만 거행하는 방법이다。

一。 상주권공재 의식 진행의 구성을 쉽게 이해할 수 있도록 의식문 사이에 엄정의식[찬탄과 귀의、 결계]·설법의식·건단의식·헌좌안위·가지변공 등 소제목을 첨가하였다。

◉ 상주권공(常住勸供)

■ 엄정의식(嚴淨儀式)

봉헌일편향
奉獻一片香

할향(喝香)

덕용난사의 **근반진사계** **엽부오수미**
德用難思議　　根盤塵沙界　　葉覆五須彌

등게(燈偈、一名 燃香偈)

계정혜해지견향 **변시방찰상분복** **원차향연역여시** **훈현자타오분신**
戒定慧解知見香　　徧十方刹常芬馥　　願此香烟亦如是　　熏現自他五分身

정례(頂禮)

귀명시방상주불 **귀명시방상주법** **귀명시방상주승**
歸命十方常住佛　　歸命十方常住法　　歸命十方常住僧

합장게(合掌偈)

합장이위화 **신위공양구** **성심진실상** **찬탄향연부**
合掌以爲花　　身爲供養具　　誠心眞實相　　讚嘆香煙覆

향연변부삼천계 　香烟遍覆三千界
정혜능개팔만문 　定慧能開八萬門
유원삼보대자비 　唯願三寶大慈悲
문차신향임법회 　聞此信香臨法會

개계 (開啓)

상부 수함청정지공 향유보훈지덕 고장법수 특훈묘향 쇄사법연 성우정토
詳夫 水含清淨之功 香有普熏之德 故將法水 特熏妙香 灑斯法筵 成于淨土

쇄수게 (灑水偈)

관음보살대의왕 　觀音菩薩大醫王
감로병중법수향 　甘露瓶中法水香
쇄탁마운생서기 　灑濯魔雲生瑞氣
소제열뇌획청량 　消除熱惱獲清凉

복청게 (伏請偈)

복청대중 　伏請大衆
동음창화 　同音唱和
신묘장구대다라니 　神妙章句大陀羅尼

신묘장구대다라니 　神妙章句大陀羅尼

나모라 다나 다라 야야 나막 알야 바로기제 새바라야 모지 사다바야 마하 사다바야 마하

가로 니가야 옴 살바 바예수 다라나 가라야 다사명 나막 가

리다바 이맘 알야 바로기제 새바라 다바 니라간타 나막 하리나야 마발다 이

사미 살발타 사다남 수반 아예염 살바 보다남 바바마라 미수다감 다냐타 옴

아로계 아로가 마지로가 지가란제 혜혜하례 마하 모지 사다바 사마라 사마

라 하리나야 구로구로 갈마 사다야 사다야 도로도로 미연제 마하 미연제 다

라다라 다린나레 새바라 자라자라 마라 미마라 아마라 몰제 예혜혜 로계 새

바라 라아 미사미 나사야 나베 사미 사미 나사야 모하자라 미사미 나사야

호로호로 마라 호로 하례 바나마 나바 사라사라 시리시리 소로소로 못자못

자 모다야 모다야 메다리야 니라간타 가마사 날사남 바라 하리나야 마낙 사

바하 싣다야 사바하 마하 싣다야 사바하 싣다유예 새바라야 사바하 니라 간

타야 사바하 바라하 목카 싱하 목카야 사바하 바나마 하따야 자가라

욕다야 사바하 상카 섭나네 모다나야 사바하 마하라 구타 다라야 사바하 바

마 사간타 이사 시체다 가릿나 이나야 사바하 먀가라 잘마 이바 사나야 사

바하 「나모라 다나 다라 야야 나막 알야 바로기제 새바라야 사바하」(三遍)

사방찬(四方讚)

일쇄동방결도량 一灑東方潔道場

이쇄남방득청량 二灑南方得淸凉

삼쇄서방구정토 三灑西方俱淨土

사쇄북방영안강 四灑北方永安康

도량게 (道場偈)

도량청정무하예 道場淸淨無瑕穢

삼보천룡강차지 三寶天龍降此地

아금지송묘진언 我今持誦妙眞言

원사자비밀가호 願賜慈悲密加護

참회게 (懺悔偈)

아석소조제악업 我昔所造諸惡業

개유무시탐진치 皆由無始貪嗔癡

종신구의지소생 從身口意之所生

일체아금개참회 一切我今皆懺悔

참회진언 懺悔眞言

옴 살바 못자 모지 사다야 사바하 (三遍)

참회대발원이 懺悔大發願已

종신귀명례삼보 終身歸命禮三寶

참회개참회 懺悔皆懺悔

참회실참회 懺悔悉懺悔

참회영참회 懺悔永懺悔

참회개실영참회 懺悔皆悉永懺悔

※ 참회진언 후 설법의식(부록편에 수록)을 거행하며, 설법 생략 시는 바로 정지진언(淨地眞言)

혹은 정삼업진언(淨三業眞言)을 거행한다。

■ 설법의식(說法儀式) ※연비 거량(擧揚) 후 說法可也 ⇩ p. 六六六。

■ 건단의식(建壇儀式)

※재의 규모에 따라 넓게는 정지진언(廣則淨地眞言)을 거행하며, 약례시는 정삼업진언부터 거행하면 된다.

정지진언
淨地眞言

결정기세간　적광화장인　즉이정혜수　관념이진법
潔淨器世間　寂光華藏印　卽以定慧水　觀念離塵法

옴 나유타 아다 살바 달마 (三遍)

정삼업진언
淨三業眞言

옴 사바바바 수다살바 달마 사바바바 수도함 (三遍)

개단진언
開壇眞言

옴 바아라 뇌로 다가다야 삼마야 바라베 사야 훔 (三遍)

건단진언
建壇眞言

옴 난다난다 나지나지 난다바리 사바하 (三遍)

건단진언
建壇眞言

정법계진언
淨法界眞言

옴 난다난다 나지나지 난다바리 사바하 (三遍)

라자색선백 羅字色鮮白
공점이엄지 空點以嚴之
여피계명주 如彼髻明珠
치지어정상 置之於頂上

진언동법계 眞言同法界
무량중죄제 無量衆罪除
일체촉예처 一切觸穢處
당가차자문 當加此字門

나무 사만다 못다남 람 (三遍)

□ 상단(上壇) □

■ 소청상위(召請上位)

※ 소청상위는 현행 삼보통청(p。二七五。)으로 거행할 수 있다。

거불(擧佛)

나무 불타부중 광림법회
南無 佛陀部衆 光臨法會

나무 달마부중 광림법회
南無 達摩部衆 光臨法會

나무 승가부중 광림법회
南無 僧伽部衆 光臨法會

진령게(振鈴偈)

이차진령신소청 시방불찰보문지
以此振鈴伸召請 十方佛刹普聞知

원차영성변법계 무변불성함래집
願此鈴聲遍法界 無邊佛聖咸來集

보소청진언
普召請眞言

나무 보보제리 가리 다리 다타 아다야 (三遍)

203 상단

앙유 仰惟
삼신사지원명 三身四智圓明
십호지존 十號之尊
팔장오교 八藏五教
미묘일진지교 微妙一眞之教
비증지증지보살 悲增智增之菩薩
유학무 有學無

학지응진 學之應眞
삼보대성자 三寶大聖者
종진정계 從眞淨界
흥대비운 興大悲運
비신현신 非身現身
포신운어삼천세계 布身雲於三千世界
무법설 無法說

법 쇄법우어팔만진로 灑法雨於八萬塵勞
개종종방편지문 開種種方便之門
도망망사계지중 導茫茫沙界之衆
유구개수 有求皆遂
여공곡지전성 如空谷之傳聲

무원부종 無願不從
약징담지인월 若澄潭之印月
시이 是以
사바세계 娑婆世界
남섬부주 南贍部洲
동양 東洋
대한민국 大韓民國
모처 某處
모사 某寺
청 清

정수월도량 淨水月道場
원아금차 願我今此
지극지정성 至極之精誠
○○재 ○○齋
천혼재자 薦魂齋者
모처거주 某處居住
모인복위 某人伏爲
소천선 所薦先

모인영가 某人靈駕
왕생극락지원 往生極樂之願
억원 抑願
재자 齋者
각각등 各各等
특위이신 特爲已身
능멸천재 能滅千災
성취만덕지원 成就萬德之願

취어 就於
자산시사 玆山是寺
이금월금일 以今月今日
건설정찬공양 建設淨饌供養
제불제보살 諸佛諸菩薩
대성자 大聖者
훈근작법 勳懃作法
앙기묘 仰祈妙

원자 援者
우복이 右伏以
설명향이예청 爇茗香而禮請
정옥립이수재 呈玉粒以修齋
재체수미 財體雖微
건성가민 虔誠可憫
기회자감 冀廻慈鑑
강부향 降赴香

연 筵
근병일심 謹秉一心
선진삼청 先陳三請

청사(請詞)、혹은 제불통청 청사

南無一心奉請 靈山不滅 鶴樹常存 千百億化身 釋迦牟尼佛 東方靑琉璃世界 示
나무일심봉청 영산불멸 학수상존 천백억화신 석가모니불 동방청유리세계 시

其西方淨露 十二上願 藥師琉璃光佛 光明普照 壽命難思 四十八大願 阿彌陁佛
기서방정로 십이상원 약사유리광불 광명보조 수명난사 사십팔대원 아미타불

一生兜率 三會龍華 當來敎主 彌勒尊佛 三乘五敎 嶽妙眞詮 一切達摩耶衆 五峰
일생도솔 삼회용화 당래교주 미륵존불 삼승오교 악묘진전 일체달마야중 오봉

聖主 七祖佛師 大聖文殊師利菩薩 如來長子 法界願王 大行普賢菩薩 普門示現
성주 칠조불사 대성문수사리보살 여래장자 법계원왕 대행보현보살 보문시현

願力弘深 大聖觀世音菩薩 念佛三昧 攝化衆生 大威大勢至菩薩 金剛提掌 降伏
원력홍심 대성관세음보살 염불삼매 섭화중생 대위대세지보살 금강제장 항복

魔王 大慧金剛藏菩薩 障盡災消 福慧圓滿 大慈除障碍菩薩 衆生度盡 方證菩提
마왕 대혜금강장보살 장진재소 복혜원만 대자제장애보살 중생도진 방증보리

大願地藏王菩薩 菩提高廣 大智宏深 清淨大海衆菩薩摩訶薩 唯願慈悲 憐愍有情
대원지장왕보살 보리고광 대지광심 청정대해중보살마하살 유원자비 연민유정

降臨道場 受此供養 (三請)
강림도량 수차공양

香花請 (三說)
향화청

※ 보통은 향화청 다음 가영만 거행하나、내림게바라를 거행할 시는 ① 청사→향화청、② 청사→
향화청、③ 청사→산화락(三說)→원강도량 수차공양(三說)→내림게바라→향화청→가영 순으로
거행한다。

산화락 (三說)
散花落

내림게 (來臨偈)
願降道場 受此供養

원강도량 수차공양 (三說)

가영 (歌詠)

위광변조시방중 **월인천강일체동**
威光遍照十方中 月印千江一切同

사지원명제성사 **분림법회이군생**
四智圓明諸聖士 賁臨法會利群生

고아일심귀명정례
故我一心歸命頂禮

■ **헌좌안위** (獻座安位)

헌좌게 (獻座偈)

묘보리좌승장엄　제불좌이성정각　아금헌좌역여시　자타일시성불도
妙菩提座勝莊嚴　諸佛坐已成正覺　我今獻座亦如是　自他一時成佛道

헌좌진언 獻座眞言
옴 바아라 미나야 사바하 (三遍)

욕건만나라선송 정법계진언
欲建曼拏羅先誦 淨法界眞言
옴 람 (三七遍)

다게(茶偈)

금장감로다 今將甘露茶　봉헌삼보전 奉獻三寶前　감찰건간심 鑑察虔懇心
원수애납수 願垂哀納受　원수애납수 願垂哀納受　원수자비애납수 願垂慈悲哀納受

■ 가지변공(加持變供)

기성가지(祈聖加持)
향수나열 재자건성 욕구공양지주원 수장가지지변화 앙유삼보 특사가지
香羞羅列 齋者虔誠 欲求供養之周圓 須仗加持之變化 仰唯三寶 特賜加持

「나무시방불 南無十方佛　나무시방법 南無十方法　나무시방승」 南無十方僧 (三說)

무량위덕 자재광명 승묘력 변식진언
無量威德 自在光明 勝妙力 變食眞言

나막 살바다타 아다 바로기제 옴 삼바라 삼바라 훔 (三遍)

시감로수진언
施甘露水眞言

나무 소로바야 다타아다야 다냐타 옴 소로소로 바라소로
바라소로 사바하 (三七遍)

일자수륜관진언
一字水輪觀眞言

옴 밤 밤 밤밤 (三七遍)

유해진언
乳海眞言

나무 사만다 못다남 옴 밤 (三七遍)

※ 약례 시 출생공양진언 ~ 정식진언은 생략할 수도 있다. 위 진언 생략시 운심게(p。二一〇。)

출생공양진언
出生供養眞言

옴 (三七遍)

헌향진언
獻香眞言

옴 바아라 도비야 훔 (三遍)

헌등진언
獻燈眞言

옴 바아라 아로기아 훔 (三遍)

헌화진언
獻花眞言

옴 바아라 보빼야 훔 (三遍)

헌과진언
獻果眞言

옴 바라미슌데 바라사라 훔 (三遍)

헌병진언
獻餅眞言

옴 바다마 시리니 사다야 사바하 (三遍)

헌수진언
獻水眞言

옴 살바 오다가야 아라아 사바하 (三遍)

헌식진언
獻食眞言

옴 바아라 니미디아 훔 (三遍)

헌음악진언
獻音樂眞言

옴 바아라 샤바다 훔 (三遍)

관세음보살대산화인다라니
觀世音菩薩大散華印陀羅尼

나모 삿바 못다 달마 싱가야 나모 아리야 바로기데 새바라야 모디 사다야 마하 사다야 마하 가로니가야 다냐타 도비도비 가야도비 비라니 사바하 (三遍)

정식진언
淨食眞言

옴 다가 바아라 훔 (三七遍)

운심게(運心偈)

원차향공변법계　　보공무진삼보해　　자비수공증선근　　영법주세보불은
願此香供遍法界　　普供無盡三寶海　　慈悲受供增善根　　令法住世報佛恩

운심공양진언
運心供養眞言

나막 살바다타 아제 백미 새바 목케배약 살바다캄 오나아제
바라해맘 옴 아아나캄 사바하 (三遍)

가지게(加持偈)

원차향공변법계　　공양시방제불타
願此香供遍法界　　供養十方諸佛陀

원차등공변법계　　공양시방제달마
願此燈供遍法界　　供養十方諸達摩

원차향등다미공변법계　　공양시방제승가
願此香燈茶米供遍法界　　供養十方諸僧伽

불사자비수차공　　시작불사도중생
不捨慈悲受此供　　施作佛事度衆生

※ 이어서 보공양진언.

※ 다음의 가지공양(加持供養)은 가지게(加持偈) 대신 거행할 수 있다.

상래가지이흘 변화무궁 원차향위해탈지견 원차등위반야지광 원차수위감로제
上來加持已訖 變化無窮 願此香爲解脫知見 願此燈爲般若智光 願此水爲甘露醍

호 원차식위법희선열 내지 번화호열 다과교진 즉세제지장엄 성묘법지공양 자
醐 願此食爲法喜禪悅 乃至 幡花互列 茶果交陳 卽世諦之莊嚴 成妙法之供養 慈

비소적 정혜소훈 이차향수 특신배헌
悲所積 定慧所熏 以此香羞 特伸拜獻

※ 말미 불타야중、달마야중、승가야중 이후 각각 [유원자비 수차공양]은 대중이 합송한다。

이차가지 청정향수배헌 진허공 변법계 시방상주 일체불타야중 (중화) 유원 운운
以此加持 清淨香羞拜獻 盡虛空 遍法界 十方常住 一切佛陀耶衆 (衆和) 惟願 云云

이차가지 청정향수배헌 진허공 변법계 시방상주 일체달마야중 (중화) 유원 운운
以此加持 清淨香羞拜獻 盡虛空 遍法界 十方常住 一切達摩耶衆 (衆和) 惟願 云云

이차가지 청정향수배헌 진허공 변법계 시방상주 일체승가야중 (중화) 유원 운운
以此加持 清淨香羞拜獻 盡虛空 遍法界 十方常住 一切僧家耶衆 (衆和) 惟願 云云

이차가지 청정향수배헌 진허공 변법계 시방상주 일체승가야중
以此加持 清淨香羞拜獻 盡虛空 遍法界 十方常住 一切僧家耶衆

(중화) 유원자비 수차공양 시작불사도중생
唯願慈悲 受我供養 施作佛事度衆生

※ 이어서 보공양진언。

보공양진언
普供養眞言

옴 아아나 삼바바 바라 훔 (三遍)

보회향진언
普回向眞言

옴 삼마라 삼마라 미만나 사라마하 자거라바 훔 (三遍)

나무대불정 여래밀인 수증요의 제보살만행 수능엄신주
南無大佛頂 如來密因 修證了義 諸菩薩萬行 首楞嚴神呪

다냐타 옴 아나례 비사제 비라 바아라 다리 반다 반다니 바아라 바니반

호훔 다로옹박 사바하 (三遍)

대원성취진언
大願成就眞言

옴 아모카 살바다라 사다야 시베 훔 (三遍)

보궐진언
補闕眞言

옴 호로호로 사야목계 사바하 (三遍)

탄백(歎白)

찰진심념가수지 대해중수가음진 허공가량풍가계 무능진설불공덕
刹盡心念可數知 大海中水可飮盡 虛空可量風可繫 無能盡說佛功德

※ 삼보통청의 **축원**(p。二八四。)도 가능하며、재의 성격에 맞게 축원내용은 가감한다。

대각모니 화륜어사계 보살신통 구호어진방 구절귀의 필몽요익 공양자 하복이
大覺牟尼 化輪於沙界 菩薩神通 救護於塵邦 苟切歸依 必蒙饒益 供養者 何福而

불성 예배자 하재이불멸 내지 국태민안 법륜전
不成 禮拜者 何災而不滅 乃至 國泰民安 法輪轉

원아금차 지극지정성 ○○재 천혼재자 모처거주 모인복위 모인영가 이어삼계
願我今此 至極之精誠 ○○齋 薦魂齋者 某處居住 某人伏爲 某人靈駕 離於三界

화택지고륜 생어구품연대지화상 역위 상세선망부모 다생사장 누대종친 제형
火宅之苦輪 生於九品蓮臺之花上 亦爲 上世先亡父母 多生師長 累代宗親 弟兄

숙백 자매질손 증외친속 열명영가 동왕극락세계지대원 억원 불우승사 창건중
叔伯 姉妹姪孫 曾外親屬 列名靈駕 同往極樂世界之大願 抑願 佛宇僧舍 創建重

건중수 화별집무등 여불전헌답 일용대소집물 인권동참 각각시주등 열명영가
建重修 化別執務等 與佛前獻畓 日用大小什物 引勸同參 各各施主等 列名靈駕

왕생정토지원 역위 금일불공 발원재자 모처거주 모인보체 일체병고액난 실개
往生淨土之願 亦爲 今日佛供 發願齋者 某處居住 某人保體 一切病苦厄難 悉皆

소멸 일체복덕장엄 일체죄장개득청정 일체번뇌개득단제 일체공덕개득원통수
消滅 一切福德莊嚴 一切罪障皆得淸淨 一切煩惱皆得斷除 一切功德皆得圓痛隨

원 왕생서방정토 보리행원 개실성취 복혜자량 개실구시 마하반야바라밀
願 往生西方淨土 菩提行願 皆悉成就 福慧資粮 皆悉具是 摩訶般若婆羅蜜

※축원 대신 축원화청으로 거행할 수 있으며、축원화청 이전 회심곡도 거행할 수 있다。

회심곡(回心曲) 云云

축원화청(祝願和請)

공덕공덕 상래소수불공덕
功德功德 上來所修佛功德

원만원만 회향삼처실원만
圓滿圓滿 回向三處悉圓滿

정유리광 상덕홍련 융궁현전 반지수의 계천입극 성덕대부
淨琉璃光 上德紅蓮 隆宮現前 攀枝樹依 繼天立極 聖德大敷

복원 성은광대 항위만승지지존 도안원명 영작천추지보감
伏願 聖恩廣大 恒爲萬乘之至尊 道眼圓明 永作千秋之寶鑑

형탈근진 속증낙방무량수 요명심지 해통화장석가존
逈脫根塵 速證樂邦無量壽 了明心地 該通華藏釋迦尊

자미장조어심궁 옥엽항부어상원
紫微長照於深宮 玉葉恒敷於上苑

천화지리 물부시강 만상함춘 화훼부무
天和地利 物阜時康 萬像含春 花卉敷茂

앙명어원 서애황도 풍이조 우이순 화등구수 맥수이지
仰鳴於苑 瑞靄皇都 風以調 雨以順 禾登九穗 麥秀二枝

관이경 민이환 문치승평 무언간과
官以慶 民以歡 文致昇平 武偃干戈

억조창생 고복어환중 광대불법 홍양어세외
億兆蒼生 鼓腹於寰中 廣大佛法 弘揚於世外

삼천계내 무비예의지강산 팔문장안 진시자비지도량
三千界內 無非禮義之江山 八門長安 盡是慈悲之道場

소유시방세계중 삼세일체인사자 아이청정신어의 일일변례진무여
所有十方世界中 三世一切人獅子 我以淸淨身語意 一一徧禮盡無餘

팔황태평 사이불침 국태민안법륜전
八荒太平 四夷不侵 國泰民安法輪轉

법륜상전어무궁 국계항안어만세
法輪常轉於無窮 國界恒安於萬歲

원아금유차일 사바세계 남섬부주 모처거주 모인복위 소천 모인영가
願我今有此日 娑婆世界 南贍部洲 某處居住 某人伏爲 所薦 某人靈駕

이차인연공덕 왕생극락지대원 함탈윤회지고뇌 공증불과지대원
以此因緣功德 往生極樂之大願 咸脫輪迴之苦惱 共增佛果之大願

금일 생축재자 모인 각각등보체
今日 生祝齋者 某人 各各等保體

명장명장수명장 수명즉세월이무궁 쾌락즉진사이막유
命長命長壽命長 壽命卽歲月以無窮 快樂則塵沙以莫有

공양자 하복이불성 예배자 하앙이불멸
供養者 何福而不成 禮拜者 何殃而不滅

일일유천상지경 시시무백해지재 상봉길경 불봉재해 재맹설산 복집운흥
日日有千祥之慶 時時無百害之災 相逢吉慶 不逢災害 災萌雪散 福集雲興

연후원 무변법계 유식함령 장차성현공덕 구성정각 토지가람호도량
然後願 無邊法界 有識含靈 仗此聖賢功德 俱成正覺 土地伽藍護道場

세세상행보살도 구경원성살바야 마하반야바라밀
世世常行菩薩道 究竟圓成薩婆若 摩訶般若波羅蜜

※이어서 관음별청(p。二二三。)을 거행하며 관음청(p。三一三。)도 가능하다。

附) 상주권공 — 상단 약례

■ 엄정의식 (嚴淨儀式)

할향(喝香)

봉헌일편향 덕용난사의 근반진사계 엽부오수미
奉獻一片香 德用難思議 根盤塵沙界 葉覆五須彌

등게(燈偈)

계정혜해지견향 변시방찰상분복 원차향연역여시 훈현자타오분신
戒定慧解知見香 徧十方刹常芬馥 願此香烟亦如是 熏現自他五分身

정례(頂禮)

귀명시방상주불 귀명시방상주법 귀명시방상주승
歸命十方常住佛 歸命十方常住法 歸命十方常住僧

합장게(合掌偈)

합장이위화 신위공양구 성심진실상 찬탄향연부
合掌以爲花 身爲供養具 誠心眞實相 讚嘆香煙覆

고향게 (告香偈)

향연변부삼천계 정혜능개팔만문

香烟遍覆三千界　定慧能開八萬門

유원삼보대자비 문차신향임법회

唯願三寶大慈悲　聞此信香臨法會

개계 (開啓)

상부 수함청정지공 향유보훈지덕 고장법수 특훈묘향 쇄사법연 성우정토

詳夫　水含清淨之功　香有普熏之德　故將法水　特熏妙香　灑斯法筵　成于淨土

쇄수게 (灑水偈)

관음보살대의왕 감로병중법수향 쇄탁마운생서기 소제열뇌획청량

觀音菩薩大醫王　甘露瓶中法水香　灑濯魔雲生瑞氣　消除熱惱獲清凉

복청게 (伏請偈)

복청대중 동음창화 신묘장구대다라니

伏請大衆　同音唱和　神妙章句大陀羅尼

신묘장구대다라니　云云　(三遍)

神妙章句大陀羅尼

사방찬 (四方讚)

일쇄동방결도량 이쇄남방득청량 삼쇄서방구정토 사쇄북방영안강

一灑東方潔道場　二灑南方得清凉　三灑西方俱淨土　四灑北方永安康

도량게 (道場偈)

도량청정무하예　삼보천룡강차지　아금지송묘진언　원사자비밀가호
道場清淨無瑕穢　三寶天龍降此地　我今持誦妙眞言　願賜慈悲密加護

■ 상단의식 (上壇儀式)

단청불 (單請佛)

봉청시방삼세불　용궁해장묘만법　보살연각성문중　불사자비원강림
奉請十方三世佛　龍宮海藏妙萬法　菩薩緣覺聲聞衆　不捨慈悲願降臨

향화청 (三說)
香花請

가영 (歌詠、一名 三世佛歌詠)

불신보변시방중　삼세여래일체동　광대원운항부진　왕양각해묘난궁　고아일심귀명정례
佛身普遍十方中　三世如來一體同　廣大願雲恒不盡　汪洋覺海杳難窮　故我一心歸命頂禮

헌좌게 (獻座偈)

묘보리좌승장엄 妙菩提座勝莊嚴　제불좌이성정각 諸佛坐已成正覺　아금헌좌역여시 我今獻座亦如是　자타일시성불도 自他一時成佛道

헌좌진언 獻座眞言

옴 바아라 미나야 사바하 (三遍)

다게(茶偈)

공양시방조어사 供養十方調御士　원수애납수 願垂哀納受

연양청정미묘법 演揚淸淨微妙法　원수애납수 願垂哀納受

삼승사과해탈승 三乘四果解脫僧　원수자비애납수 願垂慈悲哀納受

운심게(運心偈)

원차향공변법계 願此香供徧法界　보공무진삼보해 普供無盡三寶海　자비수공증선근 慈悲受供增善根　영법주세보불은 令法住世報佛恩

운심공양진언 運心供養眞言

나막 살바다타 아제 백미 새바 목케배약 살바다캄 오나아제 바라해맘 옴 아아나캄 사바하 (三遍)

보공양진언 普供養眞言

옴 아아나 삼바바 바라 훔 (三遍)

보회향진언
普回向眞言

옴 삼마라 삼마라 미만나 사라마하 자거라바 훔 (三遍)

대원성취진언
大願成就眞言

옴 아모카 살바다라 사다야 시베 훔 (三遍)

보궐진언
補闕眞言

옴 호로호로 사야목계 사바하 (三遍)

탄백(歎白)

찰진심념가수지 刹盡心念可數知 대해중수가음진 大海中水可飲盡

허공가량풍가계 虛空可量風可繫 무능진설불공덕 無能盡說佛功德

축원(祝願)

앙고 仰告 시방삼세 十方三世 제망중중 帝網重重 무진삼보자존 無盡三寶慈尊 불사자비 不捨慈悲 허수낭감 許垂朗鑑 상래소수불공덕 上來所修佛功德

회향삼처실원만 回向三處悉圓滿 시이 是以 사바세계 裟婆世界 남섬부주 南贍部洲 동양 東洋 대한민국 大韓民國 모사 某寺 청정수월도량 淸淨水月道場

금차 今此 지극지정성 至極之精誠 ○○재 ○○齋 천혼재자 薦魂齋者 모처거주 某處居住 모인복위 某人伏爲 소천선 所薦先 모인영가 某人靈駕 이차 以此

인연공덕 因緣功德 앙몽제불보살 仰蒙諸佛菩薩 애민섭수지묘력 哀愍攝受之妙力 다겁생래 多劫生來 소작지죄업 所作之罪業 실개소멸 悉皆消滅 부답 不踏

명로 초생극락 구품연대 상품상생 친견미타 마정수기 돈오무생 법인지대원
冥路 超生極樂 九品蓮臺 上品上生 親見彌陀 摩頂授記 頓悟無生 法忍之大願

억원 금차지극지정성 불공발원재자 각각등보체 앙몽삼보대성존 가호지묘력
抑願 今此至極至精誠 佛供發願齋者 各各等保體 仰蒙三寶大聖尊 加護之妙力

이차인연공덕 신무일체병고액난 심무일체탐연미혹 영위소멸 사대강건 육근청
以此因緣功德 身無一切病苦厄難 心無一切貪戀迷惑 永爲消滅 四大強健 六根清

정 자손창성 수명장수 만사여의원만 성취지대원
淨 子孫昌盛 壽命長壽 萬事如意圓滿 成就之大願

연후원 항사법계 무량불자 동유화장장엄해 동입보리대도량 상봉화엄불보살
然後願 恒沙法界 無量佛子 同遊華藏莊嚴海 同入菩提大道場 常逢華嚴佛菩薩

항몽제불대광명 소멸무량중죄장 획득무량대지혜 돈성무상최정각 광도법계제
恒蒙諸佛大光明 消滅無量衆罪障 獲得無量大智慧 頓成無上最正覺 廣度法界諸

중생 이보제불막대은 세세상행보살도 구경원성살바야 마하반야바라밀
衆生 以報諸佛莫大恩 世世常行菩薩道 究竟圓成薩婆若 摩訶般若波羅蜜

※ 상단을 약례로 마친 상태라면 이어서 광음별청(p。二二三。) 혹은 현행 광음청(p。三一三。)

을 거행한다。

● 관음별청(觀音別請)

거불(擧佛)

나무 원통교주 관세음보살
南無 圓通教主 觀世音菩薩

나무 도량교주 관세음보살
南無 道場教主 觀世音菩薩

나무 원통회상 불보살
南無 圓通會上 佛菩薩

보소청진언
普召請眞言

나무 보보제리 가리다리 다타 아다야 (三遍)

유치(由致)

절이 관음보살 과만삼기 공원십지 주미타극락지국 호보광공덕지존 시무외어
切以 觀音菩薩 果滿三祇 功圓十地 住彌陀極樂之國 號普光功德之尊 施無畏於

사바계중 현권위어보타산상 성선취발교 천서지청나 신패원광 담일륜지명월
娑婆界中 現權威於寶陀山上 頂旋翠髮皎千緒之青螺 身佩圓光 湛一輪之明月

혹현십이면지기특 묘상원명 혹현일천비지장엄 위신현환 기유군생감소 중고영
或現十二面之奇特 妙相圓明 或現一千臂之莊嚴 威神顯煥 其有群生感召 衆苦縈

纏與一念之歸依 俾千殃而殄滅 於是 法雲法雨 清凉於三界之中 戒香定香 芬馥
전 흥일념지귀의 비천앙이진멸 어시 법운법우 청량어삼계지중 계향정향 분복

於十方之內 慈悲若水 洗滌塵蒙 智慧如刀 斷除冤結 是以 裟婆世界 南瞻部洲
어시방지내 자비약수 세척진몽 지혜여도 단제원결 시이 사바세계 남섬부주

東洋 大韓民國 某處居住 某人 特爲已身 能滅千災 成就萬德之願 就於 茲山是
동양 대한민국 모처거주 모인 특위이신 능멸천재 성취만덕지원 취어 자산시

寺 以今月今日 庭軒嚴肅 錦繡芬芳 瑞氣氳氳 香芬馥郁 演魚音之清梵 爇牛首之
사 이금월금일 정헌엄숙 금수분방 서기기온 향분복욱 연어음지청범 설우수지

茗香 至意至誠 歸佛歸法 唯願 五雲朵內 運千福之眞儀 百寶光中 整六銖之妙服
명향 지의지성 귀불귀법 유원 오운타내 운천복지진의 백보광중 정육수지묘복

剋念之心 聖智陰功 赴 塵世有緣之請 謹運至誠 一心奉請
극념지심 성지음공 부 진세유연지청 근운지성 일심봉청

청사 (請詞)

潤含靈之枯稿 闢大地之昏塵 玉毫照而十善生 甘露灑而八難息 他心慧眼鑑 凡情
윤함영지고고 벽대지지혼진 옥호조이십선생 감로쇄이팔난식 타심혜안감 범정

南無一心奉請 海岸孤絶處 寶陀洛迦山 正法明王 聖觀自在 髮凝翠黛 唇艷朱紅
나무일심봉청 해안고절처 보타락가산 정법명왕 성관자재 발응취대 순염주홍

臉透丹霞 眉彎初月 乍稱多利 時號吉祥 皎素衣而目煥重瞳 坐青蓮而身嚴百福
검투단하 미만초월 사청다리 시호길상 교소의이목환중동 좌청련이신엄백복

향접위고 響接危苦
성찰구애 聲察求哀
사월현어구소 似月現於九霄
형분중수 形分衆水
여춘행어만국 如春行於萬國
체비군방 體備羣芳
대비대원 大悲大願

대성대자 大聖大慈
성백의관자재보살마하살 聖白衣觀自在菩薩摩訶薩
유원자비 唯願慈悲
강림도량 降臨道場
수차공양 受此供養

향화청 (三說)
香花請

가영(歌詠)
백의관음무설설 白衣觀音無說說
남순동자불문문 南巡童子不聞聞
병상녹양삼제하 瓶上綠楊三際夏
암전취죽시방춘 巖前翠竹十方春
고아일심귀명정례 故我一心歸命頂禮

■ 헌좌안위(獻座安位)

헌좌게(獻座偈)
묘보리좌승장엄 妙菩提座勝莊嚴
제불좌이성정각 諸佛坐已成正覺
아금헌좌역여시 我今獻座亦如是
자타일시성불도 自他一時成佛道

헌좌진언
獻座眞言
옴 바아라 미나야 사바하 (三遍)

욕건만나라선송 정법계진언　옴 람 (三七遍)

欲建曼拏羅先誦 淨法界眞言

다게 (茶偈)

금장감로다　봉헌관음전
今將甘露茶　奉獻觀音前

원수애납수　원수애납수
願垂哀納受　願垂哀納受

■ 가지변공 (加持變供)

진언권공 (眞言勸供)

향수나열 재자건성 육구공양지주원 수장가지지변화 앙유삼보 특사가지
香羞羅列 齋者虔誠 欲求供養之周圓 須仗加持之變化 仰唯三寶 特賜加持

「나무시방불 나무시방법 나무시방승」(三說)
南無十方佛 南無十方法 南無十方僧

무량위덕 자재광명 승묘력 변식진언
無量威德 自在光明 勝妙力 變食眞言

나막 살바다타 아다 바로기제 옴 삼바라 삼바라 훔 (三七遍)

감찰건간심
鑑察虔懇心

원수자비애납수
願垂慈悲哀納受

시감로수진언
施甘露水眞言

나무 소로바야 다라아다야 옴 소로소로 바라소로
바라소로 사바하 (三七遍)

일자수륜관진언
一字水輪觀眞言

옴 밤 밤밤 (三七遍)

유해진언
乳海眞言

나무 사만다 못다남 옴 밤 (三七遍)

출생공양진언
出生供養眞言

옴 (三七遍)

정식진언
淨食眞言

옴 다가 바아라 훔 (三七遍)

운심공양진언
運心供養眞言

운심게(運心偈)

원차청정묘향찬 공양관음대성존 자비수공증선근 영법주세보불은
願此清淨妙香饌 供養觀音大聖尊 慈悲受供增善根 令法住世報佛恩

나막 살바다타 아제 백미 새바 목케배약 살바다참 오나아제
바라해맘 옴 아아나캄 사바하 (三遍)

가지게(加持偈)

이차가지묘공구 以此加持妙供具 공양관음대성중 供養觀音大聖衆

이차가지묘공구 以此加持妙供具 공양남순동자중 供養南巡童子衆

이차가지묘공구 以此加持妙供具 공양해상용왕중 供養海上龍王衆

불사자비수차공 不捨慈悲受此供 시작불사도중생 施作佛事度衆生

보공양진언 普供養眞言
옴 아아나 삼바바 바라 훔 (三遍)

보회향진언 普回向眞言
옴 삼마라 삼마라 미만나 사라마하 자거라바 훔 (三遍)

나무대불정 여래밀인 수증요의 제보살만행 수능엄신주
南無大佛頂 如來密因 修證了義 諸菩薩萬行 首楞嚴神呪

다냐타 옴 아나례 비사제 비라 바아라 다리 반다 반다니 바아라 바니반 호훔

다로옹박 사바하 (七遍)

대원성취진언 大願成就眞言
옴 아모카 살바다라 사다야 시베훔 (三遍)

보궐진언
補闕眞言

옴 호로호로 사야목계 사바하 (三遍)

정근(精勤)

나무 보문시현 원력홍심 대자대비 구고구난 「관세음보살」 (千聲 萬聲)
南無 普門示現 願力弘深 大慈大悲 救苦救難 「觀世音菩薩」

관세음보살멸업장진언
觀世音菩薩滅業障眞言

옴 아로륵계 사바하 (百八遍)

구족신통력 광수지방편 시방제국토 무찰불현신
具足神通力 廣修智方便 十方諸國土 無刹不現身

탄백(歎白)

귀의축원(歸依祝願) ※ 생략 가능하다.

계수귀의례 자비수월안 신통천수안 구고제인간 원강대길상
稽首歸依禮 慈悲水月顔 神通千手眼 救苦濟人間 願降大吉祥

계수귀의례 금일재자 모인보체 재맹설산 복경운흥 拜
稽首歸依禮 今日齋者 某人保體 災萌雪散 福慶雲興

계수귀의례 묘음감로구 삼십이응선 미진점법우 원강대길상
稽首歸依禮 妙音甘露口 三十二應宣 迷津霑法雨 願降大吉祥

계수귀의례
稽首歸依禮

금일재자
今日齋者

모인보체
某人保體
소구소원
所求所願
일일성취
一一成就
拜

무위청정혜
無爲淸淨慧

삼매원통문
三昧圓通門

심심불사의
甚深不思議

원강대길상
願降大吉祥

금일재자
今日齋者

모인보체
某人保體

수산익준
壽山益峻

복해우심
福海尤深
拜

축원(祝願)

상래소수지 법륜전 금일재자
上來所修至 法輪轉 今日齋者

모처거주 모인보체 삼재영식어일생 오복증숭어
某處居住 某人保體 三災永息於一生 五福增崇於

백년 소원여심 종지돈명 일문권속 구획길상 보공중생 동입각해 억원 금일재
百年 所願如心 種智頓明 一門眷屬 俱獲吉祥 普共衆生 同入覺海 抑願 今日齋

자 모처거주 모인보체 원만삼업선 성취삼륜인 억원 참선즉의단독로 염불즉삼
者 某處居住 某人保體 圓滿三業善 成就三輪因 抑願 參禪則疑團獨露 念佛則三

매현전 간경즉혜안통투 자량즉수분성취 병고즉무불즉차 소구소원 일일원성지
昧現前 看經則慧眼通透 資糧則隨分成就 病苦則無不即差 所求所願 一一圓成之

대원 사사시주증복수 동업대중혜안명 법계함령등피안 천신지기호도량 세세상
大願 四事施主增福壽 同業大衆慧眼明 法界含靈登彼岸 天神地祇護道場 世世常

행보살도 마하반야바라밀
行菩薩道 摩訶般若波羅蜜

□ 중단(中壇) □

■ 소청중위(召請中位)

진령게(振鈴偈)

이차진령신소청 천신팔부보문지 원승삼보력가지 금일금시래부회
以此振鈴伸召請 天神八部普聞知 願承三寶力加持 今日今時來赴會

소청십대명왕본존진언
召請十大明王本尊眞言
옴 호로호로 지따지따 반다반다 아나아나 아마리제

소청삼계제천진언
召請三界諸天眞言
옴 박 (三遍)

소청제석천진언
召請帝釋天眞言
옴 사만다 아가라 바리 보라니 다가다가 훔 바탁 (三遍)

소청삼계제천진언
召請三界諸天眞言
나모 삼만다 못다남 옴 샤가라야 사바하 (三遍)

소청일천자월천자진언
召請日天子月天子眞言
나모 사만다 못다남 옴 아녜다 잔다바야 사바하 (三遍)

소청일체천룡진언
召請一切天龍眞言
옴 아비사마야 바아례 다라다라 훔 (三遍)

소청제용왕진언
召請諸龍王眞言

나모 사만다 못다남 옴 미가 마리야 사바하 (三遍)

소청지신진언
召請地神眞言

나모 사만다 못다남 옴 마리뎨미 사바하 (三遍)

소청주십이궁진진언
召請主十二宮辰眞言

나모 사만다 못다남 옴 아라혜 새바리 바라 바달유
아뎰마야 사바하 (三遍)

소청팔부진언
召請八部眞言

옴 살바 디바나가 아나리 사바하 (三遍)

소청일체선신진언
召請一切善神眞言

옴 샹아례 마하 삼만염 사바하 (三遍)

소청호법선신진언
召請護法善神眞言

나모 사만다 못다남 옴 마리녜 밀야 사바하 (三遍)

보소청진언
普召請眞言

나무 보보제리 가리다리 다타 아다야 (三遍)

유치(由致)

절이 천신팔부 제대성중 위령막측 신변난사 혹위거천계이수선 혹부분공지이
切以 天神八部 諸大聖衆 威靈莫測 神變難思 或位居天界以修禪 或符分空地而

개화 개외현천신지위맹 실내비보살지행 구오력이파적항마 흥일심이안민호세
開化 皆外現天神之威猛 悉內秘菩薩之行 其五力而破敵降魔 興一心而安民護世

범제소원 막불향종 시이 금유차일 사바세계 남섬부주 동양 대한민국 모처거
凡諸所願 莫不響從 是以 今有此日 娑婆世界 南贍部洲 東洋 大韓民國 某處居

주 금일재자 모인 특위이신 과년안태 무병장생 가내일문권속 동서사방 출입
住 今日齋者 某人 特爲己身 過年安泰 無病長生 家內一門眷屬 東西四方 出入

왕환 상봉길경 불봉재해 관재구설 삼재팔난 사백사병 영위소멸 소구여의 성
往還 常逢吉慶 不逢災害 官災口舌 三災八難 四百四病 永爲消滅 所求如意 成

취지대원 이금월금일 근어자산시사 경발광대승제일등 신근약비 최상묘향 운
就之大願 以今月今日 謹於茲山是寺 景發廣大勝第一等 身根略備 最上妙香 雲

미공구 상공불법승 삼보지성중 차헌천신팔부지존신 장수모사공덕 고계법연방
味供具 上供佛法僧 三寶之聖衆 次獻天神八部之尊神 將修某事功德 故啓法筵方

진불사 당불선빙천신팔부 대자가호지묘력 안득감치유석구류 지성귀경지건성
陳佛事 倘不先憑天神八部 大慈訶護之妙力 安得堪致儒釋九類 至誠歸敬之虔誠

사이 특설화연옹후광강 무위아불지유족 행만 재자지소출 근병일심 선진삼청
肆以 特設華筵顒候光降 無違我佛之遺囑 幸滿 齋者之素衷 謹秉一心 先陳三請

청사 (請詞)

나무일심봉청 권형응적 실보수인 개내비보살지자비 실외현천신지위맹 상어일
南無一心奉請 勸形應跡 實報酬因 皆內秘菩薩之慈悲 悉外現天神之威猛 常於一

체(切) 작법지처(作法之處) 호탑호계(護塔護戒) 호법호인(護法護人) 사바계주(娑婆界主) 대범천왕(大梵天王) 지거세주(地居世主) 제석천왕(帝釋天王) 호세(護世)

안민(安民) 사대천왕(四大天王) 영득성취공덕천왕(令得成就功德天王) 일월이궁양대천자(日月二宮兩大天子) 북극진군자미대제(北極眞君紫微大帝) 구요삼(九曜三)

태사방칠성(台四方七星) 주천열요이십팔수(周天列曜二十八宿) 주우주풍(主雨主風) 주화주설(主火主雪) 뇌공전모(雷公電母) 상계일체(上界一切) 조화영(造化靈)

충등중(惣等衆) 수호지주(守護持呪) 팔대금강(八大金剛) 여래화현(如來化現) 십대명왕(十大明王) 호지사방(護持四方) 사대보살(四大菩薩) 삼주호법(三洲護法)

위태존천(韋駄尊天) 동진보살(童眞菩薩) 토지가람(土地伽藍) 내외옹호복덕대신(內外擁護福德大神) 산주산왕(山主山王) 가주가왕(家主家王) 제대선신(諸大善神)

당경하이(當境遐邇) 유현주재(幽現主宰) 일체영기등중(一切靈祇等衆) 유원(唯願) 승삼보력(承三寶力) 함강도량(咸降道場) 수차공양(受此供養) (三請)

향화청 (三說)
香花請

가영(歌詠)

금강보검최위웅(金剛寶劍最威雄) 일할능최외도심(一喝能摧外道心)

변계건곤개실색(遍界乾坤皆失色) 수미도탁반공중(須彌倒卓半空中) 고아일심귀명정례(故我一心歸命頂禮)

보례삼보 (普禮三寶) ※ 상단을 향하여 거행한다.

근백 제대성신등중 기수건청 이강향단 당제방일지심 가발은근지의 투성천종
謹白 諸大聖神等衆 旣受虔請 已降香壇 當除放逸之心 可發慇懃之意 投誠千種

간의만단 상불법승이난봉 책신어의이참례 하유보례지게 대중수언후화
懇意萬端 想佛法僧以難逢 策身語意而參禮 下有普禮之偈 大衆隨言後和

일심정례 시방상주불
一心頂禮 十方常住佛

일심정례 시방상주법
一心頂禮 十方常住法

일심정례 시방상주승
一心頂禮 十方常住僧

■ 헌좌안위 (獻座安位) ※ 중단을 향하여 거행한다.

헌좌안위 (獻座安位)

재백 천신팔부등중 기정삼업 참례이주 소요자재이무구 적정안한이유락 자자
再白 天神八部等衆 旣淨三業 參禮已周 逍遙自在以無拘 寂靜安閒而有樂 玆者

향등호열다과 교진의정 용의이취좌 하유안좌지게 대중수언후화
香燈互列茶果 交陳宜整 容儀而就座 下有安座之偈 大衆隨言後和

헌좌게 (獻座偈)

아금경설보엄좌　보헌일체제신전　원멸진로망상심　속원해탈보리과
我今敬設寶嚴座　普獻一切諸神前　願滅塵勞妄相心　速圓解脫菩提果

헌좌진언 獻座眞言

옴 가마라 승하 사바하 (三遍)

진공진언 進供眞言

옴 반자 사바하 (三遍)

공양게 (供養偈)

이차청정향운공구공양　범석제천성현중　원수애납수
以此淸淨香雲供具供養　梵釋諸天聖賢衆　願垂哀納受

공지산하주집신　원수애납수
空地山河主執神　願垂哀納受

감찰재자건간성　원수자비애납수
鑑察齋者虔懇誠　願垂慈悲哀納受

운심게 (運心偈)

원차청정묘향찬　화생진공변법계
願此淸淨妙香饌　化生盡空徧法界

보어삼계제신전　일일장엄신공양
普於三界諸神前　一一莊嚴伸供養

운심공양진언

나막 살바다타 아제 백미 새바 목케배약 살바다캄 오나아제
바라해맘 옴 아아나캄 사바하 (三遍)

■ 보신배헌 (普伸拜獻)

상래가지 이흘변화무궁 원차향위해탈지견 원차등위반야지광 원차수위감로제
上來加持 已訖變化無窮 願此香爲解脫知見 願此燈爲般若智光 願此水爲甘露醍

호 원차식위법희선열 내지 번화호열 다과교진즉 세제지장엄 성묘법지공양자
酬 願此食爲法喜禪悅 乃至 幡花互列 茶果交陳卽 世諦之莊嚴 成妙法之供養慈

비소적 정혜소훈 이차향수 특신배헌
悲所積 定慧所熏 以此香羞 特伸拜獻

가지공양 (加持供養)

이차가지 청정향수배헌 진허공 변법계 시방상주 범석사왕제천중
以此加持 淸淨香需拜獻 盡虛空 遍法界 十方常住 梵釋四王諸天衆

(중화) 유원자비 수차공양
(衆和) 惟願慈悲 受此供養

이차가지 청정향수배헌 진허공 변법계 시방상주 금강동진보살중
以此加持 淸淨香需拜獻 盡虛空 遍法界 十方常住 金剛童眞菩薩衆

(衆和) 惟願慈悲 受此供養
(중화) 유원자비 수차공양

以此加持 清淨香需拜獻 盡虛空 遍法界 十方常住 空地山河主執神眾
이차가지 청정향수배헌 진허공 변법계 시방상주 공지산하주집신중

(衆和) 惟願慈悲 受此供養
(중화) 유원자비 수차공양

悉皆受供發菩提 施作佛事度眾生
실개수공발보리 시작불사도중생

普回向眞言
보회향진언

옴 삼마라 삼마라 미만나 사라마하 자거라바 훔 (三遍)

普供養眞言
보공양진언

옴 아아나 삼바바 바라 훔 (三遍)

摩訶般若波羅蜜多心經
마하반야바라밀다심경

觀自在菩薩 行深般若波羅蜜多時 照見五蘊皆空 度一切苦厄 舍利子 色不異空
관자재보살 행심반야바라밀다시 조견오온개공 도일체고액 사리자 색불이공

空不異色 色即是空 空即是色 受想行識 亦復如是 舍利子 是諸法空相 不生不滅
공불이색 색즉시공 공즉시색 수상행식 역부여시 사리자 시제법공상 불생불멸

불구부정 부증불감 시고공중무색 무수상행식 무안이비설신의 무색성향미촉법
不垢不淨 不增不減 是故空中無色 無受想行識 無眼耳鼻舌身意 無色聲香味觸法

무안계 내지무의식계 무무명 역무무명진 내지무노사 역무노사진 무고집멸도
無眼界 乃至無意識界 無無明 亦無無明盡 乃至無老死 亦無老死盡 無苦集滅道

무지역무득 이무소득고 보리살타 의반야바라밀다고 심무가애 무가애고 무유
無智亦無得 以無所得故 菩提薩埵 依般若波羅蜜多故 心無罣礙 無罣礙故 無有

공포 원리전도몽상 구경열반 삼세제불 의반야바라밀다고 득아뇩다라삼먁삼보
恐怖 遠離顚倒夢想 究竟涅槃 三世諸佛 依般若波羅蜜多故 得阿耨多羅三藐三菩

리 고지반야바라밀다 시대신주 시대명주 시무상주 시무등등주 능제일체고
提 故知般若波羅蜜多 是大神呪 是大明呪 是無上呪 是無等等呪 能除一切苦

진실불허 고설반야바라밀다주 즉설주왈
眞實不虛 故說般若波羅蜜多呪 卽說呪曰

「아제아제 바라아제 바라승아제 모지 사바하」 (三遍)

불설소재길상다라니
佛說消災吉祥陀羅尼

나무 사만다 못다남 아바라지 하다사 사나남 다냐타 옴 카카 카헤 카헤 훔
흄 아바라 아바라 바라아바라 바라아바라 지따 지따 지리 지리 빠다 빠다
선지가 시리예 사바하 (三遍)

般若無盡藏眞言

반야무진장진언

나모 바가바제 바리야 바라미다예 다냐타 옴 하리 다리
새리 수로지 삼미리지 빌사예 사바하 (三遍)

稽跡大圓滿陀羅尼

예적대원만다라니

稽首穢跡金剛部

계수예적금강부

釋迦化現金剛身

석가화현금강신

三頭弩目牙如劍

삼두노목아여검

八臂皆執降魔具

팔비개집항마구

毒蛇瓔珞繞身臂

독사영락요신비

三昧火輪自隨身

삼매화륜자수신

天魔外道及魍魎

천마외도급망량

聞說神呪皆怖走

문설신주개포주

願承加持大威力

원승가지대위력

速成佛事無上道

속성불사무상도

옴 빌실구리 마하바라 한내 믹집믹 헤마니 미길미 마나세 옴 자가나 오심모
구리 훔훔훔 박박 박박박 사바하 (三遍)

帝釋天王除垢穢眞言

제석천왕제구예진언

아지부 데리나 아지부 데리나 미아데리나 오소데리나
아부다데리나 구소데리나 사바하 (三遍)

金剛心眞言

금강심진언

옴 오륜이 사바하 (三遍)

장수복덕진언
長壽福德眞言

옴 일쳬윤이 사바하 (三遍)

종종공덕성취진언
種種功德成就眞言

옴 바아라 미라야 사바하 (三遍)

대원성취진언
大願成就眞言

옴 아모카 살바다라 사다야 시베훔 (三遍)

보궐진언
補闕眞言

옴 호로호로 사야목계 사바하 (三遍)

탄백(歎白)

천룡팔부만허공 天龍八部滿虛空
도재호광일도중 都在毫光一道中
신수불어상옹호 信受佛語常擁護
봉행경전영류통 奉行經典永流通

귀의축원(歸依祝願)

계수귀의례 稽首歸依禮
보응군생류 普應群生類
대범제석존 大梵帝釋尊
호세사왕등 護世四王等
원강대길상 願降大吉祥 拜

계수귀의례 稽首歸依禮
발제미륜고 拔濟迷倫苦
금강호정법 金剛護正法
공지산하주집신 空地山河主執神
원강대길상 願降大吉祥 拜

계수귀의례 稽首歸依禮
삼주호정법 三州護正法
동진대보살 童眞大菩薩
토지복덕대신 土地福德大神
원강대길상 願降大吉祥 拜

절이
切以

화엄회상 제대현성 첨수연민지지정 각방신통지묘력 원아금차 지극지정
華嚴會上 諸大賢聖 斂垂憐愍之至情 各方神通之妙力 願我今此 地極之精

성 불공발원재자
誠 佛供發願齋者

모처거주 모인보체 앙몽제대성중 가호지묘력 소신정원즉
某處居住 某人保體 仰蒙諸大聖衆 加護之妙力 所神情願卽

일일유 천상지경 시시무 백해지재 심중소구소원 여의원만 형통지대원
日日有 千祥之慶 時時無 百害之災 心中所求所願 如意圓滿 亨通之大願

억원 동서사방 출입왕환 상봉길경 불봉재해 관재구설 삼재팔난 사백사병 영
抑願 東西四方 出入往還 常逢吉慶 不逢災害 官災口舌 三災八難 四百四病 永

위소멸 각기 사대강건 육근청정 악인원리 귀인상봉 자손창성 부귀영화 만사
爲消滅 各其 四大强健 六根清淨 惡人遠離 貴人常逢 子孫昌盛 富貴榮華 萬事

여의원만 성취지발원 연후원 처세간 여허공 여련화 불착수 심청정 초어피
如意圓滿 成就之發願 然後願 處世間 如虛空 如蓮華 不著水 心清淨 超於彼

계수례 무상존 구호길상 마하반야바라밀
稽首禮 無上尊 俱護吉祥 摩訶般若波羅蜜

퇴공진언
退供眞言

옴 살바 반좌 사바하 (三遍)

以上 召請中位 終

□ 시식(施食) □

■ 관음시식(觀音施食)

※ 관음시식은 관세음보살 대비주(大悲呪)의 신통력을 빌려서 지옥고중생의 업화(業火)를 청정케 하여 대비무장애(大悲無障碍)에 들어서 삼독심을 버리고、삼보에 귀의하여 무생법인을 증득、이고득락케 하고자 베푸는 시식이다。그러므로 대비주를 해야 한다。

거불(擧佛)

나무
南無
원통교주 관세음보살
圓通敎主 觀世音菩薩

나무
南無
도량교주 관세음보살
道場敎主 觀世音菩薩

나무
南無
원통회상 불보살
圓通會上 佛菩薩

창혼(唱魂)

거
據
사바세계 남섬부주 동양 대한민국 모산 모사 청정수월도량 금차 지극지
娑婆世界 南贍部洲 東洋 大韓民國 某山 某寺 清淨水月道場 今此 至極之

정성 ○○재 천혼재자
精誠 ○○齋 薦魂齋者 某處居住

모처거주 모인복위 소천 모인영가
某人伏爲 所薦 某人靈駕「再說·三說」齋堂

○○재지신 모인영가 상세선망부모 다생사장 누대종친 제형숙백
○○齋之辰 某人靈駕伏爲 爲主 上世先亡父母 多生師長 累代宗親 弟兄叔伯

자매질손 일체친속등 각열위영가 차사최초 창건이래 지어중건중수 화주시주
姉妹姪孫 一切親屬等 各列位靈駕 此寺最初 創建以來 至於重建重修 化主施主

도감별좌 불전내외 일용범제집물 대소결연 수위동참등 각열위열명영가 내지
都監別座 佛前內外 日用凡諸什物 大小結緣 守衛同參等 各列位列名靈駕 乃至

철위산간 오무간지옥 일일일야 만사만생 만반고통 수고함령등중 각열위영가
鐵圍山間 五無間地獄 一日一夜 萬死萬生 萬般苦痛 受苦含靈等衆 各列位靈駕

겸급법계 사생칠취 삼도팔난 사은삼유 일체유식 함령등중 각열위영가 차도량
兼及法界 四生七趣 三途八難 四恩三有 一切有識 含靈等衆 各列位靈駕 此道場

내외 동상동하 유주무주 침혼체백 일체애혼 고혼불자등 각각열위열명영가
內外 洞上洞下 有主無主 沈魂滯魄 一切哀魂 孤魂佛子等 各各列位列名靈駕

착어(着語)

영원담적 무고무금 묘체원명 하생하사 변시 석가세존 마갈엄관지시절 달마대
靈源湛寂 無古無今 妙體圓明 何生何死 便是 釋迦世尊 摩竭掩關之時節 達磨大

사 소림면벽지가풍 소이 니련하측 곽시쌍부 총령도중 수휴척리 제불자 환회
師 少林面壁之家風 所以 泥蓮河側 槨示雙趺 葱嶺途中 手携隻履 諸佛子 還會

득 **담적원명저 일구마** (양구) **부앙은현현 시청명력력 약야회득 돈증법신 영멸**

得 湛寂圓明底 一句麼 (良久) 俯仰隱玄玄 視聽明歷歷 若也會得 頓證法身 永滅

기허 **기혹미연 승불신력 장법가지 부차향단 수아묘공 증오무생**

飢虛 其或未然 承佛神力 仗法加持 赴此香壇 受我妙供 證悟無生

진령게 (振鈴偈)

이차진령신소청 명도귀계보문지 원승삼보력가지 금일[야]금시래부회

以此振鈴伸召請 冥途鬼界普聞知 願承三寶力加持 今日[夜]今時來赴會

상래소청 제불자등 각열위열명영가

上來召請 諸佛子等 各列位列名靈駕

자광조처연화출 혜안관시지옥공 우황대비신주력 중생성불찰나중

慈光照處蓮花出 慧眼觀時地獄空 又況大悲神呪力 衆生成佛刹那中

천수일편위고혼

千手一片爲孤魂

지심제청 지심제수

至心諦聽 至心諦受

신묘장구대다라니

神妙章句大陀羅尼

나모라 다나 다라 야야 나막 알야 바로기제 새바라야 모지 사다바야 마하

사다바야 마하 가로 니가야 옴 살바 바예수 다라나 가라야 다사명 나막 가

리다바 이맘 알야 바로기제 새바라 다바 니라간타 나막 하리나야 마발다 이

사미 살발타 사다남 수반 아예염 살바 보다남 바바마라 미수다감 다냐타 옴

아로계 아로가 마지로가 지가란제 혜혜하례 마하 모지 사다바 사마라 사마

라 하리나야 구로구로 갈마 사다야 사다야 도로도로 미연제 마하 미연제 다

라다라 다린나례 새바라 자라자라 마라 미마라 아마라 몰제 예혜혜 로계 새

바라 라아 미사미 나사야 나베 사미 사미 나사야 모하자라 미사미 나사야

호로호로 마라 호로 하례 바나마 나바 사라사라 시리시리 소로소로 못자못

자 모다야 모다야 메다리야 니라간타 가마사 날사남 바라 하리나야 마낙 사

바하 싣다야 사바하 마하 싣다야 사바하 싣다유예 새바라야 사바하 니라간

타야 사바하 바라하 목카 싱하 목카야 사바하 바나마 하따야 자가라

욕다야 사바하 상카 섭나네 모다나야 사바하 마하라 구타 다라야 사바하

마사간타 이사 시체다 가릿나 이나야 사바하 먀가라 잘마 이바 사나야 사

바하 「나모라 다나 다라 야야 나막 알야 바로기제 새바라야 사바하」 (三遍)

약인욕요지
若人欲了知

삼세일체불
三世一切佛

응관법계성
應觀法界性

일체유심조
一切唯心造

파지옥진언
破地獄眞言

옴 가라지야 사바하 (三遍)

해원결진언
解冤結眞言

옴 삼다라 가닥 사바하 (三遍)

보소청진언
普召請眞言

나무 보보제리 가리다리 다타 아다야 (三遍)

나무상주시방불
南無常住十方佛

나무상주시방법
南無常住十方法

나무상주시방승 (三說)
南無常住十方僧

나무대자대비
南無大慈大悲

구고관세음보살 (三說)
救苦觀世音菩薩

나무대방광불화엄경 (三說)
南無大方廣佛華嚴經

증명청(證明請)

나무일심봉청 수경천층지보개 신괴백복지화만 도청혼어극락계중 인망령향벽
南無一心奉請 手擎千層之寶蓋 身掛百福之華鬘 導淸魂於極樂界中 引亡靈向碧

련대반 대성인로왕보살마하살 유원자비 강림도량 증명공덕 (三請)
蓮臺畔 大聖引路王菩薩摩訶薩 唯願慈悲 降臨道場 證明功德

향화청 (三說)
香花請

가영(歌詠)

수인온덕용신희　염불간경업장소
修仁蘊德龍神喜　念佛看經業障消

여시성현내접인　정전고보상금교　고아일심귀명정례
如是聖賢來接引　庭前高步上金橋　故我一心歸命頂禮

헌좌게(獻座揭)

묘보리좌승장엄　제불좌이성정각　아금헌좌역여시　자타일시성불도
妙菩提座勝莊嚴　諸佛坐已成正覺　我今獻座亦如是　自他一時成佛道

헌좌진언
獻座眞言

옴 바아라 미나야 사바하 (三遍)

다게(茶偈)

금장감로다　봉헌증명전　감찰건간심　원수애납수
今將甘露茶　奉獻證明前　鑑察虔懇心　願垂哀納受

원수애납수
願垂哀納受

원수자비애납수
願垂慈悲哀納受

보공양진언
普供養眞言

옴 아아나 삼바바 바아라 훔 (三遍)

고혼청(孤魂請)

일심봉청 인연취산 금고여연 허철광대 영통왕래 자재무애 원아금차 지극지
一心奉請 因緣聚散 今古如然 虛徹廣大 靈通往來 自在無碍 願我今此 至極之

정성 ○○재 천혼재자 모처거주 모인복위 소천선 모인영가 승불위광 내예향
精誠 ○○齋 薦魂齋者 某處居住 某人伏爲 所薦先 某人靈駕 承佛威光 來詣香

단 수첩법공
壇 受霑法供

향연청
香烟請

일심봉청 실상이명 법신무적 종연은현 약경상지유무 수업승침 여정륜지고하
一心奉請 實相離名 法身無跡 從緣隱現 若鏡像之有無 隨業昇沈 如井輪之高下

묘변막측 환래하란 원아금차 지극지정성 ○○재 천혼재자 모처거주 모인복위
妙變莫測 幻來何難 願我今此 至極之精誠 ○○齋 薦魂齋者 某處居住 某人伏爲

소천선 모인영가 승불위광 내예향단 수첩향공
所薦先 某人靈駕 承佛威光 來詣香壇 受霑香供

향연청
香烟請

일심봉청 생종하처래 사향하처거 생야일편부운기 사야일편부운멸 부운자체본
一心奉請 生從何處來 死向何處去 生也一片浮雲起 死也一片浮雲滅 浮雲自體本

무실 생사거래역여연 독유일물상독로 담연불수어생사 금차 지극지정성 천혼
無實 生死去來亦如然 獨有一物常獨露 湛然不隨於生死 今此 至極之精誠 薦魂

재자 모인복위 소천 모인영가 재당 ○○재지신 모인영가복위 위주 상세선망
齋者 某人伏爲 所薦 某人靈駕 齋堂 ○○齋之辰 某人靈駕伏爲 爲主 上世先亡

부모 다생사장 오족육친 원근친척 제형숙백 자매질손 일체친속등 각열위영가
父母 多生師長 五族六親 遠近親戚 弟兄叔伯 姉妹姪孫 一切親屬等 各列位靈駕

내지 철위산간 오무간지옥 일일일야 만사만생 만반고통 수고함령등중 각열위
乃至 鐵圍山間 五無間地獄 一日一夜 萬死萬生 萬般苦痛 受苦含靈等衆 各列位

영가 겸급법계 사생칠취 삼도팔난 사은삼유 일체유식 함령등중 각열위영가
靈駕 兼及法界 四生七趣 三途八難 四恩三有 一切有識 含靈等衆 各列位靈駕

차도량내외 동상동하 유주무주 침혼체백 일체애혼불자등 각각열위열명영가
此道場內外 洞上洞下 有主無主 沈魂滯魄 一切哀魂佛子等 各各列位列名靈駕

승불신력 장법가지 내예향단 수첨향등다미공
承佛神力 仗法加持 來詣香壇 受霑香燈茶米供

향연청
香烟請

가영(歌詠)

삼혼묘묘귀하처　칠백망망거원향
三魂杳杳歸何處　七魄茫茫去遠鄕

금일진령신소청　원부명양대도량
今日振鈴伸召請　願赴冥陽大道場

보례삼보(普禮三寶)

보례시방상주불　보례시방상주법　보례시방상주승
普禮十方常住佛　普禮十方常住法　普禮十方常住僧

수위안좌(受位安座)

제불자등각열위영가 상래 승불섭수 장법가지 기무수계이임연 원획소요이취
諸佛者等 各列位靈駕 上來 承佛攝受 仗法加持 旣無囚繫以臨筵 願獲逍遙而就

안좌게(安座偈)

좌하유안좌지게 대중수언후화
座下有安座之偈 大衆受言後和

아금의교설화연 **종종진수열좌전** **대소의위차제좌** **전심제청연금언**
我今依敎說華蓮 種種珍羞列座前 大小依位次第坐 專心諦聽演金言

受位安座眞言
수위안좌진언 **옴 마니 군다니 훔훔 사바하** (三遍)

다게(茶偈)

백초임중일미신 **조주상권기천인** **팽장석정강심수**
百草林中一味新 趙州常勸幾天人 烹將石鼎江心水

원사망령헐고륜 **원사고혼헐고륜** **원사제령헐고륜**
願使亡靈歇苦輪 願使孤魂歇苦輪 願使諸靈歇苦輪

宣密加持
선밀가지

선밀게(宣密偈)

身田潤澤 業火淸凉 各求解脫
신전윤택 **업화청량** **각구해탈**

變食眞言
변식진언

나막 살바다타 아다 바로기제 옴 삼바라 삼바라 훔 (七遍)

施甘露水眞言
시감로수진언

**나무 소로바야 다타아다야 다냐타 옴 소로소로 바라소로
바라소로 사바하** (七遍)

일자수륜관진언
一字水輪觀眞言

옴 밤 밤 밤밤 (七遍)

유해진언
乳海眞言

나무 사만다 못다남 옴 밤 (七遍)

칭양성호 (稱揚聖號)

나무다보여래
南無多寶如來
원제고혼 願諸孤魂
파제간탐 破除慳貪
법재구족 法財具足

나무묘색신여래
南無妙色身如來
원제고혼 願諸孤魂
이추루형 離醜陋形
상호원만 相好圓滿

나무광박신여래
南無廣博身如來
원제고혼 願諸孤魂
사육범신 捨六凡身
오허공신 悟虛空身

나무이포외여래
南無離怖畏如來
원제고혼 願諸孤魂
이제포외 離諸怖畏
득열반락 得涅槃樂

나무감로왕여래
南無甘露王如來
원아각각 願我各各
열명영가 列名靈駕
인후개통 咽喉開通
획감로미 獲甘露味

시식게 (施食偈)

원차가지식 願此加持食
보변만시방 普遍滿十方
식자제기갈 食者除飢渴
득생안양국 得生安養國

시귀식진언 施鬼食眞言
옴 미기미기 야야미기 사바하 (三遍)

시무차법식진언 施無遮法食眞言
옴 목역능 사바하 (三遍)

보공양진언 普供養眞言
옴 아아나 삼바바 바아라 훔 (三遍)

보회향진언 普回向眞言
옴 삼마라 삼마라 미만나 사라마하 자거라바 훔 (三遍)

권반게(勸飯偈)
수아차법식 受我此法食
하이아난찬 何異阿難饌
기장함포만 飢腸咸飽滿
업화돈청량 業火頓淸凉

돈사탐진치 頓捨貪嗔癡
상귀불법승 常歸佛法僧
염념보리심 念念菩提心
처처안락국 處處安樂國

금강게(金剛偈)
범소유상 凡所有相
개시허망 皆是虛妄
약견제상비상 若見諸相非相
즉견여래 卽見如來

여래십호(如來十號)

여래 응공 정변지 명행족 선서 세간해 무상사 조어장부 천인사 불세존
如來 應供 正遍智 明行足 善逝 世間解 無上士 調御丈夫 天人師 佛世尊

법화게(法華偈)
제법종본래 상자적멸상 불자행도이 내세득작불
諸法從本來 常自寂滅相 佛子行道已 來世得作佛

열반게(涅槃偈)
제행무상 시생멸법 생멸멸이 적멸위락
諸行無常 是生滅法 生滅滅已 寂滅爲樂

■ 장엄염불(莊嚴念佛)
※ 장엄염불 게송은 시간에 따라 가감할 수 있다.

원아진생무별념 아미타불독상수 심심상계옥호광 염념불리금색상
願我盡生無別念 阿彌陀佛獨相隨 心心常繫玉豪光 念念不離金色相

아집염주법계관 허공위승무불관 평등사나무하처 관구서방아미타
我執念珠法界觀 虛空爲繩無不貫 平等舍那無何處 觀求西方阿彌陀

나무서방대교주 무량수여래불 「나무아미타불」 (十念)
南無西方大教主 無量壽如來佛 南無阿彌陀佛

※ 다음 게송부터는 게송 한 구절 마칠 때마다 후렴으로 「나무아미타불」을 한다.

아미타불재하방　착득심두절막망　염도염궁무념처　육문상방자금광

阿彌陀佛在何方　着得心頭切莫忘　念到念窮無念處　六門常放紫金光

극락세계십종장엄〔極樂世界十種莊嚴〕

법장서원수인장엄　사십팔원원력장엄　미타명호수광장엄　삼대사관보상장엄
法藏誓願修因莊嚴　四十八願願力莊嚴　彌陀名號壽光莊嚴　三大士觀寶像莊嚴

미타국토안락장엄　보하청정덕수장엄　보전여의누각장엄　주야장원시분장엄
彌陀國土安樂莊嚴　寶河清淨德水莊嚴　寶殿如意樓閣莊嚴　晝夜長遠時分莊嚴

이십사락정토장엄　삼십종익공덕장엄
二十四樂淨土莊嚴　三十種益功德莊嚴

석가여래팔상성도〔釋迦如來八相成道〕

도솔래의상　비람강생상　사문유관상　유성출가상
兜率來儀相　毘藍降生相　四門遊觀相　踰城出家相

설산수도상　수하항마상　녹원전법상　쌍림열반상
雪山修道相　樹下降魔相　鹿苑轉法相　雙林涅槃相

오종대은명심불망〔五種大恩銘心不忘〕

각안기소국왕지은　생양구로부모지은　유통정법사장지은
各安其所國王之恩　生養劬勞父母之恩　流通正法師長之恩

사사공양단월지은
四事供養檀越之恩

탁마상성붕우지은 琢磨相成朋友之恩
당가위보유차염불 當可爲報唯此念佛

청산첩첩미타굴 青山疊疊彌陀窟
창해망망적멸궁 滄海茫茫寂滅宮
물물염래무가애 物物拈來無罣碍
기간송정학두홍 幾看松亭鶴頭紅

극락당전만월용 極樂堂前滿月容
옥호금색조허공 玉毫金色照虛空
약인일념칭명호 若人一念稱名號
경각원성무량공 頃刻圓成無量功

삼계유여급정륜 三界猶如汲井輪
백천만겁역미진 百千萬劫歷微塵
차신불향금생도 此身不向今生度
갱대하생도차신 更待何生度此身

천상천하무여불 天上天下無如佛
시방세계역무비 十方世界亦無比
세간소유아진견 世間所有我盡見
일체무유여불자 一切無有如佛者

찰진심념가수지 刹塵心念可數知
대해중수가음진 大海中水可飮盡
허공가량풍가계 虛空可量風可繫
무능진설불공덕 無能盡說佛功德

보화비진요망연 報化非眞了妄緣
법신청정광무변 法身清淨廣無邊
천강유수천강월 千江有水千江月
만리무운만리천 萬里無雲萬里天

사대각리여몽중 四大各離如夢中
육진심식본래공 六塵心識本來空
욕식불조회광처 欲識佛祖回光處
일락서산월출동 一落西山月出東

산당정야좌무언　山堂靜夜坐無言
적적요요본자연　寂寂寥寥本自然
하사서풍동림야　何事西風動林野
일성한안여장천　一聲寒鴈唳長天

원각산중생일수　圓覺山中生一樹
개화천지미분전　開化天地未分前
비청비백역비흑　非青非白亦非黑
부재춘풍부재천　不在春風不在天

천척사륜직하수　千尺絲綸直下垂
일파자동만파수　一波自動萬波隨
야정수한어불식　夜靜水寒魚不食
만선공재월명귀　滿船空載月明歸

십념왕생원　十念往生願
왕생극락원　往生極樂願
상품상생원　上品上生願
광도중생원　廣度衆生願

원공법계제중생　願共法界諸衆生
동입미타대원해　同入彌陀大願海
진미래제도중생　盡未來際度衆生
자타일시성불도　自他一時成佛道

나무서방정토　극락세계　삼십육만억　일십일만　구천오백　동명동호　대자대비　아
南無西方淨土　極樂世界　三十六萬億　一十一萬　九千五百　同名同號　大慈大悲　阿

미타불　나무서방정토　극락세계　불신장광　상호무변　금색광명　변조법계　사십팔원
彌陀佛　南無西方淨土　極樂世界　佛身長廣　相好無邊　金色光明　遍照法界　四十八願

도탈중생　불가설　불가설전　불가설　항하사　불찰미진수　도마죽위　무한극수　삼백
度脫衆生　不可說　不可說轉　不可說　恒河沙　佛刹微塵數　稻麻竹葦　無限極數　三百

육십만억　일십일만　구천오백　동명동호　대자대비　아등도사　금색여래　아미타불
六十萬億　一十一萬　九千五百　同名同號　大慈大悲　我等導師　金色如來　阿彌陀佛

나무문수보살 南無文殊菩薩

나무보현보살 南無普賢菩薩

나무관세음보살 南無觀世音菩薩

나무대세지보살 南無大勢至菩薩

나무금강장보살 南無金剛藏菩薩

나무제장애보살 南無除障碍菩薩

나무미륵보살 南無彌勒菩薩

나무지장보살 南無地藏菩薩

나무일체청정대해중보살마하살 南無一切淸淨大海衆菩薩摩訶薩

원공법계제중생 願共法界諸衆生

동입미타대원해 同入彌陀大願海

발원게(發願偈)

시방삼세불 十方三世佛

아미타제일 阿彌陀第一

구품도중생 九品度衆生

위덕무궁극 威德無窮極

원동염불인 願同念佛人

진생극락국 盡生極樂國

견불요생사 見佛了生死

여불도일체 如佛度一切

아금대귀의 我今大歸依

참회삼업죄 懺悔三業罪

범유제복선 凡有諸福善

지심용회향 至心用回向

왕생게(往生偈)

원아임욕명종시 願我臨欲命終時

진제일체제장애 盡除一切諸障碍

면견피불아미타 面見彼佛阿彌陀

즉득왕생안락찰 卽得往生安樂刹

공덕게(功德偈)

원이차공덕 보급어일체 아등여중생 당생극락국
願以此功德 普及於一切 我等與衆生 當生極樂國

동견무량수 개공성불도
同見無量壽 皆空成佛道

※ 상주권공재로 설행한 경우는 다음의 **봉송 회향편**(p。二六一。)을 거행하고、만약 일반
천도재 이후 영가의 봉송의식만을 위한 것이라면 **봉송편**(p。五三一。)을 거행한다。

以上 觀音施食 終

□ 봉송 · 회향(奉送 · 回向) □

■ 경신봉송(敬伸奉送)

상래 법연고파 불사운주 욕신발견지의 수사강림지경 복원 번화분도 구환기어
上來 法筵告罷 佛事云周 欲伸發遣之儀 須謝降臨之慶 伏願 幡華分道 俱還起於

정연 누각승공 병각귀어진계 아금산화 보산성범 유게당이선양 청제대중 이구
淨筵 樓閣乘空 並各歸於眞界 我今散華 普散聖凡 有偈當以宣揚 請諸大衆 異口

동음 수언후화
同音 隨言後和

산화게 (散華偈)

아금지주차색화 가지원성청정고 일화공양아여래 수화각귀청정토
我今持呪此色花 加持願成淸淨故 一花供養我如來 受花却歸淸淨土

대비복지무연주 산화보산시방거 유원금강명왕중 범석사왕양천자
大悲福智無緣主 散花普散十方去 唯願金剛明王衆 梵釋四王兩天子

제천급여성숙중 공지산하주집신 토지가람제성중 일체호법선신등
諸天及與星宿衆 空地山河主執神 土地伽藍諸聖衆 一切護法善神等

빙사승선회청량 총희구득불퇴전 아어타일건도량 불위본서환래부
憑斯勝善獲淸凉 總希俱得不退轉 我於他日建道場 不違本誓還來赴

261 봉송 · 회향

謹白 근백

중위성현 中位聖賢

급하위애혼등중 及下位哀魂等衆

경의건성 更宜虔誠

봉사삼보 奉辭三寶

보례삼보 (普禮三寶)

보례시방상주불 普禮十方常住佛

보례시방상주법 普禮十方常住法

보례시방상주승 普禮十方常住僧

행보게 (行步偈)

이행천리만허공 移行千里滿虛空

귀도정망도정방 歸道情忘到淨邦

삼업투성삼보례 三業投誠三寶禮

성범동회법왕궁 聖凡同會法王宮

산화락 (三說)
散花落

나무대성인로왕보살 (三說)
南無大聖引路王菩薩

법성게 (法性偈)

법성원융무이상 法性圓融無二相

제법부동본래적 諸法不動本來寂

무명무상절일체 無名無相絕一切

증지소지비여경 證智所知非餘境

진성심심극미묘 眞性甚深極微妙

불수자성수연성 不守自性隨緣成

일중일체다중일 一中一切多中一

일즉일체다즉일 一即一切多即一

일미진중함시방 一微塵中含十方

일체진중역여시 一切塵中亦如是

무량원겁즉일념 無量遠劫即一念

일념즉시무량겁 一念即時無量劫

구세십세호상즉 九世十世互相即

잉불잡란격별성 仍不雜亂隔別成

초발심시변정각 初發心時便正覺

생사열반상공화 生死涅槃常共和

이사명연무분별 理事冥然無分別

십불보현대인경 十佛普賢大人境

능인해인삼매중 能仁海印三昧中

번출여의부사의 繁出如意不思議

우보익생만허공 雨寶益生滿虛空

중생수기득이익 衆生隨器得利益

시고행자환본제 是故行者還本際

파식망상필부득 叵息妄想必不得

무연선교착여의 無緣善巧捉如意

귀가수분득자량 歸家隨分得資粮

이다라니무진보 以陀羅尼無盡寶

장엄법계실보전 莊嚴法界實寶殿

궁좌실제중도상 窮坐實際中道床

구래부동명위불 舊來不動名爲佛

(소대에 이르러)

■ 봉송하위(奉送下位)

금차 문외봉송재자 今日 門外奉送齋者 某人伏爲 所薦 某人靈駕等

모인복위 소천 모인영가등 제불자 各列位列名 靈駕

모인영가등 제불자 각열위열명영가 諸佛者

제불자 각열위열명영가

상래시식 염불풍경공덕 제불자 이망연야 불리망연야 이망연즉 천당불찰 임성
上來施食 念佛諷經功德 諸佛子 離妄緣耶 不離妄緣耶 離妄緣則 天堂佛刹 任性

소요
逍遙
불리망연즉
不離妄緣則
차청산승
且聽山僧
말후일게
末後一偈

사대각리여몽중
四大各離如夢中
육진심식본래공
六塵心識本來空
욕식불조회광처
欲識佛祖回光處
일락서산월출동
日落西山月出東

풍송가지(諷誦加持)

염시방삼세
念十方三世
일체제불
一切諸佛
제존보살마하살
諸尊菩薩摩訶薩
마하반야바라밀
摩訶般若波羅蜜

원왕생
願往生
원왕생
願往生
왕생극락견미타
往生極樂見彌陀
획몽마정수기별
獲蒙摩頂授記別

원왕생
願往生
원왕생
願往生
원재미타회중좌
願在彌陀會中坐
수집향화상공양
手執香華常供養

원왕생
願往生
원왕생
願往生
왕생화장연화계
往生華藏蓮華界
자타일시성불도
自他一時成佛道

염시방삼세

소전진언
燒錢眞言
옴 비로기제 사바하 (三遍)

봉송진언
奉送眞言
옴 바아라 사다 목차목 (三遍)

상품상생진언

上品上生眞言

옴 마니다니 훔 훔 바탁 사바하 (三遍)

처세간 여허공 여련화 불착수 심청정 초어피 계수례 무상존

處世間 如虛空 如蓮華 不著水 心淸淨 超於彼 稽首禮 無上尊

삼귀의 (三歸依)

귀의불 귀의법 귀의승

歸依佛 歸依法 歸依僧

귀의불양족존 귀의법이욕존 귀의승중중존

歸依佛兩足尊 歸依法離欲尊 歸依僧衆中尊

귀의불경 귀의법경 귀의승경

歸依佛竟 歸依法竟 歸依僧竟

(하단위패번전소지 차중단주 향중위백운)
(下壇位牌幡錢燒之 次中壇主 向中位白云)

■ 봉송중위 (奉送中位)

봉송게 (奉送偈)

예적명왕환본위 범왕제석귀각점 제천성숙차제행 호법선신행차도

穢跡明王還本位 梵王帝釋歸各店 諸天星宿次第行 護法善神行次到

봉송신부예배문
奉送神部禮拜問

번화소진풍이헐
幡花燒盡風以歇

소재강복수여해
消災降福壽如海

영탈객진번뇌염
永脫客塵煩惱焰

상래소청 제대성중 삼계천주천부등중
上來召請 諸大聖衆　三界天主天部等衆

금강호법팔부등중 급여당경영기등중
金剛護法八部等衆　及與當境靈祇等衆

불사홍자 이부청영 특사강림 수첨공양 요익아등 능사이원 금당봉송 각환본위
不捨弘慈 已赴請迎　特賜降臨 受霑供養　饒益我等 能事已圓　今當奉送 各還本位

아불유봉송다라니 근당선념
我佛有奉送陁羅尼 謹當宣念

봉송진언
奉送眞言

옴 바아라 사다 목차목 (三遍)

불사홍자 이부청영...

불설소재길상다라니
佛說消災吉祥陀羅尼

나무 사만다 못다남 아바라지 하다사 사나남 다냐타 옴 카카 카혜 카혜 훔
흠 아바라 아바라 바라아바라 바라아바라 지따 지따 지리 지리 빠다 빠다
선지가 시리예 사바하 (三遍)

■ 경신회향 (敬伸回向)

상래법연 병이주원 제불환심 공악무위지화 단나경찬 동창유덕지명 존망권속
上來法筵 並以周圓 諸佛歡心 共樂無爲之化 檀那慶讚 同彰有德之名 存亡眷屬

개안수희 조연구리 유여사난봉난우지덕 획여사대경대행지은 대중건성 봉사성
皆安隨喜 助緣俱利 有如斯難逢難遇之德 獲如斯大慶大幸之恩 大衆虔誠 奉辭聖

중 일심계수 용신회향
衆 一心稽首 用伸回向

보회향진언
普回向眞言

옴 삼마라 삼마라 미만나 사라마하 자거라바 훔 (三遍)

파산게(破散偈)

화탕풍요천지괴 요요장재백운간
火蕩風搖天地壞 寥寥長在白雲間

일성휘파금성벽 단향불전칠보산
一聲揮破金城壁 但向佛前七寶山

삼회향(三回向)

나무 환희장마니보적불
南無 歡喜藏摩尼寶積佛

나무 원만장보살마하살
南無 圓滿藏菩薩摩訶薩

나무 회향장보살마하살
南無 回向藏菩薩摩訶薩

ー 以上 奉送 回向 終 ー

청 문

【請文、각단불공】

一。 삼보통청　　一。 오백나한청

一。 신중권공　　一。 독성청

一。 미타청　　　一。 칠성청

一。 약사청　　　一。 신중대례청

一。 미륵청　　　一。 산신청

一。 관음청　　　一。 용왕청

一。 지장청　　　一。 조왕청

一。 신중청　　　一。 현왕청

一。 십육나한청　一。 가람청

참고사항

一。 재회(齋會)나 각종 불공의식을 거행하다 보면 시간이 촉박하여 약례로 거행하는 경우가 있으므로 「약례 시 생략 가능」이라는 주(註)를 달았다. 더불어 두 가지 거행 방법이 있는 경우에는 1종을 택하여 거행할 수 있도록 가급적 2종 모두를 수록하였다.

一。 각 단의 불공을 거행할 때 천수경과 건단의식[정삼업 · 개단 · 건단 · 정법계진언]을 마친 후 거불(擧佛)을 거행하면 된다. 그러나 의식의 구성에 따라 생략도 가능하다. 예를 들어 신중청만 별도로 거행할 때는 천수경과 건단의식을 거행하나, 상단불공에 이어 거행하는 것이라면 다시 하지 않아도 된다. 그러니 상황에 맞게 하면 될 것이다.

一。 문헌들을 살펴보면 진언의 횟수는 일반적으로 상단은 三七遍, 중단은 二七遍, 하단은 一七遍으로 수록되어 있거나 상 · 중 · 하단의 개념과 관계없이 진언에 따라 그 횟수가 달리 수록되어 있기도 하다. 여기서 삼칠편은 3 × 7을 말하는 것으로 스물한 번을 뜻하고, 이칠편은 2 × 7로 열네 번을 뜻하며, 일칠편은 1 × 7로 일곱 번을 뜻한다. 그래에는 약례로 三遍, 즉 세 번으로 줄여서 하는 경우가 많다. 참고하여 가감하기 바란다.

一。 청문의 유치(由致)는 불보살님과 성현을 청하여 공양 올리고자 하는 연유를 밝히는 것이므로 축원의 내용은 재회의 성격에 맞게 생축, 혹은 망축을 주심으로 거행한다. 즉 영가를 위한 불공이 아니라면 영가축원은 생략하고 생축만 모시면 된다. 유치는 불보살님께 공양을 올리기 전이므로 축원을 광범위하게 하는 것은 바람직하지 않다고 본다. 비유컨대 공양을 올리는 이유가 이것저것 모든 소원을 성취해주시길 기원하는 것이라고 한다면, 그 공양을 대접받기가

一。 쉽겠는가? 그러므로 권공 말미 축원 올리는 부분에서 불공발원의 의미를 담아 내용을 넓게 첨가하여 거행하면 될 것으로 본다. 본 의식문에 수록된 축원의 내용은 일반적인 것이므로 상황에 맞게 활용하기 바란다.

一。 가지변공(加持變供)과 진언권공(眞言勸供), 기성가지(祈聖加持)는 모두 사다라니 앞에 붙는 제목으로 통용(通用)되고 있다. 그러나 그 의미는 약간의 차이가 있다.

一。 가지변공의 주 진언은 사다라니[변식・시감로수・일자수륜관・유해진언]이다. 위의 진언은 공양물의 질적・양적 변화를 목적으로 하는 것이며 이후 출생공양진언은 공양물의 완성을 뜻한다. 근래에는 의식의 약례화로 인해 출생공양진언과 정식진언이 생략되고 있으나 함께 거행하는 것이 의미상 여법할 것으로 생각된다. 더불어 향수나열과 사다라니는 권공의식[각 청문]을 모실 때 정황상 생략할 수는 있으나 거행하는 것이 옳을 것이다.

一。 청문의 내용 중 가지게[혹은 가지공양]와 오공양[혹은 육법공양]은 권공의 의미를 담아 거행하는 것으로 그 의미가 동일하다. 그러므로 둘 중 1종만 택하여 거행하면 된다.

一。 청문의 내용 중 운심게 뒤에 거행되는 의식은 가지게(加持偈)이다. 그러나 근래에 들어 가지게가 누락되고 예참(禮懺)을 만들어 거행하는 경우가 있는데、본 의례집 집필목적에 맞게 가지게를 먼저 삽입하였으며、혹여 예참을 거행할 경우를 대비해 편의상 예참도 수록하였음을 밝힌다. 참고로 상단 예참 시 거행하고 있는 칠정례는 1955년 월운 스님께서 작성반포(作成頒布)한 것으로、이후 현행 칠정례로 완성되어 조계종의 공식 의례집인 『통일법요집』(1998년)에 채택되어 유통된 것이다. 그러므로 이전의 의식집에서는 찾아볼 수 없으며、

각 청문의 권공의식의 예참 또한 근래 들어 편집되어 사용되고 있는 것이다.

ㅇ 재회에 진설되는 대표적인 공양물은 향·등·다·과·화·미 여섯 가지로 육법공양(六法供養)이라고 한다. 상단[불보살]과 중단[명부시왕] 등은 대체로 육법공양이 거행되며, 하단[신중, 산신, 용왕 등등]은 화(花)공양이 빠진 오공양을 올리는 경우가 많다. 그러나 의식문은 오공양(五供養)이라 제목을 붙이고 육법공양물이 수록된 경우가 있는데, 이것은 상황에 따라 공양물의 종류가 바뀔 수 있어 기록된 것으로 보인다. 상황에 맞게 오공양 혹은 육법공양을 거행하면 될 것이다.

ㅇ 삼보통청의 예참 말미 「원공법계제중생 자타일시성불도」의 내용은 「원공법계제중생 동입미타대원해」로 하여도 무방하다. 칠정례가 만들어지기 전 기타 의식문에서는 「동입미타대원해」로 사용되었다. 그러므로 본 의식집에서는 칠정례를 제외한 곳에서는 「동입미타대원해」로 수록하였다.

ㅇ 탄백(歎白) 이후 거행되는 계수귀의례(稽首歸依禮)는 귀의와 축원의 성격을 지니고 있으므로 생략하고 바로 축원(祝願)을 거행할 수도 있으나, 축원의 내용과는 분명 차이가 있으므로 시간이 촉박한 것이 아니라면 거행하는 것으로 여법할 것으로 보인다.

ㅇ 상단의 권공의식을 거행한 후라면 일반적으로 신중권공을 거행한다. 그러나 재회의 성격과 구성, 상황에 따라 신중권공을 거행하는 시점은 달라질 수 있다. 예를 들어 상주권공재에서는 상단→관음권공→신중권공 순으로 거행되기 때문이다.

一。 신중단 권공의 식면을 신중퇴공(神衆退供)이라 사용하는 경우가 있는데 이것은 잘못된 용어라고 생각된다. 흔히 상단에 올렸던 것을 내려서 신중단에 올려드린다는 의미로 퇴공(退供)이라고 한다. 그러나 퇴공진언이 들어가는 위치를 살펴보면 상단 말미 축원 이후이다. 비유컨대 공양을 마친 상태이므로 상을 치우는 의식인 것이다. 설령 상단에서 내린 공양물을 신중단에 올린다고 하더라고 권공의 식인 것이다. 굳이 내린 것을 올려 드린다고 할 필요도 없을 뿐만 아니라, 신중단에 별도의 공양물이 이미 진설되어 있을 수도 있기 때문에 신중퇴공이라는 용어는 마땅치 않다고 본다.

一。 사십구재나 백일재 등 일반적인 천도재를 설행하는 방법은 재의 규모나 여건에 따라 그 방법을 달리할 수 있다. 즉 상단권공의 식을 상주권공재나 각배재, 영산재 등으로도 거행할 수 있으며, 삼보통청이나 미타청, 관음청, 지장청 등으로도 모실 수 있다. 요즈음 일반적으로 많이 행하는 형태를 보면 대부분 지장청을 거행한다. 만약 각 전각이 있어서 명부전에서 거행하는 것이 당연하나, 대웅전이나 극락전 등 사찰의 본당에서 거행하는 것이라면 사시마지를 먼저 거행한 후 지장청을 모셔야 한다. 사시마지를 별도로 하지 않고 통합하여 하고자 한다면 삼보통청의 청사 거행 시 지장청 청사를 함께 거행하면 된다. 그러나 반대로 지청청을 거행하면서 삼보청사를 거행함께 거행하는 경우도 있는데, 이때 삼보통청의 청사를 제불보살님을 두루 청하는 것으로 그 속에는 지장보살님도 속한다. 부처님의 계위나 범위를 살핀다면 전자의 방법이 조금 더 타당하다고 생각되니 잘 살피길 바란다.

⦿ 삼보통청(三寶通請)

※ 천수경[혹은 엄정의식(p. 197.)]과 건단의식(p. 210.)을 마친 후 거행한다.

거불(擧佛)

나무 불타부중 광림법회
南無 佛陀部衆 光臨法會

나무 달마부중 광림법회
南無 達摩部衆 光臨法會

나무 승가부중 광림법회
南無 僧伽部衆 光臨法會

보소청진언
普召請眞言

나무 보보세리 가리 다리 다타 아다야 (三遍)

※ 유치(由致) 거행 시 천도재가 아닌 일반 불공일 경우에는 영가축원은 하지 않아도 된다.

유치(由致)

앙유 삼보대성자 종진정계 흥대비운 비신현신 포신운어 삼천세계 무법설법
仰惟 三寶大聖者 從眞淨界 興大悲運 非身現身 布身雲於 三千世界 無法說法

쇄법우어팔만진로 灑法雨於八萬塵勞 개종종방편지문 開種種方便之門 도망망사계지중 導茫茫沙界之衆 유구개수 여공곡지전성 有求皆遂 如空谷之傳聲

무원부종 약징담지인월 無願不從 若澄潭之印月 시이 사바세계 是以 娑婆世界 남섬부주 동양 南贍部洲 東洋 대한민국 모산 모사 大韓民國 某山 某寺

청정수월도량 원아금차 淸淨水月道場 願我今此 지극지정성 至極之精誠 ○○재 천혼재자 薦魂齋者 모처거주 모인복위 소천 某處居住 某人伏爲 所薦

선 모인영가 이차인연공덕 先 某人靈駕 以此因緣功德 앙몽제불제보살 애민섭수지묘력 仰蒙諸佛諸菩薩 哀愍攝受之妙力 다겁생래 소작지 多劫生來 所作之

죄업 실개소멸 부답명로 罪業 悉皆消滅 不踏冥路 초생극락 구품연대 상품상생 친견미타 마정수기 돈 超生極樂 九品蓮臺 上品上生 親見彌陀 摩頂授記 頓

오무생 법인지대원 재고축 운운 悟無生 法忍之大願 再告祝 云云 금일불공재자 今日佛供齋者 모처거주 모인보체 이차인연 某處居住 某人保體 以此因緣

공덕 신무일체 병고액난영위소멸 功德 身無一切 病苦厄難永爲消滅 사대강건 육근청정 심중소구소원 만사여의 四大强健 六根淸淨 心中所求所願 萬事如意

원만 성취지대원 이금월금일 건설법연 圓滿 成就之大願 以今月今日 建設法筵 정찬공양 제망중중 무진삼보자존 훈근 淨饌供養 帝網重重 無盡三寶慈尊 勳勤

작법 앙기묘원자 우복이 설명향이례청 作法 仰祈妙援者 右伏以 爇茗香而禮請 정옥립이수재 재체수미 건성가민 기회 呈玉粒以修齋 齋體雖微 虔誠可愍 冀廻

자감 곡조미성 근병일심 선진삼청 慈鑑 曲照徽誠 謹秉一心 先陳三請

나무일심봉청 이대자비 이위체고 구호중생 이위자량 어제병고 위작양의 어실
南無一心奉請 以大慈悲 而為體故 救護衆生 以為資糧 於諸病苦 為作良醫 於失

도자 시기정로 어암야중 위작광명 어빈궁자 영득복장 평등요익 일체중생 청
道者 示其正路 於闇夜中 為作光明 於貧窮者 令得伏藏 平等饒益 一切衆生 清

정법신 비로자나불 원만보신 노사나불 천백억화신 석가모니불 동방교주 약사
淨法身 毘盧遮那佛 圓滿報身 盧舍那佛 千百億化身 釋迦牟尼佛 東方教主 藥師

여래불 서방교주 아미타불 당래교주 미륵존불 시방상주 진여불보 일승원교
如來佛 西方教主 阿彌陀佛 當來教主 彌勒尊佛 十方常住 眞如佛寶 一乘圓教

대화엄경 대승실교 묘법화경 삼처전심 격외선전 시방상주 심심법보 대지문수
大華嚴經 大乘實教 妙法華經 三處傳心 格外禪詮 十方常住 甚深法寶 大智文殊

보살 대행보현보살 대비관세음보살 대위대세지보살 대원지장보살 전불심등
菩薩 大行普賢菩薩 大悲觀世音菩薩 大威大勢至菩薩 大願地藏菩薩 傳佛心燈

가섭존자 유통교해 아난존자 시방상주 청정승보 여시삼보 무량무변 일일주변
迦葉尊者 流通教海 阿難尊者 十方常住 清淨僧寶 如是三寶 無量無邊 一一周徧

일일진찰 유원자비 연민유정 강림도량 수차공양 (三請)
一一塵刹 唯願慈悲 憐愍有情 降臨道場 受此供養

향화청 (三說)
香花請

가영(歌詠)

불신보변시방중 삼세여래일체동
佛身普偏十方中 三世如來一切同

광대원운항부진 왕양각해묘란궁 고아일심귀명정례
廣大願雲恒不盡 汪洋覺海妙難窮 故我一心歸命頂禮

헌좌게(獻座偈)

묘보리좌승장엄 제불좌이성정각 아금헌좌역여시 자타일시성불도
妙菩提座勝莊嚴 諸佛坐已成正覺 我今獻座亦如是 自他一時成佛道

헌좌진언
獻座眞言

옴 바아라 미나야 사바하 (三遍)

욕건만나라선송 정법계진언 옴 람 (三七遍)
欲建曼拏羅先誦 淨法界眞言

공양게(供養偈) 或、 아금푱옹송비밀주 유출무변광대공 보공무진삼보전 원수云

공양시방조어사 연양청정미묘법 삼승사과해탈승
供養十方調御士 演揚淸淨微妙法 三乘四果解脫僧

원수애납수 원수애납수 원수자비애납수
願垂哀納受 願垂哀納受 願垂慈悲哀納受

청문(각단불공) **278**

가지변공(加持變供)

향수나열 재자건성 욕구공양지주원 수장가지지변화 앙유삼보 특사가지
香羞羅列 齋者虔誠 欲求供養之周圓 須仗加持之變化 仰唯三寶 特賜加持

「나무시방불 나무시방법 나무시방승」(三說)
南無十方佛 南無十方法 南無十方僧

무량위덕 자재광명 승묘력 변식진언
無量威德 自在光明 勝妙力 變食眞言

나막 살바다라 아다 바로기제 옴 삼바라 삼바라 훔 (三七遍)

시감로수진언
施甘露水眞言

나무 소로바야 다타아다야 다냐타 옴 소로소로 바라소로 바라소로 사바하 (三七遍)

일자수륜관진언
一字水輪觀眞言

옴 밤 밤 밤밤 (三七遍)

유해진언
乳海眞言

옴 (三七遍)

출생공양진언
出生供養眞言

옴 (三七遍)

정식진언
淨食眞言

옴 다가 바아라 훔 (三七遍)

운심게(運心偈)

원차향공변법계 　보공무진삼보해 　자비수공증선근 　영법주세보불은
願此香供徧法界 　普供無盡三寶海 　慈悲受供增善根 　令法住世報佛恩

운심공양진언
運心供養眞言

※ 가지게 대신 예참으로 거행할 수 있다.

나막 살바다타 아제 백미 새바 목케배약 살바다참 오나아제
바라해맘 옴 아아나참 사바하 (三遍)

가지게(加持偈)

이차가지묘공구 　공양시방제불타
以此加持妙供具 　供養十方諸佛陀

이차가지묘공구 　공양시방제달마
以此加持妙供具 　供養十方諸達摩

이차가지묘공구 　공양시방제승가
以此加持妙供具 　供養十方諸僧伽

유원자비수차공 　시작불사도중생
唯願慈悲受此供 　施作佛事度衆生

※ 이어서 보공양진언(p。二八二。)

예참(禮懺) ※ 가지게 거행 시 생략한다.

지심정례공양
至心頂禮供養
삼계도사 사생자부 시아본사 석가모니불
三界導師 四生慈父 是我本師 釋迦牟尼佛

지심정례공양
至心頂禮供養
시방삼세 제망찰해 상주일체 불타야중
十方三世 帝網刹海 常住一切 佛陀耶衆

지심정례공양
至心頂禮供養
시방삼세 제망찰해 상주일체 달마야중
十方三世 帝網刹海 常住一切 達磨耶衆

지심정례공양
至心頂禮供養
대지문수사리보살 대행보현보살 대비관세음보살 대원본존
大智文殊舍利菩薩 大行普賢菩薩 大悲觀世音菩薩 大願本尊
지장보살마하살
地藏菩薩摩訶薩

지심정례공양
至心頂禮供養
영산당시 수불부촉 십대제자 십육성 오백성 독수성 내지
靈山當時 受佛咐囑 十大弟子 十六聖 五百聖 獨修聖 乃至
천이백 제대아라한 무량자비성중
千二百 諸大阿羅漢 無量慈悲聖衆

지심정례공양
至心頂禮供養
서건동진 급아해동 역대전등 제대조사 천하종사 일체미진수
西乾東震 及我海東 歷代傳燈 諸大祖師 天下宗師 一切微塵數
제대선지식
諸大善知識

지심정례공양
至心頂禮供養
시방삼세 제망찰해 상주일체 승가야중
十方三世 帝網刹海 常住一切 僧伽耶衆

유원 무진삼보 대자대비 수차공양 명훈가피력 원공법계제중생 자타일시성불도

唯願 無盡三寶 大慈大悲 受此供養 冥熏加被力 願共法界諸衆生 自他一時成佛道

보회향진언

普回向眞言

옴 삼마라 삼마라 미만나 사라마하 자거라바 훔 (三遍)

보공양진언

普供養眞言

옴 아아나 삼바바 바라 훔 (三遍)

흄 다로옹박 사바하 (三遍)

나무대불정 여래밀인 수증요의 제보살만행 수능엄신주

南無大佛頂 如來密因 修證了義 諸菩薩萬行 首楞嚴神呪

다냐타 옴 아나례 비사제 비라 바아라 다리 반다 반다니 바아라 바니반 호

마하사다야 사가라 마하가로 니가야 하리다야 만다라 다냐타 가가나 바라지진다

정본 관자재보살 여의륜주

正本 觀自在菩薩 如意輪呪

나무 못다야 나무 달마야 나무 승가야 나무 아리야 바로기제 사라야 모지사다야

마니 마하무다례 루로루로 지따 하리다예 비사예 옴 부다나 부다니 야등 (三遍)

불정심 관세음보살 모다라니
佛頂心 觀世音菩薩 姥陀羅尼

나모라 다나다라 야야 나막 아리야 바로기제 새바라야 모지 사다바야 마하

사다바야 마하가로 니가야 다냐타 아바다 바리바제 인혜혜 다냐타

살바다라니 만다라야 인혜혜 바리 마수다 못다야 옴 살바 작수가야 다라니

인지리야 다냐타 바로기제 새바라야 살바도따 오하야미 사바하 (三遍)

불설소재길상다라니
佛說消災吉祥陀羅尼

나무 사만다 못다남 아바라지 하다사 사나남 다냐타 옴 카카 카혜 카혜 훔

훔 아바라 아바라 바라아바라 바라아바라 지따 지따 지리 지리 빠다 빠다

선지가 시리예 사바하 (三遍)

대원성취진언
大願成就眞言

옴 아모카 살바다라 사다야 시베 훔 (三遍)

보궐진언
補闕眞言

옴 호로호로 사야목계 사바하 (三遍)

정근(精勤)   ※ 주존(主尊)에 따라 달리 할 수 있다.

南無 三界導師 四生慈父 是我本師 「석가모니불」(略千聲)

나무 삼계도사 사생자부 시아본사 釋迦牟尼佛

탄백(歎白)

찰진심념가수지 대해중수가음진 허공가량풍가계 무능진설불공덕

刹盡心念可數知 大海中水可飲盡 虛空可量風可繫 無能盡說佛功德

축원(祝願)

앙고 시방삼세 제망중중 무진삼보자존 불사자비 허수낭감 상래소수불공덕

仰告 十方三世 帝網重重 無盡三寶慈尊 不捨慈悲 許垂朗鑑 上來所修佛功德

회향삼처실원만 시이 사바세계 남섬부주 동양 대한민국 모사 청정수월도량

回向三處悉圓滿 是以 裟婆世界 南贍部洲 東洋 大韓民國 某寺 淸淨水月道場

원아금차 지극지정성 ○○재 천혼재자 모처거주 모인복위 소천 모인영가 이차

願我今此 至極之精誠 ○○齋 薦魂齋者 某處居住 某人伏爲 所薦 某人靈駕 以此

인연공덕 앙몽제불보살 애민섭수지묘력 다겁생래 소작지죄업 실개소멸 부답

因緣功德 仰蒙諸佛菩薩 哀愍攝受之妙力 多劫生來 所作之罪業 悉皆消滅 不踏

명로 초생극락 구품연대 상품상생 친견미타 마정수기 돈오무생 법인지대원

冥路 超生極樂 九品蓮臺 上品上生 親見彌陀 摩頂授記 頓悟無生 法忍之大願

억원 금차지극지정성 불공발원재자 각각등보체 앙몽삼보대성존 가호지묘력

抑願 今此至極之精誠 佛供發願齋者 各各等保體 仰蒙三寶大聖尊 加護之妙力

이차인연공덕 신무일체병고액난 심무일체탐연미혹 영위소멸 사대강건 육근청
以此因緣功德 身無一切病苦厄難 心無一切貪戀迷惑 永爲消滅 四大强健 六根淸

정 자손창성 수명장수 만사여의원만 성취지대원
淨 子孫昌盛 壽命長壽 萬事如意圓滿 成就之大願

참선자의단독로 염불자삼매현전 간경자혜안통투 불사자불사성취 병고자즉득
參禪者疑團獨露 念佛者三昧現前 看經者慧眼通透 佛事者佛事成就 病苦者卽得

쾌차 단명자수명장원 학업자학업성취 직무자수분성취 사업자사업성취 공업자
快差 短命者壽命長遠 學業者學業成就 職務者隨分成就 事業者事業成就 工業者

안전조업 상업자재수대통 농업자오곡풍년 운전자안전운행 무직자취직성취 직
安全操業 商業者財數大通 農業者五穀豊年 運轉者安全運行 無職者就職成就 職

장자진급영지사업 각기경영지사업 만사여의원만 성취지대원
場者進級營之事業 各其經營之事業 萬事如意圓滿 成就之大願

연후원 항사법계 무량불자 동유화장장엄해 동입보리대도량 상봉화엄불보살
然後願 恒沙法界 無量佛子 同遊華藏莊嚴海 同入菩提大道場 常逢華嚴佛菩薩

항몽제불대광명 소멸무량중죄장 획득무량대지혜 돈성무상최정각 광도법계제
恒蒙諸佛大光明 消滅無量衆罪障 獲得無量大智慧 頓成無上最正覺 廣度法界諸

중생 이보제불막대은 세세상행보살도 구경원성살바야 마하반야바라밀
衆生 以報諸佛莫大恩 世世常行菩薩道 究竟圓成薩婆若 摩訶般若波羅蜜

以上 三寶通請 終

다게(茶偈)

이차청정향운공 以此清淨香雲供　봉헌옹호성중전 奉獻擁護聖衆前　감찰재자건간심 鑑察齋者虔懇心

원수애납수 願垂哀納受　원수애납수 願垂哀納受　원수자비애납수 願垂慈悲哀納受

예참(禮懺)

지심정례공양 志心頂禮供養　진법계허공계 盡法界虛空界　화엄회상 華嚴會上　욕색제천중 欲色諸天衆

지심정례공양 志心頂禮供養　진법계허공계 盡法界虛空界　화엄회상 華嚴會上　팔부사왕중 八部四王衆

지심정례공양 志心頂禮供養　진법계허공계 盡法界虛空界　화엄회상 華嚴會上　호법선신중 護法善神衆

유원 唯願　신중자비 神衆慈悲　옹호도량 擁護道場　실개수공발보리 悉皆受供發菩提　시작불사도중생 施作佛事度衆生

보공양진언 普供養眞言

옴 아아나 삼바바 바라 훔 (三遍)

옴 삼마라 삼마라 미만나 사라마하 자거라바 훔 (三遍)

마하반야바라밀다심경
摩訶般若波羅蜜多心經

관자재보살 행심반야바라밀다시 조견오온개공 도일체고액 사리자 색불이공
觀自在菩薩 行深般若波羅蜜多時 照見五蘊皆空 度一切苦厄 舍利子 色不異空

공불이색 색즉시공 공즉시색 수상행식 역부여시 사리자 시제법공상 불생불멸
空不異色 色即是空 空即是色 受想行識 亦復如是 舍利子 是諸法空相 不生不滅

불구부정 부증불감 시고공중무색 무수상행식 무안이비설신의 무색성향미촉법
不垢不淨 不增不減 是故空中無色 無受想行識 無眼耳鼻舌身意 無色聲香味觸法

무안계 내지무의식계 무무명 역무무명진 내지무노사 역무노사진 무고집멸도
無眼界 乃至無意識界 無無明 亦無無明盡 乃至無老死 亦無老死盡 無苦集滅道

무지역무득 이무소득고 보리살타 의반야바라밀다고 심무가애 무가애고 무유
無智亦無得 以無所得故 菩提薩埵 依般若波羅蜜多故 心無罣礙 無罣礙故 無有

공포 원리전도몽상 구경열반 삼세제불 의반야바라밀다고 득아뇩다라삼먁삼보
恐怖 遠離顚倒夢想 究竟涅槃 三世諸佛 依般若波羅蜜多故 得阿耨多羅三藐三菩

리 고지반야바라밀다 시대신주 시대명주 시무상주 시무등등주 능제일체고
提 故知般若波羅蜜多 是大神呪 是大明呪 是無上呪 是無等等呪 能除一切苦

진실불허 고설반야바라밀다주 즉설주왈
眞實不虛 故說般若波羅蜜多呪 卽說呪曰

「아제아제 바라아제 바라승아제 모지 사바하」 (三遍)

불설소재길상다라니
佛說消災吉祥陀羅尼

나무 사만다 못다남 아바라지 하다사 사나남 다냐타 옴 카카 카혜 카혜 훔
훔 아바라 아바라 바라아바라 바라아바라 지따 지따 지리 지리 빠다 빠다
선지가 시리예 사바하 (三遍) ※화엄경 약찬게 ⇩ p。四五八。

대원성취진언
大願成就眞言

옴 아모카 살바다라 사다야 시베 훔 (三遍)

보궐진언
補闕眞言

옴 호로호로 사야목계 사바하 (三遍)

정근(精勤)

나무 금강회상 정법옹호 「화엄성중」 (略千聲)
南無 金剛會上 正法擁護 華嚴聖衆

탄백(歎白)

축원(祝願)

절이 切以　화엄회상 華嚴會上　제대현성 諸大賢聖　첨수연민지지정 僉垂憐愍之至情　각방신통지묘력 各方神通之妙力　원아금차 願我今此　지극지정 地極之精

성불공발원재자 誠佛供發願齋者　모처거주 某處居住　모인보체 某人保體　앙몽제대성중 仰蒙諸大聖衆　가호지묘력 加護之妙力　소신정원즉 所神情願卽

일일유천상지경 日日有千祥之慶　시시무백해지재 時時無百害之災　심중소구소원 心中所求所願　여의원만 如意圓滿　형통지대원 亨通之大願

재고축 再告祝　금차지극지성 今此至極至誠　불공발원재자 佛供發願齋者　앙몽화엄성중 仰蒙華嚴聖衆　가호지묘력 加護之妙力　동서사방 출입 東西四方 出入

왕환 상봉길경 往還 常逢吉慶　불봉재해 不逢災害　관재구설 官災口舌　삼재팔난 三災八難　사백사병 四百四病　영위소멸 永爲消滅　각기 사대강 各其 四大强

건육근청정 健六根清淨　악인원리 惡人遠離　귀인상봉 貴人常逢　자손창성 子孫昌盛　부귀영화 富貴榮華　만사일일 萬事日日　여의원만 성취 如意圓滿 成就

지발원 연후원 之發願 然後願　처세간 여허공 處世間 如虛空　여련화 불착수 如蓮華 不著水　심청정 초어피 心清淨 超於彼　계수례 무상존 稽首禮 無上尊

구호길상 마하반야바라밀 俱護吉祥 摩訶般若波羅蜜

-以上 神衆勸供 終-

● 미타청(彌陀請)

거불(擧佛)

나무 극락도사 아미타불
南無 極樂導師 阿彌陀佛

나무 좌보처 관세음보살
南無 左補處 觀世音菩薩

나무 우보처 대세지보살
南無 右補處 大勢至菩薩

보소청진언
普召請眞言

나무 보보제리 가리다리 다타 아다야 (三遍)

유치(由致)

앙유 아미타불대성자 청련감목 자금진신 애일체중생 미탈윤회지고뇌 이대비
仰唯 阿彌陀佛大聖者 青蓮紺目 紫金眞身 哀一切衆生 未脫輪廻之苦惱 以大悲

원력 별개환주지장엄 수무피아지사심 편유인연어차토 유구개수 무원부종 시
願力 別開幻住之莊嚴 雖無彼我之私心 偏有因緣於此土 有求皆遂 無願不從 是

이 사바세계 남섬부주 동양 대한민국 모산 모사 청정수월도량 원아금차 지극
以 娑婆世界 南贍部洲 東洋 大韓民國 某山 某寺 清淨水月道場 願我今此 至極

지정성 불공발원재자
之精誠 佛供發願齋者

모처거주 모인보체 이차인연공덕 앙몽미타해회 제불제
某處居住 某人保體 以此因緣功德 仰蒙彌陀海會 諸佛諸

대보살 가호지묘력 신무일체병고액난 심무일체탐연미혹 영위소멸 사대강건
大菩薩 加護之妙力 身無一切病苦厄難 心無一切貪戀迷惑 永爲消滅 四大强健

육근청정 자손창성 수명장수 만사여의원만 성취지대원 취어모사 이금월금일
六根清淨 子孫昌盛 壽命長壽 萬事如意圓滿 成就之大願 就於某寺 以今月今日

정계향단 장진묘공 재설명향 건성례청 서방교주무량수여래 좌보처관세음보살
淨啓香壇 將陳妙供 再爇名香 虔誠禮請 西方教主無量壽如來 左補處觀世音菩薩

우보처대세지보살 청정대해중보살마하살 훈근작법 앙기묘원자 우복이 친소편
右補處大勢至菩薩 清淨大海衆菩薩摩訶薩 薰勤作法 仰祈妙援者 右伏以 親燒片

혜 설운증옥립지찬 앙구자문 굴족답청련지보 잠사보전 청부향단 앙표일심
蕙 設雲蒸玉粒之饌 仰扣慈門 屈足踏青蓮之步 暫辭寶殿 請赴香壇 仰表一心

선진삼청
先陳三請

청사 (請詞)

나무일심봉청 서방정토 극락세계 연지해회 자금엄상 휘화백억찰중 백옥명호
南無一心奉請 西方淨土 極樂世界 蓮池海會 紫金嚴相 輝華百億刹中 白玉明毫

선전오봉산상 광류처처 무불섭생 영화중중 유연개도 약유삼심극비 십념공성
旋轉五峰山上 光流處處 無不攝生 影化重重 有緣皆度 若有三心克備 十念功成

接向九蓮 令辭五濁 四十八大願 我等導師阿彌陀佛 左補處觀世音菩薩 右補處大

세지보살 청정대해중보살마하살 유원자비 연민유정 강림도량 수차공양 (三請)
勢至菩薩 淸淨大海衆菩薩摩訶薩 唯願慈悲 憐愍有情 降臨道場 受此供養

향화청 (三說)
香花請

가영(歌詠)
무량광중화불다 앙첨개시아미타
無量光中化佛多 仰瞻皆是阿彌陀

응신각정황금상 보계도선벽옥라 고아일심귀명정례
應身各挺黃金相 寶髻都旋碧玉螺 故我一心歸命頂禮

헌좌게(獻座偈)
묘보리좌승장엄 제불좌이성정각 아금헌좌역여시 자타일시성불도
妙菩提座勝莊嚴 諸佛坐已成正覺 我今獻座亦如是 自他一時成佛道

헌좌진언
獻座眞言
옴 바아라 미나야 사바하 (三遍)

욕건만나라선송 정법계진언 옴 람 (三七遍)
欲建曼拏羅先誦 淨法界眞言

다게(茶偈)

금장묘약급명다
今將妙藥及茗茶

봉헌미타대법회
奉獻彌陀大法會

감찰단나건간심
鑑察檀那虔懇心

원수애납수
願垂哀納受

원수애납수
願垂哀納受

원수자비애납수
願垂慈悲哀納受

진언권공(眞言勸供)

향수나열 재자건성 욕구공양지주원 수장가지지변화 앙유삼보 특사가지
香羞羅列 齋者虔誠 欲求供養之周圓 須仗加持之變化 仰唯三寶 特賜加持

「나무시방불 나무시방법 나무시방승」(三說)
南無十方佛 南無十方法 南無十方僧

무량위덕 자재광명 승묘력 변식진언
無量威德 自在光明 勝妙力 變食眞言

나막 살바다타 아다 바로기제 옴 삼바라 삼바라 훔 (三七遍)

시감로수진언
施甘露水眞言

나무 소로바야 다타아다야 다냐타 옴 소로소로 바라소로 바라소로 사바하 (三七遍)

일자수륜관진언 一字水輪觀眞言

옴 밤 밤 밤밤 (三七遍)

유해진언 乳海眞言

나무 사만다 못다남 옴 밤 (三七遍)

출생공양진언 出生供養眞言

옴 (三七遍)

정식진언 淨食眞言

옴 다가 바아라 훔 (三七遍)

운심공양진언 運心供養眞言

운심게 (運心偈)

원차청정묘향찬 願此淸淨妙香饌 공양미타대회중 供養彌陀大會衆

자비수공증선근 慈悲受供增善根 영법주세보불은 令法住世報佛恩

나막 살바다타 아제 백미 새바 목케배약 살바다참 오나아제

바라해맘 옴 아아나캄 사바하 (三遍)

※ 가지게 대신 예참으로 거행할 수 있다.

가지게 (加持偈)

이차가지묘공구 以此加持妙供具 공양미타대성존 供養彌陀大聖尊

공양관음세지존 供養觀音勢至尊
이차가지묘공구 以此加持妙供具
공양청정대해중 供養清淨大海衆
불사자비수차공 不捨慈悲受此供
시작불사도중생 施作佛事度衆生

※ 이어서 보공양진언.

예참(禮懺)　※ 가지게 거행 시 생략한다.

지심정례공양 至心頂禮供養　극락도사 極樂導師　아미타불 阿彌陀佛
지심정례공양 至心頂禮供養　좌우보처 左右補處　양대보살 兩大菩薩
지심정례공양 至心頂禮供養　일체청정대해중보살 一切清淨大海衆菩薩
유원 唯願　아미타불 阿彌陀佛　수차공양 受此供養　명훈가피력 冥熏加被力　원공법계제중생 願供法界諸衆生　동입미타대원해 同入彌陀大願海

보공양진언 普供養眞言

옴 아아나 삼바바 바라 훔 (三遍)

보회향진언 普回向眞言
옴 삼마라 삼마라 미만나 사라마하 자거라바 훔 (三遍)

나무대불정 南無大佛頂 수증요의 如來密因 제보살만행 修證了義 수능엄신주 諸菩薩萬行 首楞嚴神呪

다냐타 옴 아나례 비사제 비라 바아라 다리 반다 반다니 바아라 바니반 호
훔 다로옹박 사바하 (三遍)

보궐진언 補闕眞言
옴 호로호로 사야목계 사바하 (三遍)

대원성취진언 大願成就眞言
옴 아모카 살바다라 사다야 시베 훔 (三遍)

나무광명보조 南無光明普照 수명난사 壽命難思 사십팔대원 四十八大願 아등도사아미타불 我等導師阿彌陀佛 「나무아미타불」南無阿彌陀佛 (千聲 萬聲)

정근(精勤)

아미타불본심미묘진언 阿彌陀佛本心微妙眞言
다냐타 옴 아리 다라 사바하 (三遍)

시방삼세불 十方三世佛 아미타제일 阿彌陀第一 구품도중생 九品導衆生 위덕무궁극 威德無窮極 拜

감목순시진정역　백호방처조사바　대비원력내상접　구발군생상애하
紺目瞬時眞淨域　白毫放處照娑婆　大悲願力來相接　救拔羣生上愛河

표백(表白)　※생략할 수 있다.

상래 수재정지 이대부선 유원자비 허수증명 영사시주 오복증
上來 修齋情旨 已對敷宣 惟願慈悲 許垂證明 令斯施主 某人 三灾永息 五福增

숭 소원여심 종지돈명 일문권속 구획길상 보공중생 동입각해 마하반야바라밀
崇 所願如心 種智頓明 一門眷屬 俱獲吉祥 普共衆生 同入覺海 摩訶般若波羅蜜

축원(祝願)

앙고 시방삼세 제망중중 무진삼보자존 불사자비 허수낭감 상래소수불공덕
仰告 十方三世 帝網重重 無盡三寶慈尊 不捨慈悲 許垂朗鑑 上來所修佛功德

회향삼처실원만 시이 사바세계 남섬부주 동양 대한민국 모사 청정수월도량
回向三處悉圓滿 是以 裟婆世界 南贍部洲 東洋 大韓民國 某寺 清淨水月道場

원아금차 지극지정성 불공발원재자 모처거주 모인 각각등보체 앙몽미타해회
願我今此 至極之精誠 佛供發願齋者 某處居住 某人 各各等保體 仰蒙彌陀海會

제불제대보살 가호지묘력 이차인연공덕 신무일체병고액난 심무일체탐연미혹
諸佛諸大菩薩 加護之妙力 以此因緣功德 身無一切病苦厄難 心無一切貪戀迷惑

영위소멸 사대강건 육근청정 자손창성 수명장수 만사여의원만 성취지대원 참
永爲消滅 四大强健 六根淸淨 子孫昌盛 壽命長壽 萬事如意圓滿 成就之大願 參

선자의단독로 염불자삼매현전 간경자혜안통투 불사자불사성취 병고자즉득쾌
禪者疑團獨露 念佛者三昧現前 看經者慧眼通透 佛事者佛事成就 病苦者卽得快

차 단명자수명장원 무인연자속득인연 학업자학업성취 각종시험자무난합격사
差 短命者壽命長遠 無因緣者速得因緣 學業者學業成就 各種試驗者無難合格 事

업자사업성취 공업자안전조업 상업자재수대통 농업자오곡풍년 운전자안전운
業者事業成就 工業者安全操業 商業者財數大通 農業者五穀豊年 運轉者安全運

행 승선자안전운항 무직자취직성취 직장자진급성취 직무자수분성취 각기경
行 乘船者安全運航 無職者就職成就 職場者進級成就 職務者隨分成就 各其經

영지사업 만사여의원만 성취지대원
營之事業 萬事如意圓滿 成就之大願

연후원 항사법계 무량불자 동유화장장엄해 동입보리대도량 상봉화엄불보살
然後願 恒沙法界 無量佛子 同遊華藏莊嚴海 同入菩提大道場 常逢華嚴佛菩薩

항몽제불대광명 소멸무량중죄장 획득무량대지혜 돈성무상최정각 광도법계제
恒蒙諸佛大光明 消滅無量衆罪障 獲得無量大智慧 頓成無上最正覺 廣度法界諸

중생 이보제불막대은 세세상행보살도 구경원성살바야 마하반야바라밀
衆生 以報諸佛莫大恩 世世常行菩薩道 究竟圓成薩婆若 摩訶般若波羅蜜

以上 彌陀請 終 (※신중권공 ⇩ p。二八六。)

● 약사청(藥師請)

거불(擧佛)

나무 동방 약사유리광불
南無 東方 藥師琉璃光佛

나무 좌보처 일광변조보살
南無 左補處 日光遍照菩薩

나무 우보처 월광변조보살
南無 右補處 月光遍照菩薩

보소청진언
普召請眞言

나무 보보제리 가리다리 다타 아다야 (三遍)

유치(由致)

절문 월조장공 영락천강지수 능인출세 지투만휘지기 여래진실지 비민제중생
切聞 月照長空 影落千江之水 能仁出世 智投萬彙之機 如來眞實智 悲愍諸衆生

원지건성례 수애작증명 시이 사바세계 남섬부주 동양 대한민국 모산 모사 청
願知虔誠禮 垂哀作證明 是以 裟婆世界 南贍部洲 東洋 大韓民國 某山 某寺 淸

정수월도량 원아금차 지극지정성 불공발원재자 모처거주 모인보체 이차인연
淨水月道場 願我今此 至極之精誠 佛供發願齋者 某處居住 某人保體 以此因緣

공덕 앙몽동방만월세계 십이상원 약사유리광여래불 가호지묘력 신무일체병고

功德 仰蒙東方滿月世界 十二上願 藥師琉璃光如來佛 加護之妙力 身無一切病苦

액난 심무일체탐연미혹 영위소멸 사대강건 육근청정 자손창성 수명장수 만사

厄難 心無一切貪戀迷惑 永爲消滅 四大强健 六根淸淨 子孫昌盛 壽命長壽 萬事

여의원만 성취지대원 취어 모산 모사 청정실계 이금월금일 건설정찬공양 십

如意圓滿 成就之大願 就於 某山 某寺 淸淨實界 以今月今日 虔設淨饌供養 十

이원성 약사유리광불 훈근작법 앙기묘원자 우복이 설우두지명향 정천주지묘

二願成 藥師琉璃光佛 薰懃作法 仰祈妙援者 右伏以 爇牛頭之茗香 呈天廚之妙

공 재체수미 건성가민 잠사보계 강부향연 앙표일심 선진삼청

供 財體雖微 虔誠可愍 暫辭寶界 降赴香筵 仰表一心 先陳三請

청사 (請詞)

나무일심봉청 단거만월 광화군미 상행이륙지홍자 증접사생이해탈 십이원성

南無一心奉請 端居滿月 廣化群迷 常行二六之洪慈 拯接四生而解脫 十二願成

약사유리광불 유원자비 강림도량 수차공양 (三請)

藥師琉璃光佛 惟願慈悲 降臨道場 受此供養 (三請)

향화청 (三說)

香花請

가영(歌詠)

동방세계명만월 불호유리광교결
東方世界名滿月 佛號琉璃光皎潔

두상선라청사산 미간호상백여설
頭上旋螺靑似山 眉間毫相白如雪

고아일심귀명정례
故我一心歸命頂禮

헌좌게(獻座偈)

묘보리좌승장엄 제불좌이성정각
妙菩提座勝莊嚴 諸佛坐已成正覺

아금헌좌역여시 자타일시성불도
我今獻座亦如是 自他一時成佛道

헌좌진언
獻座眞言

옴 바아라 미나야 사바하 (三遍)

욕건만나라선송 정법계진언 옴 람 (三七遍)
欲建曼拏羅先誦 淨法界眞言

다게(茶偈)

금장감로다 봉헌약사전
今將甘露茶 奉獻藥師前

감찰건간심 원수애납수
鑑察虔懇心 願垂哀納受

원수애납수 원수자비애납수
願垂哀納受 願垂慈悲哀納受

진언권공(眞言勸供)

향수나열 재자건성 욕구공양지주원 수장가지지변화 앙유삼보 특사가지
香羞羅列 齋者虔誠 欲求供養之周圓 須仗加持之變化 仰唯三寶 特賜加持

「나무시방불 나무시방법 나무시방승」(三說)
南無十方佛 南無十方法 南無十方僧

무량위덕 자재광명 승묘력 변식진언
無量威德 自在光明 勝妙力 變食眞言

나막 살바다타 아다 바로기제 옴 삼바라 삼바라 훔 (三七遍)

시감로수진언
施甘露水眞言

나무 소로바야 다타아다야 다냐타 옴 소로소로 바라소로
바라소로 사바하 (三七遍)

일자수륜관진언
一字水輪觀眞言

옴 밤 밤 밤밤 (三七遍)

유해진언
乳海眞言

나무 사만다 못다남 옴 밤 (三七遍)

출생공양진언
出生供養眞言

옴 (三七遍)

정식진언
淨食眞言

옴 다가 바아라 훔 (三七遍)

운심게(運心偈)

원차향공변법계　보공무진삼보해　자비수공증선근　영법주세보불은
願此香供偏法界　普供無盡三寶海　慈悲受供增善根　令法住世報佛恩

운심공양진언
運心供養眞言

나막 살바다타 아제 백미 새바 목케배약 살바다캄 오나아제
바라해맘 옴 아아나캄 사바하 (三遍)

가지게(加持偈)

이차가지묘공구　공양약사대성존
以此加持妙供具　供養藥師大聖尊

이차가지묘공구　공양일광변조중
以此加持妙供具　供養日光遍照衆

이차가지묘공구　공양월광변조중
以此加持妙供具　供養月光遍照衆

불사자비수차공　시작불사도중생
不捨慈悲受此供　施作佛事度衆生

보공양진언
普供養眞言

옴 아아나 삼바바 바라 훔 (三遍)

옴 삼마라 삼마라 미만나 사라마하 자거라바 훔 (三遍)

보회향진언
普回向眞言

옴 아모카 살바다라 사다야 시베 훔 (三遍)

대원성취진언
大願成就眞言

옴 호로호로 사야목계 사바하 (三遍)

보궐진언
補闕眞言

일편비심무공결 범부전도병근심 불우약사죄난멸
一片悲心無空缺 凡夫顚倒病根深 不遇藥師罪難滅

십이대원접군기
十二大願接群機

탄백(歎白)

앙고 동방만월세계 십이상원 약사유리광여래불 불사자비 허수낭감 상래소수
仰告 東方滿月世界 十二上願 藥師琉璃光如來佛 不捨慈悲 許垂朗鑑 上來所修

축원(祝願)

불공덕 회향삼처실원만 시이 사바세계 남섬부주 동양 대한민국 모사 청정수
佛功德 回向三處悉圓滿 是以 裟婆世界 南瞻部洲 東洋 大韓民國 某寺 清淨水

월도량 원아금차 지극지정성 불공발원재자 모처거주 모인 각각등보체 앙몽십
月道場 願我今此 至極之精誠 佛供發願齋者 某處居住 某人 各各等保體 仰蒙十

이상원 약사유리광불 가호지묘력 이차인연공덕 신무일체병고액난 심무일체탐
二上願 藥師琉璃光佛 加護之妙力 以此因緣功德 身無一切病苦厄難 心無一切貪

연미혹 영위소멸 사대강건 육근청정 자손창성 수명장수 만사여의원만 성취지
戀迷惑 永爲消滅 四大强健 六根清淨 子孫昌盛 壽命長壽 萬事如意圓滿 成就之

대원 참선자의단독로 염불자삼매현전 간경자혜안통투 불사자불사성취 병고자
大願 參禪者疑團獨露 念佛者三昧現前 看經者慧眼通透 佛事者佛事成就 病苦者

즉득쾌차 박복자복덕구족 단명자수명장원 무인연자속득인연 학업자학업성취
卽得快差 薄福者福德具足 短命者壽命長遠 無因緣者速得因緣 學業者學業成就

각종시험자무난합격 사업자사업성취 공업자안전조업 상업자재수대통 농업자
各種試驗者無難合格 事業者事業成就 工業者安全操業 商業者財數大通 農業者

오곡풍년 운전자안전운행 승신자안전운항 무직자취직성취 직장자진급성취 직
五穀豊年 運轉者安全運行 乘船者安全運航 無職者就職成就 職場者進級成就 職

무자수분성취 각기 경영지사업 만사여의원만 성취지대원
務者隨分成就 各其 經營之事業 萬事如意圓滿 成就之大願

연후원 항사법계 무량불자 동유화장장엄해 동입보리대도량 상봉화엄불보살
然後願 恒沙法界 無量佛子 同遊華藏莊嚴海 同入菩提大道場 常逢華嚴佛菩薩

항몽제불대광명 소멸무량중죄장 획득무량대지혜 돈성무상최정각 광도법계제
恒蒙諸佛大光明 消滅無量衆罪障 獲得無量大智慧 頓成無上最正覺 廣度法界諸

중생 이보제불막대은 세세상행보살도 구경원성살바야 마하반야바라밀
衆生 以報諸佛莫大恩 世世常行菩薩道 究竟圓成薩婆若 摩訶般若波羅蜜

以上 藥師請 終 　（※신중권공 ⇩ p。二八六。）

거불(擧佛)

나무 현거도솔 미륵존불
南無 現居兜率 彌勒尊佛

나무 당래교주 미륵존불
南無 當來教主 彌勒尊佛

나무 삼회도인 미륵존불
南無 三會度人 彌勒尊佛

보소청진언
普召請眞言

나무 보보제리 가리다리 다타 아다야 (三遍)

유치(由致)

앙유 미륵대성자 현거도솔 당강용화 광시칠변지언음 보화오승지성중 당절귀
仰惟 彌勒大聖者 現居兜率 當降龍華 宏施七辯之言音 普化五乘之聖衆 倘切歸

의 해지감응 시이 사바세계 남섬부주 동양 대한민국 모산 모사 청정수월도량
依 奚遲感應 是以 娑婆世界 南贍部洲 東洋 大韓民國 某山 某寺 清淨水月道場

원아금차 지극지지성 불공발원재자 모처거주 모인보체 이차인연공덕 신무일
願我今此 至極之精誠 佛供發願齋者 某處居住 某人保體 以此因緣功德 身無一

체병고액난 심무일체탐연미혹 영위소멸 사대강건 육근청정 자손창성 수명장
切病苦厄難 心無一切貪戀迷惑 永爲消滅 四大强健 六根清淨 子孫昌盛 壽命長

수 만사여의원만 성취지대원 이금월금일 건설법연 정찬공양 자씨대성 잠사
壽 萬事如意圓滿 成就之大願 以今月今日 虔設法筵 淨饌供養 慈氏大聖 暫辭

천궁 약강향연 근병일심 선진삼청
天宮 略降香筵 謹秉一心 先陳三請

청사(請詞)

세시 신강용화 당래하생 미륵존불 유원자비 강림도량 수차공양 (三請)
歲時 身降龍華 當來下生 彌勒尊佛 唯願慈悲 降臨道場 受此供養

나무일심봉청 복연증승 수량무궁 원력장엄 자비광대 사천년중 위거보처 팔만
南無一心奉請 福緣增勝 壽量無窮 願力莊嚴 慈悲廣大 四千年中 位居補處 八萬

향화청 (三說)
香花請

가영(歌詠)

육시설법무휴식 삼회도인비등한
六時說法無休息 三會度人非等閑

절념노생침오탁 금소약잠도인간 고아일심귀명정례
切念勞生沉五濁 今宵略暫到人間 故我一心歸命頂禮

헌좌게(獻座偈)

묘보리좌승장엄　제불좌이성정각
妙菩提座勝莊嚴　諸佛坐已成正覺

아금헌좌역여시　자타일시성불도
我今獻座亦如是　自他一時成佛道

헌좌진언
獻座眞言

옴 바아라 미나야 사바하 (三遍)

욕건만나라선송　정법계진언
欲建曼拏羅先誦　淨法界眞言

옴 람 (三七遍)

다게(茶偈)

금장감로다　봉헌미륵전　감찰건간심
今將甘露茶　奉獻彌勒前　鑑察虔懇心

원수애납수
願垂哀納受

원수애납수
願垂哀納受

원수자비애납수
願垂慈悲哀納受

가지변공(加持變供)

향수나열 재자건성 욕구공양지주원 수장가지지변화 앙유삼보 특사가지
香羞羅列 齋者虔誠 欲求供養之周圓 須仗加持之變化 仰唯三寶 特賜加持

「나무시방불　나무시방법　나무시방승」(三說)
南無十方佛　南無十方法　南無十方僧

무량위덕 자재광명 승묘력 변식진언
無量威德 自在光明 勝妙力 變食眞言

나막 살바다타 아다 바로기제 옴 삼바라 삼바라 훔 (三七遍)

시감로수진언
施甘露水眞言

나무 소로바야 다타아다야 다냐타 옴 소로소로 바라소로
바라소로 사바하 (三七遍)

일자수륜관진언
一字水輪觀眞言

옴 밤 밤 밤밤 (三七遍)

유해진언
乳海眞言

나무 사만다 못다남 옴 밤 (三七遍)

출생공양진언
出生供養眞言

옴 (三七遍)

정식진언
淨食眞言

옴 다가 바아라 훔 (三七遍)

운심게 (運心偈)

원차향공변법계 보공무진삼보해 자비수공증선근 영법주세보불은
願此香供徧法界 普供無盡三寶海 慈悲受供增善根 令法住世報佛恩

운심공양진언
運心供養眞言

나막 살바다타 아제 백미 새바 목케배약 살바다참 오나아제 바라해맘 옴 아아나캄 사바하 (三遍)

가지게(加持偈)

이차가지묘공구 以此加持妙供具
공양자씨미륵존 供養慈氏彌勒尊
불사자비수차공 不捨慈悲受此供
시작불사도중생 施作佛事度衆生

※ 이어서 보공양진언(P。三一一。)

예참(禮懺) ※ 가지게 거행 시 생략한다.

지심정례공양 현거도솔 당강용화 자씨미륵존여래불
至心頂禮供養 現居兜率 當降龍華 慈氏彌勒尊如來佛

지심정례공양 복연증승 수량무궁 자씨미륵존여래불
至心頂禮供養 福緣增勝 壽量無窮 慈氏彌勒尊如來佛

지심정례공양 원력장엄 자비광대 자씨미륵존여래불
至心頂禮供養 願力莊嚴 慈悲廣大 慈氏彌勒尊如來佛

유원 자씨미륵존불 수차공양 명훈가피력 원공법계제중생 동입미타대원해
唯願 慈氏彌勒尊佛 受此供養 冥熏加被力 願共法界諸衆生 同入彌陀大願海

보공양진언
普供養眞言

옴 아아나 삼바바 바라 훔 (三遍)

보회향진언
普回向眞言

옴 삼마라 삼마라 미만나 사라마하 자거라바 훔 (三遍)

대원성취진언
大願成就眞言

옴 아모카 살바다라 사다야 시베 훔 (三遍)

보궐진언
補闕眞言

옴 호로호로 사야목계 사바하 (三遍)

정근(精勤)

나무 현거도솔 당강용화
南無 現居兜率 當降龍華

「미륵존불」(略千聲)
彌勒尊佛

탄백(歎白)

고거도솔허제반 원사용화조우난 백옥호휘충법계 자금광상화진환
高居兜率許躋攀 遠俟龍華遭遇難 白玉毫輝充法界 紫金光相化塵寰

축원(祝願)

앙고 仰告

현거도솔 現居兜率
당강용화 當降龍華
미륵존불 彌勒尊佛
불사자비 不捨慈悲
허수낭감 許垂朗鑑
상래소수공덕해 上來所修功德海
회향삼 回向三

처실원만 處悉圓滿
시이 是以
사바세계 娑婆世界
남섬부주 南贍部洲
동양 東洋
대한민국 大韓民國
모처 某處
모산 某山
모사 某寺
청정수월도 淸淨水月道

량 場
원아금차 願我今此
지극지정성 至極之精誠
불공발원재자 佛供發願齋者
某處居住

호지묘력 護之妙力
이차인연공덕 以此因緣功德
신무일체병고액난 身無一切病苦厄難
심무일체탐연미혹 心無一切貪戀迷惑
영위소멸 永爲消滅
사대강 四大强

모처거주 某人保體
모인보체 仰蒙彌勒
앙몽미륵대성존 大聖尊
가 加

건 健
육근청정 六根淸淨
자손창성 子孫昌盛
수명장수 壽命長壽
만사여의원만 萬事如意圓滿
성취지대원 成就之大願

연후원 然後願
항사법계 恒沙法界
무량불자 無量佛子
동유화장장엄해 同遊華藏莊嚴海
동입보리대도량 同入菩提大道場
상봉화엄불보살 常逢華嚴佛菩薩

항몽제불대광명 恒蒙諸佛大光明
소멸무량중죄장 消滅無量衆罪障
획득무량대지혜 獲得無量大智慧
돈성무상최정각 頓成無上最正覺
광도법계제 廣度法界諸

중생 衆生
이보제불막대은 以報諸佛莫大恩
세세상행보살도 世世常行菩薩道
구경원성살바야 究竟圓成薩婆若
마하반야바라밀 摩訶般若婆羅蜜

以上 彌勒請 終 (※신중권공 ⇩ P。二八六。)

거불(擧佛)

나무 원통교주 관세음보살
南無 圓通教主 觀世音菩薩

나무 도량교주 관세음보살
南無 道場教主 觀世音菩薩

나무 원통회상 불보살
南無 圓通會上 佛菩薩

보소청진언
普召請眞言

나무 보보제리 가리다리 다타 아다야 (三遍)

유치(由致)

앙유 관음대성자 자용심묘 비원우심 위접인중생 내상처미타불찰 입적정삼매
仰惟 觀音大聖者 慈容甚妙 悲願尤深 爲接引衆生 乃常處彌陀佛刹 入寂靜三昧

우불리백화도량 보응시방 심성구고 불리일보 찰찰현신 약신공양지의 필차감
又不離白花道場 普應十方 尋聲救苦 不離一步 刹刹現身 若伸供養之儀 必借感

통지념 유구개수 무원부종 시이 사바세계 남섬부주 동양 대한민국 모사 청정
通之念 有求皆遂 無願不從 是以 娑婆世界 南瞻部洲 東洋 大韓民國 某寺 清淨

수월도량 원아금차 지극지성 헌공발원재자 모처거주 모인보체 이차인연공덕
水月道場 願我今此 至極至誠 獻供發願齋者 某處居住 某人保體 以此因緣功德

심중소구소원 성취지대원 취어 모산모사 이금월금일 건설법연 정찬공양 원통
心中所求所願 成就之大願 就於 某山某寺 以今月今日 慶設法筵 淨饌供養 圓通

교주 관세음보살 훈근작법 앙기묘원자 우복이 친소편혜 표심향 무화이보훈
敎主 觀世音菩薩 薰懃作法 仰祈妙援者 右伏以 親燒片慧 表心香 無火而普熏

앙고자문 청면월 이공이곡조 잠사어보굴 청부어향연 앙표일심 선진삼청
仰告慈門 請面月 離空而曲照 暫辭於寶窟 請赴於香筵 仰表一心 先陳三請

청사 (請詞)

나무일심봉청 해안고절처 보타낙가산 도량교주 삼십이응신 십사무외력 사부
南無一心奉請 海岸孤絕處 寶陀洛迦山 道場敎主 三十二應身 十四無畏力 四不

사의덕 수용무애 팔만사천 삭가라수 팔만사천 모다라비 팔만사천 청정보목
思議德 受容無碍 八萬四千 爍迦羅首 八萬四千 母陀羅臂 八萬四千 淸淨寶目

혹자혹위 분형산체 응제중생 심소원구 발고여락 대자대비 관자재보살마하살
或慈或威 分形散體 應諸衆生 心所願求 拔苦與樂 大慈大悲 觀自在菩薩摩訶薩

유원자비 강림도량 수차공양 (三請)
唯願慈悲 降臨道場 受此供養

향화청 (三說)
香花請

가영(歌詠)

백의관음무설설 白衣觀音無說說　남순동자불문문 南巡童子不聞聞

병상녹양삼제하 瓶上綠楊三際夏　암전취죽시방춘 巖前翠竹十方春　고아일심귀명정례 故我一心歸命頂禮

헌좌게(獻座揭)

묘보리좌승장엄 妙菩提座勝莊嚴　제불좌이성정각 諸佛坐已成正覺　아금헌좌역여시 我今獻座亦如是　자타일시성불도 自他一時成佛道

헌좌진언 獻座眞言

옴 바아라 미나야 사바하 (三遍)

욕건만나라선송 정법계진언 欲建曼拏羅先誦 淨法界眞言　옴 람 (三七遍)

다게(茶偈)

금장감로다 今將甘露茶　봉헌관음전 奉獻觀音前　감찰건간심 鑑察虔懇心

원수애납수 願垂哀納受　원수애납수 願垂哀納受　원수자비애납수 願垂慈悲哀納受

가지변공(加持變供)

향수나열 재자건성 욕구공양지주원 수장가지지변화 앙유삼보 특사가지
香羞羅列 齋者虔誠 欲求供養之周圓 須仗加持之變化 仰唯三寶 特賜加持

「나무시방불 나무시방법 나무시방승」 (三說)
南無十方佛 南無十方法 南無十方僧

무량위덕 자재광명 승묘력 변식진언
無量威德 自在光明 勝妙力 變食眞言

나막 살바다타 아다 바로기제 옴 삼바라 삼바라 훔 (三七遍)

시감로수진언
施甘露水眞言

나무 소로바야 다타아다야 다냐타 옴 소로소로 바라소로
바라소로 사바하 (三七遍)

일자수륜관진언
一字水輪觀眞言

옴 밤 밤 밤밤 (三七遍)

유해진언
乳海眞言

나무 사만다 못다남 옴 밤 (三七遍)

출생공양진언
出生供養眞言

옴 (三七遍)

정식진언
淨食眞言

옴 다가 바아라 훔 (三七遍)

운심게 (運心偈)

원차청정묘향찬　공양관음대성존　자비수공증선근　영법주세보불은
願此淸淨妙香饌　供養觀音大聖尊　慈悲受供增善根　令法住世報佛恩

운심공양진언
運心供養眞言

나막 살바다타 아제 백미 새바 목케배약 살바다캄 오나아제
바라해맘 옴 아아나캄 사바하 (三遍)

※ 가지게 대신 예참으로 거행할 수 있다.

가지게 (加持偈)

이차가지묘공구　공양관음대성중
以此加持妙供具　供養觀音大聖衆

이차가지묘공구　공양남순동자중
以此加持妙供具　供養南巡童子衆

이차가지묘공구　공양해상용왕중
以此加持妙供具　供養海上龍王衆

불사자비수차공　시작불사도중생
不捨慈悲受此供　施作佛事度衆生

※ 이어서 보공양진언(p。三一八。)

지심정례공양 至心頂禮供養 보문시현 普門示現 원력홍심 願力弘深 대자대비 大慈大悲 관세음보살 觀世音菩薩

지심정례공양 至心頂禮供養 심성구고 尋聲救苦 응제중생 應諸衆生 대자대비 大慈大悲 관세음보살 觀世音菩薩

지심정례공양 至心頂禮供養 좌보처 左補處 남순동자 南巡童子 우보처 右補處 해상용왕 海上龍王

유원 唯願 대자대비 大慈大悲 관세음보살 觀世音菩薩 수차공양 受此供養 명훈가피력 冥熏加被力 원공법계제중생 願供法界諸衆生

동입미타대원해 同入彌陀大願海

보공양진언 普供養眞言

옴 아아나 삼바바 바라 훔 (三遍)

보회향진언 普回向眞言

옴 삼마라 삼마라 미만나 사라마하 자거라바 훔 (三遍)

나무대불정 여래밀인 수증요의 제보살만행 수능엄신주
南無大佛頂 如來密因 修證了義 諸菩薩萬行 首楞嚴神呪

흄 다로옹박 사바하 (三遍)

다냐타 옴 아나례 비사제 비라 바아라 다리 반다 반다니 바아라 바니반 호

정본 관자재보살 여의륜주
正本 觀自在菩薩 如意輪呪

나무 못다야 나무 달마야 나무 승가야 나무 아리야 바로기제 사라야 모지사다

야 마하사다야 사가라 마하가로 니가야 하리다야 만다라 다냐타 가가나 바라

지진다 마니 마하무다례 루로루로 지따 하리다예 비사예 옴 부다나 부다니 야등 (三遍)

불정심 관세음보살 모다라니
佛頂心 觀世音菩薩 姥陀羅尼

나모라 다나다라 야야 나막 아리야 바로기제 새바라야 모지 사다바야 마하

사다바야 마하가로 니가야 다냐타 아바다 아바다 바리바제 인혜혜 다냐타

살바다라니 만다라야 인혜헤 바리 마수다 못다야 옴 살바 작수가야 다라니

인지리야 다냐타 바로기제 새바라야 살바도따 오하야미 사바하 (三遍)

불설소재길상다라니
佛說消災吉祥陀羅尼

나무 사만다 못다남 아바라지 하다사 사나남 다냐타 옴 카카 카혜 카혜 훔

훔 아바라 아바라 바라아바라 바라아바라 지따 지따 지리 지리 빠다 빠다

선지가 시리예 사바하 (三遍)

대원성취진언
大願成就眞言

옴 아모카 살바다라 사다야 시베훔 (三遍)

보궐진언
補闕眞言

옴 호로호로 사야목계 사바하 (三遍)

정근(精勤)

나무 보문시현 원력홍심 대자대비 구고구난 「관세음보살」 (千聲 萬聲)
南無 普門示現 願力弘深 大慈大悲 救苦救難 「觀世音菩薩」

관세음보살멸업장진언 옴 아로륵계 사바하 (百八遍)
觀世音菩薩滅業障眞言

탄백(歎白)

구족신통력 광수지방편 시방제국토 무찰불현신
具足神通力 廣修智方便 十方諸國土 無刹不現身

계수귀의례
稽首歸依禮

자비수월안 慈悲水月顔 신통천수안 神通千手眼 구고제인간 救苦濟人間 원강대길상 願降大吉祥

금일재자 今日齋者 모인보체 某人保體 재맹설산 災萌雪散 복경운흥 福慶雲興 拜

계수귀의례
稽首歸依禮

묘음감로구 妙音甘露口 삼십이응선 三十二應宣 미진점법우 迷津霑法雨 원강대길상 願降大吉祥

금일재자 今日齋者 모인보체 某人保體 소구소원 所求所願 일일성취 一一成就 拜

계수귀의례
稽首歸依禮

무위청정혜 無爲淸淨慧 삼매원통문 三昧圓通門 심심불사의 甚深不思議 원강대길상 願降大吉祥

금일재자 今日齋者 모인보체 某人保體 수산익준 壽山益峻 복해우심 福海尤深 拜

축원(祝願)

앙고 仰告 대자대비 大慈大悲 관세음보살 觀世音菩薩 불사자비 不捨慈悲 허수낭감 許垂朗鑑 상래소수불공덕 上來所修佛功德 회향삼처실원만 回向三處悉圓滿

시이 是以 사바세계 裟婆世界 남섬부주 南贍部洲 동양 東洋 대한민국 大韓民國 모산 某山 모사 某寺 청정수월도량 淸淨水月道場 원아금차지 願我今此至

극지정성 불공발원재자 각각등보체 앙몽관세음보살 가호지묘력 이차인연공덕
極至精誠 佛供發願齋者 各各等保體 仰蒙觀世音菩薩 加護之妙力 以此因緣功德

신무일체병고액난 심무일체탐연미혹 영위소멸 사대강건 육근청정 자손창성
身無一切病苦厄難 心無一切貪戀迷惑 永爲消滅 四大强健 六根淸淨 子孫昌盛

수명장수 만사여의원만 성취지대원
壽命長壽 萬事如意圓滿 成就之大願

재고축 금차지극지성 헌공발원재자 관세음보살 가호지묘력 각기 동서사방 출
再告祝 今此至極至誠 獻供發願齋者 觀世音菩薩 加護之妙力 各其 東西四方 出

입왕환 상봉길경 불봉재해 관재구설 삼재팔난 사백사병 영위소멸 각기 사대
入往還 常逢吉慶 不逢災害 官災口舌 三災八難 四百四病 永爲消滅 各其 四大

강건 육근청정 악인원리 귀인상봉 자손창성 부귀영화 만사일일 여의원만 성
强健 六根淸淨 惡人遠離 貴人常逢 子孫昌盛 富貴榮華 萬事日日 如意圓滿 成

취지발원 억원 참선자의단독로 염불자삼매현전 간경자혜안통투 불사자불사
就之發願 抑願 參禪者疑團獨露 念佛者三昧現前 看經者慧眼通透 佛事者佛事

성취 병고자즉득쾌차 단명자수명장원 무인연자속득인연 학업자학업성취 각종
成就 病苦者卽得快差 短命者壽命長遠 無因緣者速得因緣 學業者學業成就 各種

시험자무난합격 사업자사업성취 공업자안전조업 상업자재수대통 농업자오곡
試驗者無難合格 事業者事業成就 工業者安全操業 商業者財數大通 農業者五穀

풍년 운전자안전운행 승선자안전운항 무직자취직성취 직장자진급성취 직무자
豊年 運轉者安全運行 乘船者安全運航 無職者就職成就 職場者進級成就 職務者

수분성취 각기경영지사업 만사여의원만 성취지대원
隨分成就 各其經營之事業 萬事如意圓滿 成就之大願

연후원 항사법계 무량불자 동유화장장엄해 동입보리대도량 상봉화엄불보살
然後願 恒沙法界 無量佛子 同遊華藏莊嚴海 同入菩提大道場 常逢華嚴佛菩薩

항몽제불대광명 소멸무량중죄장 획득무량대지혜 돈성무상최정각 광도법계제
恒蒙諸佛大光明 消滅無量衆罪障 獲得無量大智慧 頓成無上最正覺 廣度法界諸

중생 이보제불막대은 세세상행보살도 구경원성살바야 마하반야바라밀
衆生 以報諸佛莫大恩 世世常行菩薩道 究竟圓成薩婆若 摩訶般若婆羅蜜

以上 觀音請 終

(※신중권공 ⇩ p。二八六。)

◉ 지장청(地藏請)

거불(擧佛)

나무 유명교주 지장보살
南無 幽冥敎主 地藏菩薩

나무 남방화주 지장보살
南無 南方化主 地藏菩薩

나무 대원본존 지장보살
南無 大願本尊 地藏菩薩

보소청진언
普召請眞言

나무 보보제리 가리다리 다타 아다야 (三遍)

※ 만약 지장불공 시 시왕도청을 하고자 할 경우는 지장유치 말미 괄호의 내용(위수~영화진방)을 넣어서 거행한다.

유치(由致)

앙유 지장대성자 만월진용 징강정안 장마니이시원과위 제함담이 유섭인문 보
仰惟 地藏大聖者 滿月眞容 澄江淨眼 掌摩尼而示圓果位 蹲菡萏而猶躡因門 普

방자광 상휘혜검 조명음로 단멸죄근 당절귀의 해지감응 시이 사바세계 남섬
放慈光 常揮慧劍 照明陰路 斷滅罪根 倘切歸依 奚遲感應 是以 娑婆世界 南贍

부주 동양 대한민국 모산 모사 청정수월도량 원아금차 지극지정성 ○○○재 천
部洲 東洋 大韓民國 某山 某寺 淸淨水月道場 願我今此 至極之精誠 ○○○齋 薦

혼재자 모처거주 모인복위 소천선 모인영가 이차인연공덕 앙몽지장보살 애민
魂齋者 某處居住 某人伏爲 所薦先 某人靈駕 以此因緣功德 仰蒙地藏菩薩 哀愍

섭수지묘력 다겁생래 소작지죄업 실개소멸 부답명로 초생극락 구품연대 상품
攝受之妙力 多劫生來 所作之罪業 悉皆消滅 不踏冥路 超生極樂 九品蓮臺 上品

상생 친견미타 마정수기 돈오무생 법인지대원 억원 모인영가복위 위주 상세
上生 親見彌陀 摩頂授記 頓悟無生 法忍之大願 抑願 某人靈駕伏爲 爲主 上世

선망부모 다생사장 누대종친 제형숙백 자매질손 일체친속등 각열위열명영가
先亡父母 多生師長 累代宗親 弟兄叔伯 姉妹姪孫 一切親屬等 各列位列名靈駕

차사최초 창건이래 지어중건중수 화주시주 도감별좌 불전내외 일용범제집물
此寺最初 創建以來 至於重建重修 化主施主 都監別座 佛前內外 日用凡諸什物

대소결연 수위동참등 각열위열명영가 내지 철위산간 오무간지옥 일일일야 만
大小結緣 守衛同參等 各列位列名靈駕 乃至 鐵圍山間 五無間地獄 一日一夜 萬

사만생 만반고통 수고함령등중 각열위열명영가 겸급법계 사생칠취 삼도팔난 사은
死萬生 萬般苦痛 受苦含靈等衆 各列位列名靈駕 兼及法界 四生七趣 三途八難 四恩

삼유 일체유식 함령등중 각연위영가 차도량내외 동상동하 유주무주 침혼체백
三有 一切有識 含靈等衆 各列位靈駕 此道場內外 洞上洞下 有主無主 沈魂滯魄

일체애혼 一切哀魂 고혼불자등 孤魂佛子等 각각열위열명영가 各各列位列名靈駕 앙몽지장보살 仰蒙地藏菩薩 애민섭수지묘력 哀愍攝受之妙力 함탈삼 咸脫三

계지고뇌 界之苦惱 초생구품지낙방 超生九品之樂邦 획몽제불 獲蒙諸佛 감로관정 甘露灌頂 반야낭지 般若朗智 활연개오 豁然開悟 억원 抑願 금일재 今日齋

자 者 모처거주 某處居住 모인보체 某人保體 일체고난 一切苦難 영위소멸 永爲消滅 사대강건 四大强健 육근청정 六根清淨 심중소구소원 心中所求所願

만사여의원만 萬事如意圓滿 성취지대원 成就之大願 이금월금일 以今月今日 건설법연 虔設法筵 정찬공양 淨饌供養 남방화주 南方化主 지장대성 地藏大聖

(위수 도명존자 (爲首 道明尊者 무독귀왕 無毒鬼王 명부시왕 冥府十王 태산부군 泰山府君 오도대신 五道大神 십팔옥왕 十八獄王 이십사안판 二十四案判

관 삼십육위귀왕 官 三十六位鬼王 삼원장군 三元將軍 이부동자 二簿童子 제위사자 諸位使者 제령재등 諸靈宰等 훈근작법 勳勤作法 앙기묘원자 仰祈妙援者

우복이 右伏以 고해자항대교주 苦海慈航大教主 명천일월십명왕 冥天日月十冥王 첨수연민지정 僉垂憐憫之情 각방신통지력 各放神通之力 광림법회 光臨法會

영화진방) 永化塵邦) 서회자감 庶回慈鑑 곡조미성 曲照薇誠 앙표일심 仰表一心 선진삼청 先陣三請

※ 청사는 1종만 선택하여 3청을 하거나、수록된 3종의 청사를 1청씩 모셔도 무방하다。

나무일심봉청 자인적선 서구중생 수중금석 진개지옥지문 장상명주 광섭대천
南無一心奉請 慈因積善 誓救衆生 手中金錫 振開地獄之門 掌上明珠 光攝大千

지계 염왕전상 업경대전 위남염부제중생 작개증명공덕주 대비대원 대성대자
之界 閻王殿上 業鏡臺前 爲南閻浮提衆生 作個證明功德主 大悲大願 大聖大慈

본존지장왕보살마하살 유원자비 강림도량 수차공양
本尊地藏王菩薩摩訶薩 唯願慈悲 降臨道場 受此供養

향화청
香花請

나무일심봉청 염마라 유명계 취의원정 시상사문 집석지주 안여추월 치배가설
南無一心奉請 閻魔羅 幽冥界 毫依圓頂 示相沙門 執錫持珠 顔如秋月 齒排珂雪

미수수양 비심이장구삼도 홍원이매유육취 중생도진 방증보리 지옥미제 서불
尾秀垂楊 悲心而長救三途 弘願而每遊六趣 衆生度盡 方證菩提 地獄未除 誓不

성불 대비대원 대성대자 본존지장왕보살마하살 유원자비 강림도량 수차공양
成佛 大悲大願 大聖大慈 本尊地藏王菩薩摩訶薩 唯願慈悲 降臨道場 受此供養

향화청
香花請

나무일심봉청 비증시적 고취유형 구육도지군생 만사홍지서원 대비대원 대성
南無一心奉請 悲增示蹟 苦趣留形 救六道之群生 滿四弘之誓願 大悲大願 大聖

대자 본존지장보살마하살 유원자비 강림도량 수차공양
大慈 本尊地藏菩薩摩訶薩 唯願慈悲 降臨道場 受此供養

향화청
香花請

가영(歌詠)

장상명주일과한 자연수색변래단
掌上明珠一顆寒 自然隨色辨來端

기회제기친분부 암실아손향외간 고아일심귀명정례
幾回提起親分付 暗室兒孫向外看 故我一心歸命頂禮

헌좌게(獻座偈)

묘보리좌승장엄 제불좌이성정각 아금헌좌역여시 자타일시성불도
妙菩提座勝莊嚴 諸佛坐已成正覺 我今獻座亦如是 自他一時成佛道

헌좌진언
獻座眞言

옴 바아라 미나야 사바하 (三遍)

금장감로다　봉헌지장전　감찰건간심
今將甘露茶　奉獻地藏前　鑑察虔懇心

원수애납수
願垂哀納受

원수애납수
願垂哀納受

원수자비애납수
願垂慈悲哀納受

※ 만약 시왕도청을 거행하고자 하면 다음에 수록된 내용을 연이어 거행하며、시왕도청을 하지 않을 경우에는 바로 욕건만나라선송 정법계진언(p。三三二○)을 거행한다。

시왕도청(十王道請)

나무일심봉청 권형응적 실보수인 개내비보살자비 외현천신지위맹 외외이방편
南無一心奉請 勸形應跡 實報酬因 皆內秘菩薩慈悲 外現天神之威猛 巍巍而方便

난사 호호이신통막측 어제중생 찰교선악 명분고락 살활연촉 개실주재 대위
難思 浩浩而神通莫測 於諸衆生 察校善惡 明分苦樂 殺活延促 皆悉主宰 大威

덕주 금일당재주 제모대왕위수 불위본서 제일진광대왕 식본자심 제이초강대
德主 今日當齋主 第某大王爲首 不違本誓 第一秦廣大王 植本慈心 第二初江大

왕 수의왕생 제삼송제대왕 청량업인 제사오관대왕 당득작불 제오염라대왕 단
王 隨意往生 第三宋帝大王 稱量業因 第四五官大王 當得作佛 第五閻羅大王 斷

분출옥
分出獄

제육변성대왕 수록선안
第六變成大王 收錄善案

제칠태산대왕 불착사호
第七泰山大王 不錯絲毫

제팔평등대왕 탄지
第八平等大王 彈指

멸화
滅火

제구도시대왕 권성불도
第九都市大王 勸成佛道

제십오도전륜대왕 직거총수
第十五道轉輪大王 職居總帥

태산부군 결판무사
泰山府君 決判無私

제위판관 위호분명
諸位判官 位號分明

이구제왕 광도군미
二九諸王 廣度羣迷

제대귀왕 경순도통 오도대신 장군동자
諸大鬼王 敬巡都統 五道大神 將軍童子

역조명왕 삼색종관 사직사자 우두마면 졸리제반 병종권속 유원승 삼보력
力助冥王 三色從官 四直使者 牛頭馬面 卒吏諸班 幷從眷屬 唯願承 三寶力

강림도량 수차공양 (三請)
降臨道場 受此供養

향화청 (三說)
香花請

가영(歌詠)

권형응적대보살 실보수인시성왕
權衡應跡大菩薩 實報酬因是聖王

위령신력하번문 관찰염부신전광
威靈神力何煩問 觀察閻浮迅電光

고아일심귀명정례
故我一心歸命頂禮

普禮十方常住佛

보례시방상주불　보례시방상주법　보례시방상주승

普禮十方常住法　普禮十方常住僧

헌좌안위 (獻座安位)

再白

재백 명부시왕등중 일체요재등중 기정삼업 이례시방 소요자재이무구 적정안

冥府十王等衆 一切僚宰等衆 旣淨三業 已禮十方 逍遙自在以無拘 寂靜安

閑而有樂 玆者 香燈互列 茶果交陳 旣敷筵會以迎門 宜整容儀而就座 下有獻座

한이유락 자자 향등호열 다과교진 기부연회이영문 의정용의이취좌 하유헌좌

之偈 大衆隨言后和

지게 대중수언후화

헌좌게 (獻座偈)

보헌일체명왕중 원멸진로망상심 속원해탈보리과

普獻一切冥王衆 願滅塵勞妄相心 速圓解脫菩提果

헌좌진언

獻座眞言

아금경설보엄좌 옴 가마라 승하 사바하 (三遍)

我今敬設寶嚴座

다게 (茶偈)

청정명다약 淸淨茗茶藥
능제병혼침 能除病昏沈
유기명왕중 唯冀冥王衆

원수애납수 願垂哀納受
원수애납수 願垂哀納受
원수자비애납수 願垂慈悲哀納受

욕건만나라선송 정법계진언
欲建曼拏羅先誦 淨法界眞言
옴 람 (三七遍)

가지변공(加持變供)

향수나열 재자건성 욕구공양지주원 수장가지지변화 앙유삼보 특사가지
香羞羅列 齋者虔誠 欲求供養之周圓 須仗加持之變化 仰唯三寶 特賜加持

「나무시방불 나무시방법 나무시방승」 (三說)
南無十方佛 南無十方法 南無十方僧

무량위덕 자재광명 승묘력 변식진언
無量威德 自在光明 勝妙力 變食眞言
나막 살바다타 아다 바로기제 옴 삼바라 삼바라 훔 (三七遍)

시감로수진언
施甘露水眞言

나무 소로바야 다라아다야 다냐타 옴 소로소로 바라소로 바라소로 사바하 (三七遍)

일자수륜관진언
一字水輪觀眞言

옴 밤 밤 밤밤 (三七遍)

유해진언
乳海眞言

나무 사만다 못다남 옴 밤 (三七遍)

출생공양진언
出生供養眞言

옴 (三七遍)

정식진언
淨食眞言

옴 다가 바아라 훔 (三七遍)

운심게(運心偈)

원차청정묘향찬 공양지장대성존 자비수공증선근 영법주세보불은
願此淸淨妙香饌 供養地藏大聖尊 慈悲受供增善根 令法住世報佛恩

운심공양진언
運心供養眞言

나막 살바다타 아제 백미 새바 목케배약 살바다캄 오나아제 바라해맘 옴 아아나캄 사바하 (三遍)

※ 시왕도청을 하였다면 이차가지묘공구 이후 (괄호) 안의 가지게를 거행한다.

가지게(加持偈)

이차가지묘공구　공양지장대성존 (공양지장대성존)
以此加持妙供具　供養地藏大聖尊　供養地藏大聖尊

이차가지묘공구　공양도명존자중 (공양도명무독존)
以此加持妙供具　供養道明尊者衆　供養道明無毒尊

이차가지묘공구　공양무독귀왕중 (공양명부시왕중)　태산부군중
以此加持妙供具　供養無毒鬼王衆　供養冥府十王衆　泰山府君衆

판관귀왕중　장군동자중　사자졸리　아방등중
判官鬼王衆　將軍童子衆　使者卒吏　阿房等衆

실개수공발보리　시작불사도중생　※이어서 보공양진언(p。三三五。)
悉皆受供發菩提　施作佛事度衆生

※ 가지게 대신 할 수 있으며、 시왕도청을 하였다면 (괄호) 안의 내용도 포함한다。

예참(禮懺)

지심정례공양　지장원찬　이십삼존　제위여래불
至心頂禮供養　地藏願讚　二十三尊　諸位如來佛

지심정례공양　지장원찬　이십삼존　제위여래불
至心頂禮供養　地藏願讚　二十三尊　諸位如來佛

지심정례공양　유명교주　지장보살마하살
至心頂禮供養　幽冥教主　地藏菩薩摩訶薩

至心頂禮供養 **지심정례공양**

左補處 道明尊者 **좌보처 도명존자**

右補處 無毒鬼王 **우보처 무독귀왕** (명부시왕 태산부군)
判官鬼王衆 冥府十王 泰山府君

장군동자중 將軍童子衆

사자졸리 使者卒吏 아방등중 阿房等衆

唯願 **유원** 地藏大聖 **지장대성** 受此供養 **수차공양**
冥熏加被力 **명훈가피력** 願共法界諸衆生 **원공법계제중생**
同入彌陀大願海 **동입미타대원해**

補闕眞言 **보궐진언**

옴 호로호로 사야목계 사바하 (三遍)

大願成就眞言 **대원성취진언**

옴 아모카 살바다라 사다야 시베훔 (三遍)

普回向眞言 **보회향진언**

옴 삼마라 삼마라 미만나 사라마하 자거라바 훔 (三遍)

普供養眞言 **보공양진언**

옴 아아나 삼바바 바라 훔 (三遍)

정근(精勤)

南無 南方化主 大願本尊 「地藏菩薩」
나무 남방화주 대원본존 「지장보살」 (千聲 萬聲)

지장보살멸정업진언
地藏菩薩滅定業眞言

옴 바라 마니 다니 사바하 (百八遍)

탄백(歎白)

地藏大聖威神力 恒河沙劫說難盡 見聞瞻禮一念間 利益人天無量事

지장대성위신력 항하사겁설난진 견문첨례일념간 이익인천무량사

축원(祝願)

仰告 南方化主 大願本尊 地藏菩薩 不捨慈悲 許垂朗鑑 上來所修佛功德 回向

앙고 남방화주 대원본존 지장보살 불사자비 허수낭감 상래소수불공덕 회향

三處悉圓滿 是以 裟婆世界 南瞻部洲 東洋 大韓民國 某山 某寺 清淨水月道場

삼처실원만 시이 사바세계 남섬부주 동양 대한민국 某山 某寺 청정수월도량

今此 至極之精誠 ○○齋 薦魂齋者 某處居住 某人伏爲 所薦先 某人靈駕 以此

금차 지극지정성 ○○재 천혼재자 某處居住 某人伏爲 所薦先 某人靈駕 이차

發願功德 仰蒙地藏菩薩 哀愍攝受之妙力 多劫生來 所作之罪業 悉皆消滅 不踏

인연공덕 앙몽지장보살 애민섭수지묘력 다겁생래 소작지죄업 실개소멸 부답

冥路 超生極樂 九品蓮臺 上品上生 親見彌陀 摩頂授記 頓悟無生 法忍之大願

명로 초생극락 구품연대 상품상생 친견미타 마정수기 돈오무생 법인지대원

再告祝 今此 至極之精誠 ○○齋 薦魂齋者 某處居住 某人伏爲 所薦先 某人靈駕

재고축 금차 지극지정성 ○○재 천혼재자 某處居住 某人伏爲 所薦先 某人靈駕

영가복위 위주 상세선망부모 다생사장 누대종친 제형숙백 자매질손 각열위열
靈駕伏爲 爲主 上世先亡父母 多生師長 累代宗親 弟兄叔伯 姉妹姪孫 各列位列

명영가 차도량내외 동상동하 일체유주무주고혼 제불자등 각열위열명영가 차
名靈駕 此道場內外 洞上洞下 一切有主無主孤魂 諸佛者等 各列位列名靈駕 以此

사 최초창건이래 지어중건중수 불전내외 대소시주단월 각열위열명영가 이차
寺 最初創建以來 至於重建重修 佛殿內外 大小施主檀越 各列位列名靈駕 以此

인연공덕 앙몽지장보살 애민섭수지묘력 다겁생래 소작지죄업 실개소멸 부답
因緣功德 仰蒙地藏菩薩 哀愍攝受之妙力 多劫生來 所作之罪業 悉皆消滅 不踏

명로 초생극락 구품연대 상품상생 친견미타 마정수기 돈오무생 법인지대원
冥路 超生極樂 九品蓮臺 上品上生 親見彌陀 摩頂授記 頓悟無生 法忍之大願

억원 금차지극지정성 불공발원재자 각각등보체 앙몽지장대성존 가호지묘력
抑願 今此至極至精誠 佛供發願齋者 各各等保體 仰蒙地藏大聖尊 加護之妙力

이차인연공덕 신무일체병고액난 심무일체탐연미혹 영위소멸 사대강건 육근
以此因緣功德 身無一切病苦厄難 心無一切貪戀迷惑 永爲消滅 四大强健 六根

청정 악인원리 귀인상봉 자손창성 수명장수 만사여의원만 성취지대원 억원
淸淨 惡人遠離 貴人常逢 子孫昌盛 壽命長壽 萬事如意圓滿 成就之大願 抑願

참선자의단독로 염불자삼매현전 간경자혜안통투 불사자불사성취 병고자즉득
參禪者疑團獨露 念佛者三昧現前 看經者慧眼通透 佛事者佛事成就 病苦者卽得

쾌차 단명자수명장원 무인연자속득인연 학업자학업성취 각종시험자무난합격
快差 短命者壽命長遠 無因緣者速得因緣 學業者學業成就 各種試驗者無難合格

사업자사업성취 상업자재수대통 농업자오곡풍년 운전자안전운행 직장자진급
事業者事業成就 商業者財數大通 農業者五穀豊年 運轉者安全運行 職場者進級

성취 직무자수분성취 각기경영지사업 만사여의원만 성취지대원
成就 職務者隨分成就 各其經營之事業 萬事如意圓滿 成就之大願

연후원 항사법계 무량불자 동유화장장엄해 동입보리대도량 상봉화엄불보살
然後願 恒沙法界 無量佛子 同遊華藏莊嚴海 同入菩提大道場 常逢華嚴佛菩薩

항몽제불대광명 소멸무량중죄장 획득무량대지혜 돈성무상최정각 광도법계제
恒蒙諸佛大光明 消滅無量衆罪障 獲得無量大智慧 頓成無上最正覺 廣度法界諸

중생 이보제불막대은 세세상행보살도 구경원성살바야 마하반야바라밀
衆生 以報諸佛莫大恩 世世常行菩薩道 究竟圓成薩婆若 摩訶般若婆羅蜜

以上 地藏請 終

(※ 신중권공 ⇨ p。二八六。)

※ 상단권공 이후에 거행하는 것이라면 바로 신중청을 거행하나, 별도로 신중청을 거행하는 것이라면 천수경과 건단의식(p.176~184.)을 모신 후 거행한다. 예적대원만다라니~소청삼계 제천진언은 생략 가능하며, 약례로 권공만을 거행할 경우라면 신중권공(p.286.)을 한다.

예적대원만다라니
稽跡大圓滿陀羅尼

계수예적금강부
稽首穢跡金剛部

석가화현금강신
釋迦化現金剛身

삼두노목아여검
三頭弩目牙如劍

팔비개집항마구
八臂皆執降魔具

독사영락요신비
毒蛇瓔珞繞身臂

삼매화륜자수신
三昧火輪自隨身

천마외도급망량
天魔外道及魍魎

문설신주개포주
聞說神呪皆怖走

원승가지대위력
願承加持大威力

속성불사무상도
速成佛事無上道

옴 빌실구리 마하바라 한내 믹집믹 헤마니 미길미 마나세 옴 자가나 오심모

구리 훔훔훔 박박 박박박 사바하 (三遍)

십대명왕본존진언
十大明王本尊眞言

옴 호로호로 지따지따 반다반다 하나하나 아미리제 옴박 (三遍)

소청삼계제천진언 옴 사만다 아가라 바리 보라니 다가다가 훔 바탁 (三遍)

召請三界諸天眞言

거목(擧目)

나무 금강회상 불보살
南無 金剛會上 佛菩薩

나무 도리회상 성현중
南無 忉利會上 聖賢衆

나무 옹호회상 영기등중
南無 擁護會上 靈祇等衆

보소청진언
普召請眞言

나무 보보제리 가리다리 다타 아다야 (三遍)

유치(由致)

절이 예적명왕 천부공계 산하지기 옹호성중자 위령막측 신변난사 위도중생
切以 穢跡明王 天部空界 山河地祇 擁護聖衆者 威靈莫測 神變難思 爲度衆生

이혹시자용 위호불법 이혹현엄상 시권야 불유적화 창실야 직명본원 혜감분명
而或示慈容 爲護佛法 而或現嚴相 施權也 不留跡化 彰實也 即冥本元 慧鑑分明

묘용자재 상선벌악지무사 소재강복지유직 범제소원 막불향종 시이 사바세계
妙用自在 賞善罰惡之無私 消災降福之有直 凡諸所願 莫不響從 是以 娑婆世界

청문(각단불공) 340

남섬부주 동양 대한민국 모산 모사 청정수월도량 원아금차 지극지정성 헌공
南贍部洲 東洋 大韓民國 某山 某寺 清淨水月道場 願我今此 至極之精誠 獻供

발원재자 모처거주 모인보체 앙몽화엄성중 가호지묘력 신무일체병고액난 심
發願齋者 某處居住 某人保體 仰蒙華嚴聖眾 加護之妙力 身無一切病苦厄難 心

무일체탐연미혹 영위소멸 사대강건 육근청정 자손창성 수명장수 만사여의원
無一切貪戀迷惑 永爲消滅 四大強健 六根清淨 子孫昌盛 壽命長壽 萬事如意圓

만 형통지대원 취어 모산 모사 이금월금일 건설법연 정찬공양 앙헌옹호지성
滿 亨通之大願 就於 某山 某寺 以今月今日 虔設法筵 淨饌供養 仰獻擁護之聖

중 부찰간도지범정 기회영감지소소 곡조미성지편편 근병일심 선진삼청
眾 俯察懇禱之凡情 冀廻靈鑑之昭昭 曲照微誠之片片 謹秉一心 先陳三請

청사(請詞)

나무일심봉청 권형응적 실보수인 개내비자비 실외현위맹 수호지주 팔대금강
南無一心奉請 權形應跡 實報酬因 皆內秘慈悲 悉外現威猛 守護持呪 八大金剛

호지사방 사대보살 여래화현 십대명왕 사바계주 대범천왕 지거세주 제석천왕
護持四方 四大菩薩 如來化現 十大明王 娑婆界主 大梵天王 地居世主 帝釋天王

호세안민 사방사대천왕 일월이궁 양대천자 삼주호법 위태천신 이십제천 제대
護世安民 四方四大天王 日月二宮 兩大天子 三洲護法 韋馱天神 二十諸天 諸大

천주 비장법보 사가라용왕 장유음권 염마라왕 북극진군 자미대제 북두대성
天主 秘藏法寶 沙竭羅龍王 掌幽陰權 閻摩羅王 北極眞君 紫微大帝 北斗大聖

칠원성군(七元星君) 좌보우필(左輔右弼) 양대성군(兩大星君) 삼태육성(三台六星) 이십팔수(二十八宿) 주천열요(周天列曜) 제대진군(諸大眞君) 만사길상(萬事吉祥)

호계대신(護戒大神) 내호정법(內護正法) 복덕대신(福德大神) 출납자재(出納自在) 조왕대신(竈王大神) 덕고한적(德高閒寂) 산왕대신(山王大神) 당경하이(當境遐邇)

유현주재(幽顯主宰) 음양조화(陰陽造化) 부지명위(不知名位) 일체호법선신(一切護法善神) 영기등중(靈祇等衆) 유원승(唯願承) 삼보력(三寶力) 강림도량(降臨道場)

옹호법연(擁護法筵) 수차공양(受此供養) (三請)

擁護法筵 受此供養

향화청(香花請) (三說)

가영(歌詠)

옹호성중만허공 擁護聖衆滿虛空
도재호광일도중 都在毫光一道中
신수불어상옹호 信受佛語常擁護
봉행경전영류통 奉行經典永流通
고아일심귀명정례 故我一心歸命頂禮

헌좌게(獻座偈)

아금경설보엄좌 我今敬設寶嚴座
봉헌일체성현중 奉獻一切聖賢衆
원멸진로망상심 願滅塵勞妄想心
속원해탈보리과 速圓解脫菩提果

헌좌진언
獻座眞言

옴 가마라 승하 사바하 (三遍)

정법계진언
淨法界眞言

옴 람 (七遍)

다게(茶偈)

이차청정향운공
以此清淨香雲供
원수애납수
願垂哀納受

봉헌옹호성중전
奉獻擁護聖衆前
원수애납수
願垂哀納受

감찰아등건성례
鑑察我等虔誠禮
원수자비애납수
願垂慈悲哀納受

가지변공(加持變供)

향수나열 재자건성 욕구공양지주원 수장가지지변화 앙유삼보 특사가지
香羞羅列 齋者虔誠 欲求供養之周圓 須仗加持之變化 仰唯三寶 特賜加持

「나무시방불 나무시방법 나무시방승」 (三說)
南無十方佛 南無十方法 南無十方僧

무량위덕 자재광명 승묘력 변식진언
無量威德 自在光明 勝妙力 變食眞言

나막 살바다타 아다 바로기제 옴 삼바라 삼바라 훔 (三遍)

施甘露水眞言

나무 소로바야 다타아다야 다냐타 옴 소로소로 바라소로 바라소로

일자수륜관진언
一字水輪觀眞言

바라소로 사바하 (三遍)

유해진언
乳海眞言

옴 밤 밤 밤밤 (三遍)

나무 사만다 못다남 옴 밤 (三遍)

상래가지이흘
上來加持已訖

오공양(五供養)

공양장진　供養將進

이차향수　以此香需

특신공양　特伸供養

향공양연향공양　香供養燃香供養

등공양연등공양　燈供養燃燈供養

다공양선다공양　茶供養仙茶供養

과공양선과공양　果供養仙果供養

화공양선화공양　花供養仙花供養

미공양향미공양　米供養香米供養

유원신장
唯願神將

애강도량　哀降道場

불사자비　不捨慈悲

수차공양　受此供養

가지게(加持偈)

※ 이어서 보공양진언(p。三四六。)

이차가지묘공구
以此加持妙供具
공양예적명왕중
供養穢跡明王衆

이차가지묘공구
以此加持妙供具
공양범석제천중
供養梵釋諸天衆

이차가지묘공구
以此加持妙供具
공양호법선신중
供養護法善神衆

실개수공발보리
悉皆受供發菩提
시작불사도중생
施作佛事度衆生

예참(禮懺)　※ 가지게 대신 거행할 수 있다.

지심정례공양
志心頂禮供養
진법계허공계
盡法界虛空界
화엄회상
華嚴會上
욕색제천중
欲色諸天衆

지심정례공양
志心頂禮供養
진법계허공계
盡法界虛空界
화엄회상
華嚴會上
팔부사왕중
八部四王衆

지심정례공양
志心頂禮供養
진법계허공계
盡法界虛空界
화엄회상
華嚴會上
호법선신중
護法善神衆

유원　신중자비　옹호도량　실개수공발보리　시작불사도중생
唯願　神衆慈悲　擁護道場　悉皆受供發菩提　施作佛事度衆生

보공양진언
普供養眞言
옴 아아나 삼바바 바라 훔 (三遍)

보회향진언
普回向眞言
옴 삼마라 삼마라 미만나 사라마하 자거라바 훔 (三遍)

금강심진언
金剛心眞言
옴 오륜이 사바하 (三遍)

항마진언
降魔眞言

아이금강삼등방편 신승금강반월풍륜 단상구방람자광명 소여무명소적지신
我以金剛三等方便 身乘金剛半月風輪 壇上口放囕字光明 燒汝無明所積之身

역칙천상공중지하 소유일체작제장난 불선심자개래호궤 청아소설가지법음
亦勅天上空中地下 所有一切作諸障難 不善心者皆來胡跪 聽我所說加持法音

사제포악패역지심 어불법중함기신심 옹호도량역호시주 강복소재
捨諸暴惡悖逆之心 於佛法中咸起信心 擁護道場亦護施主 降福消災

옴 소마니 소마니 훔 하리한나 하리한나 훔 하리한나 바나야 훔 아나야 혹

바아밤 바아라 훔 바탁 (三遍)

제석천왕제구예진언
帝釋天王除垢穢眞言

아지부 데리나 아지부 데리나 미아데리나 오소데리나

아부다 데리나 구소데리나 사바하 (三遍)

마하반야바라밀다심경
摩訶般若波羅蜜多心經

관자재보살 행심반야바라밀다시
觀自在菩薩 行深般若波羅蜜多時

조견오온개공 도일체고액
照見五蘊皆空 度一切苦厄

사리자 색불이공
舍利子 色不異空

공불이색 색즉시공 공즉시색
空不異色 色卽是空 空卽是色

수상행식 역부여시 사리자
受想行識 亦復如是 舍利子

시제법공상 불생불멸
是諸法空相 不生不滅

불구부정 부증불감
不垢不淨 不增不減

시고공중무색 무수상행식
是故空中無色 無受想行識

무안이비설신의 무색성향미촉법
無眼耳鼻舌身意 無色聲香味觸法

무안계 내지무의식계 무무명
無眼界 乃至無意識界 無無明

역무무명진 내지무노사 역무노사진 무고집멸도
亦無無明盡 乃至無老死 亦無老死盡 無苦集滅道

무지역무득 이무소득고 보리살타
無智亦無得 以無所得故 菩提薩埵

의반야바라밀다고 심무가애 무가애고 무유
依般若波羅蜜多故 心無罣礙 無罣礙故 無有

공포 원리전도몽상 구경열반
恐怖 遠離顚倒夢想 究竟涅槃

삼세제불 의반야바라밀다고 득아뇩다라삼먁삼보
三世諸佛 依般若波羅蜜多故 得阿耨多羅三藐三菩

리 고지반야바라밀다 시대신주 시대명주 시무상주 시무등등주 능제일체고
提 故知般若波羅蜜多 是大神呪 是大明呪 是無上呪 是無等等呪 能除一切苦

진실불허 고설반야바라밀다주 즉설주왈
眞實不虛 故說般若波羅蜜多呪 卽說呪曰

「아제아제 바라아제 바라승아제 모지 사바하」(三遍)

불설소재길상다라니
佛說消災吉祥陀羅尼

나무 사만다 못다남 아바라지 하다사 사나남 다냐타 옴 카카 카혜 카혜 훔 훔 아바라 아바라 바라아바라 바라아바라 지따 지따 지리 지리 빠다 빠다 선지가 시리예 사바하 (三遍)

※ 화엄경 약찬게 ⇨ p。四五八。

보궐진언
補闕眞言

옴 호로호로 사야목계 사바하 (三遍)

대원성취진언
大願成就眞言

옴 아모카 살바다라 사다야 시베 훔 (三遍)

정근(精勤)

나무 南無 금강회상 金剛會上 정법옹호 正法擁護 「화엄성중」 華嚴聖衆 (略千聲)

탄백(歎白)

화엄성중혜감명 華嚴聖衆慧鑑明 사주인사일념지 四洲人事一念知 애민중생여적자 哀愍衆生如赤子 시고아금공경례 是故我今恭敬禮

계수귀의례 稽首歸依禮　팔대금강부 八大金剛部　사대보살중 四大菩薩衆　십대명왕등 十大明王等　원강대길상 願降大吉祥 拜

계수귀의례 稽首歸依禮　동진대보살 童真大菩薩　천룡팔부중 天龍八部衆　호법선신등중 護法善神等衆　원강대길상 願降大吉祥 拜

계수귀의례 稽首歸依禮　범왕제석존 梵王帝釋尊　일월양천자 日月兩天子　호세사천왕 護世四天王　원강대길상 願降大吉祥 拜

원제유정등 願諸有情等　삼업개청정 三業皆清淨　봉지제불교 奉持諸佛教　화남대성존 化南大聖尊　처세간여허공 處世間如虛空

여련화불착수 如蓮花不着水　심청정초어피 心清淨超於彼　계수례무상존 稽首禮無上尊　구호길상 救護吉祥　마하반야바라밀 摩訶般若波羅蜜

축원(祝願)

절이 切以　화엄회상 華嚴會上　제대현성 諸大賢聖　첨수연민지지정 僉垂憐愍之至情　각방신통지묘력 各方神通之妙力　원아금차 願我今此　지극지정 地極之精

성불공발원재자 誠佛供發願齋者　모처거주 某處居住　모인보체 某人保體　앙몽제대성중 仰蒙諸大聖衆　가호지묘력 加護之妙力　소신정원즉 所神情願即

일일유 日日有　천상지경 千祥之慶　시시무 時時無　백해지재 百害之災　심중소구소원 心中所求所願　여의원만 如意圓滿　형통지대원 亨通之大願

재고축 금차지극지성 불공발원재자 앙몽화엄성중 가호지묘력 박복자복덕구족
再告祝 今此至極至誠 佛供發願齋者 仰蒙華嚴聖眾 加護之妙力 薄福者福德具足

단명자수명장원 빈궁자영득복장 병고자즉득쾌차 직무자수분성취지대원 억원
短命者壽命長遠 貧窮者令得伏藏 病苦者即得快差 職務者隨分成就之大願 抑願

동서사방 출입왕환 상봉길경 불봉재해 관재구설 삼재팔난 사백사병 영위소멸
東西四方 出入往還 常逢吉慶 不逢災害 官災口舌 三災八難 四百四病 永爲消滅

각기 사대강건 육근청정 악인원리 귀인상봉 자손창성 부귀영화 만사일일여
各其 四大強健 六根清淨 惡人遠離 貴人常逢 子孫昌盛 富貴榮華 萬事日日如

의원만 성취지발원 연후원 처세간 여허공 여련화 불착수 심청정 초어피 계수
意圓滿 成就之發願 然後願 處世間 如虛空 如蓮華 不著水 心清淨 超於彼 稽首

례 무상존 구호길상 마하반야바라밀
禮 無上尊 俱護吉祥 摩訶般若波羅蜜

以上 神眾請 終

● 십육나한청(十六羅漢請)

※ 천수경과 건단의식(p. 一七六 ~ 一八四。)까지 마친 후 거행한다。

거불(擧佛)

나무 南無 일대교주 一代教主 석가모니불 釋迦牟尼佛

나무 南無 좌우보처 左右補處 자씨미륵보살 慈氏彌勒菩薩 제화가라보살 提化竭羅菩薩

나무 南無 십육대아라한성중 十六大阿羅漢聖衆

보소청진언 普召請眞言

나무 보보제리 가리다리 다타 아다야 (三遍)

유치(由致)

앙유 仰唯 십육성중자 十六聖衆者 모니멸후 牟尼滅後 자씨생전 慈氏生前 불취니원 不就泥洹 장거말세 長居末世 화변삼천지세계 化遍三千之世界 신분 身分

백억지진구 百億之塵區 혹재어녹수청산 或在於綠水青山 관공요도 觀空樂道 혹재어천방만국 或在於千邦萬國 제물이생 濟物利生 약신공양지의 若伸供養之儀

필차감통지념 유구개수 무원부종 시이 사바세계 남섬부주 동양 대한민국 某모
必借感通之念 有求皆遂 無願不從 是以 娑婆世界 南贍部洲 東洋 大韓民國 某

사 청정수월도량 원아금차 지극지정성 헌공발원재자 모처거주 모인 특위이신
寺 淸淨水月道場 願我今此 至極之精誠 獻供發願齋者 某處居住 某人 特爲已身

과년안태 무병장수 가내일문권속 노소남녀 동서남북 출입왕환 상봉길경 불봉
過年安泰 無病長壽 家內一門眷屬 老少男女 東西南北 出入往還 相逢吉慶 不逢

재해 관재구설 삼재팔난 사백사병 영위소멸 소구소원 일일성취지대원 취어
災害 官災口舌 三災八難 四百四病 永爲消滅 所求所願 一一成就之大願 就於

모산 모사 청정보계 이금월금일 수설법연 정찬공양 영산교주 석가여래 위수
某山 某寺 淸淨寶界 以今月今日 修設法筵 淨饌供養 靈山敎主 釋迦如來 爲首

좌우보처 양대보살 여십육대아라한 감재사자 직부사자 훈근작법 앙기묘원자
左右補處 兩大菩薩 與十六大阿羅漢 監齋使者 直符使者 薰勲作法 仰祈妙援者

우복이 특향영원 설명향이예청 심추취령 정단간이귀의 잠사어옥동영원 청부
右伏以 特向靈源 爇茗香而禮請 心趨鷲嶺 整丹懇以歸依 暫辭於玉洞靈源 請赴

어청재묘회 불유낭원 부감단성 앙표일심 선진삼청
於淸齋妙會 不遺曩願 赴感丹誠 仰表一心 先陳三請

증명청 (證明請)

나무일심봉청 상생도솔 하강염부 방대광명 조제유암 시팔상성도 호천중천
南無一心奉請 上生兜率 下降閻浮 放大光明 照諸幽暗 示八相成道 號天中天

현십력항마 칭성중성 광겁난우 여우담바라화 천백억화신 석가모니불 좌보처
現十力降魔 稱聖中聖 曠劫難遇 如優曇鉢羅花 千百億化身 釋迦牟尼佛 左補處

자씨미륵보살 우보처 제화가라보살 관정위중 제망중중 진삼세 일체보살마하
慈氏彌勒菩薩 右補處 提華竭羅菩薩 灌頂位中 帝網重重 盡三世 一切菩薩摩訶

살 유원자비 증명공덕 (三請)
薩 唯願慈悲 證明功德

향화청 (三說)
香花請

가영(歌詠)

진묵겁전조성불 위도중생현세간 외외덕상월륜만 어삼계중작도사 고아일심귀명정례
塵墨劫前早成佛 爲度衆生現世間 巍巍德相月輪滿 於三界中作導師 故我一心歸命頂禮

헌좌게(獻座偈)

묘보리좌승장엄 제불좌이성정각 아금헌좌역여시 자타일시성불도
妙菩提座勝莊嚴 諸佛坐已成正覺 我今獻座亦如是 自他一時成佛道

헌좌진언
獻座眞言

옴 바아라 미나야 사바하 (三遍)

다게 (茶偈)

금장감로다 今將甘露茶 봉헌증명전 奉獻證明前 감찰건간심 鑑察虔懇心

원수애납수 願垂哀納受 원수애납수 願垂哀納受 원수자비애납수 願垂慈悲哀納受

보공양진언 普供養眞言 옴 아아나 삼바바 바아라 훔 (三遍)

※ 이어서 약례 시는 ■나한도청을 거행하고、시간이 넉넉하면 ■나한각청(p。三五六。)을 한다。

■ 나한도청 (羅漢都請)

청사 (請詞)

나무일심봉청 南無一心奉請 영산당시 靈山當時 수불부촉 受佛付囑 불입열반 不入涅槃 현서선정 現捿禪定 천상인간 天上人間 응공복전 應供福田 서구 西瞿

다니주 제일빈두로바라타사존자 陀尼洲 第一賓頭盧跋羅墮闍尊者 가습미라국 제이가낙가벌차존자 伽濕彌羅國 第二迦諾迦伐蹉尊者 동승신주 제 東勝身洲 第

삼가낙가발리타사존자 三迦諾迦跋釐墮闍尊者 북구로주 제사소빈타존자 北俱盧洲 第四蘇頻陁尊者 남섬부주 제오낙구라존자 탐 南贍部洲 第五諾矩羅尊者 耽

몰라주 제육발타라존자 沒羅洲 第六跋陁羅尊者 승가다주 제칠가리가존자 僧伽茶洲 第七迦里迦尊者 발랄나주 제팔벌사라불다라 鉢剌拏洲 第八伐闍羅弗多羅

존자 향취산중(香醉山中) 제구수박가존자(第九戍博迦尊者) 삼십삼천중(三十三天中) 제십반탁가존자(第十半託迦尊者) 필리양구주(畢利颺瞿洲) 제십

일라호라존자(一羅怙羅尊者) 반도파산중(半度波山中) 제십이나가서나존자(第十二那伽犀那尊者) 광협산중(廣協山中) 제십삼인게라존자(第十三因竭羅尊者) 가(可)

주산중(住山中) 제십사벌나바사존자(第十四伐那婆斯尊者) 축봉산중(鷲峰山中) 제십오아시다존자(第十五阿氏多尊者) 지축산중(持軸山中) 제십육주다(第十六注茶)

반탁가존자(半託迦尊者) 병종권속(并從眷屬) 영산당시(靈山當時) 여제성중(與諸聖衆) 동공발심(同共發心) 감재사자(監齋使者) 직부사자(直符使者) 일체현(一切賢)

성 유원자비(聖 唯願慈悲) 강림도량 수차공양(降臨道場 受此供養)

향화청(香花請) (三說)

가영(歌詠)

사향사과조원성(四向四果早圓成) 삼명육통실구족(三明六通悉具足)
밀승아불정령촉(密承我佛叮嚀囑) 주세항위진복전(住世恒爲眞福田)
고아일심귀명정례(故我一心歸命頂禮)

※ 이어서 헌좌게(p。三七二。)를 거행한다.

■ 십육나한각청(十六羅漢各請)

一、청사(請詞)

나무일심봉청 내비보살행 외현성문상 삼천계내 백억찰중 불입열반 현서선정

南無一心奉請 內秘菩薩行 外現聲聞相 三千界內 百億刹中 不入涅槃 現捿禪定

증사제리 단삼유신 응인천공 작대복전 서구다니주 제일빈두로바라타사존자

證四諦理 斷三有身 應人天供 作大福田 西瞿陀尼洲 第一賓頭盧跋羅墮闍尊者

주세응진 대아라한 병종권속 유원자비 강림도량 수차공양

住世應眞 大阿羅漢 并從眷屬 惟願慈悲 降臨道場 受此供養

향화청 (三說)

香花請

가영(歌詠)

해사모단탄거해 능장개자납수미

解使毛端呑巨海 能將芥子納須彌

영기묘용초삼계 외도천마총부지

靈機妙用超三界 外道天魔總不知

고아일심귀명정례

故我一心歸命頂禮

나무일심봉청 내비보살행 외현성문상 삼천계내 백억찰중 불입열반 현서선정
南無一心奉請 內秘菩薩行 外現聲聞相 三千界內 百億刹中 不入涅槃 現捿禪定

증사제리 단삼유신 응인천공 작대복전 가습미라국 제이가낙가벌차존자 주세
證四諦理 斷三有身 應人天供 作大福田 伽濕彌羅國 第二迦諾迦伐蹉尊者 住世

응진 대아라한 병종권속 유원자비 강림도량 수차공양
應眞 大阿羅漢 并從眷屬 惟願慈悲 降臨道場 受此供養

향화청 (三說)
香花請

가영(歌詠)

종고향시영범찰 향운조처울금전
鍾皷響時迎梵刹 香雲朝處欝金田

수연부감증무권 지공인심자불견
隨緣赴感曾無倦 只恐人心自不堅

고아일심귀명정례
故我一心歸命頂禮

三、청사(請詞)

나무일심봉청 내비보살행 외현성문상 삼천계내 백억찰중 불입열반 현서선정
南無一心奉請 內秘菩薩行 外現聲聞相 三千界內 百億刹中 不入涅槃 現捿禪定

증사제리 단삼유신 응인천공 작대복전 동승신주 제삼가낙가발리타사존자 주
證四諦理 斷三有身 應人天供 作大福田 東勝身洲 第三迦諾迦跋釐墮闍尊者 住

세응진 대아라한 병종권속 유원자비 강림도량 수차공양
世應眞 大阿羅漢 并從眷屬 惟願慈悲 降臨道場 受此供養

향화청 (三說)
香花請

가영(歌詠)

채무차신선약집 상운친족해신조
彩霧遮身仙藥集 祥雲襯足海神潮

지지노습선의랭 불각성하야도교
只知露濕禪衣冷 不覺星河夜渡橋

고아일심귀명정례
故我一心歸命頂禮

四、청사(請詞)

나무일심봉청 내비보살행 외현성문상 삼천계내 백억찰중 불입열반 현서선정
南無一心奉請 內秘菩薩行 外現聲聞相 三千界內 百億刹中 不入涅槃 現捿禪定

증사제리 단삼유신 응인천공 작대복전 북구로주 제사소빈타존자 주세응진 대
證四諦理 斷三有身 應人天供 作大福田 北俱盧洲 第四蘇頻陁尊者 住世應眞 大

아라한 병종권속 유원자비 강림도량 수차공양
阿羅漢 并從眷屬 惟願慈悲 降臨道場 受此供養

향화청 (三說)
香花請

가영(歌詠)

복비인천이막궁 사바세계운신통
福庇人天利莫窮 娑婆世界運神通

충하대무이소한 출정사천과월궁 고아일심귀명정례
衝霞帶霧離霄漢 出定辭天過月宮 故我一心歸命頂禮

五、청사(請詞)

나무일심봉청 내비보살행 외현성문상 삼천계내 백억찰중 불입열반 현서선정
南無一心奉請 內秘菩薩行 外現聲聞相 三千界內 百億刹中 不入涅槃 現捿禪定

증사제리 단삼유신 응인천공 작대복전 남섬부주 제오낙구라존자 주세응진 대
證四諦理 斷三有身 應人天供 作大福田 南贍部洲 第五諾矩羅尊者 住世應眞 大

아라한 병종권속 유원자비 강림도량 수차공양
阿羅漢 并從眷屬 惟願慈悲 降臨道場 受此供養

향화청 (三說)
香花請

가영(歌詠)

채봉함화쟁상하 산원헌과경배회
彩鳳嗛花爭上下 山猿獻菓競徘徊

인천회집향운합 법우방타변구해 고아일심귀명정례
人天會集香雲合 法雨滂沱遍九垓 故我一心歸命頂禮

六、 청사(請詞)

나무일심봉청 내비보살행 외현성문상 삼천계내 백억찰중 불입열반 현서선정
南無一心奉請 內秘菩薩行 外現聲聞相 三千界內 百億刹中 不入涅槃 現捿禪定

증사제리 단삼유신 응인천공 작대복전 탐몰라주 제육발타라존자 주세응진 대
證四諦理 斷三有身 應人天供 作大福田 耽沒羅洲 第六跋陀羅尊者 住世應眞 大

아라한 병종권속 유원자비 강림도량 수차공양
阿羅漢 幷從眷屬 惟願慈悲 降臨道場 受此供養

가영(歌詠)

향화청 (三說)
香花請

상제성리상광회 계족산중서기화
上第城裡祥光廻 鷄足山中瑞氣和

감향인간소공양 구은걸복임종타 고아일심귀명정례
堪向人間消供養 求恩乞福任從他 故我一心歸命頂禮

七、청사(請詞)

나무일심봉청 내비보살행 외현성문상 삼천계내 백억찰중 불입열반 현서선정
南無一心奉請 內秘菩薩行 外現聲聞相 三千界內 百億刹中 不入涅槃 現捿禪定

증사제리 단삼유신 응인천공 작대복전 승가다주 제칠가리가존자 주세응진 대
證四諦理 斷三有身 應人天供 作大福田 僧伽茶洲 第七迦理迦尊者 住世應眞 大

아라한 병종권속 유원자비 강림도량 수차공양
阿羅漢 并從眷屬 惟願慈悲 降臨道場 受此供養

향화청 (三說)
香花請

가영(歌詠)

온온서기비미우 불불경풍산원향 고아일심귀명정례
氤氳瑞氣霏微雨 拂拂輕風散遠香 故我一心歸命頂禮

응공불구빈여부 범신간도진수상
應供不拘貧與富 凡伸懇禱盡垂祥

나무일심봉청 내비보살행 외현성문상 삼천계내 백억찰중 불입열반 현서선정
南無一心奉請 內秘菩薩行 外現聲聞相 三千界內 百億刹中 不入涅槃 現捿禪定

나무일심봉청 내비보살행 외현성문상 삼천계내 백억찰중 불입열반 현서선정
南無一心奉請 內秘菩薩行 外現聲聞相 三千界內 百億刹中 不入涅槃 現捿禪定

증사제리 단삼유신 응인천공 작대복전 발랄나주 제팔벌사라불다라존자 주세
證四諦理 斷三有身 應人天供 作大福田 鉢剌拏洲 第八伐闍羅弗多羅尊者 住世

응진 대아라한 병종권속 유원자비 강림도량 수차공양
應眞 大阿羅漢 并從眷屬 惟願慈悲 降臨道場 受此供養

향화청 (三說)
香花請

가영(歌詠)

향촉주배홍금작 전연노요벽운비
香燭注排紅錦灼 篆烟爐裊碧雲飛

노생이로지다소 무한미도진지귀
勞生利路知多少 無限迷徒盡指歸

고아일심귀명정례
故我一心歸命頂禮

九、청사(請詞)

나무일심봉청 내비보살행 외현성문상 삼천계내 백억찰중 불입열반 현서선정
南無一心奉請 內秘菩薩行 外現聲聞相 三千界內 百億刹中 不入涅槃 現捿禪定

증사제리 단삼유신 응인천공 작대복전 향취산중 제구수박가존자 주세응진 대
證四諦理 斷三有身 應人天供 作大福田 香醉山中 第九戍博迦尊者 住世應眞

아라한 병종권속 유원자비 강림도량 수차공양
阿羅漢 并從眷屬 惟願慈悲 降臨道場 受此供養

가영(歌詠)

향화청 (三說)
香花請

승룡과봉요신광 솔중함래부도량
乘龍跨鳳耀神光 率衆咸來赴道場

향취산중년대구 미후지칙세시장 고아일심귀명정례
香醉山中年代久 獼猴池側歲時長 故我一心歸命頂禮

증사제리 단삼유신 응인천공 작대복전 삼십삼천중 제십반탁가존자 주세응진
證四諦理 斷三有身 應人天供 作大福田 三十三天中 第十半託迦尊者 住世應眞

나무일심봉청 내비보살행 외현성문상 삼천계내 백억찰중 불입열반 현서선정
南無一心奉請 內秘菩薩行 外現聲聞相 三千界內 百億刹中 不入涅槃 現捿禪定

十、청사(請詞)

대아라한 병종권속 유원자비 강림도량 수차공양
大阿羅漢 并從眷屬 惟願慈悲 降臨道場 受此供養

향화청 (三說)
香花請

가영(歌詠)

혹거선동혹운하　칠보감암물물가
或居仙洞或雲霞　七寶龕嵓物物嘉

법희진수충작반　각심묘정공위화　고아일심귀명정례
法喜珎羞充作飯　覺心妙淨供爲花　故我一心歸命頂禮

향화청 (三說)
香花請

十一、청사(請詞)

나무일심봉청　내비보살행　외현성문상　삼천계내　백억찰중　불입열반　현서선정
南無一心奉請　內秘菩薩行　外現聲聞相　三千界內　百億刹中　不入涅槃　現捿禪定

증사제리　단삼유신　응인천공　작대복전　필리양구주　제십일라호라존자　주세응
證四諦理　斷三有身　應人天供　作大福田　畢利颺瞿洲　第十一羅怙羅尊者　住世應

진대아라한　병종권속　유원자비　강림도량　수차공양
眞大阿羅漢　并從眷屬　惟願慈悲　降臨道場　受此供養

향화청 (三說)
香花請

사위국왕빈시공　舍衛國王頻施供
비야천자누전음　毗耶天子屢傳音
하시출정노생고　何時出定勞生苦
야초한화불낭심　野草閒花不浪尋
고아일심귀명정례　故我一心歸命頂禮

十二、청사(請詞)

나무일심봉청　南無一心奉請
내비보살행　內秘菩薩行
외현성문상　外現聲聞相
삼천계내　三千界內
백억찰중　百億刹中
불입열반　不入涅槃
현서선정　現捿禪定
증사제리　證四諦理
단삼유신　斷三有身
응인천공　應人天供
작대복전　作大福田
반도파산중　半度波山中
제십이나가서나존자　第十二那伽犀那尊者
주세　住世
응진　應眞
대아라한　大阿羅漢
병종권속　并從眷屬
유원자비　惟願慈悲
강림도량　降臨道場
수차공양　受此供養

향화청 (三說)
香花請

가영(歌詠)

해문향모월섬륜　海門向暮越蟾輪
출정수응복선인　出定隨應福善人

신괘취모천편설 身掛氄毛千片雪　수지한석일지은 手持寒錫一枝銀　고아일심귀명정례 故我一心歸命頂禮

十三、청사 (請詞)

나무일심봉청 南無一心奉請　내비보살행 內秘菩薩行　외현성문상 外現聲聞相　삼천계내 三千界內　백억찰중 百億刹中　불입열반 不入涅槃　현서선정 現捿禪定

증사제리 證四諦理　단삼유신 斷三有身　응인천공 應人天供　작대복전 作大福田　광협산중 廣協山中　제십삼인게라존자 第十三因揭羅尊者　주세응진 住世應眞

대아라한 大阿羅漢　병종권속 幷從眷屬

유원자비 惟願慈悲　강림도량 降臨道場　수차공양 受此供養

향화청 (三說)
香花請

가영(歌詠)

상미설정노정신 霜眉雪頂老精神
희사자비우갱친 喜捨慈悲尤更親
공죽지한고학슬 筇竹枝寒敲鶴膝
수정주랭투섬륜 水晶珠冷透蟾輪
고아일심귀명정례 故我一心歸命頂禮

十四、청사(請詞)

나무일심봉청 내비보살행 외현성문상 삼천계내 백억찰중 불입열반 현서선정
南無一心奉請 內秘菩薩行 外現聲聞相 三千界內 百億刹中 不入涅槃 現捿禪定

증사제리 단삼유신 응인천공 작대복전 가주산중 제십사벌나바사존자 주세응
證四諦理 斷三有身 應人天供 作大福田 可住山中 第十四伐那婆斯尊者 住世應

진 대아라한 병종권속 유원자비 강림도량 수차공양
眞 大阿羅漢 并從眷屬 惟願慈悲 降臨道場 受此供養

향화청 (三說)
香花請

가영(歌詠)
유여의계지하염 무루현향불가기
有餘依界知何厭 無漏玄鄉不可期
방편화성금이오 두두보소진상의
方便化城今已悟 頭頭寶所盡相宜
고아일심귀명정례
故我一心歸命頂禮

十五、청사(請詞)

나무일심봉청 내비보살행 외현성문상 삼천계내 백억찰중 불입열반 현서선정
南無一心奉請 內秘菩薩行 外現聲聞相 三千界內 百億刹中 不入涅槃 現捿禪定

증사제리 단삼유신 응인천공 작대복전 취봉산중 제십오아시다존자 주세응진
證四諦理 斷三有身 應人天供 作大福田 鷲峰山中 第十五阿氏多尊者 住世應眞

대아라한 병종권속 유원자비 강림도량 수차공양
大阿羅漢 并從眷屬 惟願慈悲 降臨道場 受此供養

향화청 (三說)
香花請

가영(歌詠)

혜검결개인아실 복성조파애혐근
慧劍決開人我實 福星照破愛嫌根

친승불기아가도 무저선중가의빙
親承佛記阿伽度 無底船中可依憑

고아일심귀명정례
故我一心歸命頂禮

대아라한 병종권속 유원자비 강림도량 수차공양
大阿羅漢 并從眷屬 惟願慈悲 降臨道場 受此供養

증사제리 단삼유신 응인천공 작대복전 지축산중 제십육주다반탁가존자 주세
證四諦理 斷三有身 應人天供 作大福田 持軸山中 第十六注茶半託迦尊者 住世

十六、청사(請詞)

나무일심봉청 내비보살행 외현성문상 삼천계내 백억찰중 불입열반 현서선정
南無一心奉請 內秘菩薩行 外現聲聞相 三千界內 百億刹中 不入涅槃 現捿禪定

응진 대아라한 병종권속 유원자비 강림도량 수차공양
應眞 大阿羅漢 并從眷屬 惟願慈悲 降臨道場 受此供養

가영(歌詠)

암아엄영동방심　영일송라복지음
巖阿掩映洞房深　永日松蘿覆地陰

개권목혼변대자　보의창암나천침　고아일심귀명정례
開卷目昏便大字　補依窓暗懶穿針　故我一心歸命頂禮

※ 만약 십팔나한을 모신 경우라면 다음의 十七、十八 청사를 거행하고、십육나한만 모신 경우는
p。三七ㅇ。청사〔나무일심봉청 불시이악 호왈성문~〕로 넘어간다。

(십팔성중 봉안처 가하이)
(十八聖衆 奉安處 加下二)

十七、청사(請詞)

나무일심봉청 내비보살행 외현성문상 삼천계내 백억찰중 불입열반 현서선정
南無一心奉請 內秘菩薩行 外現聲聞相 三千界內 百億刹中 不入涅槃 現捿禪定

증사제리 단삼유신 응인천공 작대복전 임수칙좌 앙관비학 제십칠정우존자 주
證四諦理 斷三有身 應人天供 作大福田 臨水惻坐 仰觀飛鶴 第十七定優尊者 住

세응진 大阿羅漢 并從眷屬 惟願慈悲 降臨道場 受此供養
世應眞 대아라한 병종권속 유원자비 강림도량 수차공양

향화청 (三說)
香花請

가영(歌詠)

정생진세극장시　挺生塵世極長時
세진반수입정자　勢盡反須入定資
경사의우증복산　罄捨衣盂增福算
환수세월파용미　還須歲月破庸迷
고아일심귀명정례　故我一心歸命頂禮

十八、청사(請詞)

나무일심봉청　南無一心奉請
내비보살행　內秘菩薩行
외현성문상　外現聲聞相
삼천계내　三千界內
백억찰중　百億刹中
불입열반　不入涅槃
현서선정　現捷禪定

증사제리　證四諦理
단삼유신　斷三有身
응인천공　應人天供
작대복전　作大福田
식불지이　拭拂脂頤
증목이좌　澄目而坐
제십팔빈두로존자　第十八賓頭盧尊者

주세응진 大阿羅漢 并從眷屬 惟願慈悲 降臨道場 受此供養
住世應眞 대아라한 병종권속 유원자비 강림도량 수차공양

향화청 (三說)

香花請

가영(歌詠)

용궁부청유삼도　월전사귀하구소

龍宮赴請遊三島　月殿辭歸下九霄

응공수방불탄로　분신제물보상요　고아일심귀명정례

應供隨方不憚勞　分身濟物普相饒　故我一心歸命頂禮

청사(請詞)

나무일심봉청 불시이악 호활성문 수사체어 수반산전 습삼명어 송간석상 일체

南無一心奉請 不施利樂 號曰聲聞 修四諦於 水畔山前 習三明於 松間石上 一切

유학성문 병종권속등중 유원자비 강림도량 수차공양

有學聲聞 幷從眷屬等衆 惟願慈悲 降臨道場 受此供養

가영(歌詠)

향화청 (三說)

香花請

현도오백공동봉
玄徒五百共同峯

각각삼명구육통
各各三明具六通

진석불문성력력
振錫不聞聲歷歷

경우유견물공공
擎盂唯見物空空

고아일심귀명정례
故我一心歸命頂禮

헌좌게 (獻座偈)

헌좌진언
獻座眞言

아금경설보엄좌
我今敬設寶嚴座

봉헌십육성중전
奉獻十六聖衆前

원멸진로망상심
願滅塵勞妄想心

속원해탈보리과
速願解脫菩提果

옴 가마라 승하 사바하 (三遍)

정법계진언
淨法界眞言

옴 람 (三七遍)

다게 (茶偈) 或、 [금장감로다 봉헌십육성 감찰건간심 원수애납수]

금장묘약급명다
今將妙藥及名茶

봉헌십육나한중
奉獻十六羅漢衆

감찰단나건간심
鑑察檀那虔懇心

원수애납수
願垂哀納受

원수애납수
願垂哀納受

원수자비애납수
願垂慈悲哀納受

가지변공(加持變供)

향수나열 재자건성 육구공양지주원 수장가지지변화 앙유삼보 특사가지
香羞羅列 齋者虔誠 欲求供養之周圓 須仗加持之變化 仰唯三寶 特賜加持

「나무시방불 나무시방법 나무시방승」 (三說)
南無十方佛　南無十方法　南無十方僧

무량위덕 자재광명 승묘력 변식진언
無量威德　自在光明　勝妙力　變食眞言

나막 살바다라 아다 바로기제 옴 삼바라 삼바라 훔 (三七遍)

시감로수진언
施甘露水眞言

나무 소로바야 다타아다야 다냐타 옴 소로소로 바라소로 바라소로 사바하 (三七遍)

일자수륜관진언
一字水輪觀眞言

옴 밤 밤밤 (三七遍)

유해진언
乳海眞言

나무 사만다 못다남 옴 밤 (三七遍)

출생공양진언
出生供養眞言

옴 (三七遍)

정식진언
淨食眞言

옴 다가 바아라 훔 (三七遍)

운심게 (運心偈)

원차향공변법계
願此香供徧法界

보공무진삼보해
普供無盡三寶海

자비수공증선근
慈悲受供增善根

영법주세보불은
令法住世報佛恩

운심공양진언 運心供養眞言

나막 살바다타 아제 백미 새바 목케배약 살바다캄 오나아제 바라해맘 옴 아아나캄 사바하 (三遍)

가지게 (加持偈)

이차가지묘공구
以此加持妙供具

공양석가대성존
供養釋迦大聖尊

이차가지묘공구
以此加持妙供具

공양가섭아난중
供養迦葉阿難衆

이차가지묘공구
以此加持妙供具

공양십육나한중
供養十六羅漢衆

불사자비수차공
不捨慈悲受此供

시작불사도중생
施作佛事度衆生

※ 이어서 보공양진언(p。三七五。)

예참 (禮懺)

※ 가지게 대신 거행 가능하다.

지심정례공양
至心頂禮供養

영산교주 시아본사 석가모니불
靈山敎主 是我本師 釋迦牟尼佛

지심정례공양
至心頂禮供養

좌우보처 자씨미륵보살 제화가라보살
左右補處 慈氏彌勒菩薩 提化竭羅菩薩

지심정례공양
至心頂禮供養

십육대아라한 감재직부 제위사자등중
十六大阿羅漢 監齋直符 諸位使者等衆

유원
唯願

제대성중 애감단성 불사자비 수차공양
諸大聖衆 哀鑑丹誠 不捨慈悲 受此供養

보공양진언
普供養眞言

옴 아아나 삼바바 바라 훔 (三遍)

보회향진언
普回向眞言

옴 삼마라 삼마라 미만나 사라마하 자거라바 훔 (三遍)

불설소재길상다라니
佛說消災吉祥陀羅尼

나무 사만다 못다남 아바라지 하다사 사나남 다냐타 옴 카카 카혜 카혜 훔 아바라 아바라 바라아바라 바라아바라 지따 지따 지리 지리 빠다 빠다 선지가 시리예 사바하 (七遍)

대원성취진언
大願成就眞言
옴 아모카 살바다라 사다야 시베 훔 (三遍)

보궐진언
補闕眞言
옴 호로호로 사야목계 사바하 (三遍)

정근(精勤)

나무
南無
영산당시 수불부촉 「나한성중」(略千聲)
靈山當時 受佛咐囑 羅漢聖衆

탄백(歎白)

청련좌상월여생 삼천계주석가존 자감당중성약렬 십육대아라한중
青蓮座上月如生 三千界主釋迦尊 紫紺堂中星若列 十六大阿羅漢衆

귀의축원(歸依祝願)

계수귀의불 십호위능인 광명변법계 차토진건곤
稽首歸依佛 十號爲能仁 光明遍法界 此土盡乾坤
원강대길상
願降大吉祥

모인보체 재액돈제 복수연장 拜
某人保體 災厄頓除 福壽延長

계수귀의법 영산미묘설 천상급인간 삼세총유통
稽首歸依法 靈山微妙說 天上及人間 三世摠流通
원강대길상
願降大吉祥

축원(祝願)

앙고 仰告 영산당시 靈山當時 수불부촉 受佛咐囑 십육대아라한성중 十六大阿羅漢聖衆 불사자비 不捨慈悲 허수낭감 許垂朗鑑 상래소수불공 上來所修佛功

덕 德 회향삼처실원만 回向三處悉圓滿 시이 是以 사바세계 裟婆世界 남섬부주 南贍部洲 동양 東洋 대한민국 大韓民國 모산 某山 모사 某寺 청정수 淸淨水

월도량 月道場 원아금차 願我今此 지극지정성 至極之精誠 헌공발원재자 獻供發願齋者 모처거주 某處居住 모인보체 某人保體 이차발원공덕 以此發願功德

일체고난 一切苦難 영위소멸 永爲消滅 사대강건 四大强健 육근청정 六根淸淨 신강철석 身强鐵石 심약태산 心若泰山 수산고흘 壽山高屹 복해왕양 福海汪洋

천재설소 天災洩消 만복운흥 萬福雲興 안과태평 安過太平 안과길상지대원 安過吉祥之大願 연후원 然後願 원공함령등피안 願共含靈登彼岸 세세상 世世常

행보살도 行菩薩道 광도법계제중생 廣度法界諸衆生 이보제불막대은 以報諸佛莫大恩 구경원성살바야 究竟圓成薩婆若 마하반야바라밀 摩訶般若波羅蜜

● 오백나한청(五百羅漢請)

※ 본 오백나한청문은 대흥사 소장본 『오백나한청문』을 중심으로 복원하였다. 다만 이 의식문에는 일부 가영(歌詠)이 생략되어 있어 해인사 본 『자기산보문』(1724)에 수록된 「오백나한전반청좌의문」과 「오백나한후반청좌의문」에 수록된 가영을 삽입하였고、권공의식은 십육나한청을 참고하여 완성하였다。

※ 천수경과 건단의식(p。 一七六 ~ 一八四。)까지 마친 후 거행한다。

거불(擧佛)

나무 일대교주 석가모니불
南無 一代敎主 釋迦牟尼佛

나무 좌우보처 자씨미륵보살 제화가라보살
南無 左右補處 慈氏彌勒菩薩 提化竭羅菩薩

나무 오백대아라한성중
南無 五百大阿羅漢聖衆

진령게(振鈴偈)

이차진령신소청 나한성중원문지 원차영성변법계
以此振鈴伸召請 羅漢聖衆願聞知 願此鈴聲遍法界

무변성중운래집
無邊聖衆雲來集

옴 바아라 건다 도사훔 (三遍)

보소청진언
普召請眞言

나무 보보세리 가리다리 다타 아다야 (三遍)

유치(由致)

앙유 오백성중자 각황후설 법력고굉 봉불유촉 불입열반 운자신통 발제함식
仰惟 五百聖衆者 覺皇喉舌 法力股肱 奉佛遺囑 不入涅槃 運自神通 拔諸含識

제불정변지해 총재단애 중생출리인연 난도조감 여춘풍이발육만물 사추월지보
諸佛正偏智海 總在丹哀 衆生出離因緣 難逃藻鑑 如春風而發育萬物 似秋月之普

인천강 대승경이창법리천인구하 좌천석이우풍월 화우빈분 순맹호어등간제
印千江 對勝境而唱法理天人俱下 坐泉石而友風月 花雨繽紛 馴猛虎於滕間制

독룡어좌측 연롱취계 풍표향기이습인 진정보대 하장천개이부좌 도군류 증어
毒龍於座側 烟籠翠髻 風飄香氣而襲人 塵淨寶坮 霞莊天蓋而覆座 度群類 證於

보리 화중생 탈어번뇌 차시제대존자 이생지본회야 금아등 피현굴지법의 수여
菩提 化衆生 脫於煩惱 此是諸大尊者 利生之本懷也 今我等 被晌屈之法衣 受如

래지금계 첨유법지제자 역상효어진규 추고풍이가 모어덕풍 준사범이막망어자
來之禁戒 忝遺法之弟子 亦當效於眞規 追古風而可 慕於德風 遵師範而莫忘於慈

범 자당선사지휘일 욕적법력이천령 약진초서지담수 반굴성의어범지 복망잠이
範 玆當先師之諱日 欲籍法力而薦靈 略陳椒糈之澹羞 攀屈聖儀於凡地 伏望暫移

보소 광강향단 근병일심 선진삼청
實所 光降香壇 謹秉一心 先陳三請

증명청(證明請)

나무일심봉청 상생도솔 하강염부 방대광명 조제유암 시팔상성도 호천중천 현
南無一心奉請 上生兜率 下降閻浮 放大光明 照諸幽暗 示八相成道 號天中天 現

십력항마 칭성중성 광겁난우 여우담바라화 천백억화신 석가모니불 유원자비
十力降魔 稱聖中聖 曠劫難遇 如優曇鉢羅花 千百億化身 釋迦牟尼佛 唯願慈悲

강림도량 증명공덕
降臨道場 證明功德

향화청 (三說)
香花請

가영(歌詠)

진묵겁전조성불 위도중생현세간
塵墨劫前早成佛 爲度衆生現世間

외외덕상월륜만 어삼계중작도사 고아일심귀명정례
巍巍德相月輪滿 於三界中作導師 故我一心歸命頂禮

보처증명청(補處證明請)

나무일심봉청 석여여래 공집선근 금거보처 동감묘촉 지시삼도혼거월 자위오
南無一心奉請 昔與如來 共集善根 今居輔處 同堪妙囑 智是三塗昏瘝月 慈爲五

탁안변주 조불양화 좌보처 자씨미륵보살 우보처 제화가라보살마하살 유원자
濁岸邊舟 助佛揚化 左補處 慈氏彌勒菩薩 右補處 提華竭羅菩薩摩訶薩 唯願慈

비 강림도량 증명공덕
悲 降臨道場 證明功德

향화청 (三說)
香花請

가영(歌詠)

번뇌단진복지원 위극일생보처존
煩惱斷盡福智圓 位極一生補處尊

적광토중불류의 방대광명조불화 고아일심귀명정례
寂光土中不留意 放大光明助佛化 故我一心歸命頂禮

헌좌게(獻座偈)

묘보리좌승장엄 제불좌이성정각 아금헌좌역여시 자타일시성불도
妙菩提座勝莊嚴 諸佛坐已成正覺 我今獻座亦如是 自他一時成佛道

헌좌진언
獻座眞言

옴 바아라 미나야 사바하 (三遍)

다게 (茶偈)

보공양진언
普供養眞言

옴 아아나 삼바바 바아라 훔 (三遍)

금장감로다　봉헌증명전　감찰건간심
今將甘露茶　奉獻證明前　鑑察虔懇心

원수애납수　원수애납수　원수자비애납수
願垂哀納受　願垂哀納受　願垂慈悲哀納受

一、청사 (請詞)

나무일심봉청 천태안탕 분화응기 천상인간 수연부감 방광명이파삼도지유암
南無一心奉請 天台鴈宕 分化應機 天上人間 隨緣赴感 放光明而破三塗之幽暗

운신용이단 중생지고륜 위수공덕림 매입비원해 오백대아라한성중 유원자비
運神用而斷 衆生之苦輪 爲竪功德林 每入悲願海 五百大阿羅漢聖衆 惟願慈悲

강림도량 수차공양
降臨道場 受此供養

향화청 (三說)
香花請

사향사과조원성　四向四果早圓成　삼명육통실구족　三明六通悉具足

밀승아불정녕촉　密承我佛叮嚀囑　주세항위진복전　住世恒爲眞福田
고아일심귀명정례　故我一心歸命頂禮

二、청사(請詞)

일심봉청　一心奉請　제일아야교진여존자 이지 제오십 가야천안존자등 오십위 주세응진
第一阿若憍陳如尊者 以至 第五十 伽耶天眼尊者等 五十位 住世應眞

대아라한　大阿羅漢　유원자비　강림도량　수차공양
惟願慈悲　降臨道場　受此供養

향화청 (三說)
香花請

가영(歌詠)

막막운횡여유객　幕幕雲橫如有客　청청송백묵무언　青青松栢默無言
고아일심귀명정례　故我一心歸命頂禮

한간백학래환거　閑看白鶴來還去　나집청낭괘벽헌　懶執青囊掛壁軒
고아일심귀명정례　故我一心歸命頂禮

三、청사(請詞)

일심봉청 제오십일 불착세간존자 이지 제일백 선주자재존자등 오십위 주세응
一心奉請 第五十一 不着世間尊者 以至 第一百 善注自在尊者等 五十位 住世應

眞 대아라한 유원자비 강림도량 수차공양
大阿羅漢 惟願慈悲 降臨道場 受此供養

향화청 (三說)
香花請

수정주영회회수 벽옥의문점점신
水晶珠影迥迥手 碧玉衣紋點點身
고아일심귀명정례
故我一心歸命頂禮

가영(歌詠)

만지낙화홍사금 효풍명월백여은
滿地落花紅似錦 曉風明月白如銀

四、청사(請詞)

일심봉청 제일백일 제우존자 이지 제일백오십 선사존자등 오십위 주세응진
一心奉請 第一百一 除憂尊者 以至 第一百五十 善思尊者等 五十位 住世應眞

대아라한 유원자비 강림도량 수차공양
大阿羅漢 惟願慈悲 降臨道場 受此供養

향화청 (三說)
香花請

가영(歌詠)

수백여은천장락　水白如銀千丈落
화홍사금일암전　花紅似錦一菴前
등한불기친소상　等閑不起親踈想
단응인심자실견　但應人心自實堅
고아일심귀명정례　故我一心歸命頂禮

五、청사(請詞)

일심봉청　一心奉請
제일백오십일　第一百五十一
법안존자　法眼尊者
이지　以至
제이백　第二百
정안존자등　淨眼尊者等
오십위　五十位
주세응진　住世應眞

대아라한　大阿羅漢
유원자비　惟願慈悲
강림도량　降臨道場
수차공양　受此供養

가영(歌詠)

향화청 (三說)
香花請

유리동내비미우　琉璃洞內霏微雨
백석봉두박비향　白石峯頭撲鼻香

불좌청풍종원도
拂座淸風從遠到

타방성경야능량
他方誠敬也能量

고 아일심귀명정례
故我一心歸命頂禮

六、청사 (請詞)

일심봉청 제이백일 바라밀존자 이지 제이백오십 정보리존자등 오십위 주세응
一心奉請 第二百一 波羅密尊者 以至 第二百五十 淨菩提尊者等 五十位 住世應

진 대아라한 유원자비 강림도량 수차공양
眞 大阿羅漢 惟願慈悲 降臨道場 受此供養

향화청 (三說)
香花請

가영(歌詠)

옥수섬섬회수정
玉手纖纖廻水晶

상미락락도흉금
霜眉珞珞到胷襟

삼명이증경천겁
三明已證經千劫

팔해증수고도금
八解增修古到今

고 아일심귀명정례
故我一心歸命頂禮

七、청사 (請詞)

일심봉청 제이백오십일 범음천존자 이지 제삼백 왕주도존자등 오십위 주세응
一心奉請 第二百五十一 梵音天尊者 以至 第三百 王住道尊者等 五十位 住世應

진
대아라한 유원자비 강림도량 수차공양
眞
大阿羅漢 惟願慈悲 降臨道場 受此供養

향화청 (三說)
香花請

가영(歌詠)

비화쇄수다다지　정시타방청좌시
飛花洒水多多至　正是他方請坐時
적적송간문경탁　요요동내청음시
寂寂松間聞磬鐸　寥寥洞內聽吟詩

고
아일심귀명정례
故
我一心歸命頂禮

八、청사(請詞)

일심봉청 제삼백일 무구행존자 이지 제삼백오십 대약존존자등 오십위 주세응
一心奉請 第三百 一 無垢行尊者 以至 第三百五十 大藥尊尊者等 五十位 住世應

진
대아라한 유원자비 강림도량 수차공양
眞
大阿羅漢 惟願慈悲 降臨道場 受此供養

향화청 (三說)
香花請

387 오백나한청

가영(歌詠)

백백석중백옥신　白白石中白玉身　청청송하견청춘　青青松下見青春

다지세상다우악　多知世上多憂樂　기달공문달도인　幾達空門達道人

고아일심귀명정례　故我一心歸命頂禮

九、청사(請詞)

일심봉청　一心奉請　제삼백오십일　第三百五十一　승해공존자　勝解空尊者　이지　以至　제사백　第四百　금광혜존자등　金光慧尊者等　오십위　五十位　주세응　住世應

진　眞　대아라한　大阿羅漢　유원자비　惟願慈悲　강림도량　降臨道場　수차공양　受此供養

향화청　香花請　(三說)

가영(歌詠)

백설상미로성승　白雪霜眉老聖僧　불리운수학위붕　不離雲水鶴爲朋

유인약문가하재　有人若問家何在　소지청산제일층　笑指青山第一層

고아일심귀명정례　故我一心歸命頂禮

一心奉請 第四百一 伏龍施尊者 以至 第四百五十 信證尊尊者等 五十位 住世應

일심봉청 제사백일 복룡시존자 이지 제사백오십 신증존존자등 오십위 주세응

眞 大阿羅漢 惟願慈悲 降臨道場 受此供養

진 대아라한 유원자비 강림도량 수차공양

香花請 (三說)

향화청 (三說)

가영(歌詠)

應供隨方不憚勞
응공수방불탄로

豈非真實大乘人
기비진실대승인

塵邦利物常如是
진방이물상여시

不遠菩提萬德身
불원보리만덕신

故我一心歸命頂禮
고아일심귀명정례

十一、청사(請詞)

一心奉請 第四百五十一 行敬端尊者 以至 第五百 願事眾尊者等 五十位 住世

일심봉청 제사백오십일 행경단존자 이지 제오백 원사중존자등 오십위 주세

應眞 大阿羅漢聖衆 惟願慈悲 各幷眷屬 降臨道場 受此供養

응진 대아라한성중 유원자비 각병권속 강림도량 수차공양

가영(歌詠)

복무형상하증여　수역무형기여인
福無形相何曾與　壽亦無形豈與人

단차성심애애념　복수다래불가진　고아일심귀명정례
但且聖心哀愛念　福壽多來不可陳　故我一心歸命頂禮

十二、청사(請詞)

일심봉청　혹거사주지영경　입정관공　혹향육도지혼구　흥자여악　제일빈두로바라
一心奉請　或居四洲之靈境　入定觀空　或向六道之昏衢　興慈與樂　第一賓頭盧跋羅

타사존자　이지　제십팔　빈두로존자　유원자비　함강도량　수차공양
墮闍尊者　以至　第十八　賓度盧尊者　惟願慈悲　咸降道場　受此供養

향화청 (三說)

香花請

가영(歌詠)

현도오백공동봉　각각삼명구육통
玄都五百共同峯　各各三明具六通

진석불문성력력 振錫不聞聲歷歷 경맹유견물공공 擎盂惟見物空空 고아일심귀명정례 故我一心歸命頂禮

十三、청사(請詞)

향화청 (三說)
香花請

일심봉청 一心奉請 천태엄반 天台嚴畔 독수선정 獨修禪定 나반존자 那畔尊者 유원자비 惟願慈悲 강림도량 降臨道場 수차공양 受此供養

가영(歌詠)

증선천태성도량 曾選天台聖道場
위련진단고노장 爲憐震旦苦勞長
부감초무간섬세 赴感初無看瞻細
합비응원묘난량 合悲應願妙難量
고아일심귀명정례 故我一心歸命頂禮

헌좌게(獻座偈)

묘보리좌승장엄 妙菩提座勝莊嚴
제불좌이성정각 諸佛坐已成正覺
아금헌좌역여시 我今獻座亦如是
자타일시성불도 自他一時成佛道

헌좌진언
獻座眞言

옴 바아라 미나야 사바하 (三遍)

정법계진언
淨法界眞言

옴 람 (三七遍)

다게(茶偈)

금장묘약급명다 봉헌오백나한중 감찰단나건간심
今將妙藥及名茶 奉献五百羅漢衆 鑑察檀那虔懇心

원수애납수 원수애납수 원수자비애납수
願垂哀納受 願垂哀納受 願垂慈悲哀納受

가지변공(加持變供)

향수나열 재자건성 욕구공양지주원 수장가지지변화 앙유삼보 특사가지
香羞羅列 齋者虔誠 欲求供養之周圓 須仗加持之變化 仰唯三寶 特賜加持

「나무시방불 나무시방법 나무시방승」 (三說)
南無十方佛 南無十方法 南無十方僧

무량위덕 자재광명 승묘력 변식진언
無量威德 自在光明 勝妙力 變食眞言

나막 살바다타 아다 바로기제 옴 삼바라 삼바라 훔 (三七遍)

시감로수진언
施甘露水眞言
나무 소로바야 다라아다야 다냐타 옴 소로소로 바라소로 바라소로 사바하 (三七遍)

일자수륜관진언
一字水輪觀眞言
옴 밤 밤밤 (三七遍)

유해진언
乳海眞言
나무 사만다 못다남 옴 밤 (三七遍)

출생공양진언
出生供養眞言
옴 (三七遍)

정식진언
淨食眞言
옴 다가 바아라 훔 (三七遍)

원차향공변법계 願此香供徧法界 보공무진삼보해 普供無盡三寶海 자비수공증선근 慈悲受供增善根 영법주세보불은 令法住世報佛恩

운심게 (運心偈)

운심공양진언
運心供養眞言
나막 살바다타 아제 백미 새바 목케배약 살바다참 오나아제 바라해맘 옴 아아나참 사바하 (三遍)

가지게(加持偈)

이차가지묘공구 以此加持妙供具 공양석가대성존 供養釋迦大聖尊

이차가지묘공구 以此加持妙供具 공양가섭아난중 供養迦葉阿難衆

이차가지묘공구 以此加持妙供具 공양오백나한중 供養五百羅漢衆

불사자비수차공 不捨慈悲受此供 시작불사도중생 施作佛事度衆生

※ 이어서 보공양진언(p.三九五。)

예참(禮懺)

※ 가지게 대신 거행한다.

지심정례공양 至心頂禮供養 영산교주 靈山敎主 시아본사 是我本師 석가모니불 釋迦牟尼佛

지심정례공양 至心頂禮供養 좌우보처 左右補處 자씨미륵보살 慈氏彌勒菩薩 제화가라보살 提化竭羅菩薩

지심정례공양 至心頂禮供養 오백대아라한 五百大阿羅漢 감재직부 監齋直符 제위사자등중 諸位使者等衆

유원 唯願 제대성중 諸大聖衆 애감단성 哀鑑丹誠 불사자비 不捨慈悲 수차공양 受此供養

보공양진언
普供養眞言

옴 아아나 삼바바 바라 훔 (三遍)

보회향진언
普回向眞言

옴 삼마라 삼마라 미만나 사라마하 자거라바 훔 (三遍)

불설소재길상다라니
佛說消災吉祥陀羅尼

나무 사만다 못다남 아바라 바라아바라 바라아바라 지따 지리 지리 빠다 빠다

흠 아바라 아바라 바라아바라 바라아바라 지따 지리 지리 빠다 빠다

선지가 시리예 사바하 (七遍)

대원성취진언
大願成就眞言

옴 아모카 살바다라 사다야 시베 훔 (三遍)

보궐진언
補闕眞言

옴 호로호로 사야목계 사바하 (三遍)

정근(精勤)

나무 영산당시 수불부촉 「나한성중」 (略千聲)
南無 靈山當時 受佛咐囑 羅漢聖衆

청련좌상월여생　삼천계주석가존　자감당중성약렬　오백대아라한중
青蓮座上月如生　三千界主釋迦尊　紫紺堂中星若列　五百大阿羅漢衆

귀의축원(歸依祝願)

계수귀의불
稽首歸依佛
십호위능인
十号爲能仁
광명변법계
光明遍法界
차토진건곤
此土盡乾坤
원강대길상
願降大吉祥

모인보체
某人保體
재액돈제
灾厄頓除
복수연장
福壽延長 拜

계수귀의법
稽首歸依法
영산미묘설
靈山微妙說
천상급인간
天上及人間
삼세총유통
三世摠流通
원강대길상
願降大吉祥

모인보체
某人保體
재소장진
灾消障盡
복족혜원
福足慧圓 拜

계수귀의승
稽首歸依僧
삼명육신통
三明六神通
능수무루도
能脩無漏道
취향열반락
取向涅槃樂
원강대길상
願降大吉祥

모인보체
某人保體
재액돈제
灾厄頓除
복수연장
福壽延長 拜

앙고 영산당시 수불부촉 오백대아라한성중 불사자비 허수낭감 상래소수불공
仰告 靈山當時 受佛咐囑 五百大阿羅漢聖衆 不捨慈悲 許垂朗鑑 上來所修佛功

덕 회향삼처실원만 시이 사바세계 남섬부주 동양 대한민국 모산 모사 청정수
德 回向三處悉圓滿 是以 裟婆世界 南贍部洲 東洋 大韓民國 某山 某寺 淸淨水

월도량 원아금차 지극지정성 헌공발원재자 모처거주 모인보체 이차발원공덕
月道場 願我今此 至極之精誠 獻供發願齋者 某處居住 某人保體 以此發願功德

일체고난 영위소멸 사대강건 육근청정 신강철석 심약태산 수산고흘 복해왕양
一切苦難 永爲消滅 四大强健 六根淸淨 身强鐵石 心若泰山 壽山高屹 福海汪洋

천재설소 만복운흥 안과태평 안과길상지대원 재고축 금차지극지성 불공발원
天災泄消 萬福雲興 安過太平 安過吉祥之大願 再告祝 今此至極至誠 佛供發願

재자 모처거주 모인보체 앙몽오백아라한성중 가호지묘력 심중소구소원 여의
齋者 某處居住 某人保體 仰蒙五百阿羅漢聖衆 加護之妙力 心中所求所願 如意

원만 성취지대원 연후원 원공함령등피안 세세상행보살도 광도법계제중생
圓滿 成就之大願 然後願 願共含靈登彼岸 世世常行菩薩道 廣度法界諸衆生

이보제불막대은 구경원성살바야 마하반야바라밀
以報諸佛莫大恩 究竟圓成薩婆若 摩訶般若婆羅蜜

※다음은 참고로 『천녕사석각오백대아라한(天寧寺石刻五百大阿羅漢)』(1799)을 중심으로 오백나한의 명호를 수록하였다. 만약 시간이 넉넉하고 대례로 모실 경우에는 오백나한 청사(請詞) 시 오백나한의 명호를 낱낱이 넣어 청하면 될 것이다.

※청사 방법은 오십 분씩 나누어 「일심봉청 第一 아야교진여존자 第二 아니루존자~第五十 가야천안존자등 오십위 주세응진 대아라한 유원자비 강림도량 수차공양」으로 할 수 있으며, 한 번에 오백 분을 청하여도 무방할 것이다. 오백 분을 한 번에 청할 때는 「일심봉청 제일아야교진여존자~제오백 원사증존자등 오백 위 주세응진 대아라한 유원자비 강림도량 수차공양」으로 거행하면 될 것이다.

■ 오백나한 명호(五百羅漢 名號)

제일~오십 존자(第一~五十 尊者)

아야교진여존자 阿若憍陳如尊者
아니루존자 阿泥樓尊者
유현무구존자 有賢無垢尊者
수발타라존자 須跋陀羅尊者
가유타이존자 迦留陀夷尊者
문성득 聞聲得

과존자 果尊者
전단장왕존자 栴檀藏王尊者
시당무구존자 施幢無垢尊者
교범파제존자 憍梵波提尊者
인타득혜존자 因陀得慧尊者
가나행나존자 迦那行那尊者

파소반두존자 婆蘇盤豆尊者
법계사락존자 法界四樂尊者
우루빈라존자 優樓頻螺尊者
불타밀다존자 佛陀密多尊者
나제가섭존자 那提迦葉尊者
나연라 那延羅

목존자 目尊者
불타난제존자 佛陀難提尊者
말전저가존자 末田底迦尊者
난타다화존자 難陀多化尊者
우파국다존자 優波鞠多尊者
승가야사존자 僧迦耶舍尊者

제 오십일~일백 존자(第五十一~一百 尊者)

교설상주존자 敎說常住尊者
상나화수존자 商那和修尊者
억지인연존자 憶持因緣尊者
달마파라존자 達摩波羅尊者
가야가섭존자 伽那迦葉尊者
정과덕업존자 定果德業尊者
장엄무 莊嚴無
구마라다존자 鳩摩羅多尊者
가나제바존자 迦那提婆尊者
파사신통존자 破邪神通尊者
견지삼자존자 堅持三字尊者
아누루타존자 阿㝹樓馱尊者
독룡귀의존자 毒龍皈依尊者
동성계수존자 同聲稽首尊者
비라지자존자 毘羅胝子尊者
벌소밀다존자 伐蘇密多尊者
도제수 闍提首
나존자 那尊者
승법야사존자 僧法耶舍尊者
비밀세간존자 悲密世間尊者
헌화제기존자 獻華提記尊者
안광정력존자 眼光定力尊者
가야사나존자 伽耶舍那尊者
사저비구존자 莎底比丘尊者
파도제파존자 波闍提婆尊者
해공무구존자 解空無垢尊者
복타밀다존자 伏陀蜜多尊者
부나야사존자 富那夜舍尊者
가야 伽耶
천안존자 天眼尊者
불착세간존자 不着世間尊者
해공제일존자 解空第一尊者
나도무진존자 羅度無盡尊者
금강파마존자 金剛破魔尊者
원호세간존자 願護世間尊者
무우선 無憂禪
정존자 定尊者
무작혜선존자 無作慧善尊者
십겁혜선존자 拾劫慧善尊者
전단덕향존자 栴檀德香尊者
금산각의존자 金山覺意尊者
무업숙진존자 無業宿盡尊者
마하찰리존자 摩訶刹利尊者
무량본행존자 無量本行尊者
일념해공존자 一念解空尊者
관신무상존자 觀身無常尊者
천겁비원존자 千劫悲願尊者
구라나 瞿羅那

함존자 含尊者
해공정공존자 解空定空尊者
성취인연존자 成就因緣尊者
견통정진존자 堅通精進尊者
살타파륜존자 薩陀波崙尊者
건타하리존자 乾陀訶利尊者

해공자재존자 解空自在尊者
마하주나존자 摩訶注那尊者
견인비등존자 見人飛騰尊者
불공불유존자 不空不有尊者
주리반특존자 周利盤特尊者
구사비 瞿沙比

해공무명존자 解空無名尊者
칠불난제존자 七佛難提尊者
금강정진존자 金剛精進尊者
방편법장존자 方便法藏尊者
마리부동존자 摩利不動尊者
삼매감로존자 三昧甘露尊者

구존자 丘尊者
사자비구존자 師子比丘尊者
수행불착존자 修行不著尊者
필릉가차존자 畢陵伽蹉尊者
관행월륜존자 觀行月輪尊者
아나빈 阿那邠

제존자
불진삼매존자 拂塵三昧尊者
마하구치존자 摩訶俱絺尊者
벽지전지존자 辟支轉智尊者
산정용중존자 山頂龍衆尊者
라망사유존자 羅網思惟尊者

접빈복장존자 劫賓覆藏尊者
신통억구존자 神通億具尊者
구수구제존자 具壽俱提尊者
법왕보리존자 法王菩提尊者
법장영겁존자 法藏永劫尊者
선주존자 善注尊者

제일백~백오십 존자(第一百~百五十 尊者)

제우존자 除憂尊者
대인존자 大忍尊者
무우자재존자 無憂自在尊者
묘구존자 妙懼尊者
엄토존자 嚴土尊者
금계존자 金髻尊者
뢰덕존자 雷德尊者
뢰음 雷音

존자 尊者
향상존자 香象尊者
마두존자 馬頭尊者
명수존자 明首尊者
금수존자 金首尊者
경수존자 敬首尊者
중수존자 衆首尊者
변덕존자 辨德尊者
찬 屬

제존자
오달존자 悟達尊者
법등존자 法燈尊者
이구존자 離垢尊者
경계존자 境界尊者
마승존자 馬勝尊者
천왕존자 天王尊者
무승존자 無勝尊者

제백오십일~이백 존자 (第百五十一~二百 尊者)

자정존자 自淨尊者　부동존자 不動尊者　휴식존자 休息尊者　조달존자 調達尊者　보광존자 普光尊者　지적존자 智積尊者　보당존자 實幢尊者　선혜존자 善慧尊者

선안존자 善眼尊者　용보존자 勇實尊者　보견존자 實見尊者　혜적존자 慧積尊者　혜지존자 慧持尊者　보승존자 實勝尊者　도선존자 道仙尊者　제망존자 帝網尊者

명망존자 明網尊者　보광존자 實光尊者　선조존자 善調尊者　분신존자 奮迅尊者　수도존자 修道尊者　대상존자 大相尊者　선주존자 善住尊者　지세존자 持世尊者

광영존자 光英尊者　권교존자 權教尊者　선사존자 善思尊者

법안존자 法眼尊者　범승존자 梵勝尊者　광요존자 光曜尊者　직의존자 直意尊者　마제존자 摩帝尊者　혜관존자 慧寬尊者　무승존자 無勝尊者　담마존자 曇摩尊者

환희존자 歡喜尊者　유희존자 遊戲尊者　도세존자 道世尊者　명조존자 明照尊者　보등존자 普等尊者　혜작존자 慧作尊者　조환존자 助歡尊者　난승존자 難勝尊者

선덕존자 善德尊者　보애존자 實涯尊者　관신존자 觀身尊者　화왕존자 華王尊者　덕수존자 德首尊者　희견존자 喜見尊者　선숙존자 善宿尊者　선의존자 善意尊者

애광존자 愛光尊者　화광존자 華光尊者　선견존자 善見尊者　선근존자 善根尊者　덕정존자 德頂尊者　묘비존자 妙臂尊者　용맹존자 龍猛尊者　불사존자 弗沙尊者

덕광존자 德光尊者　산결존자 散結尊者　정정존자 淨正尊者　선관존자 善觀尊者　대력존자 大力尊者　전광존자 電光尊者　보장존자 實杖尊者　선성존자 善星尊者

나순존자 羅旬尊者
자지존자 慈地尊者
경우존자 慶友尊者
세우존자 世友尊者
만숙존자 滿宿尊者
천타존자 闡陀尊者
월정존자 月淨尊者
대천존자 大天尊者

정장존자 淨藏尊者
정안존자 淨眼尊者

제이백일~이백오십 존자 (第二百一~二百五十 尊者)

바라밀존자 波羅密尊者
구나함존자 俱那含尊者
삼매성존자 三昧聲尊者
보살성존자 菩薩聲尊者
길상주존자 吉祥呪尊者
발다라존자 鉢多羅尊者
무변 無邊

신존자 身尊者
현겁수존자 賢劫首尊者
금강미존자 金剛味尊者
승미존자 乘味尊者
파사타존자 婆私吒尊者
심평등존자 心平等尊者
불가비 不可比

낙부장존자 樂覆藏尊者
화염신존자 火焰身尊者
파라타존자 頗羅墮尊者
단번뇌존자 斷煩惱尊者
박구라존자 薄俱羅尊者
이바다존자 利婆多尊者
호묘 護妙

법존자 法尊者
최승의존자 最勝意尊者
수미등존자 須彌燈尊者
몰특가존자 沒特伽尊者
미사색존자 彌沙塞尊者
선원만존자 善圓滿尊者
파두마존 波頭摩

법지혜등존자 法智慧燈尊者
전단장존자 栴檀藏尊者
가난류존자 迦難留尊者
향염당존자 香焰幢尊者
아습비존자 阿濕卑尊者
마니보존자 摩尼寶尊者
복 福

덕수존자 德首尊者
이바미존자 利婆彌尊者
사차독존자 舍遮獨尊者
단업존자 斷業尊者
환희지존자 歡喜智尊者
건타라존자 乾陀羅尊者
사가타존 莎伽陀

자수미망존자 須彌望尊者
지선법존자 持善法尊者
제다가존자 提多迦尊者
수조성존자 水潮聲尊者
지혜해존자 智慧海尊者
중구덕존자 衆具德尊者
부 不

사의존자 思議尊者
미차선존자 彌遮仙尊者
니타가존자 尼馱伽尊者
수정념존자 首正念尊者
정보리존자 淨菩提尊者

범음천존자 梵音天尊者
인지과존자 因地果尊者
각성해존자 覺性解尊者
정진산존자 精進山尊者
무량광존자 無量光尊者
부동의존자 不動義尊者
수선 修善

업존자 業尊者
아일다존자 阿逸多尊者
손타라존자 孫陀羅尊者
성봉혜존자 聖峰慧尊者
만수행존자 曼殊行尊者
아리다존자 阿利多尊者
법륜산존 法輪山尊

자 중화합존자 者 衆和合尊者
법무주존자 法無住尊者
천고성존자 天鼓聲尊者
여의륜존자 如意輪尊者
수광염존자 首光焰尊者
무비교존자 無比校尊者
다 多

가루존자 伽樓尊者
이파다존자 利婆多尊者
보현행존자 普賢行尊者
지삼매존자 持三昧尊者
위덕성존자 威德聲尊者
리파다존자 利婆多尊者
명무진 名無盡

존자 아나실존자 尊者 阿那悉尊者
보승산존자 普勝山尊者
변재왕존자 辨才王尊者
행화국존자 行化國尊者
성용종존자 聲龍種尊者
서남산존자 誓南山尊者

부가야존자 富伽耶尊者
행전법존자 行傳法尊者
향금수존자 香金手尊者
마나라존자 摩拏羅尊者
광보현존자 光普現尊者
혜의왕존자 慧依王尊者
항마 降魔

군존자 軍尊者
수염광존자 首焰光尊者
지대의존사 持大醫尊者
장율행존자 藏律行尊者
덕자재존자 德自在尊者
복용왕존자 服龍王尊者
사야다존 闍夜多尊

자 태마리존자 者 泰摩利尊者
의법승존자 義法勝尊者
시바라존자 施婆羅尊者
천제마존자 闡提魔尊者
왕주도존자 王住道尊者

제삼백일~삼백오십 존자(第三百一~三百五十 尊者)

무구행존자 無垢行尊者
아파라존자 阿波羅尊者
성귀의존자 聲皈依尊者
선정과존자 禪定果尊者
불퇴법존자 不退法尊者
승가야존자 僧伽耶尊者 達摩
진존자 真尊者
지선법존자 持善法尊者
수승과존자 受勝果尊者
심승수존자 心勝修尊者
회법장존자 會法藏尊者
상환희존자 常歡喜尊者
위의다존자 威儀多尊者
자 두타승존자 頭陀僧尊者
의세장존자 議洗腸尊者
덕정오존자 德淨悟尊者
무구장존자 無垢藏尊者
항복마존자 降伏魔尊者
아승가존자 阿僧伽尊者 金
부락존자 富樂尊者
돈오존자 頓悟尊者
주타파존자 周陀婆尊者
자 수달나존자 須達那尊者
초법우존자 超法雨尊者
덕묘법존자 德妙法尊者
사응진존자 士應真尊者
견고심존자 堅固心尊者
성향응존자 聲向應尊者 應
부공존자 赴供尊者
진겁공존자 塵劫空尊者
광명등존자 光明燈尊者
집보거존자 執寶炬尊者
공덕상존자 功德相尊者
인심생존자 忍心生尊者 阿氏多
존자 尊者
백향상존자 白香象尊者
식자생존자 識自生尊者
찬탄원존자 讚歡願尊者
정불라존자 定拂羅尊者
성인중존자 聲引衆尊者
이정어존자 離淨語尊者

제삼백오십일~사백 존자(第三百五十一~四百 尊者)

구사존존자 鳩舍尊尊者
욱다라존자 郁多羅尊者
복업제존자 福業除尊者
나여습존자 羅餘習尊者
대약존존자 大藥尊尊者

승해공존자 勝解空尊者
수무덕존자 修無德尊者
희무저존자 喜無著尊者
월개존자 月蓋尊者
전단라존자 栴檀羅尊者
심정론존자 心定論尊者
암라존자 庵羅尊者
만존자 滿尊者
정생존자 頂生尊者
살화단존자 薩和壇尊者
직복덕존자 直福德尊者
수나찰존자 須那刹尊者
희견존자 喜見尊者
위람왕존자 韋藍王尊者
제바장존자 提婆長尊者
성대리존자 成大利尊者
법수존자 法首尊者
소빈타존자 蘇頻陀尊者
중덕수존자 衆德首尊者
금강장존자 金剛藏尊者
구가리존자 瞿伽梨尊者
일조명존자 日照明尊者
무구장존자 無垢藏尊者
무량명존자 無量明尊者
제중우존자 除衆憂尊者
무구덕존자 無垢德尊者
광명망존자 光明網尊者
선수행존자 善修行尊者
좌청량존자 坐淸涼尊者
무우안존자 無憂眼尊者
거개장존자 去蓋障尊者
자명존자 自明尊者
화륜조존자 和倫調尊者
정제구존자 淨除垢尊者
거제업존자 去諸業尊者
자인존자 慈仁尊者
무진자존자 無盡慈尊者
사타노존자 颯陀怒尊者
나라달존자 那羅達尊者
행원지존자 行願持尊者
천안존자 天眼尊者
무진지존자 無盡智尊者
편구족존자 遍具足尊者
보개존자 寶蓋尊者
신통화존자 神通化尊者
사선식존자 思善識尊者
희신정존자 喜信靜尊者
마하남존자 摩訶南尊者
무량광존자 無量光尊者
금광혜존자 金光慧尊者

제사백일~사백오십 존자(第四百一~四百五十 尊者)

복룡시존자 伏龍施尊者
환광공존자 幻光空尊者
금강명존자 金剛明尊者
연화정존자 蓮花淨尊者
구나의존자 拘那意尊者
현수존자 賢首尊者
이긍 利亙

라존자 羅尊者
조정장존자 調定藏尊者
무구칭존자 無垢稱尊者
천음성존자 天音聲尊者
대위광존자 大威光尊者
자재주존자 自在主尊者
명세계존자 明世界尊者
최상존자 最上尊者
금강존자 金剛尊者
견만의존자 鋼慢意尊者
양무비존자 量無比尊者
초절윤존자 超絶倫尊者
월보리존자 月菩提尊者 持
세계존자 世界尊者
정화지존자 定華至尊者
무변신존자 無邊身尊者
최승당존자 最勝幢尊者
기악법존자 棄惡法尊者
무애행존자 無礙行尊者
보장엄존자 普莊嚴
무진자존자 無盡慈尊者
상비민존자 常悲愍尊者
대진장존자 大塵障尊者
광염명존자 光焰明尊者
지안명존자 智眼明尊者
견고행존자 堅固行尊者
주운우존자 澍雲雨尊者
부동라존자 不動羅尊者
보광명존자 普光明尊者
심관정존자 心觀淨尊者
나라덕존자 那羅德尊者
사자존자 師子尊者
법상존자 法上尊者
정진변존자 精進辨尊者
낙설과존자 樂說果尊者
관무변존자 觀無邊尊者
사자번존자 師子翻尊者
파사견존자 破邪見尊者
무우덕존자 無憂德尊者
행무변존자 行無邊尊者
혜금강존자 慧金剛尊者
의성취존자 義成就尊者
선주의존자 善住義尊者
신증존존자 信證尊尊者

제사백오십일~오백 존자(第四百五十一~五百 尊者)

사자작존자 師子作尊者
행인자존자 行忍慈尊者
무상공존자 無相空尊者
용정진존자 勇精進尊者
승청존자 勝清
행경단존자 行敬端尊者
덕보흡존자 德普洽尊者
정존자 淨尊者
유성공존자 有性空尊者
정나라존자 淨那羅尊者
법자재존자 法自在尊者
사자협존자 師子頰尊者
대현광존자 大賢光尊者
마하라존자 摩訶羅尊

자음조민존자 音調敏尊者 사자억존자 師子臆尊者 괴마군존자 壞魔軍尊者 분별신존자 分別身尊者 정해탈존자 淨解脫尊者 질직행존자 質直行尊者 지 智

인자존자 仁慈尊者 구족의존자 其足儀尊者 여의잡존자 如意雜尊者 대치묘존자 大熾妙尊者 겁빈나존자 劫賓那尊者 보염광존자 普焰光尊者 고원행 高遠行

존자 尊者 득불지존자 得佛智尊者 적정행존자 寂靜行尊者 오진상존자 悟真常尊者 파원적존자 破冤賊尊者 멸악취존자 滅惡趣尊者 성해통존자 性海通尊者

법통존자 法通尊者 민불식존자 憨不息尊者 섭중심존자 攝衆心尊者 도대중존자 導大衆尊者 상은행존자 常隱行尊者 보살자존자 菩薩慈尊者 발중고 拔衆苦

존자 尊者 심성응존자 尋聲應尊者 수겁정존자 數劫定尊者 주법수존자 注法水尊者 득정통존자 得定通尊者 혜광증존자 慧廣增尊者 육근진존자 六根盡尊者

발도라존자 拔度羅尊者 사살타존자 思薩埵尊者 주다가존자 注茶迦尊者 발리라존자 鉢利羅尊者 원사중존자 願事衆尊者

以上 五百羅漢請 終

◉ 독성청(獨聖請)

※ 천수경과 건단의식(p. 一七六〜一八四。)까지 마친 후 거행한다.

거불(擧佛)

나무 南無
천태산상 天台山上
독수선정 獨修禪定
나반존자 那畔尊者

나무 南無
삼명이증 三明已證
이리원성 二利圓成
나반존자 那畔尊者

나무 南無
응공복전 應供福田
대사용화 待竢龍華
나반존자 那畔尊者

보소청진언 普召請眞言

나무 보보제리 가리다리 다타 아다야 (三遍)

유치(由致)

앙유 仰唯
독성자 獨聖者
석존기멸지후 釋尊旣滅之後
자씨미생지전 慈氏未生之前
불왕진구 不往塵區
은현무애 隱現無礙
혹어층층대상정 或於層層臺上靜

거안선 居安禪
혹어낙낙송간 或於落落松間
왕반임의 往返任意
산은은 山隱隱
수잔잔 水潺潺
일간난야 一間蘭若
좌와소요 坐臥逍遙
화작작 花灼灼
조 鳥

남 성색분연 경행자재 하납반견이요 설미부안이관공 현주선나 응공무량
喃喃 聲色紛然 經行自在 霞衲半肩而樂道 雪眉覆眼而觀空 現住禪那 應供無量

약신공양지의 필사신통지감 유구개수 무원부종 시이 사바세계 남섬부주 동양
若伸供養之儀 必賜神通之鑑 有求皆遂 無願不從 是以 裟婆世界 南贍部洲 東洋

대한민국 모사 청정수월도량 원아금차 지극지정성 헌공발원재자 모처거주 모
大韓民國 某寺 清淨水月道場 願我今此 至極之精誠 獻供發願齋者 某處居住 某

인 특위이신 능멸천재 성취만덕지원 취어 모산 모사 청정보계 이금월금일 정
人 特爲已身 能滅千災 成就萬德之願 就於 某山 某寺 清淨寶界 以今月今日 淨

계향단 장진묘공 재설명향 앙청천태산상 독수성중 병종권속 앙기묘원자 우복
啓香壇 將陳妙供 再爇茗香 仰請天台山上 獨修聖衆 並從眷屬 仰祈妙援者 右伏

이 관수분향 예경어응진 서장청경 소청어현관 잠사어보굴 약강어향단 수차공
以 盥手焚香 禮敬於應眞 庶仗清磬 召請於玄關 暫辭於寶窟 略降於香壇 受此供

양 만아원심 근병일심 선진삼청
養 滿我願心 謹秉一心 先陳三請

청사(請詞)

나무일심봉청 영산당시 수불부촉 항거천태산상 독수선정 정혜쌍수 불입열반
南無一心奉請 靈山當時 受佛付囑 恒居天台山上 獨修禪定 定慧雙修 不入涅槃

위작복전 대사용화 나반존자 병종권속 유원자비 강림도량 수차공양 (三請)
爲作福田 待竢龍華 那畔尊者 並從眷屬 唯願慈悲 降臨道場 受此供養

향화청 (三說)
香花請

가영(歌詠)

나반신통세소희 행장현화임시위
那畔神通世所稀 行藏現化任施爲
송암은적경천겁 생계잠형입사유
松巖隱跡經千劫 生界潛形入四維
고아일심귀명정례
故我一心歸命頂禮

헌좌게(獻座偈)

아금경설보엄좌 봉헌천태독성전
我今敬設寶嚴座 奉獻天台獨聖前
원멸진로망상심 속원해탈보리과
願滅塵勞妄想心 速願解脫菩提果

헌좌진언
獻座眞言

옴 가마라 승하 사바하 (三遍)

정법계진언
淨法界眞言

옴 람 (七遍)

다게(茶偈) 或、 [금장감로다 봉헌독성전 감찰건간심 원수애납수]

이차청정향운미 봉헌천태대법회
以此淸淨香雲味 奉獻天台大法會
감차단나건간성
鑑此檀那虔懇誠

원수애납수
願垂哀納受

원수애납수
願垂哀納受

원수자비애납수
願垂慈悲哀納受

가지변공(加持變供)

香羞羅列 齋者虔誠 欲求供養之周圓 須仗加持之變化 仰唯三寶 特賜加持

수장가지지변화 앙유삼보 특사가지

「나무시방불 나무시방법 나무시방승」 (三說)
南無十方佛 南無十方法 南無十方僧

향수나열 재자건성 욕구공양지주원

무량위덕 자재광명 승묘력 변식진언
無量威德 自在光明 勝妙力 變食眞言

나막 살바다타 아다 바로기제 옴 삼바라 삼바라 훔 (三七遍)

시감로수진언
施甘露水眞言

나무 소로바야 다타아다야 다냐타 옴 소로소로 바라소로 바라소로 사바하 (三七遍)

일자수륜관진언
一字水輪觀眞言

옴 밤 밤 밤밤 (三七遍)

유해진언
乳海眞言

나무 사만다 못다남 옴 밤 (三七遍)

출생공양진언
出生供養眞言

옴 (三七遍)

정식진언
淨食眞言

옴 다가 바아라 훔 (三七遍)

운심게 (運心偈)

운심공양진언
運心供養眞言

원차청정묘향찬
願此淸淨妙香饌

보공천태독성중 자비수공증선근 영법주세보불은
普供天台獨聖衆 慈悲受供增善根 令法住世報佛恩

나막 살바다타 아제 백미 새바 목케배약 살바다캄 오나아제

바라해맘 옴 아아나캄 사바하 (三遍)

※ 가지게 대신 예참을 거행할 수 있다.

가지게 (加持偈)

이차가지묘공구
以此加持妙供具

공양천태독성중
供養天台獨聖衆

供養天台獨聖衆

불사자비수차공양
不捨慈悲受此供養

시작불사도중생
施作佛事度衆生

※ 이어서 보공양진언(p。四一三。)

지심정례공양 천태산상 독수선정 나반존자
至心頂禮供養 天台山上 獨修禪定 那畔尊者

지심정례공양 천상인간 응공복전 나반존자
至心頂禮供養 天上人間 應供福田 那畔尊者

지심정례공양 불입열반 대사용화 나반존자
至心頂禮供養 不入涅槃 待竢龍華 那畔尊者

유원독성 애강도량 수차공양 불사자비 수차공양
唯願獨聖 哀降道場 受此供養 不捨慈悲 受此供養

보공양진언
普供養眞言

옴 아아나 삼바바 바라 훔 (三遍)

보회향진언
普回向眞言

옴 삼마라 삼마라 미만나 사라마하 자거라바 훔 (三遍)

나무대불정 여래밀인 수증요의 제보살만행 수능엄신주
南無大佛頂 如來密因 修證了義 諸菩薩萬行 首楞嚴神呪

다냐타 옴 아나례 비사제 비라 바아라 다리 반다 반다니 바아라 바니반

호흄 다로옹박 사바하 (三遍)

불설소재길상다라니
佛說消災吉祥陀羅尼

나무 사만다 못다남 아바라지 하다사 사나남 다냐타 옴 카카 카혜 카혜 훔 훔
아바라 아바라 바라아바라 바라아바라 지따 지따 지리 지리 빠다 빠다
선지가 시리예 사바하 (三遍)

보궐진언
補闕眞言

옴 호로호로 사야목계 사바하 (三遍)

대원성취진언
大願成就眞言

옴 아모카 살바다라 사다야 시베 훔 (三遍)

정근(精勤) 或、〔나무 천태산상 독수선정 대사용화 「나반존자」〕

나무 삼명이증 이리원성 신통자재대성 「나반존자」 (多聲)
南無 三明已證 二利圓成 神通自在大聖 那畔尊者

탄백(歎白)

우화동지방신광 대빙영통변시방 출정승용이해교 귀산과호입송방
雨華動地放神光 大騁靈通遍十方 出定乘龍離海嶠 歸山跨虎入松房

표백(表白)

상래정지 이부대선 독성자 자비신통 구호진방 구절귀의 필몽요익 공양자하
上來情旨 己敷對宣 獨聖者 慈悲神通 救護塵邦 苟切歸依 必蒙饒益 供養者 何

복이불성 예배자 하재이불멸 복원 금일공양예배재자 모처거주 모인보체 일일
福而不成 禮拜者 何災而不滅 伏願 今日供養禮拜齋者 某處居住 某人保體 日日

유천상지경 시시무백해지재 익역일문권속 동치길상 연후원 무변법계 유식함
有千祥之慶 時時無百害之災 抑亦一門眷屬 同致吉祥 然後願 無邊法界 有識含

령 장차승연 구성정각 천룡팔부호도량 세세상행보살도 마하반야바라밀
靈 仗此勝緣 俱成正覺 天龍八部護道場 世世常行菩薩道 摩訶般若波羅蜜

축원(祝願)

앙고 천태산상 독수선정 나반존자 불사자비 허수낭감 상래소수불공덕 회향삼
仰告 天台山上 獨修禪定 那畔尊者 不捨慈悲 許垂朗鑑 上來所修佛功德 回向三

처실원만 시이 사바세계 남섬부주 동양 대한민국 모산 모사 청정수월도량 원
處悉圓滿 是以 裟婆世界 南贍部洲 東洋 大韓民國 某山 某寺 淸淨水月道場 願

아금차 지극지정성 헌공발원재자 모처거주 모인보체 이차발원공덕 앙몽독수
我今此 至極之精誠 獻供發願齋者 某處居住 某人保體 以此發願功德 仰蒙獨修

성중 명훈가피지묘력 각기 사대강건 육근청정 신강철석 심약태산 수산고흘
聖衆 冥熏加被之妙力 各其 四大强健 六根淸淨 身强鐵石 心若泰山 壽山高屹

복해왕양 천재설소 만복운흥 안과태평 안과길상지대원 재고축 금차지극지성

福海汪洋 天災泄消 萬福雲興 安過太平 安過吉祥之大願 再告祝 今此至極至誠

불공발원재자 모처거주 모인보체 앙몽오백아라한성중 가호지묘력 심중소구

佛供發願齋者 某處居住 某人保體 仰蒙五百阿羅漢聖衆 加護之妙力 心中所求

소원 여의원만 성취지대원 연후원 원공함령등피안 세세상행보살도 광도법계

所願 如意圓滿 成就之大願 然後願 願共含靈登彼岸 世世常行菩薩道 廣度法界

제중생 이보제불막대은 구경원성살바야 마하반야바라밀

諸衆生 以報諸佛莫大恩 究竟圓成薩婆若 摩訶般若婆羅蜜

以上 獨聖請 終

◉ 칠성청(七星請)

※ 천수경과 건단의식(p. 一七六 ~ 一八四。)까지 마친 후 거행한다.

거불(擧佛)

나무 금륜보계 치성광여래불
南無 金輪寶界 熾盛光如來佛

나무 좌우보처 양대보살
南無 左右補處 兩大菩薩

나무 북두대성 칠원성군
南無 北斗大星 七元星君

보소청진언
普召請眞言

나무 보보제리 가리다리 다타 아다야 (三遍)

유치(由致)

앙유 치성광여래 여북두칠성존 지혜신통부사의 실지일체중생심 능이종종방
仰惟 熾盛光如來 與北斗七星尊 智慧神通不思議 悉知一切衆生心 能以種種方

편력 멸피군생무량고 조장시우천상 응수복어인간 시이 사바세계 남섬부주 동
便力 滅彼羣生無量苦 照長時于天上 應壽福於人間 是以 娑婆世界 南贍部洲 東

양洋 대한민국大韓民國 모산某山 모사某寺 청정수월도량請淨水月道場 원아금차願我今此 지극지정성至極之精誠 헌공발원재자獻空發願齋者

모처거주某處居住 모인某人 특위이신特爲已身 소멸천재消滅千災 성취만덕成就萬德 연명익수延命益壽 무병장생無病長生 자손창성지대子孫昌盛之大

원願 취어모사就於某寺 이금월금일以今月今日 근비진수謹備珍羞 건성례청虔誠禮請 소재강복消災降福 대권응적大權應跡 허공장지소통虛空藏之所統

치성광지소강熾盛光之所降 치성광여래熾盛光如來 여양대보처與兩大補處 소재보살消災菩薩 식재보살息災菩薩 위수爲首 북두칠성北斗七星 이십二十

팔수八宿 주천열요周天列曜 제성군중諸星君衆 병제권속幷諸眷屬 훈근작법勳勤作法 앙기묘원자仰祈妙援者 우복이右伏以 설명향이례청爇名香而禮請

정옥립이수재呈玉粒以修齋 재체수미齋體雖微 건성가민虔誠可愍 잠사천궁暫辭天宮 원강향연願降香筵 근병일심謹秉一心 선진삼청先陳三請

나무일심봉청南無一心奉請 능멸천재能滅千災 성취만덕成就萬德 금륜보계金輪寶界 치성광여래불熾盛光如來佛 최승세계最勝世界 운의통증運意通證

증명청(證明請)

여래불如來佛 묘보세계妙寶世界 광음자재여래불光音自在如來佛 금색성취여래불金色成就如來佛 무우세계無憂世界 최승길最勝吉

상여래불祥如來佛 정주세계淨住世界 광달지변여래불廣達智辯如來佛 법의세계法意世界 법해유희여래불法海遊戲如來佛 유리세계琉璃世界 약사藥師

유리광여래불 일광변조보살 월광변조보살마하살 유원자비 강림도량 증명공덕
琉璃光如來佛 日光遍照菩薩 月光遍照菩薩摩訶薩 唯願慈悲 降臨道場 證明功德

향화청 (三說)
香花請

가영(歌詠)

위광변조시방중 월인천강일체동
威光遍照十方中 月印千江一切同

사지원명제성사 분림법회이군생 고아일심귀명정례
四智圓明諸聖士 貴臨法會利群生 故我一心歸命頂禮

헌좌게(獻座偈)

묘보리좌승장엄 제불좌이성정각 아금헌좌역여시 자타일시성불도
妙菩提座勝莊嚴 諸佛坐已成正覺 我今獻座亦如是 自他一時成佛道

헌좌진언
獻座眞言

옴 바아라 미나야 사바하 (三遍)

증명다게(證明茶偈)

금장감로다 봉헌증명전 감찰건간심
今將甘露茶 奉獻證明前 鑑察虔懇心

원수애납수 願垂哀納受　원수애납수 願垂哀納受　원수자비애납수 願垂慈悲哀納受

보공양진언
普供養眞言

옴 아아나 삼바바 바라 훔 (三遍)

※ 약례 시는 칠성도청을 거행하고, 시간이 넉넉하면 칠성각청(p. 四二二。)을 거행한다.

■ 칠성도청(七星都請)

도청(都請)

나무일심봉청 권위조화지추기원 작인신지주재 위진삼계 통어만령 판인간선악
南無一心奉請 權爲造化之樞機願 作人神之主宰 威振三界 統御萬靈 判人間善惡

지기 사음부시비지목 북두제일 자손만덕 탐낭태성군 북두제이 장난원리 거문
之期 司陰府是非之目 北斗第一 子孫萬德 貪狼太星君 北斗第二 障難遠離 巨門

원성군 북두제삼 업장소제 녹존정성군 북두제사 소구개득 문곡유성군 북두제
元星君 北斗第三 業障消除 祿存貞星君 北斗第四 所求皆得 文曲紐星君 北斗第

오 백장진멸 염정강성군 북두제육 복덕구족 무곡기성군 북두제칠 수명장원
五百障殄滅 廉貞罡星君 北斗第六 福德具足 武曲紀星君 北斗第七 壽命長遠

파군관성군 북두제팔 총명유감 동명외보성군 북두제구 정직무사 은광내필성
破軍關星君 北斗第八 聰明有感 洞明外補星君 北斗第九 正直無私 隱光內弼星

군 고난원리 상태허정 개덕진군 장난원리 중태육순 사공성군 업장소제 하태
君苦難遠離 上台虛精 開德眞君 障難遠離 中台六淳 司空星君 業障消除 下台

곡생 사록성군 이십팔수주천열요 일체성군등중 유원승 삼보력 강림도량 수차
曲生 司祿星君 二十八宿周天列曜 一切星君等衆 唯願承 三寶力 降臨道場 受此

공양 (三請)
供養

향화청 (三說)
香花請

가영(歌詠)

고성흥비작칠성 인간수복각사동
古聖興悲作七星 人間壽福各司同

수록부감여월인 공계순환제유정 고아일심귀명정례
隨緣赴感如月印 空界循環濟有情 故我一心歸命頂禮

※ 이어서 헌좌게(p. 四二八。)를 거행한다.

청사(請詞)

나무일심봉청 북두제일 자손만덕 양명탐랑태성군 시동방최승세계 운의통증
南無一心奉請 北斗第一 子孫萬德 陽明貪狼太星君 是東方最勝世界 運意通證

여래불 유원 승불신력 강림도량 수차공양
如來佛 惟願 承佛神力 降臨道揚 受此供養

향화청 (三說)
香花請

가영(歌詠)

광류최승금사계 호왈자손만덕군
光流最勝金沙界 號曰子孫萬德君

진거북두승침지 총시중생작복전
鎭居北斗昇沈地 摠是衆生作福田

고아일심귀명정례
故我一心歸命頂禮

청사(請詞)

나무일심봉청 북두제이 장난원리 음정거문원성군 시동방묘보세계 광음자재여
南無一心奉請 北斗第二 障難遠離 陰精巨門元星君 是東方妙寶世界 光音自在如

유원 승불신력 강림도량 수차공양
唯願 承佛神力 降臨道揚 受此供養

향화청 (三說)
香花請

가영(歌詠)

묘보세중광자재 인간천상특초명
妙寶世中光自在 人間天上特超明

원리장난능위주 유시귀의간도성
遠離障難能爲主 由是歸依懇禱誠

고아일심귀명정례
故我一心歸命頂禮

청사(請詞)

나무일심봉청 북두제삼 업장소제 진인 녹존정성군 시동방원만세계 금색성취
南無一心奉請 北斗第三 業障消除 眞人 祿存貞星君 是東方圓滿世界 金色成就

여래불 유원 승불신력 강림도량 수차공양
如來佛 唯願 承佛神力 降臨道揚 受此供養

향화청 (三說)
香花請

가영(歌詠)

원만동방세계주 찬연금색작불명
圓滿東方世界主 燦然金色作佛名

소재업장도심건 천상인간제일성
消除業障度沈愆 天上人間第一星

고아일심귀명정례
故我一心歸命頂禮

청사(請詞)

나무일심봉청 북두제사 소구개득 현명 문곡유성군 시동방무우세계 최승길상
南無一心奉請 北斗第四 所求皆得 玄冥 文曲紐星君 是東方無憂世界 最勝吉詳

여래불 유원 승불신력 강림도량 수차공양
如來佛 唯願 承佛神力 降臨道揚 受此供養

향화청 (三說)
香花請

가영(歌詠)

무우세계길상조 강림화촉보원림
無憂世界吉祥照 降臨花燭寶苑林

앙청여래청정지 광포인천중생심
仰請如來清淨智 光布人天衆生心

고아일심귀명정례
故我一心歸命頂禮

청사(請詞)

나무일심봉청 북두제오 백장진멸 단원 염정강성군 시동방정주세계 광달지변
南無一心奉請 北斗第五 百障參滅 丹元 廉貞綱星君 是東方淨住世界 光達智辨

여래불 유원 승불신력 강림도량 수차공양
如來佛 唯願 承佛神力 降臨道揚 受此供養

향화청 (三說)
香花請

가영(歌詠)

정주세중작불호 淨住世中作佛號
장엄보색세무륜 莊嚴寶色世無倫
중생백장구소멸 衆生百障俱消滅
호시여래대각존 號是如來大覺尊
고아일심귀명정례 故我一心歸命頂禮

청사(請詞)

나무일심봉청 북두제육 복덕구족 북극 무곡기성군 시동방법의세계 법해유희
南無一心奉請 北斗第六 福德具足 北極 武曲紀星君 是東方法意世界 法海遊戲

여래불 유원 승불신력 강림도량 수차공양
如來佛 唯願 承佛神力 降臨道揚 受此供養

향화청 (三說)
香花請

가영(歌詠)

법해왕양유희지　수인복덕급인천
法海汪洋遊戲地　隨因福德及人天
외외엄상하능설　광조향단찬배전
巍巍嚴相何能說　光照香壇讚拜前
고아일심귀명정례
故我一心歸命頂禮

청사(請詞)

나무일심봉청 북두제칠 수명장원 천관 파군관성군 시동방유리세계 약사유리
南無一心奉請 北斗第七 壽命長遠 天關 破軍關星君 是東方琉璃世界 藥師琉璃
광여래불 유원 승불신력 강림도량 수차공양
光如來佛 唯願 承佛神力 降臨道揚 受此供養

가영(歌詠)

향화청 (三說)
香花請

유리세계도중생　능사인천수명장
琉璃世界度衆生　能使人天壽命長

금야요청향화지　선수영험좌도량　고아일심귀명정례
今夜邀請香花地　善垂靈驗坐道揚　故我一心歸命頂禮

청사 (請詞)

나무일심봉청　좌보우필　삼태육성　이십팔수　주천열요　제성군중　병종권속　유원
南無一心奉請　左補右弼　三台六星　二十八宿　周天列曜　諸星君衆　幷從眷屬　唯願

승불신력　강림도량　수차공양
承佛神力　降臨道揚　受此供養

향화청 (三說)
香花請

가영(歌詠)

자미대제통성군　십이궁중태을신
紫微大帝統星君　十二宮中太乙神

칠정재림위성주　삼태공조작현신　고아일심귀명정례
七政齋臨爲聖主　三台供照作賢臣　故我一心歸命頂禮

※ 이어서 헌좌게를 한다.

아금경설보엄좌

헌좌게 (獻座偈)

아금경설보엄좌　봉헌제대성군전　원멸진로망상심　속원해탈보리과
我今敬設寶嚴座　奉獻諸大星君前　願滅塵勞妄相心　速圓解脫菩提果

헌좌진언　獻座眞言

옴 가마라 승하 사바하 (三遍)

정법계진언　淨法界眞言

옴 람 (七遍)

다게 (茶偈) 或、[금장감로다 봉헌칠성전 감찰건간심 원수애 납수]

노애래자조계실
露靄來自曹溪室
원수애납수
願垂哀納受

활수팽다일미신
活水烹茶一味新
원수애납수
願垂哀納受

금장봉헌성군중
今將奉獻星君衆
원수자비애납수
願垂慈悲哀納受

가지변공 (加持變供)

향수나열　재자건성　욕구공양지주원　수장가지지변화　앙유삼보　특사가지
香羞羅列　齋者虔誠　欲求供養之周圓　須仗加持之變化　仰唯三寶　特賜加持

「나무시방불　나무시방법　나무시방승」 (三說)
南無十方佛　南無十方法　南無十方僧

무량위덕 자재광명 승묘력 변식진언
無量威德 自在光明 勝妙力 變食眞言

나막 살바다타 아다 바로기제 옴 삼바라 삼바라 훔 (七遍)

시감로수진언
施甘露水眞言

바라소로 사바하 (七遍)

일자수륜관진언
一字水輪觀眞言

나무 소로바야 다타아다야 다냐타 옴 소로소로 바라소로

옴 밤 밤밤 (七遍)

유해진언
乳海眞言

나무 사만다 못다남 옴 밤 (七遍)

출생공양진언
出生供養眞言

옴 (七遍)

정식진언
淨食眞言

옴 다가 바아라 훔 (七遍)

(약칙운심게주 보공양주 회향주 심경 연명경 성취주 보궐주 축원)
(略則運心偈呪 普供養呪 回向呪 心經 延命經 成就呪 補闕呪 祝願)

운심게 (運心偈)

원차청정묘향찬 願此淸淨妙香饌　보공치성제여래 普供熾盛諸如來　급여일월제성중 及與日月諸星衆　불사자비수차공 不捨慈悲受此供

운심공양진언 運心供養眞言

나막 살바다타 아제 백미 새바 목케배약 살바다캄 오나아제 바라해맘 옴 아아나캄 사바하 (三遍)

가지게 (加持偈)

이차가지묘공구 以此加持妙供具　공양치성제여래 供養熾盛諸如來

이차가지묘공구 以此加持妙供具　공양일광월광중 供養日光月光衆

이차가지묘공구 以此加持妙供具　공양칠원성군중 供養七元星君衆

불사자비수차공 不捨慈悲受此供　시작불사도중생 施作佛事度衆生

※이어서 보공양진언(p.四三一。)

예참(禮懺)　※가지게 거행 시 생략한다.

지심정례공양 至心頂禮供養　금륜보계 金輪寶界　치성광여래불 熾盛光如來佛

지심정례공양　좌우보처　일광월광　양대보살
至心頂禮供養　左右補處　日光月光　兩大菩薩

지심정례공양　북두대성　칠원성군　주천열요　제성군중
至心頂禮供養　北斗大星　七元星君　周天列曜　諸星君衆

유원칠성　애감단성　불사자비　수차공양
唯願七聖　哀鑑丹誠　不捨慈悲　受此供養

보공양진언
普供養眞言

옴 아아나 삼바바 바라 훔 (三遍)

보회향진언
普回向眞言

옴 삼마라 삼마라 미만나 사라마하 자거라바 훔 (三遍)

나무대불정 여래밀인 수증요의 제보살만행 수능엄신주
南無大佛頂 如來密因 修證了義 諸菩薩萬行 首楞嚴神呪

다냐타 옴 아나례 비사제 비라 바아라 다리 반다 반다니 바아라 바니반 호훔

다로옹박 사바하 (三遍)

불설소재길상다라니
佛說消災吉祥陀羅尼

나무 사만다 못다남 아바라지 하다사 사나남 다나타 옴 카카 카혜 카혜 훔

훔 아바라 아바라 바라아바라 바라아바라 지따 지따 지리 지리 빠다 빠다

선지가 시리예 사바하 (三遍)

※「북두칠성연명경」과 「북두본명연생진경」은 생략 가능하며、생략 시 대원성취진언(p。四三五。)

■ 불설북두칠성연명경(佛說北斗七星延命經)

※한 해에 재난이 닥치면 이 경전을 일곱 번 올린다。

약우행년재액예차경 칠배
若遇行年災厄禮此經 七拜

이시 불고문수사리보살 소설차경 유대위신 유대위력 능구일체중생중죄 능멸
爾時 佛告文殊師利菩薩 所説此經 有大威神 有大威力 能救一切衆生重罪 能滅

일체업장 약유비구승 비구니 재관 거사 선남자 선여인 약귀약천 대소생명개
一切業障 若有比丘僧 比丘尼 宰官 居士 善男子 善女人 若貴若賤 大小生命 皆

속북두칠성소관 약문차경 수지공양전독 권어붕우친족골육 수지자 현세획복
屬北斗七星所管 若聞此經 受持供養轉讀 勸於朋友親族骨肉 受持者 現世獲福

후세득생천상 약선남자 선여인 혹선망과자 타어지옥 혹수종종고초 약문차경
後世得生天上 若善男子 善女人 或先亡過者 墮於地獄 或受種種苦楚 若聞此經

신경공양 즉득선망 이어지옥 생어극락세계 약유선남자 선여인 혹피귀매소침
信敬供養 即得先亡 離於地獄 生於極樂世界 若有善男子 善女人 或被鬼魅所侵

사마소요 악몽괴이 혼백경공 약문차경 수지공양 즈득혼백안녕 영무공포 약선
邪魔所嬈 惡夢怪異 魂魄驚恐 若聞此經 受持供養 即得魂魄安寧 永無恐怖 若善

남자 선여인 혹유사관신역 선발정행 약우차경 신경공양 즈득사관고천 심대길
男子 善女人 或有仕官身役 善發征行 若遇此經 信敬供養 即得仕官高遷 甚大吉

약선남자 선여인 혹시질병전신 욕구경차 당어정실 소향공양차경 질병전채 약
若善男子 善女人 或是疾病纏身 欲求輕差 當於淨室 燒香供養此經 疾病痊瘥 若

선남자 선여인 욕득진달 급이출행경기 구재청수흥생화매 약우차경 신경공양
善男子 善女人 欲得進達 及以出行經紀 求財稱遂興生貨賣 若遇此經 信敬供養

즈득구재청수 출입대길 약유선남자 선여인 혹양잠허모 육축불안 즈어정실실 소
即得求財稱遂 出入大吉 若有善男子 善女人 或養蠶虛耗 六畜不安 即於淨室 燒

향공양차경 즈득전잠수의 육축자영 영무손실 역무재장 약유여인 회태난월 약
香供養此經 即得田蠶遂意 六畜孳榮 永無損失 亦無災障 若有女人 懷胎難月 若

우차경 신경공양 즈일득모자분해 액난소제 소생아녀 개득단정 장명과보 약선
遇此經 信敬供養 即一得母子分解 厄難消除 所生兒女 皆得端正 長命果報 若善

남자 선여인 수지북두칠성 관인생명 일생지중 소유재액 관사구설 부명백괴
男子 善女人 須知北斗七星 管人生命 一生之中 所有災厄 官事口舌 釜鳴百怪

약우차경 신경공양 일무방해 이시문수사리언 선남자선여인 공경신수 작례이산
若遇此經 信敬供養 一無妨害 爾時文殊師利言 善男子善女人 恭敬信受 作禮而散

■ 북두본명연생진경(北斗本命延生眞經)

념차대성북두 念此大聖北斗
칠원진군명호 七元真君名號
당득죄업소제 當得罪業消除
재쇠세탕 災衰洗蕩
복수자명 福壽資命
선과진신 善果臻身
범유 凡有
급난 急難
가이분향송경 可以焚香誦經
극기안태 剋期安泰
어시 於是
대성북두해액 응험왈 大聖北斗解厄 應驗曰

대성북두칠원군 능해삼재액 大聖北斗七元君 能解三災厄
대성북두칠원군 능해사재액 大聖北斗七元君 能解四災厄
대성북두칠원군 능해오행액 大聖北斗七元君 能解五行厄
대성북두칠원군 능해육해액 大聖北斗七元君 能解六害厄
대성북두칠원군 능해칠상액 大聖北斗七元君 能解七傷厄
대성북두칠원군 능해팔난액 大聖北斗七元君 能解八難厄
대성북두칠원군 능해구성액 大聖北斗七元君 能解九星厄
대성북두칠원군 능해부처액 大聖北斗七元君 能解夫妻厄
대성북두칠원군 능해남녀액 大聖北斗七元君 能解男女厄
대성북두칠원군 능해산생액 大聖北斗七元君 能解産生厄
대성북두칠원군 능해역려액 大聖北斗七元君 能解疫癘厄
대성북두칠원군 능해질병액 大聖北斗七元君 能解疾病厄
대성북두칠원군 능해정사액 大聖北斗七元君 能解精邪厄
대성북두칠원군 능해호랑액 大聖北斗七元君 能解虎狼厄
대성북두칠원군 능해충사액 大聖北斗七元君 能解蟲蛇厄
대성북두칠원군 능해겁적액 大聖北斗七元君 能解劫賊厄
대성북두칠원군 능해가봉액 大聖北斗七元君 能解枷棒厄
대성북두칠원군 능해횡사액 大聖北斗七元君 能解橫死厄

능해주서액 대성북두칠원군 능해천라액 대성북두칠원군 능해지망액 대성북두
能解呪誓厄 大聖北斗七元君 能解天羅厄 大聖北斗七元君 能解地網厄 大聖北斗

칠원군 능해도병액 대성북두칠원군 능해수화액 즉설북두주왈 북두구진 중천
七元君 能解刀兵厄 大聖北斗七元君 能解水火厄 卽說北斗呪曰 北斗九辰 中天

대신 상조금궐 하부곤륜 조리강기 통제건곤 대괴탐랑 거문녹존 문곡염정 무
大神 上朝金闕 下覆崑崙 調理綱紀 統制乾坤 大魁貪狼 巨門祿存 文曲廉貞 武

곡파군 고상옥황 자미제군 대주천계 세입미진 하재불멸 하복부진 원황정기
曲破軍 高上玉皇 紫微帝君 大周天界 細入微塵 何災不滅 何福不臻 元皇正氣

내합아신 천강소지 주야상륜 속거소인 호도구령 원견존의 영보장생 삼태허정
來合我身 天罡所指 晝夜常輪 俗居小人 好道求靈 願見尊儀 永保長生 三台虛精

육순곡생 생아양아 호아신형 괴작관행 필보표 존제 급급여율령 사바하
六淳曲生 生我養我 護我身形 魁魋魒 魓魓魒 尊帝 急急如律令 娑婆訶

대원성취진언
大願成就眞言

옴 아모카 살바다라 사다야 시베훔 (三遍)

보궐진언
補闕眞言

옴 호로호로 사야목계 사바하 (三遍)

정근(精勤) 或、「나무 북두대성 「칠원성군」」

나무 南無 영통광대 靈通廣大 혜감분명대성 慧鑑分明大聖 북두칠원성군 北斗七元星君 「칠원성군」 (略千聲) 七元星君

탄백 (歎白)

영통광대혜감명 靈通廣大慧鑑明 주재공중영무방 住在空中映無方 나열벽천임찰토 羅列碧天臨刹土 주천인세수산장 周天人世壽筭長

귀의축원 (歸依祝願)

계수귀의례 稽首歸依禮 치성제여래 熾盛諸如來 일월대보살 日月大菩薩 원강대길상 願降大吉祥

수산고흘 壽山高屹 복해왕양 福海汪洋 拜

계수귀의례 稽首歸依禮 천중대추성 天中大樞星 북두칠원군 北斗七元君 원강대길상 願降大吉祥

능멸천재 能滅千災 성취만덕 成就萬德 拜

계수귀의례 稽首歸依禮 좌우보필성 左右補弼星 주천열요중 周天列曜衆 원강대길상 願降大吉祥

일일유천상지경 日日有千祥之慶 시시무백해지재 時時無百害之災 拜

앙고 치성광여래 여북두대성 칠원성군전 첨수연민지지정 각방신통지묘력 불
仰告 熾盛光如來 如北斗大星 七元星君前 僉垂憐愍之至情 各放神通之妙力 不

사자비 허수낭감 상래소수불공덕 회향삼처실원만 시이 사바세계 남섬부주 동
捨慈悲 許垂朗鑑 上來所修佛功德 回向三處悉圓滿 是以 裟婆世界 南瞻部洲 東

양 대한민국 모사 청정수월도량 원아금차 지극지정성 불공발원재자 각각등보
洋 大韓民國 某寺 清淨水月道場 願我今此 至極之精誠 佛供發願齋者 各各等保

체 이차인연공덕 앙몽치성광불 여칠여래 북두칠성 좌보우필 삼태육성 이십
體 以此因緣功德 仰蒙熾盛光佛 與七如來 北斗七星 左補右弼 三台六星 二十

팔수 주천열요 제성군중 가호지묘력 신무일체 병고액난 심무일체 탐연미혹
八宿 周天列曜 諸星君衆 加被之妙力 身無一切 病苦厄難 心無一切 貪戀迷惑

영위소멸 삼재영식 오복증숭 소구여원 종지돈명 계급일문권속 구획길상 사대
永爲消滅 三灾永息 五福增崇 所求如願 種智頓明 洎及一門眷屬 俱獲吉祥 四大

강건 육근청정 자손창성 수명장수 만사여의원만 성취지대원 연후원 처세간
強健 六根清淨 子孫昌盛 壽命長壽 萬事如意圓滿 成就之大願 然後願 處世間

여허공 여련화 불착수 심청정 초어피 계수례 무상존 구호길상 마하반야바라밀
如虛空 如蓮華 不著水 心清淨 超於彼 稽首禮 無上尊 俱護吉祥 摩訶般若波羅蜜

■ 칠성배송(七星拜送)

산화게(散華偈)

아금지주차색화　가지원성청정고
我今持呪此色花　加持願成清淨故

일화공양아여래　수화각귀청정토
一花供養我如來　受花却歸清淨土

아어타일건도량　이작상묘이익경
我於他日建道場　已作上妙利益竟

유원칠원성군중　삼태육성제권속
惟願七元星君衆　三台六星諸眷屬

망령고혼계유정　지옥아귀급방생
亡靈孤魂泊有情　地獄餓鬼及傍生

빙사승선획청량　총희구득불퇴전
憑斯勝善獲清涼　摠希俱得不退轉

아어타일건도량　불위본서환래부
我於他日建道場　不違本誓還來赴

※ 시식을 마친 후 소송할 위패가 있다면 다음의 내용 「금차 보례봉송~봉사삼보」를 거행한 후 보례삼보를 하고、칠성만 배송하는 경우에는 바로 보례삼보를 모신다。

금차 보례봉송재자 모인복위 소천 모인영가등 제불자 각열위열명영가
今日 普禮奉送齋者 某人伏爲 疏薦 某人靈駕等 諸佛者 各列位列名靈駕

기수향공 이청법음 금당봉송 갱의건성 봉사삼보
旣受香供 已聽法音 今當奉送 更宜虔成 奉事三寶

보례삼보 (普禮三寶)

보례시방상주불　普禮十方常住佛

보례시방상주법　普禮十方常住法

보례시방상주승　普禮十方常住僧

행보게 (行步偈)

이행천리만허공　移行千里滿虛空

귀도정망도정방　歸道情忘到淨邦

삼업투성삼보례　三業投誠三寶禮

성범동회법왕궁　聖凡同會法王宮

산화락 (三說)　散花落

나무대성인로왕보살 (三說)　南無大聖引路王菩薩

나무소재회상불보살 (三說)　南無消災會上佛菩薩

법성게 (法性偈)

법성원융무이상　法性圓融無二相

제법부동본래적　諸法不動本來寂

무명무상절일체　無名無相絕一切

증지소지비여경　證智所知非餘境

진성심심극미묘　眞性甚深極微妙

불수자성수연성　不守自性隨緣成

일중일체다중일　一中一切多中一

일즉일체다즉일　一卽一切多卽一

일미진중함시방
一微塵中含十方

일체진중역여시
一切塵中亦如是

무량원겁즉일념
無量遠劫卽一念

일념즉시무량겁
一念卽是無量劫

구세십세호상즉
九世十世互相卽

잉불잡란격별성
仍不雜亂隔別成

초발심시변정각
初發心時便正覺

생사열반상공화
生死涅槃相共和

이사명연무분별
理事冥然無分別

십불보현대인경
十佛普賢大人境

능인해인삼매중
能仁海印三昧中

번출여의부사의
繁出如意不思議

우보익생만허공
雨寶益生滿虛空

중생수기득이익
衆生隨器得利益

시고행자환본제
是故行者還本際

파식망상필부득
叵息妄想必不得

무연선교착여의
無緣善巧捉如意

귀가수분득자량
歸家隨分得資糧

이다라니무진보
以陀羅尼無盡寶

장엄법계실보전
莊嚴法界實寶殿

궁좌실제중도상
窮坐實際中道床

구래부동명위불
舊來不動名爲佛

(소대에 이르러)

■ 봉송칠성 (奉送七星)

상래소청 치성광여래 소재식재보살 칠대성군 좌보우필 이십팔수 계급주천열요
上來召請 熾盛光如來 消災息災菩薩 七大星君 左補右弼 二十八宿 洎及周天列曜

제성군중 불사홍자 이부청영 광림법회 수첨공양 요익아등 능사이원 금당봉송
諸星君衆 不捨弘慈 已赴請迎 光臨法會 受霑供養 饒益我等 能事已圓 今當奉送

각환본위 아불유봉송다라니 근당선념
各還本位 我佛有奉送陀羅尼 謹當宣念

봉송진언
奉送眞言

옴 바아라 사다 목차목 (三遍)

봉송게(奉送偈)

「칠전올올환본위 七殿兀兀還本位
좌우보필차제행 左右補弼次第行
삼태육성각귀사 三台六星各歸司
이십팔수행차도 二十八宿行次到

주천열요귀래로 周天列曜歸來路
봉송성군예배간 奉送星君禮拜間
번화소진풍취헐 幡花燒盡風吹歇
소재강복수여해 消災降福壽如海

영탈객진번뇌도」 永脫客塵煩惱熖 (三說)

※ 시식을 마친 후 전송할 위패가 있다면 다음의 봉송고혼을 거행한다.

■ 봉송고혼(奉送孤魂)

금차 今日
문외봉송재자 門外奉送齋者
모처거주 某處居住
모인복위 某人伏爲
소천 所薦
모인영가등 某人靈駕等
각열위열명영가 各列位列名靈駕

상래 上來
시식풍경 施食諷經
염불공덕 念佛功德
이망연야 離妄緣耶
불리망연야 不離妄緣耶
이망연즉 離妄緣則
천당불찰 天堂佛刹
임성소요 任性逍遙

불리망연즉 차청산승 말후일게
不離妄緣則 且聽山僧 末後一偈

사대각리여몽중 육진심식본래공 욕식불조회광처 일락서산월출동
四大各離如夢中 六塵心識本來空 欲識佛祖回光處 日落西山月出東

풍송가지 (諷誦加持)

염시방삼세 일체제불 제존보살마하살 마하반야바라밀
念十方三世 一切諸佛 諸尊菩薩摩訶薩 摩訶般若波羅蜜

왕생게 (徃生偈)

원왕생 원왕생 왕생극락견미타 획몽마정수기별
願往生 願往生 往生極樂見彌陀 獲蒙摩頂授記莂

원왕생 원왕생 원재미타회중좌 수집향화상공양
願往生 願往生 願在彌陀會中坐 手執香花常供養

원왕생 원왕생 왕생화장연화계 자타일시성불도
願往生 願往生 往生華藏蓮花界 自他一時成佛道

소전진언
燒錢眞言

옴 비로기제 사바하 (三遍)

봉송진언
奉送眞言

상품상생진언
上品上生眞言

옴 바아라 사다 목차목 (三遍)

옴 마니다니 훔훔 바탁 사바하 (三遍)

처세간 여련화 불착수 심청정 초어피 계수례 무상존
處世間 如虛空 如蓮華 不著水 心清淨 超於彼 稽首禮 無上尊

여허공

삼귀의 (三歸依)

귀의불 귀의법 귀의승
歸依佛 歸依法 歸依僧

귀의불양족존 귀의법이욕존 귀의승중중존
歸依佛兩足尊 歸依法離欲尊 歸依僧眾中尊

귀의불경 귀의법경 귀의승경
歸依佛竟 歸依法竟 歸依僧竟

영가 선보운정 복유진중
靈駕 善步雲程 伏惟珍重

보회향진언
普回向眞言

옴 삼마라 삼마라 미만나 사라마하 자거라바 훔 (三遍)

파산게 (破散偈)

화탕풍요천지괴 요요장재백운간 일성휘파금성벽 단향불전칠보산
火蕩風搖天地壞 寥寥長在白雲間 一聲揮破金城壁 但向佛前七寶山

삼회향례 (三回向禮)

나무 환희장마니보적불
南無 歡喜藏摩尼寶積佛

나무 원만장보살마하살
南無 圓滿藏菩薩摩訶薩

나무 회향장보살마하살
南無 回向藏菩薩摩訶薩

以上 七星請 終

● 신중대례청(神衆大禮請)

※ 신중대례청은 특별한 불사나 기도 입재·회향, 동지, 입춘, 안거 결재·해제 등 큰 불공 시 거행한다. 만약 상단권공 이후에 거행하는 것이라면 바로 신중대례청을 거행하고, 별도로 거행하는 것이라면 천수경과 건단의식(p.176~184.)을 모신 후 거행한다.

※ 재 설행 시 ■소청상위와 ■소청중위의 개념으로 신중대례청을 거행하고자 한다면, ①상단(삼보통청) 거불부터 공양게를 마친 후[p.二七五~二七八] ②신중대례청 처음부터 다게[p.四四五~四五四]까지 거행한다. 이후 ③상단 가지변공부터 축원까지 모신 후[p.二七九~二八五]、④중단권공의 식인 기성가지부터 축원까지 거행[p.四五五~四六三]하면 된다.

예적대원만다라니
稽跡大圓滿陀羅尼

계수예적금강부
稽首穢跡金剛部

석가화현금강신
釋迦化現金剛身

삼두노목아여검
三頭弩目牙如劒

팔비개집항마구
八臂皆執降魔具

독사영락요신비
毒蛇瓔珞繞身臂

삼매화륜자수신
三昧火輪自隨身

천마외도급망량
天魔外道及魍魎

문설신주개포주
聞說神呪皆怖走

원승가지대위력
願承加持大威力

속성불사무상도
速成佛事無上道

옴 빌실구리 마하바라 한내 믹집믹 헤마니 미길미 마나세 옴 자가나 오심모

구리 흠흠흠 박박 박박박 사바하 (三遍)

십대명왕본존진언
十大明王本尊眞言
옴 호로호로 지따지따 반다반다 하나하나 아미리제 옴박 (三遍)

소청삼계제천진언
召請三界諸天眞言
옴 사만다 아가라 바리 보라니 다가다가 훔 바탁 (三遍)

거목(擧目)

나무 금강회상 불보살
南無 金剛會上 佛菩薩

나무 도리회상 성현중
南無 忉利會上 聖賢衆

나무 옹호회상 영기등중
南無 擁護會上 靈祇等衆

보소청진언
普召請眞言

나무 보보제리 가리다리 다타 아다야 (三遍)

절이 예적명왕 천부공계 산하지기 옹호성중자 위령막측 신변난사 위도중생
切以 稽跡明王 天部空界 山河地祇 擁護聖衆者 威靈莫測 神變難思 爲度衆生

이혹시자용 위호불법이혹현엄상 시권야 불유적화 창실야 즉명본원 혜감분명
而或示慈容 爲護佛法而或現嚴相 施權也 不留跡化 彰實也 即冥本元 慧鑑分明

묘용자재 상선벌악지무사 소재강복위유직 범제소원 막불향종 시이 사바세계
妙用自在 賞善罰惡之無私 消災降福爲有直 凡諸所願 莫不響從 是以 娑婆世界

남섬부주 동양 대한민국 모산 모사 청정수월도량 원아금차 지극지정성 헌공
南贍部洲 東洋 大韓民國 某山 某寺 淸淨水月道場 願我今此 至極之精誠 獻供

발원재자 모처거주 모인보체 앙몽 화엄성중 가호지묘력 소신정원즉 일일유
發願齋者 某處居住 某人保體 仰蒙 華嚴聖衆 加護之妙力 所神情願即 日日有

천상지경 시시무 백해지재 심중소구소원 여의원만 형통지대원 취어모산 모사
千祥之慶 時時無 百害之災 心中所求所願 如意圓滿 亨通之大願 就於某山 某寺

이금월금일 건설법연 공진정찬 앙헌옹호지성중 부찰간도지범정 기회영감지소
以今月今日 虔設法筵 恭陳淨饌 仰獻擁護之聖衆 俯察懇禱之凡情 冀廻靈鑑之昭

소곡조미성지편편 근병일심 선진삼청
昭曲照微誠之片片 謹秉一心 先陳三請

나무일심봉청 여래화현 원만신통 대예적금강성자 영멸숙앙 청제재금강 파제
南無一心奉請 如來化現 圓滿神通 大穢跡金剛聖者 永滅宿殃 青除災金剛 破除

온황 벽독금강 주제공덕 황수구금강 직수보장 백정수금강 적성화
瘟瘴 辟毒金剛 主諸功德 黃隨求金剛 職守寶藏 白淨水金剛 赤聲火

금강 도자안시물 정제재금강 피견뢰장 자현신금강 응물주생 대신력금강 방편
金剛 道慈眼視物 定除災金剛 披堅牢藏 紫賢神金剛 應物調生 大神力金剛 方便

경물권보살 지달정경색보살 현신조복애보살 보경군미어보살 동방염만다가대
警物眷菩薩 智達定境索菩薩 現身調伏愛菩薩 普警羣迷語菩薩 東方焰曼怛迦大

명왕 남방바라이야다가대명왕 서방바랍마다가대명왕 북방미거라다가대명왕
明王 南方鉢羅抳也怛迦大明王 西方鉢納摩怛迦大明王 北方尾仡曩怛迦大明王

동남방탁기라야대명왕 서남방니라능나대명왕 동북방
東南方吒枳羅惹大明王 西南方嶺羅能拏大明王 東北方

아좌라나타대명왕 하방바라반다라대명왕 상방오니쇄자거라바리제대명왕 병종
阿左攞囊他大明王 下方嚩囉播多羅大明王 上方塢灑灑作訖羅嚩哩帝大明王 幷從

권속 유원승 삼보력 강림도량 옹호법연 수차공양
眷屬 唯願承 三寶力 降臨道場 擁護法筵 受此供養

향화청 (三說)
香花請

가영(歌詠)

금강보검최위웅 金剛寶劍最威雄　일갈능최외도심 一喝能摧外道心

변계건곤개실색 遍界乾坤皆失色　수미도탁반공중 須彌倒卓半空中　고아일심귀명정례 故我一心歸命頂禮

中位、청사(請詞)

나무일심봉청 南無一心奉請　권형응적 權形應跡　실보수인 實報酬因　개내비보살지자비 皆內秘菩薩之慈悲　실외현천신지위맹 悉外現天神之威猛　호탑호 護塔護

법계호인 法護護人　사바계주 娑婆界主　대범천왕 大梵天王　지거세주 地居世主　제석천왕 帝釋天王　북방호세 北方護世　비사문천왕 毘沙門天王　동방 東方

호세 護世　제두뢰타천왕 提頭賴吒天王　남방호세 南方護世　비로륵차천왕 毘盧勒叉天王　서방호세 西方護世　비로박차천왕 毘盧博叉天王　백명이생 百明利生

일궁천자 日宮天子　성주숙왕 星主宿王　월궁천자 月宮天子　친복마원 親伏魔寃　금강밀적 金剛密跡　색계정거 色界頂居　마혜수라천왕 摩醯首羅天王　총영 總領

귀신 鬼神　산지대장 散脂大將　능여총지 能與總持　대변재천왕 大辯才天王　수기소구 隨其所求　대공덕천왕 大功德天王　삼주호법 三洲護法　위태천신 韋駄天神

발명공덕 發明功德　견뇌지신 堅牢地神　각장수음 覺場垂陰　보리수신 菩提樹神　생제귀왕 生諸鬼王　귀자모신 鬼子母神　행일월전 行日月前　마니지신 摩利支神

비장법보 秘藏法寶

사가라용왕 沙竭羅龍王
장유음권 掌幽陰權

염마라왕 閻摩羅王

북극진군 北極眞君

자미대제 紫微大帝

북두제일 北斗第一
탐랑성군 貪狼星君

북두제이 北斗第二
거문성군 巨門星君

북두제삼 北斗第三
녹존성군 祿存星君

북두제사 北斗第四
문곡성군 文曲星君

북두제오 北斗第五
염정성군 康貞星君

북두제육 北斗第六
무곡성군 武曲星君

북두제칠 北斗第七
파군성군 破軍星君

북두제팔 北斗第八
동명외보성군 洞明外補星君

북두제구 北斗第九
은광 隱光

내필성군 內弼星君
상태허정 上台虛精
개덕진군 開德眞君

중태육순 中台六淳
사공성군 司空星君

하태곡생 下台曲生
사록성군 司祿星君
이십팔수 二十八宿

주천열요 周天列曜
제성군중 諸星君衆
출현승덕 出現勝德
아수라왕 阿修羅王
묘음광목 妙音廣目
가루라왕 迦樓羅王
최복아만 摧伏我慢
긴나라왕 緊那羅王

보혜광명 普慧光明
마후라왕 摩睺羅王
병종권속 并從眷屬
유원승 唯願承
삼보력 三寶力
강림도량 降臨道場
옹호법연 擁護法筵
수차공양 受此供養

향화청 香花請 (三說)

가영(歌詠)

범왕제석사천왕 梵王帝釋諸天衆
불법문중서원견 佛法門中誓願堅
열입초제천만세 列立招提千萬歲
자연신용호금선 自然神用護金仙
고아일심귀명정례 故我一心歸命頂禮

나무일심봉청 상어일체 작법지처 자엄등시 위작옹호 이십오위 만사길상 호계
南無一心奉請 常於一切 作法之處 慈嚴等施 爲作擁護 二十五位 萬事吉祥 護戒

대신 일십팔위 내호정법 복덕대신 보덕정화토지신 정장엄당도량신 수호필추
大神 一十八位 內護正法 福德大神 普德淨華土地神 淨莊嚴幢道場神 守護苾蒭

가람신 보부법계옥택신 출입무애문호신 청정복업주정신 보생환희주정신 출납
伽藍神 普覆法界屋宅神 出入無礙門戶神 清淨福業主庭神 保生歡喜主井神 出納

자재주조신 덕고한적주산신 서제부정청칙신 성취묘경대애신 운우등윤주수신
自在主竈神 德高閒寂主山神 誓除不淨圓厠神 成就妙粳碓磑神 雲雨等潤主水神

광명파암주화신 견이자재주금신 생아발요주목신 생성주지주토신 분표오덕오
光明破暗主火神 堅利自在主金神 生芽發耀主木神 生成住持主土神 分表五德五

방신 증고제액십이토공신 기진한서년직방위신 파암익물일월시직신 광흥공양
方神 拯苦濟厄十二土公神 紀陳寒暑年直方位神 破暗益物日月時直神 廣興供養

광야신 공덕대해주하신 윤익군품주하신 보흥운당주강신 분치열후도로신 엄정
廣野神 功德大海主海神 潤益羣品主河神 普興雲幢主江神 分置列堠道路神 嚴淨

궁전성황신 포화여운초휘신 만행법미가색신 산멸아만주풍신 시리다반주우신
宮殿城隍神 布華如雲草卉神 萬行法味稼穡神 散滅我慢主風神 施利多般主雨神

행덕항명주주신 도인정로주야신 수처변형신중신 수축불사족행신 장판수요사
行德恒明主晝神 導引正路主夜神 隨處變形身眾神 隨逐不捨足行神 掌判壽天司

명신 밀정자량사록신 좌종주동장선신 우축주동장악신 행벌행병이위대신 온황
命神 密定資糧司祿神 左逐注童掌善神 右逐注童掌惡神 行罰行病二位大神 瘟瘍

고 채이위대신 주재음양 권형조화 부지명위 일체호법 선신영기등중 유원승
痼療二位大神 主執陰陽 權衡造化 不知名位 一切護法 善神靈祇等衆 唯願承

삼보력 강림도량 옹호법연 수차공양
三寶力 降臨道場 擁護法筵 受此供養

향화청 (三說)
香花請

가영(歌詠)

옹호성중만허공 도재호광일도중
擁護聖衆滿虛空 都在毫光一道中

신수불어상옹호 봉행경전영류통 고아일심귀명정례
信受佛語常擁護 奉行經典永流通 故我一心歸命頂禮

보례삼보(普禮三寶) ※ 상단을 향해서 거행한다.

근백 옹호성현등중 기수건청 이강향단 당제방일지심 가발은근지의 투성천종
謹白 擁護聖賢等衆 旣受虔請 已降香壇 當除放逸之心 可發慇懃之意 投誠千種

간의만단 상삼보지난봉 경일심이신례 하유보례지게 대중수언후화
懇意萬端 想三寶之難逢 傾一心而信禮 下有普禮之偈 大衆隨言後和

보레시방무상존
普禮十方無上尊
오지십신제불타
五智十身諸佛陀

보레시방이욕존
普禮十方離欲尊
오교삼승제달마
五教三乘諸達摩

보레시방중중존
普禮十方衆中尊
대승소승제승가
大乘小乘諸僧伽

헌좌안위(獻座安位)　※ 중단을 향해서 거행한다.

재백
再白
옹호성현등중
擁護聖賢等衆
기정삼업
旣淨三業
이례시방
已禮十方
소요자재이무구
逍遙自在以無拘
적정안한이유락 자자
寂靜安閒而有樂 玆者

향등호열
香燈互列
화가교진
華果交陳
기부연회이기영
旣敷筵會以祇迎
의정용의이취좌
宜整容儀而就座
하유안좌지게
下有安座之偈
대중수언후화
大衆隨言後和

법성게(法性偈)

법성원융무이상
法性圓融無二相
제법부동본래적
諸法不動本來寂
무명무상절일체
無名無相絕一切
증지소지비여경
證智所知非餘境

진성심심극미묘
眞性甚深極微妙
불수자성수연성
不守自性隨緣成
일중일체다중일
一中一切多中一
일즉일체다즉일
一卽一切多卽一

일미진중함시방
一微塵中含十方
일체진중역여시
一切塵中亦如是
무량원겁즉일념
無量遠劫卽一念
일념즉시무량겁
一念卽是無量劫

구세십세호상즉 九世十世互相卽
잉불잡란격별성 仍不雜亂隔別成
초발심시변정각 初發心時便正覺
생사열반상공화 生死涅槃相共和

이사명연무분별 理事冥然無分別
십불보현대인경 十佛普賢大人境
능인해인삼매중 能仁海印三昧中
번출여의부사의 繁出如意不思議

우보익생만허공 雨寶益生滿虛空
중생수기득이익 衆生隨器得利益
시고행자환본제 是故行者還本際
파식망상필부득 叵息妄想必不得

무연선교착여의 無緣善巧捉如意
귀가수분득자량 歸家隨分得資糧
이다라니무진보 以陀羅尼無盡寶
장엄법계실보전 莊嚴法界實寶殿

궁좌실제중도상 窮坐實際中道床
구래부동명위불 舊來不動名爲佛

헌좌게(獻座偈)
보헌일체성현중 普獻一切聖賢衆
원멸진로망상심 願滅塵勞妄想心
속원해탈보리과 速圓解脫菩提果

아금경설보엄좌 我今敬設寶嚴座

헌좌진언
獻座眞言

옴 가마라 승하 사바하 (三遍)

다게(茶偈)

청정명다약 淸淨茗茶藥
능제병혼침 能除病昏沈
유기옹호중 唯冀擁護衆

원수애납수
願垂哀納受

원수애납수
願垂哀納受

원수자비애납수
願垂慈悲哀納受

(차향상단권공축원후 경향 중단)
(次向上壇勸供祝願後 更向 中壇)

기성가지(祈聖加持)

절이
切以
香燈耿耿 玉漏沈沈 今當上供 大聖之尊 亦可次獻 擁護之聖衆 茲者 重伸

향등경경 옥루침침 금당상공 대성지존 역가차헌 옹호지성중 자자 중신

격절 재설명향 욕성공양지주원 수장가지지변화 앙유삼보 특사가지
激切 再爇名香 欲成供養之周圓 須仗加持之變化 仰唯三寶 特賜加持

「나무시방불 나무시방법 나무시방승」 (三說)
南無十方佛 南無十方法 南無十方僧

무량위덕 자재광명 승묘력 변식진언
無量威德 自在光明 勝妙力 變食眞言

나막 살바다타 아다 바로기제 옴 삼바라 삼바라 훔 (二七遍)

시감로수진언
施甘露水眞言

나무 소로바야 다타아다야 다냐타 옴 소로소로 바라소로 바라소로 사바하 (三七遍)

일자수륜관진언
一字水輪觀眞言　옴 밤 밤 밤밤 (二七遍)

유해진언
乳海眞言　나무 사만다 못다남 옴 밤 (二七遍)

출생공양진언
出生供養眞言　옴 (二七遍)

정식진언
淨食眞言　옴 다가 바아라 훔 (二七遍)

상래 가지이흘
上來 加持已訖

가지공양(加持供養)

변화무궁 이차향수 특신배헌
變化無窮 以此香需 特伸拜獻

향공양연향공양 다공양선다공양
香供養燃香供養 茶供養仙茶供養

등공양연등공양 미공양향미공양
燈供養燃燈供養 米供養香米供養

과공양선과공양 화공양선화공양
果供養仙果供養 花供養仙花供養

불사자비수차공양 유원신중 애감단성 수차공양
不捨慈悲受此供養 唯願神衆 哀鑑丹誠 受此供養 (三說 繞匝)

가지게 (加持偈)

이차가지묘공구
以此加持妙供具
공양예적명왕중
供養穢跡明王衆

이차가지묘공구
以此加持妙供具
공양범석제천중
供養梵釋諸天衆

이차가지묘공구
以此加持妙供具
공양호법선신중
供養護法善神衆

실개수공발보리
悉皆受供發菩提
시작불사도중생
施作佛事度衆生

보공양진언
普供養眞言

옴 아아나 삼바바 바라 훔 (三遍)

보회향진언
普回向眞言

옴 삼마라 삼마라 미만나 사라마하 자거라바 훔 (三遍)

마하반야바라밀다심경
摩訶般若波羅蜜多心經

관자재보살 행심반야바라밀다시 조견오온개공 도일체고액 사리자 색불이공
觀自在菩薩 行深般若波羅蜜多時 照見五蘊皆空 度一切苦厄 舍利子 色不異空

공불이색 색즉시공 공즉시색 수상행식 역부여시 사리자 시제법공상 불생불멸
空不異色 色卽是空 空卽是色 受想行識 亦復如是 舍利子 是諸法空相 不生不滅

불구부정 부증불감 시고공중무색 무수상행식 무안이비설신의 무색성향미촉법
不垢不淨 不增不減 是故空中無色 無受想行識 無眼耳鼻舌身意 無色聲香味觸法

무안계 내지무의식계 무무명 역무무명진 내지무노사 역무노사진 무고집멸도
無眼界 乃至無意識界 無無明 亦無無明盡 乃至無老死 亦無老死盡 無苦集滅道

무지역무득 이무소득고 보리살타 의반야바라밀다고 심무가애 무가애고 무유
無智亦無得 以無所得故 菩提薩埵 依般若波羅蜜多故 心無罣礙 無罣礙故 無有

공포 원리전도몽상 구경열반 삼세제불 의반야바라밀다고 득아뇩다라삼먁삼보
恐怖 遠離顚倒夢想 究竟涅槃 三世諸佛 依般若波羅蜜多故 得阿耨多羅三藐三菩

리 고지반야바라밀다 시대신주 시대명주 시무상주 시무등등주 능제일체고
提 故知般若波羅蜜多 是大神呪 是大明呪 是無上呪 是無等等呪 能除一切苦

진실불허 고설반야바라밀다주 즉설주왈
眞實不虛 故說般若波羅蜜多呪 卽說呪曰

「아제아제 바라아제 바라승아제 모지 사바하」 (三遍)

■ 화엄경 약찬게 〔華嚴經 略纂偈〕

대방광불화엄경 용수보살약찬게 나무화장세계해 비로자나진법신
大方廣佛華嚴經 龍樹菩薩略纂偈 南無華藏世界海 毘盧遮那眞法身

현재설법노사나 석가모니제여래 과거현재미래세 시방일체제대성
現在說法盧舍那 釋迦牟尼諸如來 過去現在未來世 十方一切諸大聖

근본화엄전법륜
根本華嚴轉法輪

해인삼매세력고
海印三昧勢力故

보현보살제대중
普賢菩薩諸大衆

집금강신신중신
執金剛神身衆神

족행신중도량신
足行神衆道場神

주성신중주지신
主城神衆主地神

주산신중주림신
主山神衆主林神

주약신중주가신
主藥神衆主稼神

주하신중주해신
主河神衆主海神

주수신중주화신
主水神衆主火神

주풍신중주공신
主風神衆主空神

주방신중주야신
主方神衆主夜神

주주신중아수라
主晝神衆阿修羅

가루라왕긴나라
迦樓羅王緊那羅

마후라가야차왕
摩睺羅伽夜叉王

제대용왕구반다
諸大龍王鳩槃茶

건달바왕월천자
乾達婆王月天子

일천자중도리천
日天子衆忉利天

야마천왕도솔천
夜摩天王兜率天

화락천왕타화천
化樂天王他化天

대범천왕광음천
大梵天王光音天

변정천왕광과천
遍淨天王廣果天

대자재왕불가설
大自在王不可說

보현문수대보살
普賢文殊大菩薩

법혜공덕금강당
法慧功德金剛幢

금강장급금강혜
金剛藏及金剛慧

광염당급수미당
光焰幢及須彌幢

대덕성문사리자
大德聲聞舍利子

급여비구해각등
及與比丘海覺等

우바새장우바이
優婆塞長優婆夷

선재동자동남녀
善財童子童男女

기수무량불가설
其數無量不可說

선재동자선지식
善財童子善知識

문수사리최제일
文殊舍利最第一

덕운해운선주승
德雲海雲善住僧

미가해탈여해당
彌伽解脫與海幢

휴사비목구사선
休舍毘目瞿沙仙

승열바라자행녀
勝熱婆羅慈行女

선견자재주동자
善見自在主童子

구족우바명지사
其足優婆明智士

법보계장여보안 法寶髻長與普眼

무염족왕대광왕 無厭足王大光王

부동우바변행외 不動優婆遍行外

우바라화장자인 優婆羅華長者人

바시라선무상승 婆施羅船無上勝

사자빈신바수밀 獅子嚬伸婆須密

비실지라거사인 毘瑟祇羅居士人

관자재존여정취 觀自在尊與正趣

대천안주주지신 大天安住主地神

바산바연주야신 婆珊婆演主夜神

보덕정광주야신 普德淨光主夜神

희목관찰중생신 喜目觀察眾生神

보구중생묘덕신 普救眾生妙德神

적정음해주야신 寂靜音海主夜神

수호일체주야신 守護一切主夜神

개부수화주야신 開敷樹華主夜神

대원정진력구호 大願精進力救護

묘덕원만구바녀 妙德圓滿瞿婆女

마야부인천주광 摩耶夫人天主光

변우동자중예각 遍友童子眾藝覺

현승견고해탈장 賢勝堅固解脫長

묘월장자무승군 妙月長者無勝軍

최적정바라문자 最寂靜婆羅門者

덕생동자유덕녀 德生童子有德女

미륵보살문수등 彌勒菩薩文殊等

보현보살미진중 普賢菩薩微塵眾

어차법회운집래 於此法會雲集來

상수비로자나불 常隨毘盧遮那佛

어련화장세계해 於蓮華藏世界海

조화장엄대법륜 造化莊嚴大法輪

시방허공제세계 十方虛空諸世界

역부여시상설법 亦復如是常說法

육육육사급여삼 六六六四及與三

일십일일역부일 一十一一亦復一

세주묘엄여래상 世主妙嚴如來相

보현삼매세계성 普賢三昧世界成

화장세계노사나 華藏世界盧舍那

여래명호사성제 如來名號四聖諦

광명각품문명품 光明覺品問明品

정행현수수미정 淨行賢首須彌頂

수미정상게찬품　須彌頂上偈讚品　보살십주범행품　菩薩十住梵行品　발심공덕명법품　發心功德明法品　불승야마천궁품　佛昇夜摩天宮品

야마천궁게찬품　夜摩天宮偈讚品　십행품여무진장　十行品與無盡藏　불승도솔천궁품　佛昇兜率天宮品　도솔천궁게찬품　兜率天宮偈讚品

십회향급십지품　十回向及十地品　십정십통십인품　十定十通十忍品　아승지품여수량　阿僧祇品與壽量　보살주처불불사　菩薩住處佛不思

여래십신상해품　如來十身相海品　여래수호공덕품　如來隨好功德品　보현행급여래출　普賢行及如來出　이세간품입법계　離世間品入法界

시위십만게송경　是爲十萬偈頌經　삼십구품원만교　三十九品圓滿教　풍송차경신수지　諷誦此經信受持　초발심시변정각　初發心時便正覺

안좌여시국토해　安坐如是國土海　시명비로자나불　是名毘盧遮那佛

불설소재길상다라니　佛說消災吉祥陀羅尼

나무 사만다 못다남 아바라지 하다사 사나남 다냐타 옴 카카 카혜 카혜 훔 흠 아바라 아바라 바라아바라 바라아바라 지따 지따 지리 지리 빠다 빠다 선지가 시리예 사바하 (三遍)

준제진언
准提眞言

나무 사다남 삼먁 삼못다 구치남 다냐타

「옴 자례주례 준제 사바하 부림」 (三遍)

대원성취진언
大願成就眞言

옴 아모카 살바다라 사다야 시베 훔 (三遍)

보궐진언
補闕眞言

옴 호로호로 사야목계 사바하 (三遍)

옹호회상성현중　불법문중서원견　열립초제천만세　자연신용호금선
擁護會上聖賢衆　佛法門中誓願堅　列立招提千萬歲　自然神用護金仙

탄백(歎白)

귀의축원(歸依祝願)

계수귀의례　팔대금강부　사대보살중　십대명왕등　원강대길상
稽首歸依禮　八大金剛部　四大菩薩衆　十大明王等　願降大吉祥　拜

계수귀의례　대범제석존　사왕양천자　제천성숙중　원강대길상
稽首歸依禮　大梵帝釋尊　四王兩天子　諸天星宿衆　願降大吉祥　拜

계수귀의례　호계복덕신　주조주산중　호법선신등　원강대길상
稽首歸依禮　護戒福德神　主竈主山衆　護法善神等　願降大吉祥　拜

원차가호력 願借加護力
돈단음노치 頓斷婬怒癡
상봉불법승 常逢佛法僧
근수계정혜 勤修戒定慧
성성경불매 惺惺更不昧

불퇴보리심 不退菩提心
당생극락국 當生極樂國
친견무량수 親見無量壽
획몽마정기 獲蒙摩頂記

절이 切以
이 화엄회상 제대현성 華嚴會上 諸大賢聖
첨수연민지지정 僉垂憐愍之至情
각방신통지묘력 各方神通之妙力
원아금차 지극지정 願我今此 至極之精

성 誠
성 불공발원재자 佛供發願齋者
모처거주 모인보체 某處居住 某人保體
앙몽제대성중 仰蒙諸大聖衆
가호지묘력 加護之妙力
소신정원즉 所神情願卽

일일유천상지경 시시무백해지재
日日有千祥之慶 時時無百害之災
심중소구소원 여의원만 형통지대원
心中所求所願 如意圓滿 亨通之大願

재고축 금차지극지성 불공발원재자
再告祝 今此至極至誠 佛供發願齋者
앙몽화엄성중 가호지묘력 병고자즉득쾌차
仰蒙華嚴聖衆 加護之妙力 病苦者卽得快差

단명자수명장원 직무자수분성취 직장자진급성취 각기경영지사업 만사여의원
短命者壽命長遠 職務者隨分成就 職場者進級成就 各其經營之事業 萬事如意圓

만성취대원 억원 동서사방 출입왕환 상봉길경 불봉재해 관재구설 삼재팔
滿成就之大願 抑願 東西四方 出入往還 常逢吉慶 不逢災害 官災口舌 三災八

난 사백사병 영위소멸 각기 사대강건 육근청정 악인원리 귀인상봉 자손창성
難 四百四病 永爲消滅 各其 四大強健 六根淸淨 惡人遠離 貴人常逢 子孫昌盛

부귀영화(富貴榮華) 만사일일(萬事日日) 여의원만(如意圓滿) 성취지발원(成就之發願) 연후원(然後願) 처세간(處世間) 여허공(如虛空) 여련화(如蓮華) 불착(不著)

수(水) 심청정(心淸淨) 초어피(超於彼) 계수례(稽首禮) 무상존(無上尊) 구호길상(俱護吉祥) 마하반야바라밀(摩訶般若波羅蜜)

以上 神衆大禮請 終

● 산신청(山神請)

※ 천수경과 건단의식(p. 一七六 ~ 一八四。)까지 마친 후 거행한다.

거목(擧目)

나무　만덕고승　성개한적　산왕대신
南無　萬德高勝　性皆閑寂　山王大神

나무　차산국내　항주대성　산왕대신
南無　此山局內　恒住大聖　山王大神

나무　시방법계　지령지성　산왕대신
南無　十方法界　至靈至聖　山王大神

보소청진언
普召請眞言

나무 보보제리 가리다리 다타 아다야 (三遍)

유치(由致)

절이 산왕대성자 최신최령 능위능맹 능맹지처 최요항마 최령지시 소재강복
切以 山王大聖者 最神最靈 能威能猛 能猛之處 摧妖降魔 最靈之時 消災降福

유구개수 무원부종 시이 사바세계 모산 모사 청정수월도량 원아금차 지극지
有求皆遂 無願不從 是以 娑婆世界 某山 某寺 清淨水月道場 願我今此 至極之

정성 헌공발원재자 모처거주 모인보체
精誠 獻供發願齋者 某處居住 某人保體

앙몽산왕대신 가호지묘력 이차인연공
仰蒙山王大神 加護之妙力 以此因緣功

덕 심중소구소원 원만형통지대원 취어 모사 정쇄도량 이금월금일 건설법연
德 心中所求所願 圓滿亨通之大願 就於 某寺 淨灑道場 以今月今日 虔設法筵

정찬공양 제대산왕 병종권속 기회영감 곡조미성 앙표일심 선진삼청
淨饌供養 諸大山王 幷從眷屬 冀廻靈鑑 曲照微誠 仰表一心 先陳三請

청사(請詞)

나무일심봉청 내비보살지자비 외현산신지위맹 신통자재 묘력난사 허철시방
南無一心奉請 內秘菩薩之慈悲 外現山神之威猛 神通自在 妙力難思 虛徹十方

광통삼제 산하석벽 불능장애 순목지간 청척편도 후토성모 오악제군 직전외아
廣通三際 山河石壁 不能障礙 瞬目之間 請則便到 后土聖母 五岳帝君 直典鬼萯

팔대산왕 금기오온 안제부인 익성보덕진군 차산국내 항주대성 시방법계 지령
八大山王 禁忌五蘊 安濟夫人 益聖保德眞君 此山局內 恒住大聖 十方法界 至靈

지성 제대산왕 병제권속 유원승 삼보력 강림도량 수차공양 (三請)
至聖 諸大山王 幷諸眷屬 唯願承 三寶力 降臨道場 受此供養

향화청 (三說)
香花請

가영(歌詠)

유일자정청청장리　遊逸恣情青嶂裏
소요쾌락벽만중　逍遙快樂碧巒中
잠굴운병임법회　暫屈雲輧臨法會
요청원음오대공　了聽圓音悟大空
고아일심귀명정례　故我一心歸命頂禮

헌좌게 (獻座偈)

아금경설보엄좌　我今敬設寶嚴座
봉헌일체산왕중　奉獻一切山王衆
원멸진로망상심　願滅塵勞妄相心
속원해탈보리과　速圓解脫菩提果

헌좌진언　獻座眞言

옴 가마라 승하 사바하 (三遍)

정법계진언　淨法界眞言

옴 람 (二七遍)

다게 (茶偈)

이차청정향운공　以此清淨香雲供
봉헌제대산왕전　奉獻諸大山王前
감찰재자건감심　鑑察齋者虔懇心

원수애납수　願垂哀納受

원수애납수　願垂哀納受

원수자비애납수　願垂慈悲哀納受

가지변공(加持變供)

향수나열 재자건성 육구공양지주원 수장가지지변화 앙유삼보 특사가지
香羞羅列 齋者虔誠 欲求供養之周圓 須仗加持之變化 仰唯三寶 特賜加持

「나무시방불 나무시방법 나무시방승」 (三說)
南無十方佛 南無十方法 南無十方僧

무량위덕 자재광명 승묘력 변식진언
無量威德 自在光明 勝妙力 變食眞言

나막 살바다타 아다 바로기제 옴 삼바라 삼바라 훔 (二七遍)

시감로수진언
施甘露水眞言

나무 소로바야 다타아다야 다냐타 옴 소로소로 바라소로
바라소로 사바하 (二七遍)

일자수륜관진언
一字水輪觀眞言

옴 밤 밤밤 (二七遍)

유해진언
乳海眞言

나무 사만다 못다남 옴 밤 (二七遍)

출생공양진언
出生供養眞言

옴 (二七遍)

정식진언
淨食眞言

옴 다가 바아라 훔 (二七遍)

운심공양진언
運心供養眞言

운심게(運心偈)

원차향공변법계　보공무진산왕중　급여일체제권속　불사자비수차공
願此香供遍法界　普供無盡山王衆　及與一切諸眷屬　不捨慈悲受此供

나막 살바다타 아제 백미 새바 목케배약 살바다캄 오나아제 바라해맘 옴 아아나캄 사바하 (三遍)

가지게(加持偈)

이차가지묘공구　공양산왕대신중　실개수공발보리　시작불사도중생　※이어서 보공양진언(p。四七○。)
以此加持妙供具　供養山王大神衆　悉皆受供發菩提　施作佛事度衆生

예참(禮懺)　※가지게 거행 시 생략한다。

지심정례공양 만덕고승 성개한적 산왕대신
至心頂禮供養 萬德高勝 性皆閑寂 山王大神

지심정례공양
至心頂禮供養

차산국내 항주대성 산왕대신
此山局內 恒住大聖 山王大神

지심정례공양
至心頂禮供養

시방법계 지령지성 산왕대신
十方法界 至靈至聖 山王大神

유원산신
唯願山神

애강단성 불사자비 수차공양
哀降丹誠 不捨慈悲 受此供養

보공양진언
普供養眞言

옴 아아나 삼바바 바라 훔 (三遍)

보회향진언
普回向眞言

옴 삼마라 삼마라 미만나 사라마하 자거라바 훔 (三遍)

마하반야바라밀다심경
摩訶般若波羅蜜多心經

관자재보살 행심반야바라밀다시 조견오온개공 도일체고액 사리자 색불이공
觀自在菩薩 行深般若波羅蜜多時 照見五蘊皆空 度一切苦厄 舍利子 色不異空

공불이색 색즉시공 공즉시색 수상행식 역부여시 사리자 시제법공상 불생불멸
空不異色 色卽是空 空卽是色 受想行識 亦復如是 舍利子 是諸法空相 不生不滅

불구부정 부증불감 시고공중무색 무수상행식 무안이비설신의 무색성향미촉법
不垢不淨 不增不減 是故空中無色 無受想行識 無眼耳鼻舌身意 無色聲香味觸法

무안계 내지무의식계 무무명 역무무명진 내지무노사 역무노사진 무고집멸도
無眼界 乃至無意識界 無無明 亦無無明盡 乃至無老死 亦無老死盡 無苦集滅道

무지역무득 이무소득고 보리살타 의반야바라밀다고 심무가애 무가애고 무유
無智亦無得 以無所得故 菩提薩埵 依般若波羅蜜多故 心無罣礙 無罣礙故 無有

공포 원리전도몽상 구경열반 삼세제불 의반야바라밀다고 득아뇩다라삼먁삼보
恐怖 遠離顛倒夢想 究竟涅槃 三世諸佛 依般若波羅蜜多故 得阿耨多羅三藐三菩

리 고지반야바라밀다 시대신주 시대명주 시무상주 시무등등주 능제일체고
提 故知般若波羅蜜多 是大神呪 是大明呪 是無上呪 是無等等呪 能除一切苦

진실불허 고설반야바라밀다주 즉설주왈
眞實不虛 故說般若波羅蜜多呪 卽說呪曰

「아제아제 바라아제 바라승아제 모지 사바하」 (三遍)

불설소재길상다라니
佛說消災吉祥陀羅尼

나무 사만다 못다남 아바라지 하다사 사나남 다냐타 옴 카카 카혜 카혜 훔

훔 아바라 아바라 바라아바라 바라아바라 지따 지따 지리 지리 빠다 빠다

선지가 시리예 사바하 (三遍)

대산소산 大山小山 산왕대신 山王大神

대악소악 大岳小岳 산왕대신 山王大神

대각소각 大覺小覺 산왕대신 山王大神

대축소축 大丑小丑 산왕대신 山王大神

미산재처 尾山在處 산왕대신 山王大神

이십육정 二十六丁 산왕대신 山王大神

외악명산 外岳明山 산왕대신 山王大神

사해피발 四海被髮 산왕대신 山王大神

명당토산 明堂土山 산왕대신 山王大神

금궤대덕 金櫃大德 산왕대신 山王大神

청룡백호 靑龍白虎 산왕대신 山王大神

현무주작 玄武朱雀 산왕대신 山王大神

동서남북 東西南北 산왕대신 山王大神

원산근산 遠山近山 산왕대신 山王大神

상방하방 上方下方 산왕대신 山王大神

흉산길산 凶山吉山 산왕대신 山王大神

대원성취진언 大願成就眞言

옴 아모카 살바다라 사다야 시베훔 (三遍)

보궐진언 補闕眞言

옴 호로호로 사야목계 사바하 (三遍)

정근(精勤)

나무 만덕고승 성개한적 「산왕대신」(多聲)
南無 萬德高勝 性皆閑寂 山王大神

탄백(歎白)

영산석일여래촉　위진강산도중생　만리백운청장리　운거학가임한정
靈山昔日如來囑　威鎮江山度衆生　萬里白雲青嶂裡　雲車鶴駕任閒情

귀의축원(歸依祝願)

계수귀의례
稽首歸依禮
영산수불기(靈山受佛記)　후토대성모(后土大聖母)　보덕제대신(保德諸大神)　원강대길상(願降大吉祥)

계수귀의례
稽首歸依禮
재액돈제(災厄頓除)　복수연장(福壽延長) 拜　신통부사의(神通不思議)　청정차명산(清淨此明山)　항주대진군(恒住大眞君)　원강대길상(願降大吉祥)

계수귀의례
稽首歸依禮
일일유천상지경(日日有千祥之慶)　시시무백해지재(時時無百害之災) 拜　제대산왕중(諸大山王衆)　원강대길상(願降大吉祥)

계수귀의례
稽首歸依禮
시방진법계(十方盡法界)　권형급실보(權形及實報)　복록운흥어백년(福祿雲興於百年)　자손창성어만세(子孫昌盛於萬世) 拜

축원(祝願)

절이(切以)　제대산왕대신전(諸大山王大神前)　첨수연민지지정(僉垂憐恐之至情)　각방신통지묘력(各方神通之妙力)　원아금차(願我今此)　헌공발원재자(獻供發願齋者)

모처거주 某處居住

모인보체 某人保體
이차인연공덕 以此因緣功德

앙몽산왕대신 仰蒙山王大神
가피지묘력 加被之妙力

일체병고액난 一切病苦厄難
영위소멸 永爲消滅

사대강건 四大强健
육근청정 六根淸淨

자손창성 子孫昌盛
수명장수 壽命長壽
만사여의원만 萬事如意圓滿

형통지대원 亨通之大願

재고축 再告祝
금차지극지성 今此至極至誠
헌공발원재자 獻供發願齋者
각기 各其

동서사방 東西四方
출입왕환 出入往還
상봉길경 常逢吉慶
불봉재 不逢災

해관재구설 害官災口舌
삼재팔난 三災八難
사백사병 四百四病
영위소멸 永爲消滅

악인원리 惡人遠離
귀인상봉 貴人相逢
병고자즉득쾌차 病苦者卽得快差

단명자수명장원 短命者壽命長遠
무인연자속득인연 無因緣者速得因緣

학업자학업성취 學業者學業成就
각종시험자무난합격 各種試驗者無難合格
사업 事業

자사업성취 者事業成就
공업자안전조업 工業者安全操業
상업자재수대통 商業者財數大通
농업자오곡풍년 農業者五穀豊年
운전자안전운행 運轉者安全運行

승선자안전운항 乘船者安全運航
무직자취직성취 無職者就職成就
직장자진급성취 職場者進級成就
직무자수분성취 職務者隨分成就
각기경영지 各其經營之

사업 事業
만사여의원만 萬事如意圓滿
형통지발원 亨通之發願
연후원 然後願

처세간 處世間
여허공 如虛空
여련화 如蓮華
불착수 不著水
심청정 心淸淨

초어피계수례 超於彼稽首禮
무상존 無上尊
구호길상 俱護吉祥
마하반야바라밀 摩訶般若波羅蜜

以上 山神請 終

◉ 용왕청(龍王請)

※ 용왕청을 별도로 모실 경우 천수경과 건단의식(p。一七六 ~ 一八四。)까지 마친 후 거행한다。

거목(擧目) 或、[나무시방불 나무시방법 나무시방승]

나무 **삼주호법 위태천신**
南無 三州護法 韋駄天神

나무 **좌보처 사가라용왕**
南無 左補處 沙伽羅龍王

나무 **우보처 화수길용왕**
南無 右補處 和修吉龍王

진령게(振鈴偈)

이차진령신소청 호법용왕보문지
以此振鈴伸召請 護法龍王普聞知

원승삼보력가지 금일금시래부회
願承三寶力加持 今日今時來不會

보소청진언
普召請眞言

나무 보보제리 가리다리 다타 아다야 (三遍)

유치(由致)

절이 영산회상 발원도생 지심경중 귀명례성 호승변신어금전지외 청불유영어
切以 靈山會上 發願度生 至心敬衆 歸命禮聖 呼僧變身於金殿之外 請佛遺靈於

석굴지중 수명상제 포운어일허지공 자섭하민 시우어사해지계 변화자재 신통
石窟之中 受命上帝 佈雲於一虛之空 慈攝下民 施雨於四海之界 變化自在 神通

무애 시이 사바세계 남섬부주 동양 대한민국 모산 모사 청정수월도량 원아금
無碍 是以 娑婆世界 南贍部洲 東洋 大韓民國 某山 某寺 請淨水月道場 願我今

차지극지정성 헌공발원재자 모인보체 제대용왕대신전 가호지묘력 이차인연
此至極至精誠 獻空發願齋者 某人保體 諸大龍王大神前 加護之妙力 以此因緣

공덕 심중소구소원 만사여의원만 형통지대원 이금월금일 설단이분향 헌공이
功德 心中所求所願 萬事如意圓滿 亨通之大願 以今月今日 說壇以焚香 獻供而

예청 재체수미 건성가민 근병일심 선진삼청
禮請 齋體雖微 虔誠可愍 謹秉一心 先陳三請

청사(請詞)

나무일심봉청 비장법보 주집군용 사가라용왕 난타용왕 발난타용왕 화수길용
南無一心奉請 秘藏法寶 主執群龍 沙伽羅龍王 難陀龍王 跋難陀龍王 和修吉龍

왕 덕차가용왕 아나바달다용왕 마나사용왕 우바라용왕 여시내지 무량무변제
王 德叉伽龍王 阿那婆達多龍王 摩那斯龍王 優婆羅龍王 如是乃至 無量無邊諸

대용왕 병종권속 유원승 삼보력 강림도량 수차공양 (三請)
大龍王 並從眷屬 唯願承 三寶力 降臨道場 受此供養 (三請)

향화청 (三說)
香花請

가영(歌詠)

시우행운사대주　오화수출구천두
施雨行雲四大洲　五花秀出救千頭

도생일념귀무념　백곡이리해중수　고아일심귀명정례
度生一念歸無念　百穀以利海衆收　故我一心歸命頂禮

헌좌게(獻座偈) 或、〔아금경설보엄좌 봉헌제대용왕전 원멸진로 ~ 云云〕

아금경설보엄좌　보헌호법용왕중　원멸진로망상심　속원해탈보리과
我今敬設寶嚴座　普獻護法龍王衆　願滅塵勞妄相心　速圓解脫菩提果

헌좌진언
獻座眞言

옴 가마라 승하 사바하 (三遍)

정법계진언
淨法界眞言

옴 람 (二七遍)

다게(茶偈)

금장감로다　봉헌용왕중　감찰건감심
今將甘露茶　奉獻龍王衆　鑑察虔懇心

원수애납수
願垂哀納受

원수애납수
願垂哀納受

원수자비애납수
願垂慈悲哀納受

가지변공(加持變供)

향수나열 재자건성 욕구공양지주원 수장가지지변화 앙유삼보 특사가지
香羞羅列 齋者虔誠 欲求供養之周圓 須仗加持之變化 仰唯三寶 特賜加持

「나무시방불 나무시방법 나무시방승」 (三說)
南無十方佛 南無十方法 南無十方僧

무량위덕 자재광명 승묘력 변식진언
無量威德 自在光明 勝妙力 變食眞言

나막 살바다타 아다 바로기제 옴 삼바라 삼바라 훔 (二七遍)

시감로수진언
施甘露水眞言

나무 소로바야 다타아다야 다냐타 옴 소로소로 바라소로 바라소로 사바하 (二七遍)

일자수륜관진언
一字水輪觀眞言

옴 밤 밤 밤밤 (三七遍)

유해진언
乳海眞言

나무 사만다 못다남 옴 밤 (三七遍)

출생공양진언
出生供養眞言
옴 (二七遍)

정식진언
淨食眞言
옴 다가 바아라 훔 (二七遍)

상래 가지이흘 변화무궁 이차향수 특신배헌
上來 加持已訖 變化無窮 以此香羞 特伸拜獻

오공양(五供養)

향공양연향공양　등공양연등공양　다공양선다공양
香供養燃香供養　燈供養燃燈供養　茶供養仙茶供養

과공양선과공양　화공양선화공양　미공양향미공양
果供養仙果供養　花供養仙花供養　米供養香米供養

불사자비수차공양　실개수공발보리　시작불사도중생
不捨慈悲受此供養　悉皆受供發菩提　施作佛事度衆生

※이어서 보공양진언

※오공양 대신 거행할 수 있다.

예참(禮懺)

지심정례공양　삼주호법　위태천신
至心頂禮供養　三州護法　韋駄天神

지심정례공양 至心頂禮供養 좌보처 左補處 사가라용왕 沙伽羅龍王

지심정례공양 至心頂禮供養 우보처 右補處 화수길용왕 和修吉龍王

유원용왕 唯願龍王 애감단성 哀鑑丹誠 불사자비 不捨慈悲 수차공양 受此供養

보공양진언 普供養眞言

옴 아아나 삼바바 바라 훔 (三遍)

보회향진언 普回向眞言

옴 삼마라 삼마라 미만나 사라마하 자거라바 훔 (三遍)

마하반야바라밀다심경 摩訶般若波羅蜜多心經

관자재보살 觀自在菩薩 행심반야바라밀다시 行深般若波羅蜜多時 조견오온개공 照見五蘊皆空 도일체고액 度一切苦厄 사리자 舍利子 색불이공 色不異空

공불이색 空不異色 색즉시공 色卽是空 공즉시색 空卽是色 수상행식 受想行識 역부여시 亦復如是 사리자 舍利子 시제법공상 是諸法空相 불생불멸 不生不滅

불구부정 부증불감 시고공중무색 무수상행식 무안이비설신의 무색성향미촉법
不垢不淨 不增不減 是故空中無色 無受想行識 無眼耳鼻舌身意 無色聲香味觸法

무안계 내지무의식계 무무명 역무무명진 내지무노사 역무노사진 무고집멸도
無眼界 乃至無意識界 無無明 亦無無明盡 乃至無老死 亦無老死盡 無苦集滅道

무지역무득 이무소득고 보리살타 의반야바라밀다고 심무가애 무가애고 무유
無智亦無得 以無所得故 菩提薩埵 依般若波羅蜜多故 心無罣礙 無罣礙故 無有

공포 원리전도몽상 구경열반 삼세제불 의반야바라밀다고 득아뇩다라삼먁삼보
恐怖 遠離顚倒夢想 究竟涅槃 三世諸佛 依般若波羅蜜多故 得阿耨多羅三藐三菩

리 고지반야바라밀다 시대신주 시대명주 시무상주 시무등등주 능제일체고
提 故知般若波羅蜜多 是大神呪 是大明呪 是無上呪 是無等等呪 能除一切苦

진실불허 고설반야바라밀다주 즉설주왈
眞實不虛 故說般若波羅蜜多呪 卽說呪曰

「아제아제 바라아제 바라승아제 모지 사바하」(三遍)

대원성취진언
大願成就眞言

옴 아모카 살바다라 사다야 시베 훔 (三遍)

보궐진언
補闕眞言

옴 호로호로 사야목계 사바하 (三遍)

정근(精勤) 或、〔나무 사해지계 팔대용왕 「용왕대신」〕

나무
南無

삼주호법 위태천신 「용왕대신」(多聲)
三州 護法 韋駄天神 「龍王大神」(多聲)

탄백(歎白)

시우행운사대주 오화수출구천두 도생일념귀무념 백곡이리해중수
施雨行雲四大洲 五花秀出救千頭 度生一念歸無念 百穀以利海衆收

축원(祝願)

절이 제대용왕대신전 첨수연민지지정 각방신통지묘력 원아금차 헌공발원재자
切以 諸大龍王大神前 歛垂憐愍之至情 各方神通之妙力 願我今此 獻供發願齋者

모처거주 모인 보체 이차인연공덕 앙몽용왕대신 가피지묘력 일체병고액난
某處居住 某人 保體 以此因緣功德 仰蒙龍王大神 加被之妙力 一切病苦厄難

영위소멸 사대강건 육근청정 자손창성 수명장수 만사여의원만 형통지대원
永爲消滅 四大强健 六根清淨 子孫昌盛 壽命長壽 萬事如意圓滿 亨通之大願

재고축 금차지극지성 헌공발원재자 각기 동서사방 출입왕환 상봉길경 불봉재
再告祝 今此至極至誠 獻供發願齋者 各其 東西四方 出入往還 常逢吉慶 不逢災

해 관재구설 삼재팔난 사백사병 영위소멸 악인원리 귀인상봉 병고자즉득쾌차
害 官災口舌 三災八難 四百四病 永爲消滅 惡人遠離 貴人相逢 病苦者即得快差

단명자수명장원 무인연자속득인연 학업자학업성취 각종시험자무난합격 사업
短命者壽命長遠 無因緣者速得因緣 學業者學業成就 各種試驗者無難合格 事業

자사업성취 공업자안전조업 상업자재수대통 농업자오곡풍년 운전자안전운행
者事業成就 工業者安全操業 商業者財數大通 農業者五穀豊年 運轉者安全運行

승선자안전운항 무직자취직성취 직장자진급성취 직무자수분성취 각기경영지
乘船者安全運航 無職者就職成就 職場者進級成就 職務者隨分成就 各其經營之

사업 만사여의원만 형통지발원 연후원 처세간 여허공 여련화 불착수 심청정
事業 萬事如意圓滿 亨通之發願 然後願 處世間 如虛空 如蓮華 不著水 心清淨

초어피 계수례 무상존 구호길상 마하반야바라밀
超於彼 稽首禮 無上尊 俱護吉祥 摩訶般若波羅蜜

以上 龍王請 終

※ 조왕은 불과 부뚜막을 관장하는 신으로 대부분의 사찰 공양간에는 조왕이 모셔져 있다. 조왕은 공양간을 지키는 일뿐만 아니라 인간사를 엄정히 살펴 선악을 가리는 책무를 지녔다. 부처님께 올릴 마지와 대중공양을 위한 모든 음식이 만들어지는 공양간은 신성한 영역인 만큼 외부의 마장장애와 내부의 점검음을 살피라는 의미일 것이다. 일상적으로 공양 소임을 맡은 스님은 아침마다 공양간에 들어서면 제일 먼저 조왕단에 불을 밝히고 하루의 무사함을 기원한다. 더불어 매달 그믐에 조촐한 조왕불공을 올리고, 섣달 그믐이면 한 해를 마감하며 조왕불공을 올린다.

※ 별도로 조왕경을 모실 경우 **천수경과 건단의식**(p。一七六 ~ 一八四。)을 마친 후 거행한다.

거목(擧目)

나무 **팔만사천** **조왕대신**
南無 八萬四千 竈王大神

나무 **좌보처** **담시력사**
南無 左補處 擔柴力士

나무 **우보처** **조식취모**
南無 右補處 造食炊母

나무 보보제리 가리다리 다타 아다야 (三遍)

유치(由致)

절이 切以

주재조호 영기자 성덕외외 신공호호 일현지위상 요마자최 일현지자용
主宰竈戶 靈祇者 聖德巍巍 神功浩浩 一現之威相 妖魔自摧 一現之慈容

인세경앙 유구개수 무원부종 시이 사바세계 남섬부주 동양 대한민국 모산 모
人世敬仰 有求皆遂 無願不從 是以 娑婆世界 南瞻部洲 東洋 大韓民國 某山 某

사 청정수월도량 금차 지극지정성 공양발원재자 모산 모사 주지 여시회합원
寺 請淨水月道場 今此 至極至精誠 供養發願齋者 某山 某寺 住持 與時會合院

대중 각각등보체 취어 모산 모사 정쇄보계 이금월금일 건설운증옥립지찬
大衆 各各等保體 就於 某山 某寺 淨灑寶界 以今月今日 虔設雲蒸玉粒之饌

경헌조왕대성지전 부강향단 만위단나지원 내림보좌 극부이제지심 전신찬어
敬獻竈王大聖之前 赴降香壇 滿慰檀那之願 來臨寶座 尅符利濟之心 前伸讚語

차전청사 근병일심 선진삼청
次展請詞 謹秉一心 先陳三請

청사(請詞)

나무일심봉청 옹호영기 주재조호 분명선악 자재출납 불법문중 불리수호 팔만
南無一心奉請 擁護靈祇 主宰竈戶 分明善惡 自在出納 佛法門中 不離守護 八萬

사천 조왕대신 병종권속 유원승 삼보력 강림도량 수차공양
四千 竈王大神 並從眷屬 唯願承 三寶力 降臨道場 受此供養

가영(歌詠)

향화청 (三說)
香花請

향적주중상출납 호지불법역최마
香積廚中常出納 護持佛法亦摧魔
인간유원내성축 제병소재강복다
人間有願來誠祝 除病消災降福多
고아일심귀명정례
故我一心歸命頂禮

※ 이어서 헌좌게 ⇨ p。四八七。

※ 다음의 청사와 가영으로 거행해도 무방하다.

청사(請詞)

나무일심봉청 영산당시 수불부촉 장토지백물이열위 관중생사시지용심 위광자
南無一心奉請 靈山當時 受佛付囑 掌土地百物而列位 觀衆生四時之用心 威光自

재내외길창 이장안주 백병소제 명분선악 자재출납 차일주처 상주내호조왕대
在內外吉昌 離障安住 百病消除 明分善惡 自在出納 此一住處 常住內護竈王大

성겸급법계 **지령지성제대조왕 병종권속 유원승 삼보력 강림도량 수차공양**
聖 兼及法界 至靈至聖諸大竈王 并從眷屬 唯願承 三寶力 降臨道場 受此供養

향화청 (三說)
香花請

가영(歌詠)

영산말회수진기　서원홍심위중생
靈山末會受眞記　誓願弘深爲衆生

몽피화상타야파　군사섭복현위령
蒙被和尚墮也破　羣邪攝伏現威靈

고아일심귀명정례
故我一心歸命頂禮

헌좌게(獻座偈)

아금경설보엄좌　보헌일체조왕중　원멸진로망상심　속원해탈보리과
我今敬設寶嚴座　普獻一切竈王衆　願滅塵勞妄相心　速圓解脫菩提果

헌좌진언
獻座眞言

옴 가마라 승하 사바하 (三遍)

정법계진언
淨法界眞言

옴 람 (二七遍)

다게(茶偈) 或、 〔금장감로다 봉헌조왕전 감찰건간심 원수애납수〕

이차청정향운공 봉헌제대조왕전 감찰재자건감심
以此淸淨香雲供 奉獻諸大竈王前 鑑察齋者虔懇心

원수애납수
願垂哀納受

원수애납수
願垂哀納受

원수자비애납수
願垂慈悲哀納受

가지변공(加持變供)

향수나열 재자건성 욕구공양지주원 수장가지지변화 앙유삼보 특사가지
香羞羅列 齋者虔誠 欲求供養之周圓 須仗加持之變化 仰唯三寶 特賜加持

「나무시방불 나무시방법 나무시방승」 (三說)
南無十方佛 南無十方法 南無十方僧

무량위덕 자재광명 승묘력 변식진언
無量威德 自在光明 勝妙力 變食眞言

나막 살바다타 아다 바로기제 옴 삼바라 삼바라 훔 (三七遍)

시감로수진언
施甘露水眞言

나무 소로바야 다타아다야 다냐타 옴 소로소로 바라소로 바라소로 사바하 (三七遍)

일자수륜관진언
一字水輪觀眞言

옴 밤 밤 밤밤 (三七遍)

유해진언
乳海眞言

나무 사만다 못다남 옴 밤 (二七遍)

출생공양진언
出生供養眞言

옴 (二七遍)

정식진언
淨食眞言

옴 다가 바아라 훔 (二七遍)

운심공양진언
運心供養眞言

운심게 (運心偈)

원차청정묘향찬　　보공일체조왕중　　급여병종제권속　　불사자비수차공
願此淸淨妙香饌　　普供一切竈王衆　　及與幷從諸眷屬　　不捨慈悲受此供

나막 살바다타 아제 백미 새바 목케배약 살바다캄 오나아제
바라해맘 옴 아아나캄 사바하 (三遍)

가지게 (加持偈)

이차가지묘공구　　공양조왕대신중
以此加持妙供具　　供養竈王大神衆

이차가지묘공구　　공양담시력사중
以此加持妙供具　　供養擔柴力士衆

이차가지묘공구　　공양조식취모중
以此加持妙供具　　供養造食炊母衆

실개수공발보리 悉皆受供發菩提 시작불사도중생 施作佛事度衆生 ※ 이어서 보공양진언

예참(禮懺) ※ 가지게 대신 거행할 수 있다.

지심정례공양 至心頂禮供養 팔만사천 八萬四千 조왕대신 竈王大神

지심정례공양 至心頂禮供養 좌보처 左補處 담시력사 擔柴力士

지심정례공양 至心頂禮供養 우보처 右補處 조식취모 造食炊母

유원조왕 唯願竈王 애감단성 哀鑑丹誠 불사자비 不捨慈悲 수차공양 受此供養

보공양진언 普供養眞言
옴 아아나 삼바바 바라 훔 (三遍)

보회향진언 普回向眞言
옴 삼마라 삼마라 미만나 사라마하 자거라바 훔 (三遍)

마하반야바라밀다심경

摩訶般若波羅蜜多心經

관자재보살 행심반야바라밀다시 조견오온개공 도일체고액 사리자 색불이공

觀自在菩薩 行深般若波羅蜜多時 照見五蘊皆空 度一切苦厄 舍利子 色不異空

공불이색 색즉시공 공즉시색 수상행식 역부여시 사리자 시제법공상 불생불멸

空不異色 色即是空 空即是色 受想行識 亦復如是 舍利子 是諸法空相 不生不滅

불구부정 부증불감 시고공중무색 무수상행식 무안이비설신의 무색성향미촉법

不垢不淨 不增不減 是故空中無色 無受想行識 無眼耳鼻舌身意 無色聲香味觸法

무안계 내지무의식계 무무명 역무무명진 내지무노사 역무노사진 무고집멸도

無眼界 乃至無意識界 無無明 亦無無明盡 乃至無老死 亦無老死盡 無苦集滅道

무지역무득 이무소득고 보리살타 의반야바라밀다고 심무가애 무가애고 무유

無智亦無得 以無所得故 菩提薩埵 依般若波羅蜜多故 心無罣礙 無罣礙故 無有

공포 원리전도몽상 구경열반 삼세제불 의반야바라밀다고 득아뇩다라삼먁삼보

恐怖 遠離顚倒夢想 究竟涅槃 三世諸佛 依般若波羅蜜多故 得阿耨多羅三藐三菩

리 고지반야바라밀다 시대신주 시대명주 시무상주 시무등등주 능제일체고

提 故知般若波羅蜜多 是大神呪 是大明呪 是無上呪 是無等等呪 能除一切苦

진실불허 고설반야바라밀다주 즉설주왈

眞實不虛 故說般若波羅蜜多呪 即說呪曰

「아제아제 바라아제 바라승아제 모지 사바하」 (三遍)

불설소재길상다라니 佛說消災吉祥陀羅尼

나무 사만다 못다남 아바라지 하다사 사나남 다냐타 옴 카카 카혜 카혜 훔

훔 아바라 아바라 바라아바라 바라아바라 지따 지따 지리 지리 빠다 빠다

선지가 시리예 사바하 (三遍)

※「불설조왕경」과「환희조왕경」생략 시는 대원성취진언 ⇨ p。四九五。

■ 불설조왕경(佛說竈王經)

상파피제조왕신 上波彼帝竈王神

의금신왕조왕신 意金神王竈王神

의평지라조왕신 義平只羅竈王神

금강력독조왕신 金剛力獨竈王神

금통관신조왕신 金通觀神竈王神

아미마상조왕신 阿彌摩上竈王神

각진신왕조왕신 覺眞神王竈王神

소길팔난조왕신 小吉八難竈王神

백호가도조왕신 白虎加道竈王神

보승이신조왕신 寶勝伊神竈王神

북군신왕조왕신 北君神王竈王神

북보근라조왕신 北寶近羅竈王神

상양파주조왕신 上良波主竈王神

삼천구토조왕신 三天九土竈王神

금악대상조왕신 今惡大上竈王神

십이호상조왕신 十二号上竈王神

매약매국조왕신 買若每國竈王神

삼천중신조왕신 三天重神竈王神

도솔천명조왕신 兜率天命竈王神

대감부인조왕신 大敢夫人竈王神

삼천상리조왕신 三天上里竈王神
택신지주조왕신 宅神之主竈王神
좌보우보조왕신 左補右補竈王神
좌온우온조왕신 左醞右醞竈王神

육계천녀조왕신 六癸天女竈王神
공천상리조왕신 空天上里竈王神
상천부인조왕신 上天夫人竈王神
백고부인조왕신 白古夫人竈王神

천제도위조왕신 天帝都尉竈王神
나라군신조왕신 那羅君神竈王神
돌상고녀조왕신 垵上姑女竈王神
육갑부모조왕신 六甲父母竈王神

조식취모조왕신 造食炊母竈王神
담시력사조왕신 擔柴力士竈王神
천조지부조왕신 天曹地府竈王神
명분선악조왕신 明分善惡竈王神

목신화신금석신 木神火神金石神
수신토신오행신 水神土神五行神
십이토공팔부신 十二土公八部神
나무동방목왕신 南無東方木旺神

나무남방화왕신 南無南方火旺神
나무서방금왕신 南無西方金旺神
나무북방수왕신 南無北方水旺神
나무중앙토왕신 南無中央土旺神

나무동방조왕신 南無東方竈王神
나무남방조왕신 南無南方竈王神
나무서방조왕신 南無西方竈王神
나무북방조왕신 南無北方竈王神

나무천상조왕신 南無天上竈王神
나무지궁조왕신 南無地宮竈王神
나무상계조왕신 南無上界竈王神
나무중계조왕신 南無中界竈王神

나무하계조왕신 南無下界竈王神
나무삼천호리조왕신 南無三千戶里竈王神
나무칠만백호조왕신 南無七萬百戶竈王神

나무사천만호조왕신 南無四千萬戶竈王神
나무육만천호조왕신 南無六萬千戶竈王神
나무팔만사천조왕신 南無八萬四千竈王神

약해중신 若海中神
약하중신 若河中神
약정중신 若井中神
약도중신 若道中神
약문중신 若門中神
약정중신 若庭中神

암호중신 岩戶中神
약조중신 若竈中神
복용택용일유신 伏龍宅龍日遊神
상당위호안온택중 常當衛護安穩宅中

무유흉화개실소멸 無有凶禍皆悉消滅
부귀길창소구개득 富貴吉昌所求皆得
현관구설일시소멸 縣官口舌一時消滅
즉설주왈 即說咒曰

나무불 南無佛
나무법 南無法
나무승 南無僧
나무불타야 南無佛陀耶
나무달마야 南無達摩耶
나무승가야 南無僧伽耶
사바하 娑婆訶

시경독송환희봉행 是經讀誦歡喜奉行

■ 환희조왕경 (歡喜竈王經)

계수장엄조왕신 稽首莊嚴竈王神
시방조요대광명 十方照曜大光明
위광자재조왕신 威光自在竈王神
토지용신개환희 土地龍神皆歡喜

천상사관조왕신 天上仕官竈王神
합가인중총안령 闔家人衆摠安寧
내외길창조왕신 內外吉昌竈王神
금은옥백만당진 金銀玉帛滿堂進

상봉길경조왕신 常逢吉慶竈王神
악귀사신퇴산거 惡鬼邪神退散去
지망주성조왕신 志望周成竈王神
억선만복개구족 億善萬福皆具足

이장안주조왕신 離障安住竈王神
부부가인증복수 夫婦家人增福壽
재앙영멸조왕신 災殃永滅竈王神
백병소제대길상 百病消除大吉祥

증시수호조왕신 曾時守護竈王神　백곡승출양잠배 百穀勝出養蠶倍　구호사택조왕신 救護舍宅竈王神　일체제신개환희 一切諸神皆歡喜

보궐진언 補闕眞言

옴 호로호로 사야목계 사바하 (三遍)

대원성취진언 大願成就眞言

옴 아모카 살바다라 사다야 시베 훔 (三遍)

정근(精勤)

나무 南無
주재조호 主宰竈戶
영기성덕 靈祇聖德
팔만사천 八萬四千
「조왕대신」竈王大神 (多聲)

탄백(歎白)

조왕제성진현풍 竈王諸聖振玄風
교화군생일체동 教化羣生一切同
동철인간여반장 洞徹人間如返掌
소재구복원개종 消災求福願皆從

귀의축원(歸依祝願)

계수귀의례 稽首歸依禮
대권옹호성 大權擁護聖
주재조호신 主宰竈戶神
원강대길상 願降大吉祥
수악항청 壽岳恒青
복해장류 福海長流 拜

계수귀의례
稽首歸依禮

발제미륜고 拔濟迷倫苦
원위주중신 願爲廚中神
원강대길상 願降大吉祥

계수귀의례
稽首歸依禮

수명즉세월무궁 壽命則歲月無窮
쾌락즉진사막유 快樂則塵沙莫喩 拜

훈증향적찬 熏蒸香積饌
공성천주신 供聖天廚神
원강대길상 願降大吉祥

복기명위 福基命位
각원창융 各願昌隆
보리영묘 菩提靈苗
구득증수 俱得增秀 拜

축원(祝願)

절이 切以
팔만사천 八萬四天
조왕대신 竈王大神
첨수연민지지정 僉垂憐愍之至情
각방신통지묘력 各方神通之妙力
원아금차 願我今此
지극지정 地極之精

성헌공발원재자 誠獻供發願齋者
모처거주 某處居住
모인보체 某人保體
이차인연공덕 以此因緣功德
제대조왕대신 諸大竈王大神
가호지묘력 加護之妙力

소신정원즉 所神情願卽
일일유 日日有
천상지경 千祥之慶
시시무 時時無
백해지재 百害之災
심중소구소원 心中所求所願
여의원만 如意圓滿
형통지 亨通之

대원 재고축 大願 再告祝
금차지극지성 今此至極至誠
헌공발원재자 獻供發願齋者
제대조왕대신 諸大竈王大神
가호지묘력 加護之妙力
동서사방 東西四方

출입왕환 出入往還
상봉길경 常逢吉慶
불봉재해 不逢災害
관재구설 官災口舌
삼재팔난 三災八難
사백사병 四百四病
영위소멸 永爲消滅
각기사 各其四

대강건 육근청정 안과태평 수명장원 자손창성 부귀영화 만사일일 여의원만
大强健 六根清淨 安過太平 壽命長遠 子孫昌盛 富貴榮華 萬事日日 如意圓滿

성취지발원 연후원 처세간 여허공 여련화 불착수 심청정 초어피 계수례 무상
成就之發願 然後願 處世間 如虛空 如蓮華 不著水 心清淨 超於彼 稽首禮 無上

존 구호길상 마하반야바라밀
尊 俱護吉祥 摩訶般若波羅蜜

以上 竈王請 終

● 현왕청(現王請)

※ 현왕은 염라대왕을 말하는 것으로, 수기명이 보현왕여래이다. 시왕은 사람이 죽은 후 7일째부터 심판을 시작하는 데 반해, 현왕은 죽은 후 3일째 되는 날 심판을 한다고 하여 현왕불공을 올린다. 현왕청은 장례 절차에 필요한 탑다라니와 각종 번, 금은전, 칠성끈 등등을 불단에 올려 불공을 한 후 본 지물들을 장례 시 사용한다. 본래는 망자가 돌아간 지 3일째 되는 날 거행하였다. 예전에는 5일장, 7일장 등 장례일이 길었으므로 사후 3일째 모셨으나, 현대에는 보통 3일장을 치르고 있어 입관 전에 거행하면 될 것이다.

※ 천수경과 건단의식(p. 176~184.)을 마친 후 거행한다.

거불(擧佛)

나무 冥間會主 명간회주 보현왕여래 普現王如來 南無

나무 左補處 좌보처 대륜성왕 大輪聖王 南無

나무 右補處 우보처 전륜성왕 轉輪聖王 南無

보소청진언 普召請眞言

나무 보보제리 가리다리 다타 아다야 (三遍)

절이 切以 유구필청 有求必請 시인세지상의 是人世之常儀 무원부종 無願不從 내명관지묘궤 乃冥官之妙軌 시이 是以 사바세계 裟婆世界 남섬부주 南贍部洲

동양 東洋 대한민국 大韓民國 모산 某山 모사 某寺 청정수월도량 清淨水月道場 원아금차 願我今此 지극지정성 至極之精誠 천혼재자 薦魂齋者 모처 某處

거주 居住 모인복위 某人伏爲 특위 特爲 모인영가 某人靈駕 이차인연공덕 以此因緣功德 보현왕여래 普現王如來 애민섭수지묘력 哀愍攝受之妙力 부답 不踏

명로 冥路 왕생정계지원 往生淨界之願 제모일 第某日 성왕지재 聖王之齋 취어모사 就於某寺 이금월금일 以今月今日 근비향등공양 謹備香燈供養 명간 冥間

회주 會主 보현왕여래 普現王如來 위수 爲首 좌보처 左補處 대륜성왕 大輪聖王 우보처 右補處 전륜성왕 轉輪聖王 대범천왕 大梵天王 제석천왕 帝釋天王

호세안민 護世安民 사방천왕 四方天王 판관녹사 判官錄事 감재직부 監齋直符 제령재등 諸靈宰等 앙기묘원자 仰祈妙援者 우복이 右伏以 특향명관 特向冥官

분편혜우두지명향 焚片蕙牛頭之茗香 앙념성용 仰念聖容 설운증옥립지진수 設雲蒸玉粒之珍羞 잠사어령장보전 暫辭於靈場寶殿 청부어청재묘 請赴於清齋妙

회 會 근병일심 謹秉一心 선진삼청 先陳三請

나무일심봉청 명간회주 보현왕여래 위수 대륜성왕 전륜성왕 대범천왕 제석천
南無一心奉請 冥間會主 普賢王如來 爲首 大輪聖王 轉輪聖王 大梵天王 帝釋天

왕 음부주장판관 선주판관 악주판관 오능기장판관 신보판관 천하선악기장판
王 陰府主掌判官 善奏判官 惡奏判官 吳能記掌判官 身保判官 天下善惡記掌判

관 직주판관 감주기장녹사 선주녹사 악주녹사 시세행감녹사 승록기주녹사 곡
官 直奏判官 監厨記掌錄事 善奏錄事 惡奏錄事 時歲行監錄事 僧錄記奏錄事 曲

직탐지녹사 인가선악기주녹사 허조공덕기주녹사 금년금월금일금시 직부사자
直探知錄事 人家善惡記奏錄事 虛造功德記奏錄事 今年今月今日今時 直符使者

토지십이신장 제마직사자등 유원승 삼보력 강림도량 수차공양 (三請)
土地十二神將 諸馬直使者等 惟願承 三寶力 降臨道場 受此供養

향화청 (三說)
香花請

가영(歌詠)

세존차일기염라 불구당래증불타
世尊此日記閻羅 不久當來證佛陀

장엄보국항청정 보살수행중심다 고아일심귀명정례
莊嚴寶國恒清淨 菩薩修行衆甚多 故我一心歸命頂禮

아금경설보엄좌　봉헌보현제성왕　원멸진로망상심　속원해탈보리과
我今敬設寶嚴座　奉獻普賢諸聖王　願滅塵勞妄相心　速圓解脫菩提果

헌좌진언 獻座眞言

옴 가마라 승하 사바하 (三遍)

정법계진언 淨法界眞言

옴 람 (二七遍)

다게(茶偈)

청정명다약　능제병혼침　유기현왕전
清淨茗茶藥　能除病昏沈　唯冀現王前

원수애납수　원수애납수　원수자비애납수
願垂哀納受　願垂哀納受　願垂慈悲哀納受

가지변공(加持變供)

향수나열　재자건성　욕구공양지주원　수장가지지변화　앙유삼보　특사가지
香羞羅列　齋者虔誠　欲求供養之周圓　須仗加持之變化　仰唯三寶　特賜加持

「나무시방불　나무시방법　나무시방승」(三說)
南無十方佛　南無十方法　南無十方僧

무량위덕 자재광명 승묘력 변식진언
無量威德 自在光明 勝妙力 變食眞言
나막 살바다타 아다 바로기제 옴 삼바라 삼바라 훔 (三七遍)

시감로수진언
施甘露水眞言
나무 소로바야 다타아다야 다냐타 옴 소로소로 바라소로 바라소로 사바하 (三七遍)

일자수륜관진언
一字水輪觀眞言
옴 밤 밤 밤밤 (三七遍)

유해진언
乳海眞言
나무 사만다 못다남 옴 밤 (三七遍)

출생공양진언
出生供養眞言
옴 (三七遍)

정식진언
淨食眞言
옴 다가 바아라 훔 (三七遍)

운심게 (運心偈)

원차청정묘향찬
願此淸淨妙香饌
공양보현제성왕
供養普現諸聖王
판관녹사제권속
判官錄事諸眷屬
불사자비수차공
不捨慈悲受此供

운심공양진언
運心供養眞言

　나막 살바다타 아제 백미 새바 목케배약 살바다캄 오나아제
　바라해맘 옴 아아나캄 사바하 (三遍)

가지게 (加持偈)

이차가지묘공구　공양보현대성존
以此加持妙供具　供養普賢大聖尊

이차가지묘공구　공양범석제성왕
以此加持妙供具　供養梵釋諸聖王

이차가지묘공구　공양판관녹사중
以此加持妙供具　供養判官錄事衆

유원자비수차공　시작불사도중생
唯願慈悲受此供　施作佛事度衆生

보공양진언
普供養眞言

　옴 아아나 삼바바 바라 훔 (三遍)

보회향진언
普回向眞言

　옴 삼마라 삼마라 미만나 사라마하 자거라바 훔 (三遍)

마하반야바라밀다심경
摩訶般若波羅蜜多心經

관자재보살 행심반야바라밀다시 조견오온개공 도일체고액 사리자 색불이공
觀自在菩薩 行深般若波羅蜜多時 照見五蘊皆空 度一切苦厄 舍利子 色不異空

공불이색 색즉시공 공즉시색 수상행식 역부여시 사리자 시제법공상 불생불멸
空不異色 色即是空 空即是色 受想行識 亦復如是 舍利子 是諸法空相 不生不滅

불구부정 부증불감 시고공중무색 무수상행식 무안이비설신의 무색성향미촉법
不垢不淨 不增不減 是故空中無色 無受想行識 無眼耳鼻舌身意 無色聲香味觸法

무안계 내지무의식계 무무명 역무무명진 내지무노사 역무노사진 무고집멸도
無眼界 乃至無意識界 無無明 亦無無明盡 乃至無老死 亦無老死盡 無苦集滅道

무지역무득 이무소득고 보리살타 의반야바라밀다고 심무가애 무가애고 무유
無智亦無得 以無所得故 菩提薩埵 依般若波羅蜜多故 心無罣礙 無罣礙故 無有

공포 원리전도몽상 구경열반 삼세제불 의반야바라밀다고 득아뇩다라삼먁삼보
恐怖 遠離顛倒夢想 究竟涅槃 三世諸佛 依般若波羅蜜多故 得阿耨多羅三藐三菩

리 고지반야바라밀다 시대신주 시대명주 시무상주 시무등등주 능제일체고
提 故知般若波羅蜜多 是大神呪 是大明呪 是無上呪 是無等等呪 能除一切苦

진실불허 고설반야바라밀다주 즉설주왈
眞實不虛 故說般若波羅蜜多呪 即說呪曰

「아제아제 바라아제 바라승아제 모지 사바하」 (三遍)

불정존승다라니
佛頂尊勝陀羅尼

나모 바아바제 다래류갸 바라지 미시따야 못다야 바아바제 다냐타 옴 미슈

다야 미슈다야 사마 사만다 바바사 빠라나아제 아비신자 도암 소아다

바라바자나 아미리다 비새계 아하라 아하라 아유산다라니 수다야슈다야아

아나 미슛제 오새사미 아아미슛제 사하사라 라사명 산조니제 살바다타아다

바루가니사다바라미다 바리보라니 살바다타아다 하리나야 지따나 지찌다

마하모라 바아라가야 싱하다나 미슛제 살바바라나바야 놀아지 바리슛제 바

라지니 말다야 아유승제 사마야 지찌제 마니마니 마마니 다단다 보다구지

바리슛제 미뽀타 모지슛제 아야아야 미아야미아야 사마라사마라 살바못다

지찌다 숫제바아례 바아라알볘 바아람 바바도 마마샤 샤리람 살바사다바난

자 가야 바리슛제 살바아지 바리슛제 살바다타아다 사자명 사마사바 사연

도 살바다타아다 사마빠사 지찌제 못쟈못쟈 미모다야 미모다야 삼만다 바

리슛제 살바다타아다 하리나야 지따니 지따니 마하모나례 사바하 (三遍)

존승대심진언
尊勝大心眞言
옴 아마리다 바라볘 미보라알볘 모디사다메 시디시디 마하

알볘 도로도로 사바하 (三遍)

보궐진언
補闕眞言
옴 호로호로 사야목계 사바하 (三遍)

대원성취진언
大願成就眞言
옴 아모카 살바다라 사다야 시베 훔 (三遍)

존승소심진언
尊勝小心眞言
옴 아마리다 아바다지 사바하 (三遍)

증몽불기보현왕
曾蒙佛記普現王

탄백(歎白)

석범제천제성왕
釋梵諸天諸聖王

적공유명제중생
積功幽冥諸衆生

동수비증도망령
同修悲增度亡靈

귀의축원(歸依祝願)

보현왕여래
普賢王如來

범왕제석존
梵王帝釋尊

원강대길상
願降大吉祥

계수귀의례
稽首歸依禮

모인영가
某人靈駕

왕생서방안락찰
往生西方安樂刹

계수귀의례
稽首歸依禮

전륜제성왕
轉輪諸聖王

음관일회중
陰官一會衆

원강대길상
願降大吉祥

계수귀의례
稽首歸依禮

판관제녹사
判官諸錄事

마직사자등
馬直使者等

원강대길상
願降大吉祥

모인영가
某人靈駕

왕생서방안락찰
徃生西方安樂刹

모인영가
某人靈駕

왕생서방안락찰
徃生西方安樂刹

축원(祝願)

앙고
仰告

명간회주 보현왕여래전
冥間會主 普現王如來前

첨수연민지지정 각방신통지묘력 원아금차 지극
斂垂憐愍之至情 各方神通之妙力 願我今此 地極

지정성 천혼재자
之精誠 薦魂齋者

모처거주
某處居住

모인복위
某人伏爲

소천선
所薦先

모인영가
某人靈駕

이차인연공덕 보현왕여
以此因緣功德 普現王如

래 애민섭수지묘력
來 哀愍攝受之妙力

다겁생래
多劫生來

소작지죄업
所作之罪業

실개소멸
悉皆消滅

부답명로
不踏冥路

초생극락 구품연
超生極樂 九品蓮

대지대원 원설재시주 재액돈제 복수연장 원이차공덕 보급어일체 아등여중생
臺之大願 願設齋施主 災厄頓除 福壽延長 願以此功德 普及於一切 我等與衆生

개공성불도 연후원 처세간 여허공 여련화 불착수 심청정 초어피 계수례 무상
皆共成佛道 然後願 處世間 如虛空 如蓮華 不著水 心淸淨 超於彼 稽首禮 無上

尊 존 구호길상 마하반야바라밀

俱護吉祥 摩訶般若波羅蜜

以上 現王請 終

● 가람청(伽藍請)

※ 가람신은 도량을 지키는 사찰 토지신을 말한다. 가람신의 위목은 「봉청 수호성지 일체필추 가람신(奉請 守護攝持 一切苾蒭伽藍神)」으로 하거나, 「밀호가람성신지위(密護伽藍聖神之位)」라고 쓰기도 한다. 가람각이 있는 사찰에서는 일상적으로 매일 사시기도를 하고, 섣달그믐이면 한 해를 마감하며 지난해의 옹호에 감사드리고 새해의 안녕을 기원하는 의미로 가람불공을 올린다.

※ 천수경과 건단의식(p. 176 ~ 184。)까지 마친 후 거행한다.

거불(擧佛)

나무시방불 南無十方佛 **나무시방법** 南無十方法 **나무시방승** 南無十方僧

진령게(振鈴偈)

이차진령신소청 以此振鈴伸召請 **가람토지보문지** 伽藍土地普聞知 **원승삼보력가지** 願承三寶力加持 **금일금시래부회** 今日今時來赴會

소청호법신진언
召請護法神眞言

나무 사만다 못다남 옴 모지찬 미리야 사바하 (三遍)

유치(由致)

절이 무공활도 불칙활신 궁서대각지전 밀호연륜지차 동포일십팔배 각시권속
切以 無功曰道 不測曰神 躬誓大覺之前 密護演輪之次 同袍一十八輩 各施眷屬

지무앙 응화백천만신 공열초제지유직 원수가우 고호단장 성치무상지연 구만
之無殃 應化百千萬身 共列招提之有職 願垂加祐 固護壇場 成裰無上之緣 究滿

당시지원 자자 이신협찬 차서청사 시주상향 은근설배 근병일심 선진삼청
當時之願 茲者 已伸叶贊 次敍請辭 施主上香 慇懃設拜 謹秉一心 先陳三請

청사(請詞)

나무일심봉청 분부십팔 의속하사 옹무상어각장 호수심우정역 가람토지 불상
南無一心奉請 分符十八 義屬河沙 擁無上於覺場 護修心于淨域 伽藍土地 不爽

원언 유원 가람토지 불사자비 승삼보력 옹호도량 수차공양 (三請)
願言 唯願 伽藍土地 不捨慈悲 承三寶力 擁護道場 受此供養

향화청 (三說)
香花請

가영(歌詠)

초제열직뇌성심 고호전빙일편심
招提列職賴誠諶 固護全憑一片心

보수미완산사효 의용미철성의침 고아일심귀명정례
寶樹未完山寺曉 義龍微徹聖意沈 故我一心歸命頂禮

헌좌게(獻座偈)

아금경설보엄좌 봉헌가람토지신 유원불위제불칙 안좌도량호불사
我今敬設普嚴座 奉献伽藍土地神 惟願不違諸佛勅 安坐道場護佛事

헌좌진언
獻座眞言

옴 가마라 승하 사바하 (三遍)

정법계진언
淨法界眞言

옴 람 (三七遍)

다게(茶偈)

금장묘약급명다 봉헌가람토지중 감찰단나건간심
今將妙藥及茗茶 奉獻伽藍土地衆 鑑察檀那虔懇心

원수애납수 원수애납수 원수자비애납수
願垂哀納受 願垂哀納受 願垂慈悲哀納受

가지변공(加持變供)

향수나열 재자건성 욕구공양지주원 수장가지지변화 앙유삼보 특사가지
香羞羅列 齋者虔誠 欲求供養之周圓 須仗加持之變化 仰唯三寶 特賜加持

「나무시방불 나무시방법 나무시방승」 (三說)
南無十方佛 南無十方法 南無十方僧

무량위덕 자재광명 승묘력 변식진언
無量威德 自在光明 勝妙力 變食眞言

나막 살바다타 아다 바로기제 옴 삼바라 삼바라 훔 (三遍)

시감로수진언
施甘露水眞言

나무 소로바야 다타아다야 다냐타 옴 소로소로 바라소로
바라소로 사바하 (三遍)

일자수륜관진언
一字水輪觀眞言

옴 밤 밤밤 (三遍)

유해진언
乳海眞言

나무 사만다 못다남 옴 밤 (三遍)

출생공양진언
出生供養眞言

옴 (三遍)

정식진언
淨食眞言

옴 다가 바아라 훔 (三遍)

상래가지이흘
上來加持已訖

공양장진 이차향수 특신공양
供養將進 以此香需 特伸供養

오공양(五供養)

향공양연향공양 香供養燃香供養　　등공양연등공양 燈供養燃燈供養　　다공양선다공양 茶供養仙茶供養

과공양선과공양 果供養仙果供養　　화공양선화공양 花供養仙花供養　　미공양향미공양 米供養香米供養

유원신장 애강도량 불사자비 수차공양 唯願神將 哀降道場 不捨慈悲 受此供養

가지게 (加持偈)

이차가지묘공구 以此加持妙供具　　공양가람토지중 供養伽藍土地衆

실개수공발보리 悉皆受供發菩提　　시작불사도중생 施作佛事度衆生

보공양진언 普供養眞言

옴 아아나 삼바바 바라 훔 (三遍)

보회향진언 普回向眞言

옴 삼마라 삼마라 미만나 사라마하 자거라바 훔 (三遍)

마하반야바라밀다심경 摩訶般若波羅蜜多心經

관자재보살 행심반야바라밀다시 조견오온개공 도일체고액 사리자 색불이공 觀自在菩薩 行深般若波羅蜜多時 照見五蘊皆空 度一切苦厄 舍利子 色不異空

공불이색 색즉시공 공즉시색
空不異色 色卽是空 空卽是色

수상행식 역부여시 사리자 시제법공상 불생불멸
受想行識 亦復如是 舍利子 是諸法空相 不生不滅

불구부정 부증불감 시고공중무색 무수상행식 무안이비설신의 무색성향미촉법
不垢不淨 不增不減 是故空中無色 無受想行識 無眼耳鼻舌身意 無色聲香味觸法

무안계 내지무의식계 무무명 역무무명진 내지무노사 역무노사진 무고집멸도
無眼界 乃至無意識界 無無明 亦無無明盡 乃至無老死 亦無老死盡 無苦集滅道

무지역무득 이무소득고 보리살타 의반야바라밀다고 심무가애 무가애고 무유
無智亦無得 以無所得故 菩提薩埵 依般若波羅蜜多故 心無罣礙 無罣礙故 無有

공포 원리전도몽상 구경열반 삼세제불 의반야바라밀다고 득아뇩다라삼먁삼보
恐怖 遠離顚倒夢想 究竟涅槃 三世諸佛 依般若波羅蜜多故 得阿耨多羅三藐三菩

리 고지반야바라밀다 시대신주 시대명주 시무상주 시무등등주 능제일체고
提 故知般若波羅蜜多 是大神呪 是大明呪 是無上呪 是無等等呪 能除一切苦

진실불허 고설반야바라밀다주 즉설주왈
眞實不虛 故說般若波羅蜜多呪 卽說呪曰

「아제아제 바라아제 바라승아제 모지 사바하」(三遍)

대원성취진언
大願成就眞言

옴 아모카 살바다라 사다야 시베 훔 (三遍)

보궐진언
補闕眞言

옴 호로호로 사야목계 사바하 (三遍)

탄백(歎白)

초제열직뇌성침　招提列職賴誠諶
고호전빙일편심　固護全憑一片心
보수미완산사효　寶樹未完山寺曉
의용미철성의침　義龍微徹聖意沈

축원(祝願)

절이　切以
화엄회상　華嚴會上
제대현성　諸大賢聖
첨수연민지지정　斂垂憐愍之至情
각방신통지묘력　各方神通之妙力
금차　今此
지극지정성　地極之精誠

헌공발원재자　獻供發願齋者
사바세계　娑婆世界
남섬부주　南贍部洲
동양　東洋
대한민국　大韓民國
모산　某山
모사　某寺
주지　住持
여시회합원　如時會合院

대중　大衆
지심발원　至心發願
앙몽가람토지중　仰蒙伽藍土地衆
가호지묘력　加護之妙力
모사　某寺
불사도중　佛事途中
일체마장장애　一切魔障障碍
영위　永爲

소멸　消滅
종초지말　從初之末
어기중간　於其中間
무장무애　無障無碍
대작불사　大作佛事
환희원만　歡喜圓滿
성취지발원　成就之發願
연후원　然後願

처세간　處世間
여허공　如虛空
여련화　如蓮華
불착수　不著水
심청정　心淸淨
초어피　超於彼
계수례　稽首禮
무상존　無上尊
구호길상　俱護吉祥
마하　摩訶

반야바라밀　般若波羅蜜

以上 伽藍請 終

시식·영반

【施食·靈飯】

一。 화엄시식

一。 전시식

一。 구병시식

一。 상용영반

一。 종사영반

一。 헌식규

참고사항

一。 고혼청은 세 번을 거행하는데, 소설과 재설은 재자 복위「기부」당령을 위주로 소청하며, 삼설 시에는 당령(當靈)을 복위로 하여「상세선망부모~일체관계제영가」를 함께 소청한다.

一。 진령게 4구의 게송은 재가 베풀어지는 시간에 따라「금일금시래부회」혹은「금야금시래부회」로 한다.

一。 장엄염불은 시간에 따라 게송을 가감하여 거행하고, 게송 한 구절 할 때마다 대중은「나무아미타불」을 동음으로 창화한다.

一。 시식이 시작되자마자 메[밥]에 수저 꼽고 제사를 지내다 보니 고혼청 하는 시간에 숙냉을 올리는 경우가 있는데 삼가야 할 것이다. 이미 오셔서 흠향하신 영가도 있겠지만 아직 당도하지 못한 영가도 있을 수 있다. 그러므로 의식절차상 시귀식진언과 보공양진언 이후 장엄염불 시 숙냉을 올려야 적질할 것이다.

一。 장엄염불이 시작되면 한쪽에서는 시식을 하고, 또 한쪽에서는 번과 금은전 등 전송물목을 정리하느라 우왕좌왕 정신이 없다. 헌식물을 준비할 때는 영단에서 위패를 내려 어산단 앞쪽으로 모셔서 염불소리를 잘 들을 수 있도록 하고, 시식을 마치고 나면 전송물을 모실 수 있도록 약간의 시간을 할애하면 될 것이다.

一。 관음시식(p。 二四三。)은 상주권공재의에 포함되어 있으므로 재차 수록하지 않았다。

519

● 화엄시식 (華嚴施食)

※ 화엄시식은 『화엄경』의 내용을 중심으로 하여 베푸는 시식으로, 화엄산림 기간이나 백일기도 등의 기간에 상단·신중단 권공 이후 영단에 거행한다. 더불어 각종 재회와 불사(佛事) 이후 법당 밖에서 전시식을 거행하지 못할 때 법당 안에서 화엄시식을 거행한다.

거불(擧佛)

나무 아미타불
南無 阿彌陀佛

나무 관세음보살
南無 觀世音菩薩

나무 대세지보살
南無 大勢至菩薩

착어(着語)

불신충만어법계
佛身充滿於法界

보현일체중생전
普現一切衆生前

수연부감미부주
隨緣赴感靡不周

이항처차보리좌
而恒處此菩提座

창혼(唱魂)

거 據
사바세계 娑婆世界 남섬부주 南贍部洲 동양 東洋 대한민국 大韓民國 모처 某處 모산 某山 모사 某寺 청정수월도량 清淨水月道場 금차지 今此至

극지정성 極至精誠 ○○재지신 ○○齋之辰 설향단전 爇香壇前 봉청재자 奉請齋者 모처거주 某處居住 모인복위 某人伏爲 소천 所薦 모인영가 某人靈駕

상래 上來 영청재자 迎請齋者 시회대중 時會大衆 각각등복위 各各等伏爲 각 各 상서선망부모 上逝先亡父母 다생사장 多生師長 원근친척 遠近親戚 누 累

대종친 代宗親 제형숙백 弟兄叔伯 자매질손 姉妹姪孫 각열위열명영가 各列位列名靈駕 억원차사 抑願此寺 최초창건이래 最初創建以來 지어중건 至於重建

중수 重修 조불조탑 造佛造塔 불양등촉 佛糧燈燭 내지불전내외 乃至佛前內外 일용범제집물 日用凡諸什物 유공덕주 有功德主 화주시주 化主施主 도감 都監

별좌 別坐 조연양공 助緣良工 사사시주등 四事施主等 각열명영가 各列名靈駕 차도량내외 此道場內外 동상동하 洞上洞下 유주무주 有主無主 일체애 一切哀

혼등 魂等 각열위영가 各列位靈駕 겸급법계 兼及法界 사생칠취 四生七趣 삼도팔난 三途八難 사은삼유 四恩三有 일체유식 一切有識 함령등중 含靈等衆

각열위영가 各列位靈駕 내지 乃至 철위산간 鐵圍山間 오무간옥 五無間獄 일일일야 一日一夜 만사만생 萬死萬生 수고함령등중 受苦含靈等衆 각열명 各列名

영가 靈駕 상래소청제불자 上來召請諸佛者 승불신력 承佛神力 내예향단 來詣香壇 동첨법공 同霑法供 증오무생 證悟無生

보방광명향장엄 普放光明香莊嚴
종종묘향집위장 種種妙香集爲帳
보산시방제국토 普散十方諸國土
공양일체대덕존 供養一切大德尊

우방광명다장엄 又放光明茶莊嚴
종종묘다집위장 種種妙茶集爲帳
보산시방제국토 普散十方諸國土
공양일체영가중 供養一切靈駕衆

우방광명미장엄 又放光明米莊嚴
종종묘미집위장 種種妙米集爲帳
보산시방제국토 普散十方諸國土
공양일체고혼중 供養一切孤魂衆

우방광명법자재 又放光明法自在
차광능각일체중 此光能覺一切衆
영득무진다라니 令得無盡陀羅尼
실지일체제불법 悉持一切諸佛法

법력난사의 法力難思議
대비무장애 大悲無障碍
입립변시방 粒粒遍十方
보시주법계 普施周法界

금이소수복 今以所修福
보첨어귀취 普沾於鬼趣
식이면극고 食已免極苦
사신생낙처 捨身生樂處

선밀게(宣密偈)

선밀가지 宣密加持
신전윤택 身田潤澤
업화청량 業火清凉
각구해탈 各求解脫

변식진언 變食眞言

나막 살바다타 아다 바로기제 옴 삼바라 삼바라 훔 (七遍)

시감로수진언 施甘露水眞言

나무 소로바야 다타아다야 다냐타 옴 소로소로 바라소로 바라소로 사바하 (七遍)

유해진언 乳海眞言

나무 사만다 못다남 옴 밤 (七遍)

일자수륜관진언 一字水輪觀眞言

옴 밤 밤 밤밤 (七遍)

원차가지식 願此加持食

시식게 (施食偈)

보변만시방 普遍滿十方 식자제기갈 食者除飢渴 득생안양국 得生安養國

시귀식진언 施鬼食眞言

옴 미기미기 야야미기 사바하 (三遍)

시무차법식진언 施無遮法食眞言

옴 목역능 사바하 (三遍)

발보리심진언 發菩提心眞言

옴 모지 짓다 못다 바나야 믹 (三遍)

보공양진언 普供養眞言

옴 아아나 삼바바 바아라 훔 (三遍)

보회향진언
普回向眞言

옴 삼마라 삼마라 미만나 사라마하 자거라바 훔 (三遍)

권반게(勸飯偈)

수아차법식　受我此法食

하이아난찬　何異阿難饌

기장함포만　飢腸咸飽滿

업화돈청량　業火頓清凉

돈사탐진치　頓捨貪嗔癡

상귀불법승　常歸佛法僧

염념보리심　念念菩提心

처처안락국　處處安樂國

십념(十念) ※ 십념 대신 반야심경을 독송할 수 있다.

청정법신비로자나불　清淨法身毘盧遮那佛

원만보신노사나불　圓滿報身盧舍那佛

천백억화신석가모니불　千百億化身釋迦牟尼佛

구품도사아미타불　九品導師阿彌陀佛

당래하생미륵존불　當來下生彌勒尊佛

시방삼세일체제불　十方三世一切諸佛

시방삼세일체존법　十方三世一切尊法

대지문수사리보살　大智文殊師利菩薩

대행보현보살　大行普賢菩薩

대비관세음보살　大悲觀世音菩薩

대원본존지장보살　大願本尊地藏菩薩

제존보살마하살　諸尊菩薩摩訶薩

마하반야바라밀　摩訶般若波羅蜜

금강게(金剛偈)

범소유상 凡所有相
개시허망 皆是虛妄
약견제상비상 若見諸相非相
즉견여래 卽見如來

여래십호(如來十號)

여래 如來
응공 應供
정변지 正遍智
명행족 明行足
선서 善逝
세간해 世間解
무상사 無上士
조어장부 調御丈夫
천인사 天人師
불세존 佛世尊

법화게(法華偈)

제법종본래 諸法從本來
상자적멸상 常自寂滅相
불자행도이 佛子行道已
내세득작불 來世得作佛

열반게(涅槃偈)

제행무상 諸行無常
시생멸법 是生滅法
생멸멸이 生滅滅已
적멸위락 寂滅爲樂

■ 장엄염불(莊嚴念佛) ※ 장엄염불 게송은 시간에 따라 가감할 수 있다.

원아진생무별념 願我盡生無別念
아미타불독상수 阿彌陀佛獨相隨
심심상계옥호광 心心常繫玉毫光
염념불리금색상 念念不離金色相

아집염주법계관 我執念珠法界觀
허공위승무불관 虛空爲繩無不貫
평등사나무하처 平等舍那無何處
관구서방아미타 觀求西方阿彌陀

나무서방대교주 南無西方大敎主
무량수여래불 無量壽如來佛
「나무아미타불」 南無阿彌陀佛 (十念)

※ 다음 게송부터는 게송 한 구절 마칠 때마다 후렴으로 「나무아미타불」을 한다.

아미타불재하방 阿彌陀佛在何方
착득심두절막망 着得心頭切莫忘
염도염궁무념처 念到念窮無念處
육문상방자금광 六門常放紫金光

극락세계십종장엄(極樂世界十種莊嚴)

법장서원수인장엄 法藏誓願修因莊嚴
사십팔원원력장엄 四十八願願力莊嚴
미타명호수광장엄 彌陀名號壽光莊嚴
삼대사관보상장엄 三大士觀寶像莊嚴

미타국토안락장엄 彌陀國土安樂莊嚴
보하청정덕수장엄 寶河淸淨德水莊嚴
보전여의누각장엄 寶殿如意樓閣莊嚴
주야장원시분장엄 晝夜長遠時分莊嚴

이십사락정토장엄 二十四樂淨土莊嚴
삼십종익공덕장엄 三十種益功德莊嚴

석가여래팔상성도 (釋迦如來八相成道)

도솔래의상　兜率來儀相
설산수도상　雪山修道相

비람강생상　毘藍降生相
수하항마상　樹下降魔相
청산첩첩미타굴　青山疊疊彌陀窟
창해망망적멸궁　滄海茫茫寂滅宮
물물염래무가애　物物拈來無罣碍
기간송정학두홍　幾看松亭鶴頭紅

사문유관상　四門遊觀相
녹원전법상　鹿苑轉法相
극락당전만월용　極樂堂前滿月容
옥호금색조허공　玉毫金色照虛空
약인일념칭명호　若人一念稱名號
경각원성무량공　頃刻圓成無量功

유성출가상　踰城出家相
쌍림열반상　雙林涅槃相
삼계유여급정륜　三界猶如汲井輪
백천만겁역미진　百千萬劫歷微塵
차신불향금생도　此身不向今生度
갱대하생도차신　更待何生度此身

천상천하무여불　天上天下無如佛
시방세계역무비　十方世界亦無比
세간소유아진견　世間所有我盡見
일체무유여불자　一切無有如佛者

찰진심념가수지　刹塵心念可數知
대해중수가음진　大海中水可飲盡
허공가량풍가계　虛空可量風可繫
무능진설불공덕　無能盡說佛功德

보화비진요망연　報化非眞了妄緣
법신청정광무변　法身清淨廣無邊
천강유수천강월　千江有水千江月
만리무운만리천　萬里無雲萬里天

사대각리여몽중
四大各離如夢中
육진심식본래공
六塵心識本來空
욕식불조회광처
欲識佛祖回光處
일락서산월출동
一落西山月出東

산당정야좌무언
山堂靜夜坐無言
적적요요본자연
寂寂寥寥本自然
하사서풍동림야
何事西風動林野
일성한안여장천
一聲寒鴈唳長天

원각산중생일수
圓覺山中生一樹
개화천지미분전
開化天地未分前
비청비백역비흑
非青非白亦非黑
부재춘풍부재천
不在春風不在天

천척사륜직하수
千尺絲綸直下垂
일파자동만파수
一波自動萬波隨
야정수한어불식
夜靜水寒魚不食
만선공재월명귀
滿船空載月明歸

십념왕생원
十念往生願
왕생극락원
往生極樂願
상품상생원
上品上生願
광도중생원
廣度衆生願

원공법계제중생
願共法界諸衆生
동입미타대원해
同入彌陀大願海
진미래제도중생
盡未來際度衆生
자타일시성불도
自他一時成佛道

나무서방정토 극락세계 삼십육만억 일십일만 구천오백 동명동호 대자대비 아
南無西方淨土 極樂世界 三十六萬億 一十一萬 九千五百 同名同號 大慈大悲 阿

미타불 나무서방정토 극락세계 불신장광 상호무변 금색광명 변조법계 사십팔원
彌陀佛 南無西方淨土 極樂世界 佛身長廣 相好無邊 金色光明 遍照法界 四十八願

도탈중생 불가설 불가설전 불가설 항하사 불찰미진수 도마죽위 무한극수 삼백
度脫衆生 不可說 不可說轉 不可說 恒河沙 佛刹微塵數 稻麻竹葦 無限極數 三百

나무문수보살 南無文殊菩薩

나무보현보살 南無普賢菩薩

나무관세음보살 南無觀世音菩薩

나무대세지보살 南無大勢至菩薩

나무금강장보살 南無金剛藏菩薩

나무제장애보살 南無除障碍菩薩

나무미륵보살 南無彌勒菩薩

나무지장보살 南無地藏菩薩

나무일체청정대해중보살마하살 南無一切淸淨大海衆菩薩摩訶薩

원공법계제중생 願共法界諸衆生

동입미타대원해 同入彌陀大願海

발원게(發願偈)

시방삼세불 十方三世佛

아미타제일 阿彌陀第一

구품도중생 九品度衆生

위덕무궁극 威德無窮極

아금대귀의 我今大歸依

참회삼업죄 懺悔三業罪

범유제복선 凡有諸福善

지심용회향 至心用回向

원동염불인 願同念佛人

진생극락국 盡生極樂國

견불요생사 見佛了生死

여불도일체 如佛度一切

왕생게(往生偈)

원아임욕명종시 진제일체제장애 면견피불아미타 즉득왕생안락찰
願我臨欲命終時 盡除一切諸障碍 面見彼佛阿彌陀 卽得往生安樂刹

동견무량수 개공성불도
同見無量壽 皆空成佛道

공덕게(功德偈)

원이차공덕 보급어일체 아등여중생 당생극락국
願以此功德 普及於一切 我等與衆生 當生極樂國

일념보관무량겁 무거무래역무주 여시요지삼세사 초제방편성십력
一念普觀無量劫 無去無來亦無住 如是了知三世事 超諸方便成十力

(위패를 소송(燒送)할 수 없는 경우)

안과게(安過偈)

상래소청 제불자등 각열명영가 기래화연 포찬선열 방하신심 안과이주
上來所請 諸佛子等 各列名靈駕 旣來華筵 鮑飡禪悅 放下身心 安過而住

(위패 봉안시)

봉안게(奉安偈)

생전유형질 生前有形質　사후무종적 死後無從跡　청입법왕궁 請入法王宮　안심좌도량 安心坐道場

(위패 소송 시)

■ 봉송편(奉送篇)

봉송게(奉送偈)

봉송고혼계유정 奉送孤魂洎有情　지옥아귀급방생 地獄餓鬼及旁生　아어타일건도량 我於他日建道場　불위본서환래부 不違本誓還來赴

금차 今日　보례봉송재자 普禮奉送齋者　모처거주 某處居住　모인복위 某人伏爲　소천 疏薦　모인영가 某人靈駕　재당 齋堂　○○재지신 ○○齋之辰　모인 某人

영가복위 靈駕伏爲　위주 爲主　상세선망부모 上世先亡父母　다생사장 多生師長　누대종친 累代宗親　제형숙백 弟兄叔伯　자매질손 姉妹姪孫　일체친속 一切親屬

등 等　각열위열명영가 各列位列名靈駕　차도량내외 此道場內外　유주무주 有主無主　일체애혼 一切哀魂　고혼불자등 孤魂佛子等　각열명영가 各列名靈駕

기수향공 旣受香供 이청법음 已聽法音 금당봉송 今當奉送 갱의건성 更宜虔成 봉사삼보 奉事三寶

보례삼보 (普禮三寶)

보례시방상주불 普禮十方常住佛
보례시방상주법 普禮十方常住法
보례시방상주승 普禮十方常住僧

행보게 (行步偈)

이행천리만허공 移行千里滿虛空
귀도정망도정방 歸道情忘到淨邦
삼업투성삼보례 三業投誠三寶禮
성범동회법왕궁 聖凡同會法王宮

산화락 (三說) 散花落

나무대성인로왕보살 (三說) 南無大聖引路王菩薩

법성게 (法性偈) ※법당을 우요(右繞)한 후 소대로 나아간다.

법성원융무이상 法性圓融無二相
제법부동본래적 諸法不動本來寂
무명무상절일체 無名無相絶一切
증지소지비여경 證智所知非餘境

진성심심극미묘 眞性甚深極微妙
불수자성수연성 不守自性隨緣成
일중일체다중일 一中一切多中一
일즉일체다즉일 一即一切多即一

일미진중함시방 一微塵中含十方
일체진중역여시 一切塵中亦如是
무량원겁즉일념 無量遠劫即一念
일념즉시무량겁 一念即是無量劫

구세십세호상즉 九世十世互相即
잉불잡란격별성 仍不雜亂隔別成
초발심시변정각 初發心時便正覺
생사열반상공화 生死涅槃相共和

이사명연무분별 理事冥然無分別
십불보현대인경 十佛普賢大人境
능인해인삼매중 能仁海印三昧中
번출여의부사의 繁出如意不思議

우보익생만허공 雨寶益生滿虛空
중생수기득이익 衆生隨器得利益
시고행자환본제 是故行者還本際
파식망상필부득 叵息妄想必不得

무연선교착여의 無緣善巧捉如意
귀가수분득자량 歸家隨分得資糧
이다라니무진보 以陀羅尼無盡寶
장엄법계실보전 莊嚴法界實寶殿

궁좌실제중도상 窮坐實際中道床

(소대에 이르러)

구래부동명위불 舊來不動名爲佛

금차 문외봉송재자 今日 門外奉送齋者
모인복위 소천 某人伏爲 所薦者
모인영가등 제불자 某人靈駕等 諸佛者
각열위열명영가 各列位列名靈駕

상래시식 염불풍경공덕 上來施食 念佛諷經功德
제불자 諸佛子
이망연야 離妄緣耶
불리망연야 不離妄緣耶
이망연즉 離妄緣則
천당불찰 天堂佛刹
임성 任性

소요 불리망연즉 차청산승 말후일게
逍遙 不離妄緣則 且聽山僧 末後一偈

사대각리여몽중
四大各離如夢中

육진심식본래공
六塵心識本來空

욕식불조회광처
欲識佛祖回光處

일락서산월출동
日落西山月出東

풍송가지 (諷誦加持)

염시방삼세　일체제불
念十方三世　一切諸佛

제존보살마하살　마하반야바라밀
諸尊菩薩摩訶薩　摩訶般若波羅蜜

원왕생
願往生

원왕생
願往生

왕생극락견미타
往生極樂見彌陀

획몽마정수기별
獲蒙摩頂授記別

원왕생
願往生

원왕생
願往生

원재미타회중좌
願在彌陀會中坐

수집향화상공양
手執香華常供養

원왕생
願往生

원왕생
願往生

왕생화장연화계
往生華藏蓮華界

자타일시성불도
自他一時成佛道

소전진언
燒錢眞言

옴 비로기제 사바하 (三遍)

봉송진언
奉送眞言

옴 바아라 사다 목차목 (三遍)

상품상생진언
上品上生眞言

옴 마니다니 훔 훔 바탁 사바하 (三遍)

처세간 여허공 여련화 불착수 심청정 초어피 계수례 무상존
處世間 如虛空 如蓮華 不著水 心淸淨 超於彼 稽首禮 無上尊

삼귀의 (三歸依)

귀의불 귀의법 귀의승
歸依佛 歸依法 歸依僧

귀의불양족존 귀의법이욕존 귀의승중중존
歸依佛兩足尊 歸依法離欲尊 歸依僧衆中尊

귀의불경 귀의법경 귀의승경
歸依佛竟 歸依法竟 歸依僧竟

영가 선보운정 복유진중
靈駕 善步雲程 伏惟珍重

옴 삼마라 삼마라 미만나 사라마하 자거라바 훔 (三遍)

보회향진언
普回向眞言

파산게(破散偈)

화탕풍요천지괴 火蕩風搖天地壞

요요장재백운간 寥寥長在白雲間

일성휘파금성벽 一聲揮破金城壁

단향불전칠보산 但向佛前七寶山

삼회향례(三回向禮)

나무 환희장마니보적불
南無 歡喜藏摩尼寶積佛

나무 원만장보살마하살
南無 圓滿藏菩薩摩訶薩

나무 회향장보살마하살
南無 回向藏菩薩摩訶薩

以上 華嚴施食 終

● 전시식(奠施食)

※ 영산재나 수륙재、각종 불사 이후 법당에서는 일반적으로 관음시식을 거행한다。그러나 법당에 들어오지 못한 영가를 비롯해서 도량에 운집한 유주무주 고혼을 위하여 법당 밖에 시식단을 별도로 마련하여 시식을 베푸는데、이때 전시식을 거행한다。

거불(擧佛)

나무 극락도사 아미타불
南無 極樂導師 阿彌陀佛

나무 관음세지 양대보살
南無 觀音勢至 兩大菩薩

나무 명양구고 지장왕보살 (三說)
南無 冥陽救苦 地藏王菩薩

증명다게(證明茶偈)

금장감로다 봉헌증명전 감찰건간심
今將甘露茶 奉獻證明前 鑑察虔懇心

원수애납수 원수애납수 원수자비애납수
願垂哀納受 願垂哀納受 願垂慈悲哀納受

거 사바세계 남섬부주 동양 대한민국 모산 모사 청정수월도량 금차 지극지
據 娑婆世界 南贍部洲 東洋 大韓民國 某山 某寺 淸淨水月道場 今此 至極至

정성 ○○재시 천혼재자 모처거주 모인복위 소천 모인영가
精誠 ○○齋時 薦魂齋者 某處居住 某人伏爲 所薦 某人靈駕

상래 영청재자 시회대중 각각등복위 각 상세선망 사존부모 원근친척 누대종
上來 迎請齋者 時會大衆 各各等伏爲 各 上世先亡 師尊父母 遠近親戚 累代宗

친 제형숙백 자매질손 일체무진제불자등 각열위열명영가 차사 최초창건이래
親 弟兄叔伯 姉妹姪孫 一切無盡諸佛子等 各列位列名靈駕 此寺 最初創建以來

지어중건중수 조불조탑 불량등촉 내지 불전내외 일용범제집물 유공덕주 화주
至於重建重修 造佛造塔 佛糧燈燭 乃至 佛前內外 日用凡諸什物 有功德主 化主

시주 도감별좌 조연양공 사사시주등 각열위열명영가 차오대양육대주 위국절
施主 都監別坐 助緣良工 四事施主等 各列位列名靈駕 此五大洋六大洲 爲國節

사 충의장졸 기한동뇌 구종횡사 형헌이종 산난이사 일체애혼등중 내지 철위
使 忠義將卒 飢寒凍餒 九種橫死 刑憲而終 産難而死 一切哀魂等衆 乃至 鐵圍

산간 오무간옥 일일일야 만사만생 수고함령등중 각열명영가 겸급법계 사생
山間 五無間獄 一日一夜 萬死萬生 受苦含靈等衆 各列名靈駕 兼及法界 四生

칠취 삼도팔난 사은삼유 일체유식 함령등중 각열위열명영가 차도량내외 동상
七趣 三途八難 四恩三有 一切有識 含靈等衆 各列位列名靈駕 此道場內外 洞上

洞下

동하 유주무주 운집고혼 제불자등 각열위열명영가
有主無主 雲集孤魂 諸佛子等 各列位列名靈駕

착어(着語)

「불신충만어법계 보현일체중생전 수연부감미부주 이항처차보리좌」(三說)
佛身充滿於法界 普現一切眾生前 隨緣赴感靡不周 而恒處此菩提座

시일금시
是日今時

사문대중등
沙門大眾等

운자비심 행평등행 이본원력 대방광불화엄경력 제불가
運慈悲心 行平等行 以本願力 大方廣佛華嚴經力 諸佛加

피지력 이차청정법식 보시일체법계 면연귀왕 소통령자 삼십육부 무량무변 항
被之力 以此清淨法食 普施一切法界 面燃鬼王 所統領者 三十六部 無量無邊 恒

하사수 제아귀중 계하리제모 일체권속 바라문선중 병차방타계 도병운명 수화
河沙數 諸餓鬼眾 泊訶利帝母 一切眷屬 婆羅門仙眾 併此方他界 刀兵殞命 水火

분표 질역유리 기한동뇌 승목자진 형현이종 산난이사 일체체백고혼 의초부목
焚漂 疾疫流離 飢寒凍餒 繩木自盡 刑憲而終 產難而死 一切滯魄孤魂 依草附木

일체귀신 지부풍도 대소철위산 오무간옥 팔한팔열 경중제지옥 악사성황등처
一切鬼神 地府酆都 大小鐵圍山 五無間獄 八寒八熱 輕重諸地獄 嶽司城隍等處

일체수고중생 육도방래 일체중음중생 함부아청 무일유자 원여일일 각득마갈
一切受苦眾生 六途傍來 一切中陰眾生 咸赴我請 無一遺者 願汝一一 各得摩竭

다국 소용지곡 칠칠곡식 제제기갈 제공범성난통 당구삼보가피
陀國 所用之斛 七七斛食 除諸飢渴 第恐凡聖難通 當求三寶加被

신묘장구대다라니
神妙章句大陀羅尼

나모라 다나 다라 야야 나막 알약 바로기제 새바라야 모지 사다바야 마하

사다바야 마하 가로 니가야 옴 살바 바예수 다라나 가라야 다사명 나막 가

리다바 이맘 알야 바로기제 새바라 다바 니라간타 나막 하리나야 마발다 이

사미 살발타 사다남 수반 아예염 살바 보다남 바바마라 미수다감 다냐타 옴

아로계 아로가 마지로가 지가란제 혜혜하례 마하 모지 사다바 사마라 사마

라 하리나야 구로구로 갈마 사다야 사다야 도로도로 미연제 마하 미연제 다

라다라 다린나례 새바라 자라자라 마라 미마라 아마라 몰제 예혜혜 로계 새

바라 라아 미사미 나사야 나베 사미 사미 나사야 모하자라 미사미 나사야

호로호로 마라 호로 하례 바나마 나바 사라사라 시리시리 소로소로 못자못

자 모다야 모다야 메다리야 니라간타 가마사 날사남 바라 하리나야 마낙 사

바하 싣다야 사바하 마하 싣다야 사바하 싣다유예 새바라야 사바하 니라간

타야 사바하 바라하 목카 싱하 목카야 사바하 바나마 하따야 사바하 자가라

욕다야 사바하 상카 섭나네 모다나야 사바하 마하라 구타 다라야 사바하 바

마 사간타 이사 시쳬다 가릿나 이나야 사바하 먀가라 잘마 이바 사나야 사

바하 「나모라 다나 다라 야야 나막 알야 바로기제 새바라야 사바하」 (三遍)

약인욕요지 若人欲了知　삼세일체불 三世一切佛　응관법계성 應觀法界性　일체유심조 一切唯心造

파지옥진언 破地獄眞言
옴 가라지야 사바하 (三遍)

해원결진언 解冤結眞言
옴 삼다라 가닥 사바하 (三遍)

보소청진언 普召請眞言
나무 보보제리 가리다리 다타 아다야 (三遍)

나무상주시방불 南無常住十方佛　나무상주시방법 南無常住十方法　나무상주시방승 南無常住十方僧

나무 본사석가모니불 南無 本師釋迦牟尼佛

나무
南無 관세음보살
觀世音菩薩

나무 명양구고지장왕보살
南無 冥陽救苦地藏王菩薩

나무 기교아난다존자
南無 起教阿難陀尊者

제불자 이승삼보 가피지력 실부아청 당생희유심 사리전도상 귀의삼보 참제
諸佛子 已承三寶 加被之力 悉赴我請 當生稀有心 捨離顛倒想 歸依三寶 懺除

죄장 인후개통 운심평등 수아소시 무차무애 청정법식 제제기갈
罪障 咽喉開通 運心平等 受我所施 無遮無碍 清淨法食 除諸飢渴

귀의불 귀의법 귀의승
歸依佛 歸依法 歸依僧

귀의불양족존 귀의법이욕존 귀의승중중존
歸依佛兩足尊 歸依法離欲尊 歸依僧衆中尊

귀의불경 귀의법경 귀의승경
歸依佛竟 歸依法竟 歸依僧竟

지장보살멸정업진언
地藏菩薩滅定業眞言

옴 바라 마니 다니 사바하 (三遍)

관세음보살멸업장진언 觀世音菩薩滅業障眞言 옴 아로늑계 사바하 (三遍)

개인후진언 開咽喉眞言 옴 보보제리 가리다리 다타 아다야 (三遍)

삼매야계진언 三昧耶戒眞言 옴 삼매야 살다밤 (三遍)

선밀가지 宣密加持

선밀게(宣密偈)

신전윤택 身田潤澤 업화청량 業火淸凉 각구해탈 各求解脫

변식진언 變食眞言 나막 살바다타 아다 바로기제 옴 삼바라 삼바라 훔 (三遍)

시감로수진언 施甘露水眞言 나무 소로바야 다타아다야 다냐타 옴 소로소로 바라소로 바라소로

일자수륜관진언 一字水輪觀眞言 옴 밤 밤 밤밤 (三遍)

유해진언 乳海眞言 나무 사만다 못다남 옴 밤 (三遍)

나무다보여래 南無多寶如來 원제고혼 願諸孤魂 파제간탐 破除慳貪 법재구족 法財具足

나무보승여래 南無寶勝如來 원제고혼 願諸孤魂 각사악도 各捨惡道 수의초승 隨意超昇

나무묘색신여래 南無妙色身如來 원제고혼 願諸孤魂 이추루형 離醜陋形 상호원만 相好圓滿

나무광박신여래 南無廣博身如來 원제고혼 願諸孤魂 사육범신 捨六凡身 오허공신 悟虛空身

나무이포외여래 南無離怖畏如來 원제고혼 願諸孤魂 이제포외 離諸怖畏 득열반락 得涅槃樂

나무감로왕여래 南無甘露王如來 원제고혼 願諸孤魂 인후개통 咽喉開通 획감로미 獲甘露味

나무아미타여래 南無阿彌陀如來 원제고혼 願諸孤魂 수념초생 隨念超生 극락세계 極樂世界

시식게(施食偈)

보시하사중귀신 普施河沙衆鬼神 원개포만사간탐 願皆飽滿捨慳貪 속탈유명생정토 速脫幽冥生淨土

신주가지정음식 神呪加持淨飮食

귀의삼보발보리 歸依三寶發菩提
구경득성무상도 究竟得成無上道
공덕무변진미래 功德無邊盡未來
일체중생동법식 一切衆生同法食

원이차공덕 願以此功德
보급어일체 普及於一切
아등여중생 我等與衆生
개공성불도 皆共成佛道

여등귀신중 汝等鬼神衆
아금시여공 我今施汝供
차식변시방 此食遍十方
일체귀신공 一切鬼神供

시귀식진언 施鬼食眞言
옴 미기미기 야야미기 사바하 (三遍)

시무차법식진언 施無遮法食眞言
옴 목역능 사바하 (三遍)

보공양진언 普供養眞言
옴 아아나 삼바바 바아라 훔 (三遍)

제불자 수법식이 기갈기제 금당재위 여등참회 무시이래 지어금일 장신구의
諸佛子 受法食已 飢渴旣除 今當再爲 汝等懺悔 無始以來 至於今日 將身口意

작제악업 각각지성 수아음성 발로참회
作諸惡業 各各至誠 隨我音聲 發露懺悔

참회게(懺悔偈)

아석소조제악업 개유무시탐진치
我昔所造諸惡業 皆由無始貪嗔癡

종신구의지소생 일체아금개참회
從身口意之所生 一切我今皆懺悔

제불자
諸佛子

참회죄업이 금당지성 발사홍서원 연후 제청묘법
懺悔罪業已 今當至誠 發四弘誓願 然後 諦聽妙法

발사홍서원(發四弘誓願)

중생무변서원도
衆生無邊誓願度

번뇌무진서원단
煩惱無盡誓願斷

법문무량서원학
法門無量誓願學

불도무상서원성
佛道無上誓願成

자성중생서원도
自性衆生誓願度

자성번뇌서원단
自性煩惱誓願斷

자성법문서원학
自性法門誓願學

자성불도서원성
自性佛道誓願成

발보리심진언
發菩提心眞言

옴 모지 짓다 못다 바나야 믹 (三遍)

제불자 발사홍서원이 각의세심 제청묘법
諸佛子 發四弘誓願已 各宜洗心 諦聽妙法

아불여래 연민여등 자무시이래 지어
我佛如來 憐愍汝等 自無始以來 至於

금일 미진축망 수업표류 출몰사생 왕래육도 수무량고 특위여등 개대해탈문
今日 迷眞逐妄 隨業漂流 出沒四生 往來六道 受無量苦 特爲汝等 開大解脫門

연설십이인연법 각령어언하 돈명자성 영절윤회 십이인연법자 역인역인인 역
演說十二因緣法 各令於言下 頓明自性 永絶輪廻 十二因緣法者 亦因亦因因 亦

과역과과 미지즉생사업해 오지즉적멸성공 무명연행 행연식 식연명색 명색연
果亦果果 迷之則生死業海 悟之則寂滅性空 無明緣行 行緣識 識緣名色 名色緣

육입 육입연촉 촉연수 수연애 애연취 취연유 유연생 생연노사우비고뇌 무명
六入 六入緣觸 觸緣受 受緣愛 愛緣取 取緣有 有緣生 生緣老死憂悲苦惱 無明

멸즉행멸 행멸즉식멸 식멸즉명색멸 명색멸즉육입멸 육입멸즉촉멸 촉멸즉수멸
滅則行滅 行滅則識滅 識滅則名色滅 名色滅則六入滅 六入滅則觸滅 觸滅則受滅

수멸즉애멸 애멸즉취멸 취멸즉유멸 유멸즉생멸 생멸즉노사우비고뇌멸
受滅則愛滅 愛滅則取滅 取滅則有滅 有滅則生滅 生滅則老死憂悲苦惱滅

범소유상 개시허망 약견제상비상 즉견여래
凡所有相 皆是虛妄 若見諸相非相 卽見如來

일체유위법 여몽환포영 여로역여전 응작여시관
一切有爲法 如夢幻泡影 如露亦如電 應作如是觀

약이색견아 이음성구아 시인행사도 불능견여래
若以色見我 以音聲求我 是人行邪道 不能見如來

일념보관무량겁 무거무래역무주 여시요지삼세사 초제방편성십력
一念普觀無量劫 無去無來亦無住 如是了知三世事 超諸方便成十力

마하반야바라밀다심경

摩訶般若波羅蜜多心經

관자재보살 행심반야바라밀다시 조견오온개공 도일체고액 사리자 색불이공
觀自在菩薩 行深般若波羅蜜多時 照見五蘊皆空 度一切苦厄 舍利子 色不異空

공불이색 색즉시공 공즉시색 수상행식 역부여시 사리자 시제법공상 불생불멸
空不異色 色卽是空 空卽是色 受想行識 亦復如是 舍利子 是諸法空相 不生不滅

불구부정 부증불감 시고공중무색 무수상행식 무안이비설신의 무색성향미촉법
不垢不淨 不增不減 是故空中無色 無受想行識 無眼耳鼻舌身意 無色聲香味觸法

무안계 내지무의식계 무무명 역무무명진 내지무노사 역무노사진 무고집멸도
無眼界 乃至無意識界 無無明 亦無無明盡 乃至無老死 亦無老死盡 無苦集滅道

무지역무득 이무소득고 보리살타 의반야바라밀다고 심무가애 무가애고 무유
無智亦無得 以無所得故 菩提薩埵 依般若波羅蜜多故 心無罣礙 無罣礙故 無有

공포 원리전도몽상 구경열반 삼세제불 의반야바라밀다고 득아뇩다라삼먁삼보
恐怖 遠離顚倒夢想 究竟涅槃 三世諸佛 依般若波羅蜜多故 得阿耨多羅三藐三菩

리 고지반야바라밀다 시대신주 시대명주 시무상주 시무등등주 능제일체고
提 故知般若波羅蜜多 是大神呪 是大明呪 是無上呪 是無等等呪 能除一切苦

진실불허 고설반야바라밀다주 즉설주왈
眞實不虛 故說般若波羅蜜多呪 卽說呪曰

「아제아제 바라아제 바라승아제 모지 사바하」 (三遍)

불설왕생정토주
佛說往生淨土呪

나무 아미다바야 다타가다야 다디야타 아미리 도바비 아미리다 싣담바비
아미리다 비가란제 아미리다 비가란다 가미니 가가나 깃다가례 사바하 (三遍)

※ 장엄염불 게송은 시간에 따라 가감할 수 있다.

■ 장엄염불(莊嚴念佛)

원아진생무별념 願我盡生無別念
아미타불독상수 阿彌陀佛獨相隨
심심상계옥호광 心心常繫玉豪光
염념불리금색상 念念不離金色相

아집염주법계관 我執念珠法界觀
허공위승무불관 虛空爲繩無不貫
평등사나무하처 平等舍那無何處
관구서방아미타 觀求西方阿彌陀

나무서방대교주 南無西方大敎主
무량수여래불 無量壽如來佛
「나무아미타불」 (十念)
南無阿彌陀佛

※ 다음 게송부터는 게송 한 구절 마칠 때마다 후렴으로 「나무아미타불」을 한다.

아미타불재하방 阿彌陀佛在何方
착득심두절막망 着得心頭切莫忘
염도염궁무념처 念到念窮無念處
육문상방자금광 六門常放紫金光

법장서원수인장엄 法藏誓願修因莊嚴
사십팔원원력장엄 四十八願願力莊嚴
미타명호수광장엄 彌陀名號壽光莊嚴
삼대사관보상장엄 三大士觀寶像莊嚴

미타국토안락장엄 彌陀國土安樂莊嚴
보하청정덕수장엄 寶河清淨德水莊嚴
보전여의누각장엄 寶殿如意樓閣莊嚴
주야장원시분장엄 晝夜長遠時分莊嚴

이십사락정토장엄 二十四樂淨土莊嚴
삼십종익공덕장엄 三十種益功德莊嚴

청산첩첩미타굴 青山疊疊彌陀窟
창해망망적멸궁 滄海茫茫寂滅宮
물물염래무가애 物物拈來無罣碍
기간송정학두홍 幾看松亭鶴頭紅

극락당전만월용 極樂堂前滿月容
옥호금색조허공 玉毫金色照虛空
약인일념칭명호 若人一念稱名號
경각원성무량공 頃刻圓成無量功

삼계유여급정륜 三界猶如汲井輪
백천만겁역미진 百千萬劫歷微塵
차신불향금생도 此身不向今生度
갱대하생도차신 更待何生度此身

천상천하무여불 天上天下無如佛
시방세계역무비 十方世界亦無比
세간소유아진견 世間所有我盡見
일체무유여불자 一切無有如佛者

찰진심념가수지 刹塵心念可數知
대해중수가음진 大海中水可飲盡
허공가량풍가계 虛空可量風可繫
무능진설불공덕 無能盡說佛功德

가사정대경진겁 假使頂戴經塵劫
신위상좌변삼천 身爲牀座徧三千
약부전법도중생 若不傳法度衆生
필경무능보은자 畢竟無能報恩者

아차보현수승행 我此普賢殊勝行
무변승복개회향 無邊勝福皆回向
보원침익제중생 普願沈溺諸衆生
속왕무량광불찰 速往無量光佛刹

보화비진요망연 報化非眞了妄緣
법신청정광무변 法身清淨廣無邊
천강유수천강월 千江有水千江月
만리무운만리천 萬里無雲萬里天

십념왕생원 十念往生願
왕생극락원 往生極樂願
상품상생원 上品上生願
광도중생원 廣度衆生願

원공법계제중생 願共法界諸衆生
동입미타대원해 同入彌陀大願海
진미래제도중생 盡未來際度衆生
자타일시성불도 自他一時成佛道

나무서방정토 南無西方淨土
극락세계 極樂世界
삼십육만억 三十六萬億
일십일만 一十一萬
구천오백 九千五百
동명동호 同名同號
대자대비 大慈大悲
아 阿

미타불 彌陀佛
나무서방정토 南無西方淨土
극락세계 極樂世界
불신장광 佛身長廣
상호무변 相好無邊
금색광명 金色光明
변조법계 遍照法界
사십팔원 四十八願

도탈중생 度脫衆生
불가설 不可說
불가설전 不可說轉
불가설 不可說
항하사 恒河沙
불찰미진수 佛刹微塵數
도마죽위 稻麻竹葦
무한극수 無限極數
삼백 三百

육십만억 六十萬億
일십일만 一十一萬
구천오백 九千五百
동명동호 同名同號
대자대비 大慈大悲
아등도사 我等導師
금색여래 金色如來
아미타불 阿彌陀佛

나무문수보살 南無文殊菩薩

나무보현보살 南無普賢菩薩

나무관세음보살 南無觀世音菩薩

나무대세지보살 南無大勢至菩薩

나무금강장보살 南無金剛藏菩薩

나무제장애보살 南無除障碍菩薩

나무미륵보살 南無彌勒菩薩

나무지장보살 南無地藏菩薩

나무일체청정대해중보살마하살 南無一切淸淨大海衆菩薩摩訶薩

원공법계제중생 願共法界諸衆生
동입미타대원해 同入彌陀大願海

발원게(發願偈)

시방삼세불 十方三世佛　구품도중생 九品度衆生
아미타제일 阿彌陀第一　위덕무궁극 威德無窮極

원동염불인 願同念佛人　견불요생사 見佛了生死
진생극락국 盡生極樂國　여불도일체 如佛度一切

아금대귀의 我今大歸依　범유제복선 凡有諸福善
참회삼업죄 懺悔三業罪　지심용회향 至心用回向

왕생게(往生偈)

원아임욕명종시 願我臨欲命終時　면견피불아미타 面見彼佛阿彌陀
진제일체제장애 盡除一切諸障碍　즉득왕생안락찰 卽得往生安樂剎

공덕게(功德偈)

원이차공덕 願以此功德　보급어일체 普及於一切　아등여중생 我等與衆生　당생극락국 當生極樂國

동견무량수 同見無量壽　개공성불도 皆空成佛道

※ 위패 소송 시 봉송편 ⇨ p。五三一。

以上 奠施食 終

● 구병시식(救病施食)

※ 구병시식은 환자의 구병을 목적으로 거행하는 것으로 구명시식(救命施食)이라고도 한다. 질병의 원인을 귀신의 침책으로 보기 때문에 원인이 되는 책주귀신을 위주로 음식을 베풀어 기갈을 면하고 불법을 일러주어 이고득락을 목적으로 베푸는 의식이다. 즉 악귀를 쫓는 퇴마나 구마의 식이 아니므로 구병시식 또한 여법하게 거행해야 한다. 상단불공[관음청]과 신중불공을 모신 뒤 구병시식을 거행하며, 구병시식단은 증명단과 시식단, 마구단을 설치한다.

거불(擧佛)

나무상주시방불 南無常住十方佛 **나무상주시방법** 南無常住十方法 **나무상주시방승** (三說)
南無常住十方僧

나무 대자대비 구고관세음보살마하살 (三說)
南無 大慈大悲 救苦觀世音菩薩摩訶薩

창혼(唱魂)

거 사바세계 남섬부주 동양 대한민국 모처거주 원아금야 특위 모생 모인책주
據 裟婆世界 南贍部洲 東洋 大韓民國 某處居住 願我今夜 特爲 某生 某人嘖主

귀신영가 승불위신 장법가지 취차청정지보좌 포찬선열지법공
鬼神靈駕 承佛威神 仗法加持 就此淸淨之寶座 飽饌禪悅之法供

시식 · 영반 **554**

이차진령신소청 以此振鈴伸召請
명도귀계보문지 冥途鬼界普聞知
원승삼보력가지 願承三寶力加持
금야금시래부회 今夜今時來赴會

상래소청 금야 모생 모인책주귀신영가위주 제불자등 각열위열명영가
上來召請 今夜 某生 某人嘖主鬼神靈駕爲主 諸佛者等 各列位列名靈駕

착어(着語)

천수일편위고혼 千手一片爲孤魂
지심제청 지심제수 至心諦聽 至心諦受

자광조처연화출 慈光照處蓮花出
혜안관시지옥공 慧眼觀時地獄空
우황대비신주력 又況大悲神呪力
중생성불찰나중 衆生成佛刹那中

신묘장구대다라니 神妙章句大陀羅尼

나모라 다나 다라 야야 나막 알야 바로기제 새바라야 모지 사다바야 마하
사다바야 마하 가로 니가야 옴 살바 바예수 다라나 가라야 다사명 나막 가
리다바 이맘 알야 바로기제 새바라 다바 니라간타 나막 하리나야 마발다 이
사미 살발타 사다남 수반 아예염 살바 보다남 바바마라 미수다감 다냐타 옴
아로계 아로가 마지로가 지가란제 혜혜하례 마하 모지 사다바 사마라 사마

라 하리나야 구로구로 갈마 사다야 사다야 도로도로 미연제 마하 미연제 다

라다라 다린나레 새바라 자라자라 마라 미마라 아마라 몰제 예혜혜 로계 새

바라 라아 미사미 나사야 나베 사미 사미 나사야 모하자라 미사미 나사야

호로호로 마라 호로 하례 바나마 나바 사라사라 시리시리 소로소로 못자못

자모다야 모다야 메다리야 니라간타 가마사 날사남 바라 하리나야 마낙 사

바하 실다야 사바하 마하 실다야 사바하 실다유예 새바라야 사바하 니라 간

타야 사바하 바라하 목카 싱하 목카야 사바하 바나마 하따야 자가라

욕다야 사바하 상카 섭나네 모다나야 사바하 마하라 구타 다라야 사바하 바

마 사간타 이사 시체다 가릿나 이나야 사바하 먀가라 잘마 이바 사나야 사

바하 「나모라 다나 다라 야야 나막 알야 바로기제 새바라야 사바하」 (三遍)

약인욕지 若人欲了知

삼세일체불 三世一切佛　응관법계성 應觀法界性　일체유심조 一切唯心造

파지옥진언 破地獄眞言

옴 가라지야 사바하 (三遍)

해원결진언 解冤結眞言

옴 삼다라 가닥 사바하 (三遍)

멸악취진언 滅惡趣眞言

옴 아모카 미로자나 마하 모나라 마니 바나마 아바라

바라 말다야 훔 (三篇)

소아귀진언 召餓鬼眞言

옴 직나직가 예혜혜 사바하 (三遍)

보소청진언 普召請眞言

나무 보보제리 가리다리 다타 아다야 (三遍)

고유문(告由文)

유세차 維歲次 모년모월모일 某年某月某日 모처 某處 거주 모인 某人 득병난제 得病難除 박상신음 撲牀呻吟 근비향등 謹備香燈 반병전마 飯餅錢馬

요청책주귀신영가 邀請嘖主鬼神靈駕 급여오방제위영기영혼 及與五方諸位靈祇靈魂 이신공양 以伸供養 복원 伏願 모인책주귀신제위영 某人嘖主鬼神諸位靈

가내림초좌 駕來臨醮座 수첨법공 受霑法供 해원석결 解冤釋結 병환소제 病患消除 신강역족 身強力足 소구여원 所求如願 일일성취 一一成就

유치(由致)

절이 切以 명로망망 冥路茫茫 고혼요요 孤魂擾擾 혹입유관 或入幽關 영세초독 永世楚毒 혹처중음 或處中陰 장겁기허 長劫飢虛 사고사앙 斯苦斯殃 난 難

당난인 천재미획초승지로 사시영무향제지의 호구사방 종무일포 행탁재색이손
當難忍 千載未獲超昇之路 四時永無享祭之儀 餬口四方 終無一飽 幸托財色而損

물 역부주식이침인 혹불망정애이추심 혹미석원증이핍박 혹인정부조옹출납이
物 亦付酒食而侵人 或不忘情愛而追尋 或未釋寃憎而逼迫 或因鼎釜槽瓮出納以

생화 혹연와석토목범동이유재 범부부지병근이통상 귀신요지죄상이침책 귀부
生禍 或緣瓦石土木犯動而流災 凡夫不知病根而痛傷 鬼神了知罪相而侵嘖 鬼不

지인지고뇌이망로 인부지귀지기허이도증 불가관음지위신 영석인귀지결한
知人之苦惱而妄怒 人不知鬼之飢虛而徒憎 不假觀音之威神 寧釋人鬼之結恨

사이 운심평등 설식무차 원제무주고혼 앙장관음묘력 함탈고취 내부법연 근병
肆以 運心平等 設食無遮 願諸無主孤魂 仰仗觀音妙力 咸脫苦趣 來赴法筵 謹秉

일심 선진삼청
一心 先陳三請

증명청(證明請)

나무일심봉청 승권기교 보제기허 위구어악도중생 고현차왕리지상 대성초면
南無一心奉請 承權起教 普濟飢虛 爲救於惡道眾生 故現此尫羸之狀 大聖焦面

귀왕 비증보살마하살 유원불위본서 강림도량 증명공덕 (三請)
鬼王 悲增菩薩摩訶薩 唯願不違本誓 降臨道場 證明功德 (三請)

향화청 (三說)
香花請 (三說)

가영(歌詠)

비증시적대보살 悲增示跡大菩薩
권현유형시귀왕 權現有形是鬼王
존귀위중유부주 尊貴位中留不住
노화명월자망망 蘆花明月自茫茫
고아일심귀명정례 故我一心歸命頂禮

헌좌진언 獻座眞言

헌좌게(獻座偈)

묘보리좌승장엄 妙菩提座勝莊嚴
제불좌이성정각 諸佛坐已成正覺
아금헌좌역여시 我今獻座亦如是
자타일시성불도 自他一時成佛道
옴 바아라 미나야 사바하 (三遍)

다게(茶偈)

금장감로다 今將甘露茶
봉헌증명전 奉獻證明前
감찰건간심 鑑察虔懇心
원수애납수 願垂哀納受
원수애납수 願垂哀納受
원수자비애납수 願垂慈悲哀納受

보공양진언 普供養眞言

옴 아아나 삼바바 바아라 훔 (三遍)

고혼도청(孤魂都請)

일심봉청 一心奉請 모인책주귀신영가 위주 선망부모 다생사장 오족육친 열명영가 내호
某人嘖主鬼神靈駕 爲主 先亡父母 多生師長 五族六親 列名靈駕 內護

조왕대신 외호산왕대신 오방동토신 오방용왕 오방성자 동방갑을청색신 남방
竈王大神 外護山王大神 五方動土神 五方龍王 五方聖者 東方甲乙青色神 南方

병정적색신 서방경신백색신 북방임계흑색신 중방무기황색신 제일몽다라니등
丙丁赤色神 西方庚辛白色神 北方壬癸黑色神 中方戊己黃色神 第一夢陁羅尼等

칠귀신 동방청살신 남방적살신 서방백살신 북방흑살신 중앙황살신 오온행건
七鬼神 東方青殺神 南方赤殺神 西方白殺神 北方黑殺神 中央黃殺神 五蘊行件

귀신 객건귀신 근계토공신 근계침귀신 근계칙귀신 근계도로신 근계정중신 근
神 客件鬼神 近界土公神 近界砧鬼神 近界厠鬼神 近界道路神 近界庭中神 近

계난중신 천건귀신도전 지건귀신도전 인건귀신도전 온건귀신도전 행건귀신도
界欄中神 天件鬼神都前 地件鬼神都前 人件鬼神都前 蘊件鬼神都前 行件鬼神都

전 객건귀신도전 노건귀신도전 산건귀신도전 수건귀신도전 각병권속 승삼보
前 客件鬼神都前 路件鬼神都前 山件鬼神都前 水件鬼神都前 各幷眷屬 承三寶

력 내림초좌 수첨법공 (三請) ※ 이어서 향연청과 가영 ⇩ p。五六三。
力 來臨醮座 受霑法供

고혼청(孤魂請)

일심봉청
一心奉請
모인책주귀신영가 위수 선망부모 다생사장 오족육친 열명영가 법계
某人嘖主鬼神靈駕 爲首 先亡父母 多生師長 五族六親 列名靈駕 法界

망혼 유원 승삼보력 장비밀어 금야금시 내림법회 수첩공양
亡魂 惟願 承三寶力 仗秘密語 今夜今時 來臨法會 受沾供養

향연청
香烟請

일심봉청
一心奉請
모인책주귀신영가 위수 당신만위제신 팔만사천조왕신 산주대왕객
某人嘖主鬼神靈駕 爲首 堂神萬位諸神 八萬四千竈王神 山主大王 客

건신 근계토공신 근계침귀신 근계척귀신 근계도로신 근계정중신 근계난중신
件神 近界土公神 近界砧鬼神 近界廁鬼神 近界道路神 近界庭中神 近界欄中神

각병권속 승삼보력 내림초좌 수첩법공
各幷眷屬 承三寶力 來臨醮座 受霑法供

향연청
香烟請

561 구병시식

일심봉청
一心奉請 某人嘖主鬼神靈駕 爲首

모인책주귀신영가 위수 동방동토신
某人嘖主鬼神靈駕 爲首 東方動土神

남방동토신 서방동토신 북방동
南方動土神 西方動土神 北方動

토신 중방동토신 동방청제용왕 남방적제용왕 서방백제용왕 북방흑제용왕 중
土神 中方動土神 東方靑帝龍王 南方赤帝龍王 西方白帝龍王 北方黑帝龍王 中

방황제용왕 동방성자 남방성자 서방성자 북방성자 중방성자 각병권속 승삼보
方黃帝龍王 東方聖者 南方聖者 西方聖者 北方聖者 中方聖者 各幷眷屬 承三寶

력 내림초좌 수첨법공
力 來臨醮座 受霑法供

향연청
香烟請

일심봉청
一心奉請 某人嘖主鬼神靈駕 爲首

모인책주귀신영가 위수 동방갑을청색신
某人嘖主鬼神靈駕 爲首 東方甲乙靑色神

남방병정적색신 서방경신
南方丙丁赤色神 西方庚辛

백색신 북방임계흑색신 중방무기황색신 제일몽다라니칠귀신 오온행건귀신
白色神 北方壬癸黑色神 中方戊己黃色神 第一夢陁羅尼七鬼神 五蘊行件鬼神

동방청살신 남방적살신 서방백살신 북방흑살신 중앙황살신 각병권속 승삼보
東方靑殺神 南方赤殺神 西方白殺神 北方黑殺神 中央黃殺神 各幷眷屬 承三寶

력 내림초좌 수첨법공
力 來臨醮座 受霑法供

향연청
香烟請

일심봉청 모인책주귀신영가 위수 천건귀신도전 지건귀신도전 인건귀신도전
一心奉請 某人嘖主鬼神靈駕 爲首 天件鬼神都前 地件鬼神都前 人件鬼神都前

온건귀신도전 행건귀신도전 객건귀신도전 노건귀신도전 산건귀신도전 수건귀
蘊件鬼神都前 行件鬼神都前 客件鬼神都前 路件鬼神都前 山件鬼神都前 水件鬼

신도전 각병권속 승삼보력 내림초좌 수첨법공
神都前 各幷眷屬 承三寶力 來臨醮座 受霑法供

향연청
香烟請

가영(歌詠)

채유주인원유두　지인증애미증휴
債有主人寃有頭　只因憎愛未曾休

여금설식겸양법　돈오무생해결수
如今設食兼揚法　頓悟無生解結讐

(약불구목욕절차차하직거보례)
(若不具沐浴節次此下直擧普禮)

※ 관욕을 하지 않을 시는 바로 보례삼보 ⇨ p。五六七。

관욕(灌浴)

■ 인예향욕편(引詣香浴篇)

상래이빙 불력법력 삼보위신지력 소청모씨책주귀신 급여제위 영기영혼불자
上來已憑 佛力法力 三寶威神之力 召請某氏嘖主鬼神 及與諸位 靈祇靈魂佛子

이계도량 대중성발 청영부욕
已屆道場 大衆聲鈸 請迎赴浴

신묘장구대다라니
神妙章句大陀羅尼

나모라 다나 다라 야야 나막 알야 바로기제 새바라야 모지 사다바야 마하

사다바야 마하가로 니가야 옴 살바 바예수 다라나 가라야 다사명 나막 가

리다바 이맘 알야 바로기제 새바라 다바 니라간타 나막 하리나야 마발다 이

사미 살발타 사다남 수반 아예염 살바 보다남 바바마라 미수다감 다냐타 옴

아로계 아로가 마지로가 지가란제 혜혜하례 마하 모지 사다바 사마라 사마

라 하리나야 구로구로 갈마 사다야 사다야 도로도로 미연제 마하 미연제 다

라다라 다린나레 새바라 자라자라 마라 미마라 아마라 몰제 예혜혜 로계 새

바라 라아 미사미 나사야 나베 사미 사미 나사야 모하자라 미사미 나사야

자 모다야 모다야 메다리야 니라간타 가마사 날사남 바라 하리나야 마낙 사

호로호로 마라 호로 하례 바나마 나바 사라사라 시리시리 소로소로 못자못

바하 싣다야 사바하 마하 싣다야 사바하 싣다유예 새바라야 사바하 니라 간

타야 사바하 바라하 목카 싱하 목카야 사바하 바나마 하따야 사바하 자가라

욕다야 사바하 상카 섭나네 모다나야 사바하 마하라 구타 다라야 사바하 바

마 사간타 이사 시췌다 가릿나 이나야 사바하 먀가라 잘마 이바 사나야 사

바하 「나모라 다나 다라 야야 나막 알야 바로기제 새바라야 사바하」 (三篇)

반야심경(般若心經)　云云

목욕게(沐浴偈)

목욕제불자 　 원승신주력 　 보획어청정
沐浴諸佛子 　 願承神呪力 　 普獲於清淨

이차향탕수
以此香湯水

목욕진언
沐浴眞言

옴 바다모 사니사 아모까 아레 훔 (三遍)

목욕인(沐浴印) 양손 약지(넷째손가락)와 소지(새끼손가락)를 안으로 깍지 껴서 손바닥 속에 넣되 오른손이 왼손을 누르게 하고, 두 중지(가운데손가락)는 펴서 끝을 맞대고 양쪽 검지(둘째손가락)로 중지의 등을 누른다. 두 엄지는 중지의 가운데마디를 누른다.

화의재진언
化衣財眞言

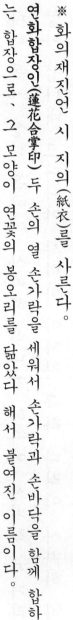

나무 사만다 못다남 옴 바자나 비로기제 사바하 (三遍)

※ 화의재진언 시 지의(紙衣)를 사른다.

연화합장인(蓮花合掌印) 두 손의 열 손가락을 세워서 손가락과 손바닥을 함께 합하는 합장으로, 그 모양이 연꽃의 봉오리를 닮았다 해서 붙여진 이름이다.

수의진언
授衣眞言

옴 바리마라바 바아리니 훔 (三遍)

연화권인(蓮花拳印) 오른손으로 주먹을 쥐고、왼손으로 물을 묻혀 관욕소를 향해 뿌린다.

착의진언
着衣眞言

옴 바아라 바사세 사바하 (三遍)

양손 엄지손가락으로 나머지 네 손가락 끝을 눌러 주먹을 쥔다.

지단진언
指壇眞言

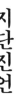

옴 예이혜 베로자나야 사바하 (三遍)

지단인(指壇印) 오른손으로 금강권을 짓되 둘째손가락을 펴서 인로왕보살이 자리한 영혼단(혹은 상단)을 향하도록 방향을 가리킨다.

보례삼보(普禮三寶)

보례시방상주불
普禮十方常住佛

보례시방상주법
普禮十方常住法

보례시방상주승
普禮十方常住僧

수위안좌(受位安座)

상래봉청 모인책주귀신영가 급여제위영기영혼 기례삼보 환득의주 방하신심

上來奉請 某人 嘖主鬼神靈駕 及與諸位靈祗靈魂 旣禮三寶 還得衣珠 放下身心

의위이좌 대아가지 수첨법식 해원석결 각구해탈

依位而坐 待我加持 受霑法食 解冤釋結 各求解脫

수위안좌진언

受位安座眞言

안좌게(安座偈)

아금의교설진수　보궤고혼급유정　각발환심차제좌　수아공양증보리

我今依教設珍羞　普饋孤魂及有情　各發歡心次第坐　受我供養證菩提

수위안좌진언　옴 마니 군다니 훔훔 사바하 (三遍)

다게(茶偈)

백초임중일미신　조주상권기천인　팽장석정강심수

百草林中一味新　趙州常勸幾天人　烹將石鼎江心水

원사망령헐고륜　원사고혼헐고륜　원사제령헐고륜

願使亡靈歇苦輪　願使孤魂歇苦輪　願使諸靈歇苦輪

선밀가지　선밀게(宣密偈)

宣密加持

신전윤택　업화청량　각구해탈

身田潤澤　業火清凉　各求解脫

변식진언
變食眞言

나막 살바다타 아다 바로기제 옴 삼바라 삼바라 훔 (七遍)

시감로수진언
施甘露水眞言

나무 소로바야 다타아다야 다냐타 옴 소로소로 바라소로 바라소로 사바하 (七遍)

일자수륜관진언
一字水輪觀眞言

옴 밤 밤 밤밤 (七遍)

유해진언
乳海眞言

나무 사만다 못다남 옴 밤 (七遍)

칭양성호(稱揚聖號)

나무다보여래
南無多寶如來
원제고혼 願諸孤魂 파제간탐 破除慳貪 법재구족 法財具足

나무보승여래
南無寶勝如來
원제고혼 願諸孤魂 각사악도 各捨惡道 수의초승 隨意超昇

나무묘색신여래
南無妙色身如來
원제고혼 願諸孤魂 이추루형 離醜陋形 상호원만 相好圓滿

나무광박신여래
南無廣博身如來
원제고혼 願諸孤魂 사육범신 捨六凡身 오허공신 悟虛空身

나무이포외여래 南無離怖畏如來
원제고혼 願諸孤魂
이제포외 離諸怖畏
득열반락 得涅槃樂

나무감로왕여래 南無甘露王如來
원아각각 願我各各
열명영가 列名靈駕
인후개통 咽喉開通
획감로미 獲甘露味

나무아미타여래 南無阿彌陀如來
원제고혼 願諸孤魂
수념초생 隨念超生
극락세계 極樂世界

시식게 (施食偈)

원차가지식 願此加持食
보변만시방 普遍滿十方
식자제기갈 食者除飢渴
득생안양국 得生安養國

시귀식진언 施鬼食眞言
옴 미기미기 야야미기 사바하 (三遍)

시무차법식진언 施無遮法食眞言
옴 목역능 사바하 (三遍)

보공양진언 普供養眞言
옴 아아나 삼바바 바아라 훔 (三遍)

발보리심진언 發菩提心眞言
옴 모지짓다 모다 바나야 믹 (三遍)

보회향진언 普回向眞言
옴 삼마라 삼마라 미만나 사라마하 자거라바 훔 (三遍)

수아차법식 受我此法食
하이아난찬 何異阿難饌
기장함포만 飢腸咸飽滿
업화돈청량 業火頓淸凉

돈사탐진치 頓捨貪嗔癡
상귀불법승 常歸佛法僧
염념보리심 念念菩提心
처처안락국 處處安樂國

금강게 (金剛偈)

범소유상 凡所有相
개시허망 皆是虛妄
약견제상비상 若見諸相非相
즉견여래 卽見如來

여래십호 (如來十號)

여래 응공 정변지 명행족 선서 세간해 무상사 조어장부 천인사 불세존
如來 應供 正遍智 明行足 善逝 世間解 無上士 調御丈夫 天人師 佛世尊

법화게 (法華偈)

제법종본래 諸法從本來
상자적멸상 常自寂滅相
불자행도이 佛子行道已
내세득작불 來世得作佛

열반게 (涅槃偈)

제행무상 諸行無常
시생멸법 是生滅法
생멸멸이 生滅滅已
적멸위락 寂滅爲樂

■ 장엄염불〔莊嚴念佛〕 ※ 장엄염불 게송은 시간에 따라 가감할 수 있다.

원아진생무별념 願我盡生無別念 아미타불독상수 阿彌陀佛獨相隨 심심상계옥호광 心心常繫玉豪光 염념불리금색상 念念不離金色相

아집염주법계관 我執念珠法界觀 허공위승무불관 虛空爲繩無不貫 평등사나무하처 平等舍那無何處 관구서방아미타 觀求西方阿彌陀

나무서방대교주 南無西方大教主 무량수여래불 無量壽如來佛 「나무아미타불」 南無阿彌陀佛 （十念）

※ 다음 게송부터는 게송 한 구절 마칠 때마다 후렴으로 「나무아미타불」을 한다.

아미타불재하방 阿彌陀佛在何方 착득심두절막망 着得心頭切莫忘 염도염궁무념처 念到念窮無念處 육문상방자금광 六門常放紫金光

극락세계십종장엄〔極樂世界十種莊嚴〕

법장서원수인장엄 法藏誓願修因莊嚴 사십팔원원력장엄 四十八願願力莊嚴 미타명호수광장엄 彌陀名號壽光莊嚴 삼대사관보상장엄 三大士觀寶像莊嚴

미타국토안락장엄 彌陀國土安樂莊嚴 보하청정덕수장엄 寶河淸淨德水莊嚴 보전여의누각장엄 寶殿如意樓閣莊嚴 주야장원시분장엄 晝夜長遠時分莊嚴

이십사락정토장엄 二十四樂淨土莊嚴 삼십종익공덕장엄 三十種益功德莊嚴

석가여래팔상성도(釋迦如來八相成道)

도솔래의상 兜率來儀相
비람강생상 毘藍降生相
사문유관상 四門遊觀相
유성출가상 踰城出家相

설산수도상 雪山修道相
수하항마상 樹下降魔相
녹원전법상 鹿苑轉法相
쌍림열반상 雙林涅槃相

청산첩첩미타굴 青山疊疊彌陀窟
창해망망적멸궁 滄海茫茫寂滅宮
물물염래무가애 物物拈來無罣碍
기간송정학두홍 幾看松亭鶴頭紅

극락당전만월용 極樂堂前滿月容
옥호금색조허공 玉毫金色照虛空
약인일념칭명호 若人一念稱名號
경각원성무량공 頃刻圓成無量功

삼계유여급정륜 三界猶如汲井輪
백천만겁역미진 百千萬劫歷微塵
차신불향금생도 此身不向今生度
갱대하생도차신 更待何生度此身

천상천하무여불 天上天下無如佛
시방세계역무비 十方世界亦無比
세간소유아진견 世間所有我盡見
일체무유여불자 一切無有如佛者

찰진심념가수지 刹塵心念可數知
대해중수가음진 大海中水可飮盡
허공가량풍가계 虛空可量風可繫
무능진설불공덕 無能盡說佛功德

보화비진요망연 報化非眞了妄緣
법신청정광무변 法身淸淨廣無邊
천강유수천강월 千江有水千江月
만리무운만리천 萬里無雲萬里天

사대각리여몽중 四大各離如夢中
육진심식본래공 六塵心識本來空
욕식불조회광처 欲識佛祖回光處
일락서산월출동 一落西山月出東

산당정야좌무언 山堂靜夜坐無言
적적요요본자연 寂寂寥寥本自然
하사서풍동림야 何事西風動林野
일성한안여장천 一聲寒鴈唳長天

원각산중생일수 圓覺山中生一樹
개화천지미분전 開化天地未分前
비청비백역비흑 非靑非白亦非黑
부재춘풍부재천 不在春風不在天

천척사륜직하수 千尺絲綸直下垂
일파자동만파수 一波自動萬波隨
야정수한어불식 夜靜水寒魚不食
만선공재월명귀 滿船空載月明歸

십념왕생원 왕생극락원 十念往生願 往生極樂願
왕생극락원 상품상생원 往生極樂願 上品上生願
상품상생원 광도중생원 上品上生願 廣度眾生願

원공법계제중생 願共法界諸眾生
동입미타대원해 同入彌陀大願海
진미래제도중생 盡未來際度眾生
자타일시성불도 自他一時成佛道

나무서방정토 극락세계 南無西方淨土 極樂世界
삼십육만억 일십일만 三十六萬億 一十一萬
구천오백 동명동호 대자대비 아 九千五百 同名同號 大慈大悲 阿

미타불 나무서방정토 극락세계 彌陀佛 南無西方淨土 極樂世界
불신장광 상호무변 금색광명 佛身長廣 相好無邊 金色光明
변조법계 사십팔원 遍照法界 四十八願

도탈중생 불가설 불가설전 度脫眾生 不可說 不可說轉
불가설 항하사 불찰미진수 不可說 恒河沙 佛刹微塵數
도마죽위 무한극수 삼백 稻麻竹葦 無限極數 三百

육십만억 일십일만 구천오백 동명동호 대자대비 아등도사 금색여래 아미타불

六十萬億 一十一萬 九千五百 同名同號 大慈大悲 我等導師 金色如來 阿彌陀佛

나무문수보살
南無文殊菩薩

나무보현보살
南無普賢菩薩

나무관세음보살
南無觀世音菩薩

나무대세지보살
南無大勢至菩薩

나무금강장보살
南無金剛藏菩薩

나무제장애보살
南無除障碍菩薩

나무미륵보살
南無彌勒菩薩

나무지장보살
南無地藏菩薩

나무일체청정대해중보살마하살
南無一切淸淨大海衆菩薩摩訶薩

원공법계제중생
願共法界諸衆生

동입미타대원해
同入彌陀大願海

발원게(發願偈)

시방삼세불
十方三世佛

아미타제일
阿彌陀第一

구품도중생
九品度衆生

위덕무궁극
威德無窮極

아금대귀의
我今大歸依

참회삼업죄
懺悔三業罪

범유제복선
凡有諸福善

지심용회향
至心用回向

원동염불인
願同念佛人

진생극락국
盡生極樂國

견불요생사
見佛了生死

여불도일체
如佛度一切

왕생게 (往生偈)

원아임욕명종시　진제일체제장애　면견피불아미타　즉득왕생안락찰
願我臨欲命終時　盡除一切諸障碍　面見彼佛阿彌陀　卽得往生安樂刹

공덕게 (功德偈)

원이차공덕　보급어일체　아등여중생　당생극락국
願以此功德　普及於一切　我等與眾生　當生極樂國

동견무량수　개공성불도
同見無量壽　皆空成佛道

표백 (表白)

상래 시식염불 풍경공덕　특위 모인책주귀신영가 위수　일체친속 열명영가제위
上來 施食念佛 諷經功德　特爲 某人嘖主鬼神靈駕 爲首　一切親屬 列名靈駕諸位

영기영혼불자　함원이핍뇌자즉　속증법희지묘과　인아이침책자즉　영포선열지진
靈祇靈魂佛子　含冤而逼惱者則　速證法喜之妙果　因餓而侵嘖者則　永飽禪悅之珍

수원승관음대비지위광　공입미타대원지각해　마하반야바라밀
羞願承觀音大悲之威光　共入彌陀大圓之覺海　摩訶般若波羅蜜

염시방삼세　일체제불　제존보살마하살　마하반야바라밀
念十方三世　一切諸佛　諸尊菩薩摩訶薩　摩訶般若波羅蜜

원왕생 원왕생 왕생극락견미타 획몽마정수기별
願往生 願往生 往生極樂見彌陀 獲蒙摩頂受記別

원왕생 원왕생 원재미타회중좌 수집향화상공양
願往生 願往生 願在彌陀會中坐 手執香華常供養

원왕생 원왕생 원생화장연화계 자타일시성불도
願往生 願往生 願生華藏蓮花界 自他一時成佛道

소전진언
燒錢眞言

옴 비로기제 사바하 (三遍)

봉송진언
奉送眞言

옴 바아라 사다 목차목 (三遍)

상품상생진언
上品上生眞言

옴 마니다니 훔훔 바탁 사바하 (三遍)

해백생원가다라니
解百生寃家陁羅尼

옴 아아암악 (百八遍)

광명진언
光明眞言

옴 아모카 바이로차나 마하무드라 마니 파드마 즈바라 프라바르타야 훔 (三遍)

파산게 (破散偈)

화탕풍요천지괴　요요장재백운간　일성휘파금성벽　단향불전칠보산

火蕩風搖天地壞　寥寥長在白雲間　一聲揮破金城壁　但向佛前七寶山

삼회향례 (三回向禮)

나무 환희장마니보적불
南無 歡喜藏摩尼寶積佛

나무 원만장보살마하살
南無 圓滿藏菩薩摩訶薩

나무 회향장보살마하살
南無 回向藏菩薩摩訶薩

以上 救病施食 終

※ 상용영반은 기일재나 칠칠재 등 보통 거행하는 시식을 말하며, 가볍게 공양한 그릇 올린다는 의미로 영반이라고 한다.

거불(擧佛)

나무 아미타불
南無 阿彌陀佛

나무 관세음보살
南無 觀世音菩薩

나무 대세지보살
南無 大勢至菩薩

창혼(唱魂)

거 사바세계 남섬부주 동양 대한민국 모처 모산 모사 청정수월도량 금차지극
據 娑婆世界 南贍部洲 東洋 大韓民國 某處 某山 某寺 淸淨水月道場 今此至極

정성 ○○ 재지신 설향단전 봉청재자 모처거주 모인복위 모인영가 「재설。삼설」
精誠 ○○齋之辰 爇香壇前 奉請齋者 某處居住 某人伏爲 某人靈駕 「再說。三說」

영가복위위주 靈駕伏爲爲主
상세선망 上世先亡
사존부모 師尊父母
원근친척 遠近親戚
누대종친 累代宗親
제형숙백 弟兄叔伯
자매질손 姉妹姪孫
일체 一切

무진 無盡
제불자등 諸佛者等
각열위열명영가 各列位列名靈駕
차도량내외 此道場內外
동상동하 洞上洞下
유주무주 有主無主
운집고혼 雲集孤魂
제불 諸佛

자등 者等
각열위열명영가 各列位列名靈駕
도량내 道場內
위패명위등 位牌名位等
각열위열명영가 各列位列名靈駕
내지 乃至
철위산간 鐵圍山間
오무 五無

간옥 間獄
일일일야 一日一夜
만사만생 萬死萬生
수고함령등중 受苦含靈等衆
각열명영가 各列名靈駕
겸급법계 兼及法界
사생칠취 四生七趣
삼도팔 三途八

난 難
사은삼유 四恩三有
일체유식 一切有識
함령등중 含靈等衆
각열위열명영가 各列名靈駕

착어(着語)

영명성각묘란사 靈明性覺妙難思
월타추담계영한 月墮秋潭桂影寒
금탁수성개각로 金鐸數聲開覺路
잠사진계하향단 暫辭眞界下香壇

진령게(振鈴偈)

이차진령신소청 以此振鈴伸召請
명도귀계보문지 冥途鬼界普聞知
원승삼보력가지 願承三寶力加持
금일[야]금시래부회 今日[夜]今時來赴會

나무 보보제리 가리다리 다타 아다야 (三遍)

청사(請詞)

일심봉청 생연이진 대명아천 기작황천지객 불사지신여몽 이위추천지혼 방불
一心奉請 生緣已盡 大命俄遷 旣作黃泉之客 不思之身如夢 已爲追薦之魂 彷彿

형용의희면목 원아금차 지극지정성 천혼재자 모인복위 소천 모인영가 승불
形容依希面目 願我今此 至極之精誠 薦魂齋者 某人伏爲 所薦 某人靈駕 承佛

위광 내예향단 수첨법공
威光 來詣香壇 受霑法供

향연청
香烟請

일심봉청 영광독요 형탈근진 제불설불급 만장수부득 지연불각 심동천차 수업
一心奉請 靈光獨耀 逈脫根塵 諸佛說不及 萬藏收不得 只緣不覺 心動千差 隨業

감보 윤회제취 양소주(야) 원아금차 지극지정성 천혼재자 모인복위 소천 모인
感報輪回諸趣 良宵晝(夜) 願我今此 至極之精誠 薦魂齋者 某人伏爲 所薦 某人

영가 승불위광 내예향단 수첨향공
靈駕 承佛威光 來詣香壇 受霑香供

일심봉청 약인욕식불경계 당정기의여허공 원리망상급제취 영심소향개무애
一心奉請 若人欲識佛境界 當淨基意如虛空 遠離妄想及諸趣 令心所向皆無礙

원아금차 지극지정성 천혼재자 모인복위 소천 모인영가 영가복위위주 상세
願我今此 至極之精誠 薦魂齋者 某人伏爲 所薦 某人靈駕 靈駕伏爲爲主 上世

선망 사존부모 누대종친 원근친척 제형숙백 자매질손 일체무진 제불자등 각
先亡 師尊父母 累代宗親 遠近親戚 弟兄叔伯 姉妹姪孫 一切無盡 諸佛者等 各

열위열명영가 차도량내외 동상동하 유주무주 운집고혼 제불자등 각열위열명
列位列名靈駕 此道場內外 洞上洞下 有主無主 雲集孤魂 諸佛者等 各列位列名

영가 도량내 위패명위등 각열위열명영가 겸급법계 사생칠취 삼도팔난 사은삼유
靈駕 道場內 位牌名位等 各列位列名靈駕 兼及法界 四生七趣 三途八難 四恩三有

만사만생 수고함령등중 각열위열명영가 철위산간 오무간옥 일일일야
萬死萬生 受苦含靈等衆 各列名靈駕 乃至 鐵圍山間 五無間獄 一日一夜

일체유식 함령등중 각열위열명영가 승불위광 내예향단 수첨향등다미공
一切有識 含靈等衆 各列位列名靈駕 承佛威光 來詣香壇 受霑香燈茶米供

향연청
香烟請

가영(歌詠)

제령한진치신망 諸靈限盡致身亡

석화광음몽일장 石火光陰夢一場

삼혼묘묘귀하처 三魂杳杳歸何處

칠백망망거원향 七魄茫茫去遠鄕

수위안좌진언 受位安座眞言

금일 영가위주 今日 靈駕爲主 상래소청 上來召請 제불자등 諸佛子等 각열위열명영가 各列位列名靈駕

옴 마니 군다니 훔훔 사바하 (三遍)

다게(茶偈)

백초임중일미신 百草林中一味新

조주상권기천인 趙州常勸幾千人

팽장석정강심수 烹將石鼎江心水

원사망령헐고륜 願使亡靈歇苦輪

원사고혼헐고륜 願使孤魂歇苦輪

원사제령헐고륜 願使諸靈歇苦輪

수향편(受饗篇)

금일영가위주 今日靈駕爲主 상래소청 上來召請 제불자등 諸佛子等 각열위열명영가 各列位列名靈駕

향설오분지진향 香爇五分之眞香
훈발대지 薰發大智

등연반야지명등 燈然般若之明燈
조파혼구 照破昏衢

다헌조주지청다 茶獻趙州之淸茶
돈식갈정 頓息渴情

과헌선도지진품 果獻仙都之眞品
상조일미 常助一味

식진향적지진수 食進香積之珍羞
영절기허 永絕飢虛

영가어차물물 종종진수 부종천강 비종지용 단종재자 일편성심유출 나열
靈駕於此物物 種種珍羞 不從天降 非從地聳 但從齋者 一片誠心流出 羅列

영전 복유상향
靈前 伏惟尙饗

마하반야바라밀다심경
摩訶般若波羅蜜多心經

관자재보살 행심반야바라밀다시 조견오온개공 도일체고액 사리자 색불이공
觀自在菩薩 行深般若波羅蜜多時 照見五蘊皆空 度一切苦厄 舍利子 色不異空

공불이색 색즉시공 공즉시색 수상행식 역부여시 사리자 시제법공상 불생불멸
空不異色 色卽是空 空卽是色 受想行識 亦復如是 舍利子 是諸法空相 不生不滅

불구부정 부증불감 시고공중무색 무수상행식 무안이비설신의 무색성향미촉법
不垢不淨 不增不減 是故空中無色 無受想行識 無眼耳鼻舌身意 無色聲香味觸法

無眼界 乃至 無意識界

무안계 내지무의식계

無無明 亦無無明盡 乃至 無老死 亦無老死盡 無苦集滅道

무무명 역무무명진 내지무노사 역무노사진 무고집멸도

無智亦無得 以無所得故

무지역무득 이무소득고

菩提薩埵 依般若波羅蜜多故 心無罣礙 無罣礙故 無有

보리살타 의반야바라밀다고 심무가애 무가애고 무유

恐怖 遠離顚倒夢想 究竟涅槃 三世諸佛 依般若波羅蜜多故 得阿耨多羅三藐三菩

공포 원리전도몽상 구경열반 삼세제불 의반야바라밀다고 득아뇩다라삼막삼보

提 故知般若波羅蜜多 是大神呪 是大明呪 是無上呪 是無等等呪 能除一切苦

리 고지반야바라밀다 시대신주 시대명주 시무상주 시무등등주 능제일체고

眞實不虛 故說般若波羅蜜多呪 卽說呪曰

진실불허 고설반야바라밀다주 즉설주왈

「아제아제 바라아제 바라승아제 모지 사바하」 (三遍)

시식게(施食偈)

願此加持食

원차가지식

普遍滿十方

보변만시방

食者除飢渴

식자제기갈

得生安養國

득생안양국

시귀식진언

施鬼食眞言

옴 미기미기 야야미기 사바하 (三遍)

시무차법식진언

施無遮法食眞言

옴 목역능 사바하 (三遍)

보공양진언
普供養眞言

보회향진언
普回向眞言

옴 아아나 삼바바 바아라 훔 (三遍)

옴 삼마라 삼마라 미만나 사라마하 자거라바 훔 (三遍)

권반게 (勸飯偈)

수아차법식 受我此法食
하이아난찬 何異阿難饌
기장함포만 飢腸咸飽滿
업화돈청량 業火頓淸凉

돈사탐진치 頓捨貪嗔癡
상귀불법승 常歸佛法僧
염념보리심 念念菩提心
처처안락국 處處安樂國

금강게 (金剛偈)

범소유상 凡所有相
개시허망 皆是虛妄
약견제상비상 若見諸相非相
즉견여래 卽見如來

여래십호 (如來十號)

여래 응공 정변지 명행족 선서 세간해 무상사 조어장부 천인사 불세존
如來 應供 正遍智 明行足 善逝 世間解 無上士 調御丈夫 天人師 佛世尊

법화게 (法華偈)

제법종본래 諸法從本來
상자적멸상 常自寂滅相
불자행도이 佛子行道已
내세득작불 來世得作佛

열반게 (涅槃偈)

제행무상 諸行無常
시생멸법 是生滅法
생멸멸이 生滅滅已
적멸위락 寂滅爲樂

※ 장엄염불 생략 시는 바로 파산게(p。五九二。)를 한다.

■ 장엄염불(莊嚴念佛) ※ 장엄염불 게송은 시간에 따라 가감할 수 있다.

원아진생무별념 願我盡生無別念
아미타불독상수 阿彌陀佛獨相隨
심심상계옥호광 心心常繫玉豪光
염념불리금색상 念念不離金色相

아집염주법계관 我執念珠法界觀
허공위승무불관 虛空爲繩無不貫
평등사나무하처 平等舍那無何處
관구서방아미타 觀求西方阿彌陀

나무서방대교주 南無西方大教主
무량수여래불 無量壽如來佛
「나무아미타불」 南無阿彌陀佛 (十念)

※ 다음 게송부터는 게송 한 구절 마칠 때마다 후렴으로 「나무아미타불」을 한다.

아미타불재하방 阿彌陀佛在何方
착득심두절막망 着得心頭切莫忘
염도염궁무념처 念到念窮無念處
육문상방자금광 六門常放紫金光

극락세계십종장엄 (極樂世界十種莊嚴)

법장서원수인장엄 法藏誓願修因莊嚴　사십팔원원력장엄 四十八願願力莊嚴　미타명호수광장엄 彌陀名號壽光莊嚴　삼대사관보상장엄 三大士觀寶像莊嚴

미타국토안락장엄 彌陀國土安樂莊嚴　보하청정덕수장엄 寶河淸淨德水莊嚴　보전여의누각장엄 寶殿如意樓閣莊嚴　주야장원시분장엄 晝夜長遠時分莊嚴

이십사락정토장엄 二十四樂淨土莊嚴　삼십종익공덕장엄 三十種益功德莊嚴

석가여래팔상성도 (釋迦如來八相成道)

도솔래의상 兜率來儀相　비람강생상 毘藍降生相　사문유관상 四門遊觀相　유성출가상 踰城出家相

설산수도상 雪山修道相　수하항마상 樹下降魔相　녹원전법상 鹿苑轉法相　쌍림열반상 雙林涅槃相

오종대은명심불망 (五種大恩銘心不忘)

각안기소국왕지은 各安其所國王之恩　생양구로부모지은 生養劬勞父母之恩　유통정법사장지은 流通正法師長之恩　당가위보유차염불 當可爲報唯此念佛

사사공양단월지은 四事供養檀越之恩　탁마상성붕우지은 琢磨相成朋友之恩

청산첩첩미타굴 靑山疊疊彌陀窟
창해망망적멸궁 滄海茫茫寂滅宮
물물염래무가애 物物拈來無罣碍
기간송정학두홍 幾看松亭鶴頭紅

극락당전만월용 極樂堂前滿月容
옥호금색조허공 玉毫金色照虛空
약인일념칭명호 若人一念稱名號
경각원성무량공 頃刻圓成無量功

삼계유여급정륜 三界猶如汲井輪
백천만겁역미진 百千萬劫歷微塵
차신불향금생도 此身不向今生度
갱대하생도차신 更待何生度此身

천상천하무여불 天上天下無如佛
시방세계역무비 十方世界亦無比
세간소유아진견 世間所有我盡見
일체무유여불자 一切無有如佛者

찰진심념가수지 刹塵心念可數知
대해중수가음진 大海中水可飲盡
허공가량풍가계 虛空可量風可繫
무능진설불공덕 無能盡說佛功德

보화비진요망연 報化非眞了妄緣
법신청정광무변 法身淸淨廣無邊
천강유수천강월 千江有水千江月
만리무운만리천 萬里無雲萬里天

사대각리여몽중 四大各離如夢中
육진심식본래공 六塵心識本來空
욕식불조회광처 欲識佛祖回光處
일락서산월출동 一落西山月出東

산당정야좌무언 山堂靜夜坐無言
적적요요본자연 寂寂寥寥本自然
하사서풍동림야 何事西風動林野
일성한안여장천 一聲寒鴈唳長天

원각산중생일수　開化天地未分前　非青非白亦非黑　不在春風不在天
圓覺山中生一樹　개화천지미분전　비청비백역비흑　부재춘풍부재천

천척사륜직하수　一波自動萬波隨　夜靜水寒魚不食　滿船空載月明歸
千尺絲綸直下垂　일파자동만파수　야정수한어불식　만선공재월명귀

원공법계제중생　同入彌陀大願海　盡未來際度衆生　自他一時成佛道
願共法界諸衆生　동입미타대원해　진미래제도중생　자타일시성불도

십념왕생원　往生極樂願　上品上生願　廣度衆生願
十念往生願　왕생극락원　상품상생원　광도중생원

나무서방정토 극락세계 삼십육만억 일십일만 구천오백 동명동호 대자대비 아
南無西方淨土 極樂世界 三十六萬億 一十一萬 九千五百 同名同號 大慈大悲 阿

미타불 나무서방정토 극락세계 불신장광 상호무변 금색광명 변조법계 사십팔원
彌陀佛 南無西方淨土 極樂世界 佛身長廣 相好無邊 金色光明 遍照法界 四十八願

도탈중생 불가설 불가설전 불가설 항하사 불찰미진수 도마죽위 무한극수 삼백
度脫衆生 不可說 不可說轉 不可說 恒河沙 佛刹微塵數 稻麻竹葦 無限極數 三百

육십만억 일십일만 구천오백 동명동호 대자대비 아등도사 금색여래 아미타불
六十萬億 一十一萬 九千五百 同名同號 大慈大悲 我等導師 金色如來 阿彌陀佛

나무문수보살 南無文殊菩薩

나무보현보살 南無普賢菩薩

나무관세음보살 南無觀世音菩薩

나무대세지보살 南無大勢至菩薩

나무금강장보살 南無金剛藏菩薩

나무제장애보살 南無除障碍菩薩

나무미륵보살 南無彌勒菩薩

나무지장보살 南無地藏菩薩

나무일체청정대해중보살마하살 南無一切淸淨大海衆菩薩摩訶薩

원공법계제중생 願共法界諸衆生
동입미타대원해 同入彌陀大願海

발원게(發願偈)

시방삼세불 十方三世佛
아미타제일 阿彌陀第一
구품도중생 九品度衆生
위덕무궁극 威德無窮極

원동염불인 願同念佛人
진생극락국 盡生極樂國
견불요생사 見佛了生死
여불도일체 如佛度一切

아금대귀의 我今大歸依
참회삼업죄 懺悔三業罪
범유제복선 凡有諸福善
지심용회향 至心用回向

왕생게(往生偈)

원아임욕명종시 願我臨欲命終時
진제일체제장애 盡除一切諸障碍
면견피불아미타 面見彼佛阿彌陀
즉득왕생안락찰 卽得往生安樂刹

공덕게(功德偈)

원이차공덕　보급어일체　아등여중생　당생극락국
願以此功德　普及於一切　我等與衆生　當生極樂國

동견무량수　개공성불도
同見無量壽　皆空成佛道

파산게(破散偈)

화탕풍요천지괴　요요장재백운간　일성휘파금성벽　단향불전칠보산
火蕩風搖天地壞　寥寥長在白雲間　一聲揮破金城壁　但向佛前七寶山

위천영가생정토　설판재자수명장
爲薦靈駕生淨土　設辦齋者壽命長

以上 常用靈飯 終

※ 만약 봉송할 경우에는 ⇨ p。五三一。봉송편。

● 종사영반(宗師靈飯)

※ 종사영반은 덕 높은 스님들께 베푸는 시식을 말한다. 종사는 일대경전(一代經典)을 마치고 강사(講師)나 법사(法師)、선사(禪師)가 되신 분이며、계율이 청정한 율사(律師)이며、수행을 많이 하여 법력을 갖추신 스님을 말한다. 그러므로 모든 스님들에게 종사영반을 하는 것이 아니다.

거불(擧佛)

나무 극락도사 아미타불
南無 極樂導師 阿彌陀佛

나무 관음세지 양대보살
南無 觀音勢至 兩大菩薩

나무 접인망령 인로왕보살
南無 接引亡靈 引路王菩薩

창혼(唱魂)

거 사바세계 남섬부주 동양 대한민국 모처 모산 모사 청정수월도량 원아금
據 娑婆世界 南贍部洲 東洋 大韓民國 某處 某山 某寺 淸淨水月道場 願我今

차 지극정성 ○○재(년년기일지) 위천재자 행효수법제자 모인 행효상좌 모인
此 至極精誠 ○○齋(年年忌日之) 爲薦齋者 行孝受法弟子 某人 行孝上佐 某人

행효수계제자 모인등 복위 경천 선은법사 모당 모대종사(대화상)각령「재설·
行孝受戒弟子 某人等 伏爲 敬薦 先恩法師 某堂 某大宗師(大和尚)覺靈「再說。

삼설」각령위주 역위상세 제위선사 각각존령 선망부모 다생사장 원근친척등
三說」 覺靈爲主 亦爲上世 諸位先師 各各尊靈 先亡父母 多生師長 遠近親戚等

각열위열명영가 차도량내외 동상동하 유주무주 고혼불자등 각열위열명영가
各列位列名靈駕 此道場內外 洞上洞下 有主無主 孤魂佛子等 各列位列名靈駕

착어(着語)

일단진신촉처통 본무남북여서동 진령정좌포단상 봉중위음나반용
一段眞身觸處通 本無南北與西東 振鈴正坐蒲團上 奉重威音那畔容

진령게(振鈴偈)

이차진령신소청 제대선사보문지 원승삼보력가지 금일금시래부회
以此振鈴伸召請 諸大先師普聞知 願承三寶力加持 今日今時來赴會

보소청진언
普召請眞言

나무 보보제리 가리다리 다타 아다야 (三遍)

종사청(宗師請)

나무일심봉청 지명진제 계륜고랑어벽천 비화함생 보벌묘부어창해 선문영향
南無一心奉請 智冥眞諦 桂輪孤郎於碧天 悲化含生 實筏妙浮於滄海 禪門影響

불법생황(佛法笙簧)

금차(今此) 지극지정성(至極之精誠)

○○재(○○齋) (년년기일지年年忌日之) 위천재자(爲薦齋者) 행효수법제자(行孝受法弟子) 모인(某人)

행효상좌(行孝上佐) 모인(某人) 복위(伏爲) 소천선(所薦先) 은법사(恩法師) 모당(某堂) 모대종사각령(某大宗師覺靈) 상세선망(上世先亡) 열위종사(列位宗師)

각각존령(各各尊靈) 유원(唯願) 승불위광(承佛威光) 내예향단(來詣香壇) 수차공양(受此供養) (三請)

향화청(香花請) (三說)

가영(歌詠)

선지서천위골수(禪旨西天爲骨髓) 교담동토작생황(敎談東土作笙簧)

최사현정귀황도(摧邪顯正歸黃道) 오엽일화계만방(五葉一花啓萬邦)

고아일심귀명정례(故我一心歸命頂禮)

종사청(宗師請)

※ 다음의 종사청과 가영으로 거행하여도 된다.

나무일심봉청 전불심등 유통교해 포진금어 대천세계 개잡화어진점겁파 천양

南無一心奉請 傳佛心燈 流通敎海 鋪眞金於 大千世界 開雜貨於塵點劫波 闡揚

불조지종유 개착인천지안목 총림대덕 모당대종사 각령위주 상세선망열위선사

佛祖之宗猷 開鑿人天之眼目 叢林大德 某堂大宗師 覺靈爲主 上世先亡列位先師

각각존령 유원승 삼보력 강림도량 수차공양

各各尊靈 唯願承 三寶力 降臨道場 受此供養

향화청 (三說)

香花請

가영(歌詠)

정문일척금강안　삭파건곤조팔해

頂門一隻金剛眼　爍破乾坤照八垓

앙승삼보동체력　고어련대잠하래

仰承三寶同體力　高馭蓮臺暫下來

고아일심귀명정례

故我一心歸命頂禮

보례삼보 (普禮三寶)

보례시방상주불

普禮十方常住佛

보례시방상주법

普禮十方常住法

보례시방상주승

普禮十方常住僧

원승신주력　안좌도량중　수향감로미　속등법왕성
願承神呪力　安座道場中　受享甘露味　速登法王城

수위안좌진언
受位安座眞言

옴 마니 군다니 훔훔 사바하 (三遍)

종사다게(宗師茶偈) 或、[금장감로다 봉헌종사전 감찰건간심 원수애납수]

원수애납수
願垂哀納受

절각천창당자리　고지자명헌선사　개중자미비타물　조로당기지갈래
折脚千瘡鐺子裏　枯枝煮茗獻先師　箇中滋味非他物　趙老當機止渴來

원수애납수
願垂哀納受

원수자비애납수
願垂慈悲哀納受

상래소청 某堂 某大和尚覺靈
上來所請

무저발경선열미　천심완저조주다　은근봉권선다객　「천취남전완월화」 (三說)
無底鉢擎禪悅味　穿心椀貯趙州茶　慇懃奉勸禪陀客　薦取南泉玩月華

요진향 명명보촉 청다호병 시운문조로지유풍 나복진수 내진주향적지묘궤
裊裊眞香 明明寶燭 清茶胡餅 是雲門趙老之遺風 蘿蔔珍羞 乃鎮州香積之妙軌

즉세제장엄 성법희선열 유원신사 복유상향
即世諦莊嚴 成法喜禪悅 唯願先師 伏惟尚饗

보공양진언
普供養眞言
옴 아아나 삼바바 바아라 훔 (三遍)

보회향진언
普回向眞言
옴 삼마라 삼마라 미만나 사라마하 자거라바 훔 (三遍)

마하반야바라밀다심경
摩訶般若波羅蜜多心經

관자재보살 행심반야바라밀다시 조견오온개공 도일체고액 사리자 색불이공
觀自在菩薩 行深般若波羅蜜多時 照見五蘊皆空 度一切苦厄 舍利子 色不異空

공불이색 색즉시공 공즉시색 수상행식 역부여시 사리자 시제법공상 불생불멸
空不異色 色卽是空 空卽是色 受想行識 亦復如是 舍利子 是諸法空相 不生不滅

불구부정 부증불감 시고공중무색 무수상행식 무안이비설신의 무색성향미촉법
不垢不淨 不增不減 是故空中無色 無受想行識 無眼耳鼻舌身意 無色聲香味觸法

무안계 내지무의식계 무무명 역무무명진 내지무노사 역무노사진 무고집멸도
無眼界 乃至無意識界 無無明 亦無無明盡 乃至無老死 亦無老死盡 無苦集滅道

무지역무득 이무소득고 보리살타 의반야바라밀다고 심무가애 무가애고 무유
無智亦無得 以無所得故 菩提薩埵 依般若波羅蜜多故 心無罣礙 無罣礙故 無有

공포 원리전도몽상 구경열반 삼세제불 의반야바라밀다고 득아뇩다라삼먁삼보
恐怖 遠離顚倒夢想 究竟涅槃 三世諸佛 依般若波羅蜜多故 得阿耨多羅三藐三菩

리 고지반야바라밀다 시대신주 시대명주 시무상주 시무등등주 능제일체고

提 故知般若波羅蜜多 是大神呪 是大明呪 是無上呪 是無等等呪 能除一切苦

진실불허 고설반야바라밀다주 즉설주왈

眞實不虛 故說般若波羅蜜多呪 卽說呪曰

「아제아제 바라아제 바라승아제 모지 사바하」 (三遍)

※ 만약 고혼을 함께 청하고자 한다면 다음의 고혼청부터 자엄엄염불까지 거행하면 되고、별도로 고혼청을 거행하지 않는 상태에서 염불을 더 하고자 한다면 권반게(p.六○三。)부터 거행하면 된다。

※ 고혼청을 함께 거행하는 경우라면 고혼을 위한 착어(着語)와 진령게(振鈴偈)를 거행한 후 고혼 청과 가영(歌詠)、다게(茶偈)를 거행하면 되나、약례 시는 착어와 진령게를 생략할 수 있다。

고혼청(孤魂請)

일심봉청 일체유위법 여몽환포영 여로역여전 응작여시관 약인색견아 이음성

一心奉請 一切有爲法 如夢幻泡影 如露亦如電 應作如是觀 若以色見我 以音聲

구아 시인행사도 불능견여래 일념보관무량겁 무거무래역무주 여시요지삼세사

求我 是人行邪道 不能見如來 一念普觀無量劫 無去無來亦無住 如是了知三世事

초제방편성십력 원아금차 모일재(년년기일지) 위천재자 행효상좌등 복위소
超諸方便成十力 願我今此 某日齋(年年忌日之) 爲薦齋者 行孝上佐等 伏爲 所

천선 은법사 모당 모대종사영가 영가복위위주 상세선망 사존부모 원근친척
薦先 恩法師 某堂 某大宗師靈駕 靈駕伏爲爲主 上世先亡 師尊父母 遠近親戚

누대종친 제형숙백 자매질손 일체무진 제불자등 각열위열명영가 차사최초
累代宗親 弟兄叔伯 姉妹姪孫 一切無盡 諸佛者等 各列位列名靈駕 此寺最初

창건이래 지어중건중수 화주시주 도감별좌 불전내외 일용범제집물 대소결연
創建以來 至於重建重修 化主施主 都監別座 佛前內外 日用凡諸什物 大小結緣

수위동참등 각열위열명영가 차도량내외 동상동하 유주무주 운집고혼 제불자
守衛同參等 各列位列名靈駕 此道場內外 洞上洞下 有主無主 雲集孤魂 諸佛者

등 각열위열명영가 도량내 위패명위등 각열위열명영가 내지 철위산간 오무간
等 各列位列名靈駕 道場內 位牌名位等 各列位列名靈駕 乃至 鐵圍山間 五無間

옥 일일일야 만사만생 수고함령등중 각열위열명영가 겸급법계 사생칠취 삼도팔난
獄 一日一夜 萬死萬生 受苦含靈等衆 各列位列名靈駕 兼及法界 四生七趣 三途八難

사은삼유 일체유식 함령등중 각열위열명영가 승불신력 장법가지 내예향단
四恩三有 一切有識 含靈等衆 各列位列名靈駕 承佛神力 仗法加持 來詣香壇

수첨향등다미공
受沾香燈茶米供

향연청 (三說)
香烟請

가영(歌詠)

삼혼묘묘귀하처　칠백망망거원향
三魂杳杳歸何處　七魄茫茫去遠鄉

금일진령신소청　원부명양대도량
今日振鈴伸召請　願赴冥陽大道場

수위안좌진언
受位安座眞言

옴 마니 군다니 훔훔 사바하 (三遍)

다게(茶偈)

백초임중일미신　조주상권기천인
百草林中一味新　趙州常勸幾千人

팽장석정강심수　원사망령헐고륜
烹將石鼎江心水　願使亡靈歇苦輪

원사고혼헐고륜
願使孤魂歇苦輪

원사제령헐고륜
願使諸靈歇苦輪

선밀가지
宣密加持

선밀게(宣密偈)

신전윤택　업화청량　각구해탈
身田潤澤　業火淸凉　各求解脫

変食眞言(변식진언)
나막 살바다타 아다 바로기제 옴 삼바라 삼바라 훔 (七遍)

施甘露水眞言(시감로수진언)
나무 소로바야 다타아다야 다냐타 옴 소로소로 바라소로 바라소로 사바하 (七遍)

乳海眞言(유해진언)
옴 밤 밤 밤밤 (七遍)

一字水輪觀眞言(일자수륜관진언)
나무 사만다 못다남 옴 밤 (七遍)

願此加持食(원차가지식)
시식게(施食偈)
보변시방 普遍滿十方
식자제기갈 食者除飢渴
득생안양국 得生安養國

施鬼食眞言(시귀식진언)
옴 미기미기 야야미기 사바하 (三遍)

施無遮法食眞言(시무차법식진언)
옴 목역능 사바하 (三遍)

普供養眞言(보공양진언)
옴 아아나 삼바바 바아라 훔 (三遍)

옴 삼마라 삼마라 미만나 사라마하 자거라바 훔 (三遍)

권반게 (勸飯偈)

수아차법식 受我此法食
하이아난찬 何異阿難饌
기장함포만 飢腸咸飽滿
업화돈청량 業火頓淸凉

돈사탐진치 頓捨貪嗔癡
상귀불법승 常歸佛法僧
염념보리심 念念菩提心
처처안락국 處處安樂國

금강게 (金剛偈)

범소유상 凡所有相
개시허망 皆是虛妄
약견제상비상 若見諸相非相
즉견여래 卽見如來

여래십호 (如來十號)

여래 응공 정변지 명행족 선서 세간해 무상사 조어장부 천인사 불세존
如來 應供 正遍智 明行足 善逝 世間解 無上士 調御丈夫 天人師 佛世尊

법화게 (法華偈)

제법종본래 諸法從本來
상자적멸상 常自寂滅相
불자행도이 佛子行道已
내세득작불 來世得作佛

제행무상 시생멸법 생멸멸이 적멸위락
諸行無常 是生滅法 生滅滅已 寂滅爲樂

■ 장엄염불 (莊嚴念佛)

※ 장엄염불 게송은 시간에 따라 가감할 수 있다.

아미타불진금색 상호단엄무등륜
阿彌陀佛真金色 相好端嚴無等倫

백호완전오수미 감목징청사대해
白毫宛轉五須彌 紺目澄清四大海

광중화불무수억 화보살중역무변
光中化佛無數億 化菩薩衆亦無邊

사십팔원도중생 구품함령등피안
四十八願度衆生 九品含靈登被岸

이차예찬불공덕 장엄법계제유정
以此禮讚佛功德 莊嚴法界諸有情

임종실원왕서방 공도미타성불도
臨終悉願往西方 共觀彌陀成佛道

나무서방대교주 무량수여래불
南無西方大教主 無量壽如來佛

「나무아미타불」
南無阿彌陀佛 (十念、或百八遍)

※ 다음 게송부터는 게송 한 구절 마칠 때마다 후렴으로 「나무아미타불」을 한다.

아미타불재하방 착득심두절막망
阿彌陀佛在何方 着得心頭切莫忘

염도념궁무념처 육문상방자금광
念到念窮無念處 六門常放紫金光

극락세계십종장엄 (極樂世界十種莊嚴)

미타명호수광장엄 彌陀名號壽光莊嚴
삼대사관보상장엄 三大士觀寶像莊嚴

법장서원수인장엄 法藏誓願修因莊嚴
사십팔원원력장엄 四十八願願力莊嚴

미타국토안락장엄 彌陀國土安樂莊嚴
보하청정덕수장엄 寶河淸淨德水莊嚴

이십사락정토장엄 二十四樂淨土莊嚴
삼십종익공덕장엄 三十種益功德莊嚴

보전여의누각장엄 寶殿如意樓閣莊嚴
주야장원시분장엄 晝夜長遠時分莊嚴

청산첩첩미타굴 靑山疊疊彌陀窟
창해망망적멸궁 滄海茫茫寂滅宮
물물염래무가애 物物拈來無罣碍
기간송정학두홍 幾看松亭鶴頭紅

극락당전만월용 極樂堂前滿月容
옥호금색조허공 玉毫金色照虛空
약인일념칭명호 若人一念稱名號
경각원성무량공 頃刻圓成無量功

삼계유여급정륜 三界猶如汲井輪
백천만겁역미진 百千萬劫歷微塵
차신불향금생도 此身不向今生度
갱대하생도차신 更待何生度此身

천상천하무여불 天上天下無如佛
시방세계역무비 十方世界亦無比
세간소유아진견 世間所有我盡見
일체무유여불자 一切無有如佛者

찰진심념가수지 刹塵心念可數知
대해중수가음진 大海中水可飮盡
허공가량풍가계 虛空可量風可繫
무능진설불공덕 無能盡說佛功德

보화비진요망연 報化非眞了妄緣
법신청정광무변 法身淸淨廣無邊
천강유수천강월 千江有水千江月
만리무운만리천 萬里無雲萬里天

사대각리여몽중 四大各離如夢中
육진심식본래공 六塵心識本來空
욕식불조회광처 欲識佛祖回光處
일락서산월출동 一落西山月出東

산당정야좌무언 山堂靜夜坐無言
적적요요본자연 寂寂寥寥本自然
하사서풍동림야 何事西風動林野
일성한안여장천 一聲寒鴈唳長天

원각산중생일수 圓覺山中生一樹
개화천지미분전 開化天地未分前
비청비백역비흑 非青非白亦非黑
부재춘풍부재천 不在春風不在天

천척사륜직하수 千尺絲綸直下垂
일파자동만파수 一波自動萬波隨
야정수한어불식 夜靜水寒魚不食
만선공재월명귀 滿船空載月明歸

십념왕생원 十念往生願 往生極樂願
왕생극락원 往生極樂願
상품상생원 上品上生願
광도중생원 廣度衆生願

원공법계제중생 願共法界諸衆生
동입미타대원해 同入彌陀大願海
진미래제도중생 盡未來際度衆生
자타일시성불도 自他一時成佛道

나무서방정토 극락세계 南無西方淨土 極樂世界
삼십육만억 일십일만 三十六萬億 二十一萬
구천오백 동명동호 九千五百 同名同號
대자대비 아 大慈大悲 阿

미타불 나무서방정토 극락세계 彌陀佛 南無西方淨土 極樂世界
불신장광 상호무변 佛身長廣 相好無邊
금색광명 변조법계 金色光明 遍照法界
사십팔원 四十八願

도탈중생 불가설 불가설 度脫衆生 不可說 不可說
불가설전 불가설 不可說轉 不可說
항하사 불찰미진수 恒河沙 佛刹微塵數
도마죽위 무한극수 삼백 稻麻竹葦 無限極數 三百

六十萬億 一十一萬 九千五百 同名同號 大慈大悲 我等導師 金色如來 阿彌陀佛

육십만억 일십일만 구천오백 동명동호 대자대비 아등도사 금색여래 아미타불

나무문수보살 南無文殊菩薩
나무보현보살 南無普賢菩薩
나무관세음보살 南無觀世音菩薩

나무대세지보살 南無大勢至菩薩
나무금강장보살 南無金剛藏菩薩
나무제장애보살 南無除障碍菩薩

나무미륵보살 南無彌勒菩薩
나무지장보살 南無地藏菩薩
나무일체청정대해중보살마하살 南無一切淸淨大海衆菩薩摩訶薩

원공법계제중생 願共法界諸衆生
동입미타대원해 同入彌陀大願海

발원게(發願偈)

시방삼세불 十方三世佛
아미타제일 阿彌陀第一
구품도중생 九品度衆生
위덕무궁극 威德無窮極

아금대귀의 我今大歸依
참회삼업죄 懺悔三業罪
범유제복선 凡有諸福善
지심용회향 至心用回向

원동염불인 願同念佛人
진생극락국 盡生極樂國
견불요생사 見佛了生死
여불도일체 如佛度一切

왕생게(往生偈)

원아임욕명종시　진제일체제장애　면견피불아미타　즉득왕생안락찰

願我臨欲命終時　盡除一切諸障碍　面見彼佛阿彌陀　卽得往生安樂刹

공덕게(功德偈)

원이차공덕　보급어일체　아등여중생　당생극락국

願以此功德　普及於一切　我等與衆生　當生極樂國

동견무량수　개공성불도

同見無量壽　皆空成佛道

표백(表白)

정법계신 본무출몰 대비원력 시유거래 앙기진자 부수조감 이금월금일 시모당

淨法界身 本無出沒 大悲願力 始有去來 仰冀眞慈 俯垂照鑑 以今月今日 是某堂

대사 시적지진 수법제자 모인 행효상좌 모인 행효수계제자 모인

大師 示寂之辰 某之齋 是以 受法弟子 某人 行孝上佐 某人 行孝受戒弟子 某人

등 복위 소천선 은법사 모당 대화상존령 근비향수 이신공양 모당대사 이신즉

等 伏爲 所薦先 恩法師 某堂 大和尙尊靈 謹備香羞 已伸供養 某堂 大師 已信卽

불지진지 속증무상지묘과 유원 모당대사영가 선사 모당대종사존령 하사국계

佛之眞知 速證無上之妙果 唯願 某堂 大師靈駕 先師 某堂 大宗師尊靈 河沙國界

수연강탄 보제원친위류 진묵겁중 여원수생 광도인천지중 억원 수업제자등
隨緣降誕 普濟宽親爲流 塵墨刧中 如願受生 廣度人天之衆 抑願 受業弟子等

황매산하 친전불조지심요 임제문중 영작인천지안목 회향정각보리 구경원만
黃梅山下 親傳佛祖之心要 臨濟門中 永作人天之眼目 回向正覺菩提 究竟圓滿

과해 상래수재이주 공양방필 능사이원 금당봉송 제대선사 급제고혼 갱의건성
果海 上來修齋已周 供養方畢 能事已圓 今當奉送 諸大先師 及諸孤魂 更宜虔誠

봉사삼보
奉謝三寶

※ 소대로 나아갈 때는 이어서 **행보게**(p。六一一。)를 거행한다。

보례삼보(普禮三寶)

보례시방상주불 보례시방상주법 보례시방상주승
普禮十方常住佛 普禮十方常住法 普禮十方常住僧

※ 만약 소대에 나아가지 않고 법당에서 위패를 사를 경우에는 다음의 십념(十念)을 거행하면서 위패를 사르고 파산게(罷散偈)로 마친다。위패 봉안 시는 봉안게를 거행한다。

십념(十念)

청정법신비로자나불　清淨法身毘盧遮那佛

원만보신노사나불　圓滿報身盧舍那佛

천백억화신석가모니불　千百億化身釋迦牟尼佛

구품도사아미타불　九品導師阿彌陀佛

당래하생미륵존불　當來下生彌勒尊佛

시방삼세일체제불　十方三世一切諸佛

시방삼세일체존법　十方三世一切尊法

대지문수사리보살　大智文殊師利菩薩

대행보현보살　大行普賢菩薩

대비관세음보살　大悲觀世音菩薩

대원본존지장보살　大願本尊地藏菩薩

제존보살마하살　諸尊菩薩摩訶薩

마하반야바라밀　摩訶般若波羅蜜

시방제불찰　十方諸佛刹

파산게(罷散偈)

장엄실원만　莊嚴悉圓滿

원수귀정토　願須歸淨土

애념인계인　哀念忍界人

봉안게(奉安偈)

※ 위패 봉안 시 거행한다.

생전유형질　生前有形質

사후무종적　死後無從跡

청입법왕궁　請入法王宮

안심좌도량　安心坐道場

행보게(行步偈)

이행천리만허공 移行千里滿虛空

귀도정망도정방 歸道情忘到淨邦

삼업투성삼보례 三業投誠三寶禮

성범동회법왕궁 聖凡同會法王宮

산화락 (三說) 散花落

나무대성인로왕보살 (三說) 南無大聖引路王菩薩

법성게(法性偈) ※법성게를 독송하면서 소래로 나아간다.

법성원융무이상 法性圓融無二相

제법부동본래적 諸法不動本來寂

무명무상절일체 無名無相絕一切

증지소지비여경 證智所知非餘境

진성심심극미묘 眞性甚深極微妙

불수자성수연성 不守自性隨緣成

일중일체다중일 一中一切多中一

일즉일체다즉일 一卽一切多卽一

일미진중함시방 一微塵中含十方

일체진중역여시 一切塵中亦如是

무량원겁즉일념 無量遠劫卽一念

일념즉시무량겁 一念卽是無量劫

구세십세호상즉 九世十世互相卽

잉불잡란격별성 仍不雜亂隔別成

초발심시변정각 初發心時便正覺

생사열반상공화 生死涅槃相共和

이사명연무분별
理事冥然無分別

십불보현대인경
十佛普賢大人境

능인해인삼매중
能仁海印三昧中

번출여의부사의
繁出如意不思議

우보익생만허공
雨寶益生滿虛空

중생수기득이익
衆生隨器得利益

시고행자환본제
是故行者還本際

파식망상필부득
叵息妄想必不得

무연선교착여의
無緣善巧捉如意

귀가수분득자량
歸家隨分得資糧

이다라니무진보
以陀羅尼無盡寶

장엄법계실보전
莊嚴法界實寶殿

궁좌실제중도상
窮坐實際中道床

구래부동명위불
舊來不動名爲佛

(소대에 이르러)

금차문외 봉송재자 행효상좌등 복위 소천선 은법사 모당 모대화상존령 존령
今此門外 奉送齋者 行孝上佐等 伏爲 所薦先 恩法師 某堂 某大和尚尊靈 尊靈

위주 역위 상세선망 열위종사 각각존령 선망부모 다생사장 원근친척등 각열
爲主 亦爲 上世先亡 列位宗師 各各尊靈 先亡父母 多生師長 遠近親戚等 各列

위열명영가 차도량내외 동상동하 유주무주 고혼불자등 각열위열명영가
位列名靈駕 此道場內外 洞上洞下 有主無主 孤魂佛子等 各列位列名靈駕

제대선사 회법가어진공 계여래지묘각 복원담화재현 중개각원지춘 혜일장명
諸大先師 回法駕於眞空 契如來之妙覺 伏願曇華再現 重開覺苑之春 慧日長明

영촉혼구위야
永燭昏衢爲夜

염시방삼세 일체제불 제존보살마하살 마하반야바라밀
念十方三世 一切諸佛 諸尊菩薩摩訶薩 摩訶般若波羅蜜

왕생게(往生偈)

원왕생 원왕생 왕생극락견미타 획몽마정수기별
願往生 願往生 往生極樂見彌陀 獲蒙摩頂授記莂

원왕생 원왕생 원재미타회중좌 수집향화상공양
願往生 願往生 願在彌陀會中坐 手執香花常供養

원왕생 원왕생 왕생화장연화계 자타일시성불도
願往生 願往生 往生華藏蓮花界 自他一時成佛道

소전진언 燒錢眞言
옴 비로기제 사바하 (三遍)

봉송진언 奉送眞言
옴 바아라 사다 목차목 (三遍)

상품상생진언 上品上生眞言
옴 마니다니 훔훔 바탁 사바하 (三遍)

처세간 여허공 여련화 불착수 심청정 초어피 계수례 무상존
處世間 如虛空 如蓮華 不著水 心清淨 超於彼 稽首禮 無上尊

삼귀의 (三歸依)

귀의불　귀의법　귀의승
歸依佛　歸依法　歸依僧

귀의불양족존　귀의법이욕존　귀의승중중존
歸依佛兩足尊　歸依法離欲尊　歸依僧衆中尊

귀의불경　귀의법경　귀의승경
歸依佛竟　歸依法竟　歸依僧竟

영가　선보운정　복유진중
靈駕　善步雲程　伏惟珍重

보회향진언
普回向眞言

옴 삼마라 삼마라 미만나 사라마하 자거라바 훔 (三遍)

시방제불찰
十方諸佛刹

파산게 (破散偈)

장엄실원만　원수귀정토　애념인계인
莊嚴悉圓滿　願須歸淨土　哀念忍界人

삼회향례 (三回向禮)

나무 환희장마니보적불
南無 歡喜藏摩尼寶積佛

나무 원만장보살마하살
南無 圓滿藏菩薩摩訶薩
나무 회향장보살마하살
南無 回向藏菩薩摩訶薩

以上 宗師靈飯 終

● 헌식규(獻食規)

※ 헌식이란 시식을 마치고 난 후 음식을 조금씩 떼어서 배고파하는 유주무주 고혼들에게 나누어 먹이는 의식을 말한다. 먼저 법계를 깨끗이 하는 정법계주(淨法界呪)를 송(誦)할 때에 증명법사는 오른손 무명지를 쭉 펴서 범서 옴ㅁ(🕉)람ㄴ(🝦) 두 글자를 공중에 쓰고 람ㄴ자의 광명이 두루 비추어 법계의 구릉과 웅덩이가 평탄해져서 걸림 없이 모두 다 청정하게 될 거라고 상상한다.

정법계진언
淨法界眞言

옴 람 (三遍)

람자광명　변조법계　구릉갱감　평탄무애　개득청량
嚂字光明　遍照法界　丘陵坑坎　平坦無礙　皆得淸凉

창혼(唱魂)

금일지성　설판재자　모인복위　모인영가　모인기부　선망부모　진외조상　다생사장
今日至誠　設判齋者　某人伏爲　某人靈駕　某人記付　先亡父母　眞外祖上　多生師長

누대종친　열명영가　도량근계　동상동하　의초부목지정령　일체체백심혼　열명영
累代宗親　列名靈駕　道場近界　洞上洞下　依草附木之精靈　一切滯魄沈魂　列名靈

가　겸급시방법계　일체유식함령등　열명영가　차도량내외　일체유주무주고혼　제
駕　兼及十方法界　一切有識含靈等　列名靈駕　此道場內外　一切有主無主孤魂　諸

불자등 각열위열명영가 능쇄지옥지도륜 가계인후지장폐 금당선념 여등제청

佛者等 各列位列名靈駕 能碎地獄之刀輪 可啓咽喉之障蔽 今當宣念 汝等諦聽

개인후진언
開咽喉眞言

옴 보보제리 가리다리 다타 아다야 (三遍)

금이소수복
今以所修福
보첨어귀취
普沾於鬼趣
식이면극고
食已免極苦
사신생락처
捨身生樂處

법력난사의
法力難思議
대비무장애
大悲無障碍
입립변시방
粒粒遍十方
보시주법계
普施周法界

선밀가지
宣密加持

선밀게 (宣密偈)

신전윤택
身田潤澤
업화청량
業火清凉
각구해탈
各求解脱

변식진언
變食眞言

나막 살바다타 아다 바로기제 옴 삼바라 삼바라 훔 (七遍)

시감로수진언
施甘露水眞言

나무 소로바야 다타아다야 다냐타 옴 소로소로 바라소로 바라소로 사바하 (七遍)

일자수륜관진언
一字水輪觀眞言

옴 밤 밤 밤밤 (七遍)

유해진언
乳海眞言

나무 사만다 못다남 옴 밤 (七遍)

시식게(施食偈)

원차가지식 願此加持食　보변만시방 普遍滿十方　식자제기갈 食者除飢渴　득생안양국 得生安養國

시귀식진언
施鬼食眞言

옴 미기미기 야야미기 사바하 (三遍)

보공양진언
普供養眞言

옴 아아나 삼바바 바아라 훔 (三遍)

발보리심진언
發菩提心眞言

옴 모지 짓다 못다 바나야 믹 (三遍)

봉송진언
奉送眞言

옴 바아라 사다 목차목 (三遍)

상품상생진언
上品上生眞言

옴 마니다니 훔 훔 바탁 사바하 (三遍)

처세간 여허공 여련화 불착수 심청정 초어피 계수례 무상존
處世間 如虛空 如蓮華 不著水 心淸淨 超於彼 稽首禮 無上尊

삼귀의 (三歸依)

귀의불 귀의법 귀의승
歸依佛 歸依法 歸依僧

귀의불양족존 귀의법이욕존 귀의승중중존
歸依佛兩足尊 歸依法離欲尊 歸依僧衆中尊

귀의불경 귀의법경 귀의승경
歸依佛竟 歸依法竟 歸依僧竟

영가 선보운정 복유진중
靈駕 善步雲程 伏惟珍重

보회향진언
普回向眞言

옴 삼마라 삼마라 미만나 사라마하 자거라바 훔 (三遍)

파산게 (破散偈)

화탕풍요천지괴 요요장재백운간 일성휘파금성벽 단향불전칠보산
火蕩風搖天地壞 寥寥長在白雲間 一聲揮破金城壁 但向佛前七寶山

以上 獻食 終

부 록

【附錄】

一. 사명일대령
一. 사명일시식
一. 설법의식
一. 방생의궤
一. 금강경찬
一. 무상계

참고사항

一. 사명일(四明日)은 불가(佛家)에서 중요하게 여기는 날로 불탄일·성도일·열반일·백중일을 말한다. 사명일 시식은 사명일에 혼령을 맞아 시식하는 의식으로, 삼명일인 불탄일·성도일·열반일은 의식이 동일하며, 백중일에는 목련청 등 약간의 의식이 덧붙는다. 더불어 사명일 대령과 시식은 안거 결재·해제일, 사찰의 불사 시 거행하기도 한다.

一. 불가에서 중요한 날에는 국가 종실을 위한 기도와 총림의 선사, 사찰의 승려, 선망부모를 위시한 일체유주무주 고혼들을 청하여 시식을 베풀었던 것에서 알 수 있듯이 사명일에 거행하는 의식은 자비행의 실현이라고 말할 수 있다.

一. 운흥사 본 『요집문』(1691)에 수록된 사명일에 설행하는 상주권공의식을 살펴보면, 상주권공재의 약례의식 형태인 단청불(單請佛)로 거행하는 방법을 수록하고 있으며, 각주 형태로 「日緩則 擧佛 南無佛陀部衆光臨 法會云~諸佛通請」, 즉 시간이 충분할 경우에는 제불통청을 거행할 것을 명시하고 있다. 그러나 별도의 성도재문이 있기 때문에 각 명일마다 상당권공 의식은 약간의 차이가 있을 것이다.

一. 방생의식문은 중국 몽산(蒙山) 저 『몽산시식염송설법의(蒙山施食念誦說法儀)』를 저본으로 하여 찬술된 의식문이다. 하여 본서의 의식문은 『몽산시식염송설법의』와 주굉(袾宏)이 찬술 저 『운서법휘(雲棲法彙)』(1898) 소수 「방생의(放生儀)」·의정(義淨) 저 『호명방생궤의법』·해도(海濤) 편 『방생의궤』 등 중국 자료와 안진호 저 『석문의범』 등을 참고하였다.

623

一。 방생(放生)은 불살생과 자비의 공덕을 설한 가장 적극적인 불고 실천의 한 방법이라고 말할 수 있다. 『범망경술기(梵網經述記)』에서는 「모든 남자는 나의 아버지이고 모든 여인은 나의 어머니이다. 나는 태어날 때마다 그들에 의지하여 태어나지 않은 적이 없다. 그러므로 육도중생이 모두 나의 아버지이고 어머니이니, 생명이 있는 것을 죽여서 먹는 것은 나의 아버지와 어머니를 죽이는 것이고, 나의 옛 몸을 죽이는 것이다. 모든 지대(地大)와 수대(水大)는 나의 이전 생에서의 몸이고, 모든 화대(火大)와 풍대(風大)는 나의 본래의 몸이다. 그러므로 항상 생명이 있는 것을 놓아주는 일을 실천하되, 세세생생 생명을 받을 때마다 그렇게 하라」고 서술하고 있으며, 『천태사교의(天台四敎儀)』에서는 방생할 때는 반드시 삼귀계(三歸戒)와 오계(五戒)를 주고 대승법을 설한 뒤에 놓아 주라고 하였다. 이와 같이 방생은 불살생계(不殺生戒)의 실천이며 동체대비심(同體大悲心)으로 방생업(放生業)을 행하는 것이라고 할 수 있다.

● 사명일대령(四明日對靈)

거불(擧佛)

나무 대성인로왕보살
南無 大聖引路王菩薩

나무 명양구고 지장왕보살마하살 (三遍)
南無 冥陽救苦 地藏王菩薩摩訶薩

고혼소(孤魂疏)

(피봉식) 근비문소 소청십류 삼도등중
(皮封式) 謹備文疏 召請十類 三途等衆

석가여래 유교제자 봉행가지 법사사문 모인 근봉
釋迦如來 遺教弟子 奉行加持 法事沙門 某人 謹封

수설수륙대회소
修設水陸大會所

절이 고혼독처 사시무향제지의 중고장영 천재핍천수지리 무의무호 유포유경
竊以 孤魂獨處 四時無享祭之儀 衆苦長嬰 千載乏薦修之理 無依無怙 有怖有驚

불빙천발지공 난득초승지로 차급 삼도체백 팔난침혼 기인야 종일촌심 기과야
不憑薦拔之功 難得超昇之路 次及 三途體魄 八難沉魂 其因也 縱一寸心 其果也

감백천겁 感百千劫 사앙사고 斯殃斯苦 난인난당 難忍難當 불가자비 不假慈悲 무유해탈 無由解脫 유시 由是 즉유대단신 卽有大檀信 사바세계 娑婆世界

남섬부주 南贍部洲 동양 東洋 대한민국 大韓民國 모산 某山 모사 某寺 주지 住持 여시회합원대중 如時會合院大衆 노소비구 老少比丘 사미동자 沙彌童子

단월 檀越 각각등복위 各各等伏爲 선망부모 先亡父母 진외조 眞外祖 선치림삼사 先緦林三師 승문속족 僧門俗族 숙백형제 叔伯兄弟 자매질손 姊妹姪孫

다생사장 多生師長 누세종친 累世從親 열명영가 列名靈駕 왕생극락지원 往生極樂之願 차가람 此伽藍 창건중수 創建重修 성상소화 聖像塑畵 불량헌 佛糧獻

답 제향헌답 祭享獻畓 불전단상 佛前壇上 유기철물 鍮器鐵物 등유향촉 燈油香燭 창호도배 窓戶塗排 침장포단 寢帳圓團 탁의배석 卓衣拜席 사사 四事

시주 施主 화주도감별좌 化主都監別座 대소결연 大小結緣 수희동참 隨喜同參 열명영가 列名靈駕 겸급법계 兼及法界 무주고혼등 無主孤魂等 영탈윤 永脫輪

회지고 廻之苦 초생극락지원 超生極樂之願 근명병법사리일원 謹命秉法闍梨一員 급승일단 及僧一壇 택취금월금일 擇就今月今日 취어 就於 모사 某寺 개 開

치천지명양수륙도량 峙天地冥陽水陸道場 약일야(주) 約一日(夜) 양번발첩 揚幡發牒 결계건단 結界建壇 안치향욕 安置香浴 분화혼의 焚化魂衣 수립 竪立

무애전산 無碍錢山 광설무차곡식 廣設無遮斛食 별비향화등촉 別備香花燈燭 다과진식 茶果珍食 제향지의 祭享之儀 소청삼도체백 召請三途滯魄 십류 十類

고혼등중 孤魂等衆 복원 伏願 승불신력 承佛神力 강림도량 降臨道場 근장가지 謹仗加持 구소우후 鉤召于后

일심봉청 一心奉請　법계일체 法界一切　고금세주 古今世主　문무관료 文武官僚　영혼등중 靈魂等衆

일심봉청 一心奉請　법계일체 法界一切　열국제후 列國諸侯　충의장수 忠義將帥　고혼등중 孤魂等衆

일심봉청 一心奉請　법계일체 法界一切　수강호계 守疆護界　관료병졸 官僚兵卒　고혼등중 孤魂等衆

일심봉청 一心奉請　법계일체 法界一切　조야차제 朝野差除　내외부임 內外赴任　고혼등중 孤魂等衆

일심봉청 一心奉請　법계일체 法界一切　종군장수 從軍將帥　지절사신 持節使臣　고혼등중 孤魂等衆

일심봉청 一心奉請　법계일체 法界一切　산간림하 山間林下　도선학도 圖仙學道　고혼등중 孤魂等衆

일심봉청 一心奉請　법계일체 法界一切　유방승니 遊方僧尼　도사녀관 道士女官　고혼등중 孤魂等衆

일심봉청 一心奉請　법계일체 法界一切　도유이류 道儒二流　패록부거 佩錄赴擧　고혼등중 孤魂等衆

일심봉청 一心奉請　법계일체 法界一切　사무신녀 師巫神女　산락영관 散樂伶官　고혼등중 孤魂等衆

일심봉청 一心奉請　법계일체 法界一切　경영구리 經營求利　객사타향 客死他鄉　고혼등중 孤魂等衆

일심봉청
一心奉請
법계일체
法界一切
비명악사
非命惡死
무호무의
無怙無依
고혼등중
孤魂等衆

일심봉청
一心奉請
법계일체
法界一切
존비남녀
尊卑男女
만류군분
萬類群分
고혼등중
孤魂等衆

일심봉청
一心奉請
법계일체
法界一切
태란습화
胎卵濕化
우모린개
羽毛鱗介
방생도중
傍生道衆

일심봉청
一心奉請
법계일체
法界一切
침인거구
針咽巨口
대복취모
大腹臭毛
아귀도중
餓鬼道衆

일심봉청
一心奉請
법계일체
法界一切
근본근변
根本近邊
급여고독
及與孤獨
지옥도중
地獄道衆

일심봉청
一心奉請
법계일체
法界一切
육도방래
六道傍來
묘묘명명
杳杳冥冥
중음계중
中陰界衆

우복이 심주본정 육진 몽반야지광 혜감원명 팔구 매보리지상 유시 사생출몰
右伏以 心珠本淨 六塵 蒙般若之光 慧鑑圓明 八垢 昧菩提之相 由是 四生出沒

제취침륜 불빙아불자비 난사고혼 도탈법연 난우승회 사봉 맹성전비 회광반조
諸趣沈淪 不憑我佛慈悲 難使孤魂 度脫法筵 難遇勝會 斯逢 猛省前非 廻光返照

근소
謹疏
불기 년 월 일 병법사문 근소
佛記 年 月 日 秉法沙門 謹疏

지옥게(地獄偈)
若人欲識圓通境　返聞聞性始應知
願承三寶力加持　地獄變成蓮花池

파지옥진언
破地獄眞言
나모 아따 시지남 삼먁 삼못다 구치남 옴 아자나 바바시
지리지리 훔 (三遍)

멸악취진언
滅惡趣眞言
옴 아모카 미로자나 마하 모나라 마니 바나마 아바라

소아귀진언
召餓鬼眞言
옴 직나직가 에헤헤 사바하 (三遍)
바라 말다야 훔 (三篇)

창혼(唱魂)

금일지성 추천재자 주지 여시회합원대중등 봉위선왕선후 열위선가 (再唱)
今日至誠 追薦齋者 住持 如時會合院大衆等 奉爲先王先后 列位仙駕

승삼보력 내예도량 수첨향공 증오무생
承三寶力 來詣道場 受霑香供 證悟無生

금령고진양삼성　특지선령안할개　원승삼보가지력　고어운거잠하래
金鈴高振兩三聲　特地仙靈眼豁開　願承三寶加持力　高馭雲車暫下來

창혼 (唱魂)

역위일회대중 亦爲一會大衆
각각등복위 各各等伏爲
현고현비 顯考顯妣
은사법사 恩師法師
선망부모 先亡父母
구근친척 久近親戚
열명영가 列名靈駕 겸
급법계 及法界
유주무주 有主無主
체백심혼 滯魄沈魂
전망장수 戰亡將帥
병졸고사 兵卒苦死
생령등중 生靈等衆
각열위열명영가 各列位列名靈駕 차사 此寺
최초창건이래 最初創建以來
지어중건중수 至於重建重修
조불조탑 造佛造塔
불량등촉 佛糧燈燭
내지 乃至
불전내외 佛前內外
일용범제집물 日用凡諸什物
유공덕주 有功德主
화주시주 化主施主
도감별좌 都監別坐
조연양공 助緣良工
사사시주등 四事施主等
각열명영가 各列名靈駕 此五大洋六大
주위국절사 洲爲國節使
충의장졸 忠義將卒
기한동뇌 飢寒凍餒
구종횡사 九種橫死
형헌이종 刑憲而終
산난이사 産難而死
일체애혼등중 一切哀魂等衆
내지 乃至
철위산간 鐵圍山間
오무간옥 五無間獄
일일일야 一日一夜
만사만생 萬死萬生
수고함령등중 受苦含靈等衆
각열명영가 各列名靈駕 겸급법 兼及法
계 界
사생칠취 四生七趣
삼도팔난 三途八難
사은삼유 四恩三有
일체유식 一切有識
함령등중 含靈等衆
각열위열명영가 各列位列名靈駕

생본무생 멸본무멸 생멸본허 실상상주 상래소청 제불자등 각열위영가 환회득

生本無生 滅本無滅 生滅本虛 實相常住 上來所請 諸佛子等 各列位靈駕 還會得

무생멸저 일구마 (양구) 부앙은현현 시청명력력 약야회득 돈증법신 영멸기허

無生滅低 一句麼 (良久) 俯仰隱玄玄 視聽明歷歷 若也會得 頓證法身 永滅飢虛

기혹미연 승불신력 장법가지 부차향단 수아묘공 증오무생

其或未然 承佛神力 仗法加持 赴此香壇 受我妙供 證悟無生

진령게 (振鈴偈)

이차진령신소청 명도귀계보문지 원승삼보력가지 금일금시래부회

以此振鈴伸召請 冥途鬼界普聞知 願承三寶力加持 今日今時來赴會

천수착어 (千手着語)

자광조처연화출 혜안관시지옥공 우황대비신주력 중생성불찰나중

慈光照處蓮花出 慧眼觀時地獄空 又況大悲神呪力 衆生成佛刹那中

又

(보살법력난사의 지옥변성연화지 금청대중동창화 천수일편위망령)

(菩薩法力難思議 地獄變成蓮花池 今請大衆同唱和 千手一片爲亡靈)

천수일편위고혼 지심제청 지심제수

千手一片爲孤魂 至心諦聽 至心諦受

연년칠월우란회　시내목련구모은　개개인수무부모　청혼공계제원친
年年七月盂蘭會　是乃目連救母恩　箇箇人誰無父母　請魂空界濟寃親

신묘장구대다라니
神妙章句
大陀羅尼

나모라 다나 다라 야야 나막 알야 바로기제 새바라야 모지 사다바야 마하
사다바야 마하 가로 니가야 옴 살바 바예수 다라나 가라야 다사명 나막 가
리다바 이맘 알야 바로기제 새바라 다바 니라간타 나막 하리나야 마발다 이
사미 살발타 사다남 수반 아예염 살바 보다남 바바마라 미수다감 다냐타 옴
아로계 아로가 마지로가 지가란제 혜혜하례 마하 모지 사다바 사마라 사마
라 하리나야 구로구로 갈마 사다야 사다야 도로도로 미연제 마하 미연제 다
라다라 다린나례 새바라 자라자라 마라 미마라 아마라 몰제 예혜혜 로계
바라 라아 미사미 나사야 나베 사미 사미 나사야 모하자라 미사미 나사야

호로호로 마라 호로 하례 바나마 나바 사라사라 시리시리 소로소로 못자못

자 모다야 모다야 메다리야 니라간타 가마사 날사남 바라 하리나야 마낙 사

바하 싣다야 사바하 마하 싣다야 사바하 싣다유예 새바라야 사바하 니라 간

타야 사바하 바라하 목카 싱하 목카야 사바하 바나마 하따야 사가라

욕다야 사바하 상카 섭나네 모다나야 사바하 마하라 구타 다라야 사바하 바

마 사간타 이사 시쳬다 가릿나 이나야 사바하 먀가라 잘마 이바 사나야 사

바하 「나모라 다나 다라 야야 나막 알야 바로기제 새바라야 사바하」 (三遍)

약인욕지 若人欲了知
삼세일체불 三世一切佛 **응관법계성** 應觀法界性 **일체유심조** 一切唯心造

파지옥진언 破地獄眞言
옴 가라지야 사바하 (三遍)

해원결진언 解冤結眞言
옴 삼다라 가닥 사바하 (三遍)

보소청진언 普召請眞言
나무 보보제리 가리다리 다타 아다야 (三遍)

나무상주시방불　나무상주시방법　나무상주시방승 (三說)
南無常住十方佛　南無常住十方法　南無常住十方僧

나무대자대비 구고관세음보살 (三說)
南無大慈大悲 救苦觀世音菩薩

나무대방광불화엄경 (三說)
南無大方廣佛華嚴經

절이 명간묘묘 전로망망 회두실각가향로 거안고시무반려 불빙아불자비 난사
切以 冥間杳杳 前路茫茫 回頭失脚家鄉路 擧顏顧視無伴侶 不憑我佛慈悲 難使

고혼도탈 유시 사문대중등 운심평등 설식무차 앙승삼보지력 내부도량지회
孤魂度脫 由是 沙門大眾等 運心平等 設食無遮 仰承三寶之力 來赴道場之會

장신소청 별유사문 근병일심 선진삼청
將伸召請 別有詞文 謹秉一心 先陳三請

증명청(證明請)

나무일심봉청 수경천층지보개 신괘백복지화만 도청혼어극락계중 인망령향벽
南無一心奉請 手擎千層之寶盖 身掛百福之華鬘 導清魂於極樂界中 引亡靈向碧

련대반 대성인로왕보살마하살 유원자비 강림도량 증명공덕 (三請)
蓮臺畔 大聖引路王菩薩摩訶薩 唯願慈悲 降臨道場 證明功德

가영(歌詠)

수인온덕용신희　염불간경업장소
修仁蘊德龍神喜　念佛看經業障消

여시성현내접인　정전고보상금교　고아일심귀명정례
如是聖賢來接引　庭前高步上金橋　故我一心歸命頂禮

헌좌게(獻座偈)

묘보리좌승장엄　제불좌이성정각　아금헌좌역여시　자타일시성불도
妙菩提座勝莊嚴　諸佛坐已成正覺　我今獻座亦如是　自他一時成佛道

헌좌진언(獻座眞言)

옴 바아라 미나야 사바하 (三遍)

다게(茶偈)

금장감로다　봉헌증명전　감찰건간심
今將甘露茶　奉獻證明前　鑑察虔懇心

원수애납수　원수애납수　원수자비애납수
願垂哀納受　願垂哀納受　願垂慈悲哀納受

옴 아아나 삼바바 바아라 훔 (三遍)

※ 다음 목련청은 백중날 거행한다.

목련청(目連請、一名百種請)

나무일심봉청 영산당시 시불상수 척발등공 구모생천 신통제일 목련존자 유원
南無一心奉請 靈山當時 侍佛常隨 擲鉢騰空 救母生天 神通第一 目連尊者 惟願

자비 강림도량 수차공양
慈悲 降臨道場 受此供養

향화청
香花請

가영(歌詠)

연년칠월우란회 　시내목련구모은
年年七月盂蘭會 　是乃目連救母恩

개개인수무부모 　청혼공계제원친
箇箇人誰無父母 　請魂空界濟寃親

왕자청(王子請)

나무일심봉청 영산당시 수불부촉 척발등공 구모생천 목련존자 계청부왕 동예
南無一心奉請 靈山當時 受佛付囑 擲鉢騰空 救母生天 目連尊者 啓請父王 同詣

불소 정청묘법 감오숙인 정장정안 양대왕자 유원승불신력 강림도량 수차공양
佛所 靜聽妙法 感悟宿因 淨藏淨眼 兩大王子 唯願承佛神力 降臨道場 受此供養

향화청
香花請

가영(歌詠)

목련구모생도리 정장요군견각황
目連救母生忉利 淨藏邀君見覺皇

아원쌍친구해탈 동등안양성현향
我願雙親救解脫 同登安養聖賢鄉

국혼청(國魂請)

나무일심봉청 위청세주 국호명왕 승대보이임어팔황 열호부이권형사해 시방법

南無一心奉請 位稱世主 國號明王 承大寶而臨御八荒 列虎符而權衡四海 十方法

계고금선망 제주명군 후비천권 병종권속 유원 승삼보력 장비밀어 금일금시

界古今先亡 帝主明君 后妃天春 並從眷屬 惟願 承三寶力 仗秘密語 今日今時

내림법회 수차공양

來臨法會 受此供養

향화청

香花請

가영(歌詠)

창업응도전백대 기산낙수기경춘

創業雄都傳百代 岐山洛水幾經春

명군세주승승출 혁세위광일우신

明君世主繩繩出 奕世威光日又新

선사청(禪師請)

나무일심봉청 전불심등 유통교해 포진금어대천세계 개잡화어진점겁파 천양

南無一心奉請 傳佛心燈 流通教海 舖眞金於大千世界 開雜華於塵點劫波 闡揚

불조지종류 개착인천지안목 총림대덕 모당대선사각령 유원 승삼보력 강림도

佛祖之宗猷 開鑿人天之眼目 叢林大德 某堂大禪師覺靈 唯願 承三寶力 降臨道

가영(歌詠)

향화청
香花請

해상이우경월색　운중목마철풍광
海上泥牛耕月色　雲中木馬掣風光
묘명일구위음외　월쇄청송학몽경
妙明一句威音外　月鎖靑松鶴夢驚

승혼청(僧魂請)

일심봉청　사가승행 기속이동 혹포부모 이원거운유 혹별친지 이참선문도 제방
一心奉請　捨家僧行 棄俗離童 或抛父母 而遠去雲遊 或別親知 而參禪問道 諸方
논의 도처심사 도랑부발 이임장구치 섭수등산 이왕래신고 치사소신연비 위법
論議 到處尋師 挑囊負鉢 而任杖驅馳 涉水登山 而徃來辛苦 致使燒身燃臂 爲法
망구 일체왕고련행승니등중 각각은법이사 대소법권 열명영가 유원 승삼보력
亡軀 一切徃古煉行僧尼等衆 各各恩法二師 大小法眷 列名靈駕 唯願 承三寶力
장비밀어 금일금시 내림법회 수첨향공
仗秘密語 今日今時 來臨法會 受霑香供

가영(歌詠)

이향천리도기춘 離鄉千里度幾春
변시운유해상인 便是雲遊海上人
부모지언행각거 父母只言行脚去
기지향외작고혼 豈知鄉外作孤魂

고혼청(孤魂請)

일심봉청 一心奉請
인연취산 因緣聚散
금고여연 今古如然
대적삼매 大寂三昧
본자구족 本自具足
지연불각 只緣不覺
심동천차 心動千差
수업감보 隨業感報

윤회제취 輪廻諸趣
원아금차 願我今此
지극지정성 至極之精誠
모인복위 某人伏爲
소천선 所薦先
모인영가 某人靈駕
차사최초 此寺最初
창건이래 創建以來

지어중건중수 至於重建重修
화주시주 化主施主
도감별좌 都監別座
불전내외 佛前內外
일용범제집물 日用凡諸什物
대소결연 大小結緣
수위동참 守衛同參

등각열위열명영가 等各列位列名靈駕
내지 乃至
철위산간 鐵圍山間
오무간지옥 五無間地獄
일일일야 一日一夜
만사만생 萬死萬生
만반고통 萬般苦痛

수고함령등중 受苦含靈等衆
각열위영가 各列位靈駕
겸급법계 兼及法界
사생칠취 四生七趣
삼도팔난 三途八難
사은삼유 四恩三有
일체유식함 一切有識含

령등중 각열위영가 차도량내외 동상동하 유주무주 침혼체백 일체애혼 고혼불
靈等衆 各列位靈駕 此道場內外 洞上洞下 有主無主 沈魂滯魄 一切哀魂 孤魂佛

자등 각각열위열명영가 승불위광 내예향단 수첨법공
子等 各各列位列名靈駕 承佛威光 來詣香壇 受霑法供

향연청
香烟請

가영(歌詠)

제령한진치신망 석화광음몽일장
諸靈限盡致身亡 石火光陰夢一場

삼혼묘묘귀하처 칠백망망거원향
三魂杳杳歸何處 七魄茫茫去遠鄕

상래소청 각각열명영가 기수건청 이강향연 합장전심 참례금선
上來召請 各各列名靈駕 旣受虔請 已降香筵 合掌專心 參禮金仙

지단진언
指壇眞言

옴 예이혜 베로자나야 사바하 (三遍)

고혼내입법왕성 원각서서차제행 종차불회삼계보 직등엄역증원명
孤魂來入法王城 願各徐徐次第行 從此不回三界步 直登嚴域證圓明

법신게(法身偈)

법신변만백억계　보방금색조인천　응물현형담저월　체원정좌보련대

法身遍滿百億界　普放金色照人天　應物現形潭底月　體圓正坐寶蓮臺

산화락　(三說)

散花落

나무대성인로왕보살　(三說)

南無大聖引路王菩薩

개문게(開門偈)

권박봉미륵　개문견석가　삼삼예무상　유희법왕가

捲箔逢彌勒　開門見釋迦　三三禮無上　遊戲法王家

정중게(庭中偈)

일보증부동　내향수운간　기도아련야　입실예금선

一步曾不動　來向水雲間　旣到阿練若　入室禮金仙

보례삼보(普禮三寶)

보례시방상주　법신보신화신　제불타

普禮十方常住　法身報身化身　諸佛陀

보레시방상주
普禮十方常住

경장율장논장　제달마
經藏律藏論藏　諸達摩

보레시방상주
普禮十方常住

보살연각성문　제승가
菩薩緣覺聲聞　諸僧伽

각각대중등　열위영가　기례삼보　환득의주　방하신심　의위이주
各各大衆等　列位靈駕　飢禮三寶　還得衣珠　放下身心　依位而住

법성게 (法性偈)

법성원융무이상 法性圓融無二相
제법부동본래적 諸法不動本來寂
무명무상절일체 無名無相絶一切
증지소지비여경 證智所知非餘境

진성심심극미묘 眞性甚深極微妙
불수자성수연성 不守自性隨緣成
일중일체다중일 一中一切多中一
일즉일체다즉일 一卽一切多卽一

일미진중함시방 一微塵中含十方
일체진중역여시 一切塵中亦如是
무량원겁즉일념 無量遠劫卽一念
일념즉시무량겁 一念卽是無量劫

구세십세호상즉 九世十世互相卽
잉불잡란격별성 仍不雜亂隔別成
초발심시변정각 初發心時便正覺
생사열반상공화 生死涅槃相共和

이사명연무분별 理事冥然無分別
십불보현대인경 十佛普賢大人境
능인해인삼매중 能仁海印三昧中
번출여의부사의 繁出如意不思議

우보익생만허공 雨寶益生滿虛空
중생수기득이익 衆生隨器得利益
시고행자환본제 是故行者還本際
파식망상필부득 叵息妄想必不得

무연선교착여의　귀가수분득자량　이다라니무진보　장엄법계실보전
無緣善巧捉如意　歸家隨分得資糧　以陀羅尼無盡寶　莊嚴法界實實殿

궁좌실제중도상　구래부동명위불
窮坐實際中道床　舊來不動名爲佛

괘전게 (掛錢偈)

제불대원경　필경무내외　야양금일회　미목정상시
諸佛大圓鏡　畢竟無內外　爺孃今日會　眉目正相撕

수위안좌 (受位安座)

제불자 상래승불섭수 장법가지 기무수계이임연 원획소요이취좌 하유안좌지게
諸佛子 上來承佛攝受 仗法加持 旣無因繫以臨筵 願獲逍遙而就座 下有安座之偈

대중수언후화
大衆隨言後和

안좌게 (安座偈)

제불자 상래승불섭수 장법가지 기무수계이임연 원획소요이취좌 하유안좌지게

아금의교설화연　화과진수열좌전　대소의위차제좌　전심제청연금언
我今依敎說華筵　花果珍羞列座前　大小依位次第坐　專心諦聽演金言

수위안좌진언
受位安座眞言

옴 마니 군다니 훔훔 사바하 (三遍)

다게(茶偈)

백초임중일미신 조주상권기천인 팽장석정강심수
百草林中一味新 趙州常勸幾千人 烹將石鼎江心水

원사망령헐고륜 원사고혼헐고륜 원사제령헐고륜
願使亡靈歇苦輪 願使孤魂歇苦輪 願使諸靈歇苦輪

以上 四明日對靈 終

● 사명일시식(四明日施食)

거불(擧佛)

나무 극락도사 아미타불
南無 極樂導師 阿彌陀佛

나무 관세음보살
南無 觀世音菩薩

나무 대세지보살
南無 大勢至菩薩

창혼(唱魂)

금일지성 추천재자 주지 여시회합원대중등 봉위선왕선후 열위선가 역위일회
今日至誠 追薦齋者 住持 如時會合院大衆等 奉爲先王先后 列位仙駕 亦爲一會

대중 각각등복위 현고현비 은사법사 선망부모 구근친척 열명영가 겸급법계
大衆 各各等伏爲 顯考顯妣 恩師法師 先亡父母 久近親戚 列名靈駕 兼及法界

유주무주 체백심혼 전망장수 병졸고사 생령등중 각열위열명영가 차사최초
有主無主 滯魄沈魂 戰亡將帥 兵卒苦死 生靈等衆 各列位列名靈駕 此寺最初

창건이래 지어중건중수 조불조탑 불량등촉 내지 불전내외 일용범제집물 유공
創建以來 至於重建重修 造佛造塔 佛糧燈燭 乃至 佛前內外 日用凡諸什物 有功

덕주 화주시주 도감별좌 조언양공 사사시주등 각열명영가 차오대양육대주
德主 化主施主 都監別坐 助緣良工 四事施主等 各列名靈駕 此五大洋六大洲

위국절사 충의장졸 기한동뇌 구종횡사 형헌이종 산난이사 일체애혼등중 내지
爲國節使 忠義將卒 飢寒凍餒 九種橫死 刑憲而終 産難而死 一切哀魂等衆 乃至

철위산간 오무간옥 일일일야 만사만생 수고함령등중 각열명영가 겸급법계
鐵圍山間 五無間獄 一日一夜 萬死萬生 受苦含靈等衆 各列名靈駕 兼及法界

사생칠취 삼도팔난 사은삼유 일체유식 함령등중 각열위열명영가
四生七趣 三途八難 四恩三有 一切有識 含靈等衆 各列位列名靈駕

착어(着語)

불신충만어법계 보현일체중생전 수연부감미부주 이항처차보리좌 (三說)
佛身充滿於法界 普現一切衆生前 隨緣赴感靡不周 而恒處此菩提座

시일금시 사문대중등 운자비심 행평등행 이본원력 대방광불화엄경력 제불가
是日今時 沙門大衆等 運慈悲心 行平等行 以本願力 大方廣佛華嚴經力 諸佛加

피지력 이차청정법식 보시일체법계 면연귀왕 소통령자 삼십육부 무량무변 항
被之力 以此清淨法食 普施一切法界 面燃鬼王 所統領者 三十六部 無量無邊 恒

하사수 제아귀중 계하리제모 일체권속 바라문선중 영가 병차방타계 도병운명
河沙數 諸餓鬼衆 洎訶利帝母 一切眷屬 婆羅門仙衆 靈駕 併此方他界 刀兵殞命

수화분표 질역유리 기한동뇌 승목자진 형헌이종 산난이사 일체체백고혼 의초
水火焚漂 疾疫流離 飢寒凍餒 繩木自盡 刑憲而終 産難而死 一切滯魄孤魂 依草

부목 일체귀신 지부풍도 대소철위산 오무간옥 팔한팔열 경중제지옥 악사성황
附木 一切鬼神 地府酆都 大小鐵圍山 五無間獄 八寒八熱 輕重諸地獄 嶽司城隍

등처 일체수고중생 육도방래 일체중음중생 함부아청 무일유자 원여일일 각득
等處 一切受苦衆生 六途傍來 一切中陰衆生 咸赴我請 無一遺者 願汝一一 各得

마갈다국 소용지곡 칠칠곡식 제제기갈 제공범성난통 당구삼보가피
摩竭陀國 所用之斛 七七斛食 除諸飢渴 第恐凡聖難通 當求三寶加被

나무상주시방불 나무상주시방법 나무상주시방승 (三遍)
南無常住十方佛 南無常住十方法 南無常住十方僧

나무 본사석가모니불
南無 本師釋迦牟尼佛

나무 관세음보살
南無 觀世音菩薩

나무 명양구고지장왕보살
南無 冥陽救苦地藏王菩薩

나무 기교아난다존자
南無 起教阿難陀尊者

제불자 諸佛子 이승삼보 已承三寶 가피지력 加被之力 실부아청 悉赴我請 당생희유심 當生稀有心 사리전도상 捨離顛倒想

귀의삼보 歸依三寶 참제죄장 懺除罪障 인후개통 咽喉開通 운심평등 運心平等 수아소시 受我所施 무차무애 無遮無碍 청정법식 清淨法食 제제기갈 除諸飢渴

귀의불 歸依佛
귀의법 歸依法
귀의승 歸依僧 (三遍)

귀의불양족존 歸依佛兩足尊
귀의법이욕존 歸依法離欲尊
귀의승중중존 歸依僧衆中尊 (三遍)

귀의불경 歸依佛竟
귀의법경 歸依法竟
귀의승경 歸依僧竟 (三遍)

지장보살멸정업다라니 地藏菩薩滅定業陀羅尼
옴 바라 마니 다니 사바하 (三遍)

관세음보살멸업장진언 觀世音菩薩滅業障眞言
옴 아로늑계 사바하 (三遍)

개인후진언 開咽喉眞言
옴 보보제리 가리다리 다타 아다야 (三遍)

삼매야계진언 三昧耶戒眞言
옴 삼매야 살다밤 (三遍)

변식진언
變食眞言

나막 살바다타 아다 바로기제 옴 삼바라 삼바라 훔 (三遍)

시감로수진언
施甘露水眞言

바라소로 사바하 (三遍)

나무 소로바야 다타아다야 다냐타 옴 소로소로 바라소로

일자수륜관진언
一字水輪觀眞言

옴 밤 밤밤 (三遍)

유해진언
乳海眞言

나무 사만다 못다남 옴 밤 (三遍)

칭양성호 (稱揚聖號)

나무다보여래
南無多寶如來
원제고혼
願諸孤魂
파제간탐
破除慳貪
법재구족
法財具足

나무보승여래
南無寶勝如來
원제고혼
願諸孤魂
각사악도
各捨惡道
수의초승
隨意超昇

나무묘색신여래
南無妙色身如來
원제고혼
願諸孤魂
이추루형
離醜陋形
상호원만
相好圓滿

나무광박신여래
南無廣博身如來
원제고혼
願諸孤魂
사육범신
捨六凡身
오허공신
悟虛空身

나무이포외여래
南無離怖畏如來
원제고혼
願諸孤魂
이제포외
離諸怖畏
득열반락
得涅槃樂

나무감로왕여래
南無甘露王如來
원제고혼
願諸孤魂
인후개통
咽喉開通
획감로미
獲甘露味

나무아미타여래
南無阿彌陀如來
원제고혼
願諸孤魂
수념초생
隨念超生
극락세계
極樂世界

시식게(施食偈)

신주가지정음식
神呪加持淨飮食
보시하사중귀신
普施河沙眾鬼神
원개포만사간탐
願皆飽滿捨慳貪
속탈유명생정토
速脫幽冥生淨土

귀의삼보발보리
歸依三寶發菩提
구경득성무상도
究竟得成無上道
공덕무변진미래
功德無邊盡未來
일체중생동법식
一切眾生同法食

여등귀신중
汝等鬼神眾
아금시여공
我今施汝供
차식변시방
此食遍十方
일체귀신공
一切鬼神供

원이차공덕
願以此功德
보급어일체
普及於一切
아등여중생
我等與眾生
개공성불도
皆共成佛道

시귀식진언
施鬼食眞言

옴 미기미기 야야미기 사바하 (三遍)

시무차법식진언 施無遮法食眞言　옴 목역능 사바하 (三遍)

보공양진언 普供養眞言　옴 아아나 삼바바 바아라 훅 (三遍)

각각열명영가 제불자 各各列名靈駕 諸佛子
수법식이 기갈기제 금당재위 여등참회 무시이래 지어
受法食已 飢渴旣除 今當再爲 汝等懺悔 無始以來 至於

금일 신구의작 제불선업 각각지성 수아음성 발로참회
今日 身口意作 諸不善業 各各至誠 隨我音聲 發露懺悔

각각열명영가 제불자 各各列名靈駕 諸佛子
참회죄업이 금당지성 발사홍서원 연후 제청묘법
懺悔罪業已 今當至誠 發四弘誓願 然後 諦聽妙法

참회게(懺悔偈)
아석소조제악업 我昔所造諸惡業
개유무시탐진치 皆由無始貪嗔癡
종신구의지소생 從身口意之所生
일체아금개참회 一切我今皆懺悔

발사홍서원(發四弘誓願)
중생무변서원도 衆生無邊誓願度
번뇌무진서원단 煩惱無盡誓願斷
법문무량서원학 法門無量誓願學
불도무상서원성 佛道無上誓願成

자성중생서원도 自性衆生誓願度　자성번뇌서원단 自性煩惱誓願斷　자성법문서원학 自性法門誓願學　자성불도서원성 自性佛道誓願成

각각열명영가 各各列名靈駕

제불자 발사홍서원이 각의세심 제청묘법 아불여래 연민여등 자
諸佛子 發四弘誓願已 各宜洗心 諦聽妙法 我佛如來 憐愍汝等 自

무시이래 지어금일 미진축망 수업표류 출몰사생 왕래육도 수무량고 특위여등
無始以來 至於今日 迷眞逐妄 隨業漂流 出沒四生 往來六道 受無量苦 特爲汝等

개대해탈문 연설십이인연법 각령어언하 돈명자성 영절윤회 십이인연법자 역
開大解脫門 演說十二因緣法 各令於言下 頓明自性 永絶輪廻 十二因緣法者 亦

인역인인 역과역과과 미지즉생사업해 오지즉적멸성공
因亦因因 亦果亦果果 迷之則生死業海 悟之則寂滅性空

무명연행 행연식 식연명색 명색연육입 육입연촉 촉연수 수연애 애연취 취연
無明緣行 行緣識 識緣名色 名色緣六入 六入緣觸 觸緣受 受緣愛 愛緣取 取緣

유 유연생 생연노사우비고뇌
有 有緣生 生緣老死憂悲苦惱

무명멸즉행멸 행멸즉식멸 식멸즉명색멸 명색멸
無明滅則行滅 行滅則識滅 識滅則名色滅 名色滅

즉육입멸 육입멸즉촉멸 촉멸즉수멸 수멸즉애멸 애멸즉취멸 취멸즉유멸
則六入滅 六入滅則觸滅 觸滅則受滅 受滅則愛滅 愛滅則取滅 取滅則有滅

즉생멸 생멸즉노사우비고뇌멸
則生滅 生滅則老死憂悲苦惱滅

범소유상　개시허망　약견제상비상　즉견여래

凡所有相　皆是虛妄　若見諸相非相　卽見如來

일체유위법　여몽환포영　여로역여전　응작여시관

一切有爲法　如夢幻泡影　如露亦如電　應作如是觀

약이색견아　이음성구아　시인행사도　불능견여래

若以色見我　以音聲求我　是人行邪道　不能見如來

일념보관무량겁　무거무래역무주　여시요지삼세사　초제방편성십력

一念普觀無量劫　無去無來亦無住　如是了知三世事　超諸方便成十力

마하반야바라밀다심경

摩訶般若波羅蜜多心經

관자재보살　행심반야바라밀다시　조견오온개공　도일체고액　사리자　색불이공

觀自在菩薩　行深般若波羅蜜多時　照見五蘊皆空　度一切苦厄　舍利子　色不異空

공불이색　색즉시공　공즉시색　수상행식　역부여시　사리자　시제법공상　불생불멸

空不異色　色卽是空　空卽是色　受想行識　亦復如是　舍利子　是諸法空相　不生不滅

불구부정　부증불감　시고공중무색　무수상행식　무안이비설신의　무색성향미촉법

不垢不淨　不增不減　是故空中無色　無受想行識　無眼耳鼻舌身意　無色聲香味觸法

무안계　내지무의식계　무무명　역무무명진　내지무노사　역무노사진　무고집멸도

無眼界　乃至無意識界　無無明　亦無無明盡　乃至無老死　亦無老死盡　無苦集滅道

무지역무득 無智亦無得 이무소득고 以無所得故 보리살타 菩提薩埵 의반야바라밀다고 依般若波羅蜜多故 심무가애 心無罣礙 무가애고 無罣礙故 무유 無有

공포 恐怖 원리전도몽상 遠離顚倒夢想 구경열반 究竟涅槃 삼세제불 三世諸佛 의반야바라밀다고 依般若波羅蜜多故 득아뇩다라삼먁삼보 得阿耨多羅三藐三菩

리 提 고지반야바라밀다 故知般若波羅蜜多 시대신주 是大神呪 시대명주 是大明呪 시무상주 是無上呪 시무등등주 是無等等呪 능제일체고 能除一切苦

진실불허 眞實不虛 고설반야바라밀다주 故說般若波羅蜜多呪 즉설주왈 卽說呪曰

「아제아제 바라아제 바라승아제 모지 사바하」 (三遍)

■ 장엄염불(莊嚴念佛)

불설왕생정토주 佛說往生淨土呪

나무 아미다바야 다타가다야 다디야타 아미리 도바비 아미리다 실담바비 아
미리다 비가란제 아미리다 비가란다 가미니 가가나 깃다가례 사바하 (三遍)

아미타불진금색 阿彌陀佛眞金色　　상호단엄무등륜 相好端嚴無等倫　　백호완전오수미 白毫宛轉五須彌　　감목징청사대해 紺目澄淸四大海

광중화불무수억 光中化佛無數億
화보살중역무변 化菩薩衆亦無邊
사십팔원도중생 四十八願度衆生
구품함령등피안 九品咸令登彼岸

이차예찬불공덕 以此禮讚佛功德
장엄법계제유정 莊嚴法界諸有情
임종실원왕서방 臨終悉願往西方
공도미타성불도 共覩彌陀隨成佛道

나무서방대교주 南無西方大教主
무량수여래불 無量壽如來佛
「나무아미타불」 南無阿彌陀佛 （十念、或百八遍）

※ 다음 게송부터는 게송 한 구절 마칠 때마다 후렴으로 「나무아미타불」을 한다.

아미타불재하방 阿彌陀佛在何方
착득심두절막망 着得心頭切莫忘
염도념궁무념처 念到念窮無念處
육문상방자금광 六門常放紫金光

극락세계십종장엄 （極樂世界十種莊嚴）

법장서원수인장엄 法藏誓願修因莊嚴
사십팔원원력장엄 四十八願願力莊嚴
미타명호수광장엄 彌陀名號壽光莊嚴
삼대사관보상장엄 三大士觀寶像莊嚴
미타국토안락장엄 彌陀國土安樂莊嚴
보하청정덕수장엄 寶河清淨德水莊嚴
보전여의누각장엄 寶殿如意樓閣莊嚴
주야장원시분장엄 晝夜長遠時分莊嚴
이십사락정토장엄 二十四樂淨土莊嚴
삼십종익공덕장엄 三十種益功德莊嚴

석가여래팔상성도(釋迦如來八相成道)

도솔래의상
兜率來儀相

비람강생상
毘藍降生相

사문유관상
四門遊觀相

유성출가상
踰城出家相

설산수도상
雪山修道相

수하항마상
樹下降魔相

녹원전법상
鹿苑轉法相

쌍림열반상
雙林涅槃相

오종대은명심불망(五種大恩銘心不忘)

사사공양단월지은
四事供養檀越之恩

각안기소국왕지은
各安其所國王之恩

생양구로부모지은
生養劬勞父母之恩

유통정법사장지은
流通正法師長之恩

탁마상성붕우지은
琢磨相成朋友之恩

당가위보유차염불
當可爲報唯此念佛

청산첩첩미타굴
靑山疊疊彌陀窟

창해망망적멸궁
滄海茫茫寂滅宮

물물염래무가애
物物拈來無罣碍

기간송정학두홍
幾看松亭鶴頭紅

극락당전만월용
極樂堂前滿月容

옥호금색조허공
玉毫金色照虛空

약인일념칭명호
若人一念稱名號

경각원성무량공
頃刻圓成無量功

삼계유여급정륜
三界猶如汲井輪

백천만겁역미진
百千萬劫歷微塵

차신불향금생도
此身不向今生度

갱대하생도차신
更待何生度此身

천상천하무여불
天上天下無如佛

시방세계역무비
十方世界亦無比

세간소유아진견
世間所有我盡見

일체무유여불자
一切無有如佛者

찰진심념가수지
刹塵心念可數知

대해중수가음진
大海中水可飲盡

허공가량풍가계
虛空可量風可繫

무능진설불공덕
無能盡說佛功德

보화비진요망연
報化非眞了妄緣

법신청정광무변
法身淸淨廣無邊

천강유수천강월
千江有水千江月

만리무운만리천
萬里無雲萬里天

사대각리여몽중
四大各離如夢中

육진심식본래공
六塵心識本來空

욕식불조회광처
欲識佛祖回光處

일락서산월출동
日落西山月出東

산당정야좌무언
山堂靜夜坐無言

적적요요본자연
寂寂寥寥本自然

하사서풍동림야
何事西風動林野

일성한안여장천
一聲寒鴈唳長天

외외락락정나라
巍巍落落淨裸裸

독보건곤수반아
獨步乾坤誰伴我

약야산중봉자기
若也山中逢子期

기장황엽하산하
豈將黃葉下山下

원각산중생일수
圓覺山中生一樹

개화천지미분전
開化天地未分前

비청비백역비흑
非靑非白亦非黑

부재춘풍부재천
不在春風不在天

천척사륜직하수
千尺絲綸直下垂

일파자동만파수
一波自動萬波隨

야정수한어불식
夜靜水寒魚不食

만선공재월명귀
滿船空載月明歸

십념왕생원 十念往生願
왕생극락원 往生極樂願
상품상생원 上品上生願
광도중생원 廣度衆生願

원공법계제중생 願共法界諸衆生
동입미타대원해 同入彌陀大願海
진미래제도중생 盡未來際度衆生
자타일시성불도 自他一時成佛道

나무서방정토 극락세계 南無西方淨土 極樂世界 三十六萬億 一十一萬 九千五百 同名同號 大慈大悲 阿

미타불 나무서방정토 극락세계 불신장광 상호무변 금색광명 변조법계 彌陀佛 南無西方淨土 極樂世界 佛身長廣 相好無邊 金色光明 遍照法界 四十八願
佛刹微塵數 稻麻竹葦 無限極數 三百

도탈중생 불가설 불가설전 불가설 항하사 度脫衆生 不可說 不可說轉 不可說 恒河沙

육십만억 일십일만 구천오백 동명동호 대자대비 아등도사 금색여래 아미타불 六十萬億 一十一萬 九千五百 同名同號 大慈大悲 我等導師 金色如來 阿彌陀佛

나무문수보살 南無文殊菩薩
나무보현보살 南無普賢菩薩
나무관세음보살 南無觀世音菩薩

나무대세지보살 南無大勢至菩薩
나무금강장보살 南無金剛藏菩薩
나무제장애보살 南無除障碍菩薩

나무미륵보살 南無彌勒菩薩
나무지장보살 南無地藏菩薩
나무일체청정대해중보살마하살 南無一切淸淨大海衆菩薩摩訶薩

원공법계제중생 願共法界諸衆生　동입미타대원해 同入彌陀大願海

발원게 (發願偈)

시방삼세불 十方三世佛　아미타제일 阿彌陀第一　구품도중생 九品度衆生　위덕무궁극 威德無窮極

아금대귀의 我今大歸依　참회삼업죄 懺悔三業罪　범유제복선 凡有諸福善　지심용회향 至心用回向

원동염불인 願同念佛人　진생극락국 盡生極樂國　견불요생사 見佛了生死　여불도일체 如佛度一切

왕생게 (往生偈)

원아임욕명종시 願我臨欲命終時　진제일체제장애 盡除一切諸障碍　면견피불아미타 面見彼佛阿彌陀　즉득왕생안락찰 卽得往生安樂刹

공덕게 (功德偈)

원이차공덕 願以此功德　보급어일체 普及於一切　아등여중생 我等與衆生　당생극락국 當生極樂國

동견무량수 同見無量壽　개공성불도 皆空成佛道

■ 봉송편(奉送篇)

봉송게(奉送偈)

봉송고혼계유정 奉送孤魂洎有情
지옥아귀급방생 地獄餓鬼及傍生
아어타일건도량 我於他日建道場
불위본서환래부 不違本誓還來赴

기수향공 旣受香供
이청법음 已聽法音

금차 今次
보례봉송재자 普禮奉送齋者
모인복위 某人伏爲
기부 記付
소천 疏薦
모인영가등 某人靈駕等
제불자 諸佛者
각열위열명영가 各列位列名靈駕

이청법음 已聽法音
금당봉송 今當奉送
갱의건성 更宜虔成
봉사삼보 奉事三寶

보례삼보(普禮三寶)

보례시방상주불 普禮十方常住佛
보례시방상주법 普禮十方常住法
보례시방상주승 普禮十方常住僧

행보게(行步偈)

이행천리만허공 移行千里滿虛空
귀도정망도정방 歸道情忘到淨邦

산화락 (三說)
散花落

삼업투성삼보례 三業投誠三寶禮
성범동회법왕궁 聖凡同會法王宮

※ 법성게를 독송하며 소대로 향한다. 이때 아미타불 정근(「나무서방대교주 무량수여래불」「나무아미타불」)도 가능하다.

나무대성인로왕보살 (三說)
南無大聖引路王菩薩

법성게 (法性偈)

법성원융무이상　제법부동본래적　무명무상절일체　증지소지비여경
法性圓融無二相　諸法不動本來寂　無名無相絶一切　證智所知非餘境

진성심심극미묘　불수자성수연성　일중일체다중일　일즉일체다즉일
眞性甚深極微妙　不守自性隨緣成　一中一切多中一　一即一切多即一

일미진중함시방　일체진중역여시　무량원겁즉일념　일념즉시무량겁
一微塵中含十方　一切塵中亦如是　無量遠劫即一念　一念即時無量劫

구세십세호상즉　잉불잡란격별성　초발심시변정각　생사열반상공화
九世十世互相即　仍不雜亂隔別成　初發心時便正覺　生死涅槃常共和

이사명연무분별　십불보현대인경　능인해인삼매중　번출여의부사의
理事冥然無分別　十佛普賢大人境　能仁海印三昧中　繁出如意不思議

우보익생만허공　중생수기득이익　시고행자환본제　파식망상필부득
雨寶益生滿虛空　衆生隨器得利益　是故行者還本際　叵息妄想必不得

무연선교착여의
無緣善巧捉如意

귀가수분득자량
歸家隨分得資粮

이다라니무진보
以陀羅尼無盡寶

장엄법계실보전
莊嚴法界實寶殿

궁좌실제중도상
窮坐實際中道床

구래부동명위불
舊來不動名爲佛

(소대에 이르러)

금차
今次

문외봉송재자
門外奉送齋者

모인복위
某人伏爲

기부
記付

소천
疏薦

모인영가등
某人靈駕等

제불자
諸佛者

각열위열명영가
各列位列名靈駕

상래
上來

시식풍경공덕
施食諷經功德

금일합원대중등
今日合院大衆等

기부
記付

복위
伏爲

선망부모
先亡父母

열명영가
列名靈駕

여법계무주
與法界無主

고혼등
孤魂等

각열위열명영가
各列位列名靈駕

견문여환예
見聞如幻翳

삼계약공화
三界若空花

문부예근제
聞復翳根除

진소각원정
塵消覺圓淨

송혼게 (送魂偈)

지옥천당구정토
地獄天堂俱淨土

마궁호혈총련구
魔宮虎穴摠蓮丘

산하불애가향로
山河不碍家鄉路

찰찰진진자재유
刹刹塵塵自在遊

풍송가지 (諷誦加持)

염시방삼세
念十方三世

일체제제불
一切諸佛

제존보살마하살
諸尊菩薩摩訶薩

마하반야바라밀
摩訶般若波羅蜜

원왕생 願往生　원왕생 願往生　왕생극락견미타 往生極樂見彌陀　획몽마정수기별 獲蒙摩頂授記別

원왕생 願往生　원왕생 願往生　원재미타회중좌 願在彌陀會中坐　수집향화상공양 手執香華常供養

원왕생 願往生　원왕생 願往生　왕생화장연화계 往生華藏蓮華界　자타일시성불도 自他一時成佛道

상품상생진언 上品上生眞言

옴 마니다니 훔 훔 바탁 사바하 (三遍)

봉송진언 奉送眞言

옴 바아라 사다 목차목 (三遍)

소전진언 燒錢眞言

옴 비로기제 사바하 (三遍)

처세간 處世間　여허공 如虛空

여련화 如蓮華　불착수 不著水

심청정 心清淨　초어피 超於彼

계수례 稽首禮　무상존 無上尊

귀의불 歸依佛　귀의법 歸依法　귀의승 歸依僧

귀의불 양족존 歸依佛兩足尊　귀의법 이욕존 歸依法離欲尊　귀의승 중중존 歸依僧衆中尊

귀의불경 歸依佛竟　귀의법경 歸依法竟　귀의승경 歸依僧竟

영가 선보운정 복유진중
靈駕 善步雲程 伏惟珍重

보회향진언
普回向眞言

옴 삼마라 삼마라 미만나 사라마하 자거라바 훔 (三遍)

파산게(破散偈)

화탕풍요천지고 요요장재백운간 일성휘파금성벽 단향불전칠보산
火蕩風搖天地壞 寥寥長在白雲間 一聲揮破金城壁 但向佛前七寶山

삼회향(三回向)

나무 환희장마니보적불
南無 歡喜藏摩尼寶積佛

나무 원만장보살마하살
南無 圓滿藏菩薩摩訶薩

나무 회향장보살마하살
南無 回向藏菩薩摩訶薩

以上 四明日施食 終

● 설법의식(說法儀式)

정대게(頂戴偈)

제목미창경검수 題目未唱傾劍樹　비양일구절도산 非揚一句折刀山

운심소진천생업 運心消盡千生業　하황염래정대인 何況拈來頂戴人

개법장진언 開法藏眞言

옴 아라남 아라다 (三遍)

무상심심미묘법 無上甚深微妙法　백천만겁난조우 百千萬劫難遭遇

개경게(開經偈)

아금문견득수지 我今聞見得受持　원해여래진실의 願解如來眞實義

십념(十念)

청정법신비로자나불 淸淨法身毘盧遮那佛　원만보신노사나불 圓滿報身盧舍那佛　천백억화신석가모니불 千百億化身釋迦牟尼佛

구품도사아미타불 九品導師阿彌陀佛　당래하생미륵존불 當來下生彌勒尊佛　시방삼세일체제불 十方三世一切諸佛

시방삼세일체존법 十方三世一切尊法　대지문수사리보살 大智文殊師利菩薩　대행보현보살 大行普賢菩薩

대비관세음보살 大悲觀世音菩薩

대원본존지장보살 大願本尊地藏菩薩　제존보살마하살 諸尊菩薩摩訶薩 諸尊菩薩摩訶薩

마하반야바라밀 摩訶般若波羅蜜

거량(擧揚)

거 사바세계 남섬부주 동양 대한민국
據 娑婆世界 南贍部洲 東洋 大韓民國

모처 모산 모사 청정수월도량 원아금차
某處 某山 某寺 清淨水月道場 願我今此

지극지성 ○○재시 청법재자 모처거주 모인복위 모인영가 재당 ○○재지신 모인
至極至誠 ○○齋時 請法齋者 某處居住 某人伏爲 某人靈駕 齋堂 ○○齋之辰 某人

영가복위 위주 상세선망부모 다생사장 누대종친 제형숙백 자매질손 일체친속
靈駕伏爲 爲主 上世先亡父母 多生師長 累代宗親 弟兄叔伯 姉妹姪孫 一切親屬

등 각열위열명영가 내지 철위산간 오무간지옥 일일일야 만사만생 만반고통
等 各列位列名靈駕 乃至 鐵圍山間 五無間地獄 一日一夜 萬死萬生 萬般苦痛

수고함령등중 각열위영가 차도량내외 동상동하 일체유주무주고혼 제불자등
受苦含靈等衆 各列位靈駕 此道場內外 洞上洞下 一切有主無主孤魂 諸佛者等

각각열위열명영가
各各列位列名靈駕

착어 (着語)

아유일권경 불인지묵성 전개무일자 상방대광명 영가 환회득 차일권경마 (양구)
我有一卷經 不因紙墨成 展開無一字 常放大光明 靈駕 還會得 此一卷經摩 (良久)

여미회득 위여선양 대승경전 지심제청 지심제수
如未會得 爲汝宣揚 大乘經典 至心諦聽 至心諦受

금일 소천 모인영가등 제불자 각열위열명영가
今日 所薦 某人靈駕等 諸佛子 各列位列名靈駕

수위안좌진언
受位安座眞言

옴 마니 군다니 훔훔 사바하 (三遍)

청법게 (請法偈)

차경심심의 대중심갈앙 유원대법사 광위중생설
此經甚深意 大衆心渴仰 唯願大法師 廣爲中生說

설법게 (說法偈)

위여선양승회의 아난창설위신기 약비양무중진설 귀취하연득편의
爲汝宣揚勝會儀 阿難創設爲神飢 若非梁武重陳設 鬼趣何緣得便宜

설 법

부록 668

나무서방대교주 無量壽如來佛 「나무아미타불」 (十念)
南無西方大教主 무량수여래불 南無阿彌陀佛

원공법계제중생 동입미타대원해 진미래제도중생 자타일시성불도
願共法界諸衆生 同入彌陀大願海 盡未來際度衆生 自他一時成佛道

원이차공덕 보급어일체 아등여중생 당생극락국 동견무량수 개공성불도
願以此功德 普及於一切 我等與衆生 當生極樂國 同見無量壽 皆空成佛道

보궐진언
補闕眞言

옴 호로호로 사야 몰케 사바하 (三遍)

문경개오의초연 수경게(收經偈) 연처분명중구선 취사유래원부동 방지월락불리천
聞經開悟意超然 演處分明衆口宣 取捨由來元不動 方知月落不離天

대자대비민중생 사무량게(四無量偈) 대희대사제함식 상호광명이자엄 중등지심귀명례
大慈大悲愍衆生 大喜大捨濟含識 相好光明以自嚴 衆等至心歸命禮

시방진귀명 귀명게(歸命偈) 멸죄생정신 원생화장계 극락정토중
十方盡歸命 滅罪生淨信 願生華藏界 極樂淨土中

-以上 說法儀式 終-

◉ 방생의궤(放生儀軌)

※ 방생의식은 방생장소나 설행방법에 따라 의식을 달리할 수 있다. 사찰에서 불공을 올린 후 방생장소에서 연이어 거행하는 것이라면 **신중작법(** p. 一五一)을 모신 후 방생의식을 거행한다。 또한 방생장소에서 재를 설행한 후 방생하는 것이라면 장소와 재의 성격에 맞게 상단、중단、시식 등의 의식을 모신 후 바로 방생의식을 거행하면 된다。

양지정수찬(楊枝淨水讚)

양지정수 **변쇄삼천 성공팔덕이인천 복수광증연 멸죄제건 화염화홍련**
楊枝淨水 徧灑三千 性空八德利人天 福壽廣增延 滅罪除愆 火焰化紅蓮

※ 법사는 버드나무 가지에 정수를 적셔 방생물에 세 번 뿌려준다。

거불(擧佛)

나무청량지보살마하살 (三稱)
南無淸涼地菩薩摩訶薩

※ 법사는 향로를 들고 다음의 청문(請文)을 거행한다。

나무일심봉청

나무일심봉청 진허공변법계 시방상주불
南無一心奉請 盡虛空遍法界 十方常住佛

나무일심봉청
南無一心奉請
진허공변법계 盡虛空遍法界
시방상주법 十方常住法

나무일심봉청
南無一心奉請
진허공변법계 盡虛空遍法界
시방상주승 十方常住僧

나무일심봉청
南無一心奉請
사생자모 四生慈母
광대영감 廣大靈感
성백의관세음보살 聖白衣觀世音菩薩
유원강림도량 唯願降臨道場
가지차수 加持此水

구대공훈 具大功勳
쇄첨군품 灑霑群品
영피신심청정 令彼身心淸淨
감문묘법 堪聞妙法

나무감로왕보살마하살 (三稱)
南無甘露王菩薩摩訶薩

걸수게 (乞水偈)
보살유두감로수 菩薩柳頭甘露水
능령일적쇄시방 能令一滴灑十方
성전구예진견제 腥羶垢穢盡蠲除
영차도량실청량 令此道場悉淸凉

신묘장구대다라니
神妙章句大陀羅尼

나모라 다나 다라 야야 나막 알야 바로기제 새바라야 모지 사다바야 마하 사다바야 마하

사다바야 마하 가로 니가야 옴 살바 바예수 다라나 가라야 다사명 나막 가

리다바 이맘 알야 바로기제 새바라 다바 니라간타 나막 하리나야 마발다 이

사미 살발타 사다남 수반 아예염 살바 보다남 바바마라 미수다감 다냐타 옴

아로계 아로가 마지로가 지가란제 혜혜하례 마하 모지 사다바 사마라 사마

라 하리나야 구로구로 갈마 사다야 사다야 도로도로 미연제 마하 미연제 다

라다라 다린나레 새바라 자라자라 마라 미마라 아마라 몰제 예혜혜 로계 새

바라 라아 미사미 나사야 나베 사미 사미 나사야 모하자라 미사미 나사야

호로호로 마라 호로 하례 바나마 나바 사라사라 시리시리 소로소로 못자못

자 모다야 모다야 메다리야 니라간타 가마사 날사남 바라 하리나야 마낙 사

바하 싣다야 사바하 마하 싣다야 사바하 싣다유예 새바라야 사바하 니라간

타야 사바하 바라하 목카 싱하 목카야 사바하 바나마 하따야 사바하 자가라

욕다야 사바하 상카 섭나네 모다나야 사바하 마하라 구타 다라야 사바하 바

마사간타 이사 시체다 가릿나 이나야 사바하 먀가라 잘마 이바 사나야 사

바하 「나모라 다나 다라 야야 나막 알야 바로기제 새바라야 사바하」 (三遍)

마하반야바라밀다심경

摩訶般若波羅蜜多心經

※ 반야심경 생략할 수 있다.

관자재보살 觀自在菩薩

행심반야바라밀다시 行深般若波羅蜜多時

조견오온개공 照見五蘊皆空

도일체고액 度一切苦厄

사리자 색불이공 舍利子 色不異空

공불이색 색즉시공 空不異色 色卽是空

공즉시색 수상행식 역부여시 空卽是色 受想行識 亦復如是

사리자 시제법공상 불생불멸 舍利子 是諸法空相 不生不滅

불구부정 부증불감 不垢不淨 不增不減

시고공중무색 무수상행식 是故空中無色 無受想行識

무안이비설신의 무색성향미촉법 無眼耳鼻舌身意 無色聲香味觸法

무안계 내지무의식계 無眼界 乃至無意識界

무무명 역무무명진 내지무노사 역무노사진 無無明 亦無無明盡 乃至無老死 亦無老死盡

무지역무득 이무소득고 無智亦無得 以無所得故

무고집멸도 無苦集滅道

보리살타 의반야바라밀다고 菩提薩埵 依般若波羅蜜多故

심무가애 무가애고 무유 心無罣礙 無罣礙故 無有

공포 원리전도몽상 구경열반 恐怖 遠離顚倒夢想 究竟涅槃

삼세제불 의반야바라밀다고 득아뇩다라삼먁삼보 三世諸佛 依般若波羅蜜多故 得阿耨多羅三藐三菩

리 고지반야바라밀다 시대신주 시대명주 시무상주 시무등등주 능제일체고 提 故知般若波羅蜜多 是大神咒 是大明咒 是無上咒 是無等等咒 能除一切苦

진실불허 고설반야바라밀다주 즉설주왈 眞實不虛 故說般若波羅蜜多咒 卽說咒曰

「아제아제 바라아제 바라승아제 모지 사바하」 (三遍)

(법사집향수노 공경백운 무수노칙합장)
(法師執香手爐 恭敬白云 無手爐則合掌)

법사는 향로를 들고 유치를 거행한다。 손에 들 향로가 없다면 합장을 한다。

앙고 仰告 시아본사 是我本師 석가모니불 釋迦牟尼佛 삼계의왕 三界醫王 약사여래불 藥師如來佛 극락도사 極樂導師 아미타불 阿彌陀佛 환희세계 歡喜世界

보승여래 實勝如來 도량교주 道場敎主 관세음보살 觀世音菩薩 유명교주 幽冥敎主 지장보살 地藏菩薩 유원자비 唯願慈悲 증지호념 證知護念 금유 今有

수족 [물속에 사는 동물] 水族 모군 [털이 있는 동물] 毛群 우류 [날아다니는 동물] 羽類 제중생등 諸衆生等 위 爲

타망포 他網捕 장입사문 將入死門 행치시주 幸値施主 모처거주 某處居住 모인등 某人等 어시수보살행 於是修菩薩行 발자비심 發慈悲心 작장수인 作長壽因

행방생업 行放生業 구기신명 救其身命 방사소요 放使逍遙 삼보제자 三寶弟子 법명 法名 앙순대승방등경전 仰順大乘方等經典 대위참회 代爲懺悔 수여 授與

삼귀의 三歸依 병칭칠불여래명호 並稱七佛如來名號 부위선설십이인연 復爲宣說十二因緣 단이차류중생 但以此類衆生 죄장심중 罪障深重 신식혼미 神識昏迷

불능요지 不能了知 방등심법 方等深法 앙걸삼보 仰乞三寶 위덕명가 威德冥加 영기개오 令基開悟 조득해탈 早得解脫 애민섭수 哀愍攝受

(대중고성창삼귀의 법사무척일하운)
(大衆高聲唱三歸依 法師撫尺一下云)

※ 법사는 버드나무 가지로 방생물 그릇을 세 번 두드려 경책하고、대중은 삼귀의를 창한다。

삼귀의 (三歸依)

귀의불양족존　歸依佛兩足尊
귀의법이욕존　歸依法離欲尊
귀의승중중존　歸依僧衆中尊

현전이류제불자등　아념여등　다생업중　타재축생　금위여등　대삼보전　발로죄건
現前異類諸佛子等　我念汝等　多生業重　墮在畜生　今爲汝等　對三寶前　發露罪愆

여당지성　수아참회
汝當至誠　隨我懺悔

참회게 (懺悔偈)

아석소조제악업　개유무시탐진치　종신구의지소생　일체아금개참회
我昔所造諸惡業　皆由無始貪嗔癡　從身口意之所生　一切我今皆懺悔

죄무자성종심기　심약멸시죄역망　심멸죄망양구공　시즉명위진참회
罪無自性從心起　心若滅是罪逆妄　心滅罪妄兩俱空　是則名爲眞懺悔

칠불여래멸죄진언
七佛如來滅罪眞言

마하갈제　진령갈제　사바하 (三遍)

이바이바제　구하구하제　다라니제　니하라제　비리니제

나무구참회보살마하살
南無求懺悔菩薩摩訶薩 (三說)

참회진언
懺悔眞言

옴 살바못자 모지 사다야 사바하 (三遍)

이류제불자등 여등불문삼보 불해귀의 소이윤회삼유 금타축생 아금수여등삼
異類諸佛子等 汝等不聞三寶 不解歸依 所以輪廻三有 今墮畜生 我今授汝等三

귀의 여금제청
歸依 汝今諦聽

현전이류제중생등
現前異類諸衆生等
귀의불 귀의법 귀의승
歸依佛 歸依法 歸依僧

현전이류제중생등
現前異類諸衆生等
귀의불양족존 귀의법이욕존 귀의승중중존
歸依佛兩足尊 歸依法離欲尊 歸依僧衆中尊

현전이류제중생등
現前異類諸衆生等
귀의불경 귀의법경 귀의승경
歸依佛竟 歸依法竟 歸依僧竟

현전이류제중생등
現前異類諸衆生等
「종금이왕 칭불위사 갱불귀의 사마외도
從今以往 稱佛爲師 更不歸依 邪魔外道

종금이왕 칭법위사 갱불귀의 외도전적
從今以往 稱法爲師 更不歸依 外道典籍

종금이왕 의승위사 갱불귀의 외도사중」 (三說)
從今以往 依僧爲師 更不歸依 外道邪衆

제불자등 귀의삼보이경 금위여등 칭양보승여래 십호공덕 영여득문 여피십천
諸佛子等 歸依三寶已竟 今爲汝等 稱揚寶勝如來 十號功德 令汝得聞 如彼十千

유어 즉득생천 등무유이
遊魚 即得生天 等無有異

칭명(稱名)

불 세존 (三說)
佛 世尊

나무 과거보승여래 응공 정변지 명행족 선서 세간해 무상사 조어장부 천인사
南無 過去寶勝如來 應供 正遍知 明行足 善逝 世間解 無上士 調御丈夫 天人師

※ 법사는 죽비나 버드나무 가지로 방생물을 담은 그릇을 세 번 두드려 경책한다.

설법(說法)

제불자등 아금갱위여등 설십이인연생상멸상 영여등 요지생멸지상 오불생멸
諸佛子等 我今更爲汝等 說十二因緣生相滅相 令汝等 了知生滅之相 悟不生滅

지법 당처구경 당처청정 당처자재 일구경 일체구경 일청정 일체청정 일자재
之法 當處究竟 當處清淨 當處自在 一究竟 一切究竟 一清淨 一切清淨 一自在

일체자재 동어제불 증대열반
一切自在 同於諸佛 證大涅槃

생멸상(生滅相)

소위 무명연행 행연식 식연명색 명색연육입 육입연촉 촉연수 수연애 애연취
所謂 無明緣行 行緣識 識緣名色 名色緣六入 六入緣觸 觸緣受 受緣愛 愛緣取

취연유 유연생 생연노사우비고뇌 무명멸즉행멸 행멸즉식멸 식멸즉명색멸
取緣有 有緣生 生緣老死憂悲苦惱 無明滅則行滅 行滅則識滅 識滅則名色滅

명색멸즉육입멸 육입멸즉촉멸 촉멸즉수멸 수멸즉애멸 애멸즉취멸 취멸즉유멸
名色滅則六入滅 六入滅則觸滅 觸滅則受滅 受滅則愛滅 愛滅則取滅 取滅則有滅

유멸즉생멸 생멸즉노사우비고뇌멸
有滅則生滅 生滅則老死憂悲苦惱滅

※ 법사는 죽비나 버드나무 가지로 방생물을 담은 그릇을 세 번 두드려 경책한다.

무명즉멸
無明則滅

무명무성 본시제불 부동지체 여등집착 망기무명 비여병목 견공중화 기지시이
無明無性 本是諸佛 不動智體 汝等執着 妄起無明 譬如病目 見空中花 旣知是已

참회(懺悔)

제불자 아금의대승경 수여삼귀십호 십이인연이경 금당위여 대삼보전 발로죄
諸佛子 我今依大乘經 授汝三歸十號 十二因緣已竟 今當為汝 對三寶前 發露罪

건구애참회 원여죄업 일체소제 득생선처 근불문법 여당지심 수아참회
怨求哀懺悔 願汝罪業 一切消除 得生善處 近佛聞法 汝當至心 隨我懺悔

발원(發願)

제청
諦聽

제불자 재위여등 개칭사홍서원 영여등득문 의법발원 의원수행 여금지심 제청
諸佛子 再爲汝等 更稱四弘誓願 令汝等得聞 依法發願 依願修行 汝今至心 諦聽

발사홍서원(發四洪誓願)

중생무변서원도 衆生無邊誓願道
번뇌무진서원단 煩惱無盡誓願斷
법문무량서원학 法門無量誓願學
불도무상서원성 佛道無上誓願成

자성중생서원도 自性衆生誓願道
자성번뇌서원단 自性煩惱誓願斷
자성법문서원학 自性法門誓願學
자성불도서원성 自性佛道誓願成

이류제불자등 아금갱위여등 칭찬여래 길상명호 능령여등 영리삼도팔난지고
異類諸佛子等 我今更爲汝等 稱讚如來 吉祥名號 能令汝等 永離三途八難之苦

당위여래 진정불자
當爲如來 眞淨佛子

칠불여래(七佛如來)

「나무다보여래
南無多寶如來

나무보승여래
南無寶勝如來

나무묘색신여래
南無妙色身如來

나무광박신여래
南無廣博身如來

나무이포외여래
南無離怖畏如來

나무감로왕여래
南無甘露王如來

나무아미타여래」
南無阿彌陀如來」 (三稱)

이류제불자등 차칠여래 이서원력 발제중생 삼칭기명 천생이고 증무상도
異類諸佛子等 此七如來 以誓願力 拔諸衆生 三稱基名 千生離苦 證無上道

나무청량지보살마하살 (三稱)
南無淸凉地菩薩摩訶薩

※ 법사는 정수를 들고 버드나무가지에 물을 적셔 방생물에 뿌려준다.

유원여등 방생이후 영부조악마 탄감망포 우유자재 획진천년 명종지후 승삼보
唯願汝等 放生以後 永不遭惡魔 呑瞰網捕 優遊自在 獲盡天年 命終之後 承三寶

력 보승여래 본원자력 혹생도리 혹생인간 지계수행 불부조악 신심염불 수원
力 寶勝如來 本願慈力 或生忉利 或生人間 持戒修行 不復造惡 信心念佛 隨願

왕생 금차 지극지정성 갱기방생재자 모처거주 모인등 종금일후 현생여의 타
往生 今次 至極之精誠 更冀放生齋者 某處居住 某人等 從今日後 現生如意 他

보수심 보리행원 염념증명 구고중생 당여이상 이시인연 득생안양 견아미타불
報隨心 菩提行願 念念增明 救苦衆生 當如已想 以是因緣 得生安養 見阿彌陀佛

급제성중　증무생인　분신진찰　광도유정　구성정각
及諸聖衆　證無生忍　分身塵刹　廣度有情　俱成正覺

현전대중　제성송념　화엄십회향장　왕생정토신주
現前大衆　齊聲誦念　華嚴十回向章　往生淨土神呪

■ 대방광불화엄경 십회향품 수순견고 일체선근회향
大方廣佛華嚴經　十回向品　隨順堅固　一切善根回向

불자　보살마하살　작대국왕　어법자재　보행교령　영제살업　염부제내　성읍취락
佛子　菩薩摩訶薩　作大國王　於法自在　普行敎命　令除殺業　閻浮提內　城邑聚落

일체도살　개영금단　무족이족　사족다족　종종생류　보시무외　무욕탈심　광수일체
一切屠殺　皆令禁斷　無足二足　四足多足　種種生類　普施無畏　無欺奪心　廣修一切

보살제행　인자이물　불행침뇌　발묘보심　안은중생　어제불소　입심지요　상자안주
菩薩諸行　仁慈莅物　不行侵惱　發妙寶心　安隱衆生　於諸佛所　立深志樂　常自安住

삼종정계　역령중생　여시안주　보살마하살　영제중생　주어오계　영단살업　이차선
三種淨戒　亦令衆生　如是安住　菩薩摩訶薩　令諸衆生　住於五戒　永斷殺業　以此善

근　여시회향　소위원일체중생　발보리심　구족지혜　영보수명　무유종진　원일체중
根　如是迴向　所謂願一切衆生　發菩薩心　其足智慧　永保壽命　無有終盡　願一切衆

생　주무량겁　공일체불　공경근수　갱증수명　원일체중생　구족수행　이노사법　일
生　住無量劫　供一切佛　恭敬勤修　更增壽命　願一切衆生　具足修行　離老死法　一

681 방생의궤

체재독 불해기명 원일체중생 구족성취 무병뇌신 수명자재 능수의주 원일체중
切裁毒 不害其命 願一切衆生 具足成就 無病惱身 壽命自在 能隨意住 願一切衆

생 득무진명 궁미래겁 주보살행 교화조복 일체중생 원일체중생 위수명문 십
生 得無盡命 窮未來劫 住菩薩行 教化調伏 一切衆生 願一切衆生 爲壽命門 十

력선근 어중증장 원일체중생 선근구족 득무진명 성만대원 원일체중생 실견제
力善根 於中增長 願一切衆生 善根具足 得無盡命 成滿大願 願一切衆生 悉見諸

불 공양승사 주무진수 수습선근 원일체중생 어여래처 선학소학 득성법희 무
佛 供養承事 住無盡壽 修集善根 願一切衆生 於如來處 善學所學 得聖法喜 無

진수명 원일체중생 득불로불병 상주명근 용맹정진 입불지혜 시위보살마하살
盡壽命 願一切衆生 得不老不病 常住命根 勇猛精進 入佛智慧 是爲菩薩摩訶薩

주삼취정계 영단살업 선근회향 위령중생 득불십력 원만지고 동득해탈 공증
住三聚淨戒 永斷殺業 善根迴向 爲令衆生 得佛十力 圓滿智故 同得解脫 共證

진상
眞常

불설왕생정토진언
佛設往生淨土眞言

나무 아미다바야 다타아다야 다디야타 아미리 도바비 아미리다 싯담바비

아미리다 비가란제 아미리다 비가란다 가미니 가가나 깃다가례 사바하 (三遍)

이류제불자등　太란습화　다겁침미　귀의삼보　발보리심　득면망롱
異類諸佛子等　胎卵濕化　多劫沈迷　歸依三寶　發菩提心　得免網籠

해활천비　수불생도리
海闊天飛　隨佛生刀利

나무승천계보살마하살　(三稱)
南無昇天界菩薩摩訶薩

회향게 (回向偈)

방생공덕수승행　무변승복개회향　보원침익제중생　속왕무량광불찰
放生功德殊勝行　無邊勝福皆回向　普願沈溺諸衆生　速往無量光佛刹

나무　사바교주　본사석가모니불
南無　沙婆教主　本師釋迦牟尼佛

나무　동방만월세계　약사유리광불
南無　東方滿月世界　藥師琉璃光佛

나무　서방정토　극락세계　아미타불
南無　西方淨土　極樂世界　阿彌陀佛

나무　도량교주　관세음보살
南無　道場教主　觀世音菩薩

나무

남무(南無) 유명교주(幽冥教主) 지장보살(地藏菩薩)

나무

남무(南無) 일체청정(一切清淨) 대해중보살(大海衆菩薩)

약유견문자(若有見聞者) 실발보리심(悉發菩提心)
진차일보신(盡此一報身) 동생극락국(同生極樂國)

원이차공덕(願以此功德) 장엄불정토(莊嚴佛淨土)
상보사중은(上報四重恩) 하제삼도고(下濟三途苦)

결정왕생정토진언(決定往生淨土眞言)

나무 사만다 못다남 옴 아마리도 다바베 사바하 (三遍)

※ 법사는 정수를 들고 버드나무가지에 물을 적셔 방생물에 뿌려주고, 정으)하며 방생물들을 놓아 준다. 방생 시 장엄염불도 가능하다.

(주법자지수우(主法者持水盂) 이양지정수(以楊枝淨水) 첨쇄소방중생신상(沾洒所放衆生身上) 개념사자불호(改念四字佛號) 수즉개롱방조(隨即開籠放鳥) 혹지기출외방생(或持器出外放生))

나무서방극락세계(南無西方極樂世界) 아등도사(我等導師) 무량수여래불(無量壽如來佛) 「나무아미타불」(南無阿彌陀佛) (多聲)

상품상생진언
上品上生眞言
옴 마니다니 훔훔 바탁 사바하 (三遍)

아미타불본심미묘진언
阿彌陀佛本心微妙眞言
다냐타 옴 아리다라 사바하 (三遍)

아미타불심중심주
阿彌陀佛心中心呪
옴 노계새바라 라아하릭 (三遍)

원왕생 願往生 왕생극락견미타 往生極樂見彌陀
원왕생 願往生 획몽마정수기별 獲蒙摩頂授記別
원왕생 願往生 원재미타회중좌 願在彌陀會中坐
원왕생 願往生 수집향화상공양 手執香華常供養
원왕생 願往生 왕생화장연화계 往生華藏蓮花界
원왕생 願往生 자타일시성불도 自他一時成佛道

※ 법사는 방생을 마치고 나면 일반적인 축원、혹은 다음과 같이 축원을 모신다。

(제송방생 방필 법사운)
(齊送放生 放畢 法師云)

축원(祝願)

상래 방생공덕 사은보보 삼유균자 법계중생 동원종지 시방삼세일체불
上來 放生功德 四恩普報 三有均資 法界衆生 同圓種智 十方三世一切佛

일체보살마하살 마하반야바라밀
一切菩薩摩訶薩 摩訶般若婆羅蜜

以上 放生儀式 終

■ 금강반야바라밀경찬 (金剛般若波羅蜜經讚)

여시아문 女是我聞 선남자선여인 善男子善女人 수지독송 受持讀誦 차경찬일권 此經纂一卷 여전금강경 如轉金剛經 삼십만편 三十萬遍 우득신명 又得神明

가호 加護 중성제휴 衆聖提携 국건대력칠년 國建大曆七年 비산현령 毘山懸令 유씨여자 劉氏女子 연일십구세 年一十九歲 신망지칠일 身亡至七日 득견 得見

염라대왕 閻羅大王 문왈 問曰 일생이래 一生已來 작하인연 作何因緣 여자답왈 女子答曰 일생이래 一生已來 편지득금강경 偏持得金剛經 우문왈 又問曰

하불념금강경찬 何不念金剛經纂 여자답왈 女子答曰 연세상무본 緣世上無本 왕왈 王曰 방여환활 放汝還活 분명기취 分明記取 경문 經聞 종여시아 從如是我

문 지신수봉행 聞 至信受奉行 도계오천일백사십구자 都計五千一百四十九字 육십구불 六十九佛 오십일세존팔십오여래 五十一世尊八十五如來 삼십칠 三十七

보살 菩薩 일백삼십팔수보리 一百三十八須菩提 이십육선남자선여인 二十六善男子善女人 삼십팔하이고 三十八何以故 삼십육중생 三十六衆生 삼십일 三十一

어의운하 於意云何 삼십여시 三十如是 이십구아뇩다라삼먁삼보리 二十九阿耨多羅三藐三菩提 이십일보시 二十一布施 십팔복덕 十八福德 일십삼항 一十三恒

하사 河沙 십이미진 十二微塵 칠개삼천대천세계 七箇三千大千世界 칠개삼십이상 七箇三十二相 팔공덕 八功德 팔장엄 八莊嚴 오바라밀 五波羅蜜 사수 四須

다원 사사다함 사아나함 사아라한 차시사과선인 여아석위가리왕 할절신체 여

陀洹 四斯陀含 四阿那含 四阿羅漢 此是四果僊人 如我昔爲歌利王 割截身體 如

아왕석 절절지해시 약유아상인상중생상수자상 일일무아견인견중생견수자견

我往昔 節節支解時 若有我相人相衆生相壽者相 一一無我見人見衆生見壽者見

아비구니수내 칠사구게 「마하반야바라밀」 (三說)

摩訶般若波羅蜜

삼비구니수내

三比丘尼數內 七四句偈

무상계(無常戒)

부무상계자 입열반지요문 월고해지자항 시고일체제불 인차계고 이입열반

夫無常戒者 入涅槃之要門 越苦海之慈航 是故一切諸佛 因此戒故 而入涅槃

일체중생 인차계고 이도고해 모령 여금일 형탈근진 영식독로 수불무상정계

一切眾生 因此戒故 而度苦海 某靈 汝今日 逈脱根塵 靈識獨露 受佛無上淨戒

하행여야 모령 겁화통연 대천구괴 수미거해 마멸무여 하황차신 생로병사우

何幸如也 某靈 劫火洞燃 大千俱壞 須彌巨海 磨滅無餘 何況此身 生老病死憂

비고뇌 능여원위 모령 발모조치 피육근골 수뇌구색 개귀어지 타체농혈 진액

悲苦惱 能與遠違 某靈 髮毛爪齒 皮肉筋骨 髓腦垢色 皆歸於地 唾涕膿血 津液

연말 담누정기 대소변리 개귀어수 난기귀화 동전귀풍 사대각리 금일망신 당

涎沫 痰淚精氣 大小便利 皆歸於水 煖氣歸火 動轉歸風 四大各離 今日亡身 當

재하처 모령 사대허가 비가애석 여종무시이래 지우금일 무명연행 행연식 식

在何處 某靈 四大虛假 非可愛惜 汝從無始以來 至于今日 無明緣行 行緣識 識

연명색 명색연육입 육입연촉 촉연수 수연애 애연취 취연유 유연생 생연노사

緣名色 名色緣六入 六入緣觸 觸緣受 受緣愛 愛緣取 取緣有 有緣生 生緣老死

우비고뇌 무명멸즉행멸 행멸즉식멸 식멸즉명색멸 명색멸즉육입멸 육입멸즉촉

憂悲苦惱 無明滅則行滅 行滅則識滅 識滅則名色滅 名色滅則六入滅 六入滅則觸

멸 촉멸즉수멸 수멸즉애멸 애멸즉취멸 취멸즉유멸 유멸즉생멸 생멸즉노사우
滅 觸滅則受滅 受滅則愛滅 愛滅則取滅 取滅則有滅 有滅則生滅 生滅則老死憂

비고뇌멸 제법종본래 상자적멸상 불자행도이 내세득작불 제행무상 시생멸법
悲苦惱滅 諸法從本來 常自寂滅相 佛子行道已 來世得作佛 諸行無常 是生滅法

생멸멸이 적멸위락 귀의불타계 귀의달마계 귀의승가계 나무과거보승여래응
生滅滅已 寂滅爲樂 歸依佛陁戒 歸依達摩戒 歸依僧伽戒 南無過去實勝如來應

공 정변지 명행족 선서 세간해 무상사 조어장부 천인사 불세존 모령 탈각오
供 正遍知 名行足 善逝 世間解 無上士 調御丈夫 天人師 佛世尊 某靈 脫却五

음각루자 영식독로 수불무상정계 기불쾌재 기불쾌재 천당불찰 수념왕생 쾌활
陰殼漏子 靈識獨露 受佛無常淨戒 豈不快哉 豈不快哉 天堂佛刹 隨念往生 快活

쾌활 서래조의최당당 자정기심성본향 묘체담연무처소 산하대지현진광
快活 西來祖意最堂堂 自淨其心性本鄉 妙體湛然無處所 山河大地現眞光

跋文

의식문과 의식행태는 출가수행자가 공부하고 정진해야 하는 경(經)과 율(律)、선지(禪旨) 모두가 포함되어 있다. 즉 경전의 내용을 실천에 옮기는 행법이자、청규로서의 역할을 내재하고 있으며、계정혜 삼학을 닦는 수행의 한 방법이기도 하다. 염불에 집중하여 선정[定]을 얻고、염불에 힘써 주인[主]이 되고、염불에 의지해 안온함[穩]을 얻을 수 있기 때문이다.

돌이켜 생각하면、의식을 공부하고 염불수행을 하면서 염불삼매와 의식의 의미에 다가설수록 벅차오르는 감동과 환희심에 날이 새는지도 모르고 의식문을 보거나 염불 속에 빠졌던 적이 적지만은 않았던 것 같다. 특히 의식문을 살펴 보면 불보살님을 향한 신심과 귀의、참회、발원이 지극히 진실되고、시식을 베푸는 대상에게는 그 얼마나 자비스럽고 배려가 가득한지…그 신심과 자비심을 말로는 다 형용할 수가 없었다. 또한 어쩌다 하나를 알게 되면 그 환희심과 감사함이 넘쳐、비록 내가 아는 것이 조그만 알음알이에 불과할지라도 세상과 공유하고 싶은 마음들이 생겨난 것 같다. 그로 인해 자신의 부족함과 어리석음을 망각하고、여러 의례집을 살펴보고 그 가운데서 누락되었거나 생략된 내용을 증보(增補)하고 보완하여 한 권의 책으로 펴내게 되었다.

현대에 와서는 의식을 간소화하려는 추세이니 약례화해야 한다고 하는 분들도 계신다. 그런 시각에서는 증보된 본 의례집에 불편함을 느끼는 분도 계실 줄로 안다. 그럼에도 불구하고 이 책을 펴내 유통하고자 하는 것은、본래의 의식을 알고 약례화하는 것과 약례화한 의식이

본래부터 전래되는 의식이라고 아는 것은 큰 차이가 있다고 생각하기 때문이다. 다만 누구나 이해하기 쉽고 여법하게 편찬하고자 하였으나, 미처 알지 못하여 부족한 부분들이 있을 수 있으며 오류도 있을 것으로 생각한다. 이 점 너그러이 양해를 바라며, 차후 눈 밝은 선지식들께서 더 여법함을 보태주시길 바란다.

본 의례집을 펴내는 것으로 의례를 바로 세우고자 하는 학인으로서의 책무를 덜 수 있기를, 또한 불가(佛家)에 귀의하여 지금까지 정진할 수 있도록 허락해 주신 불은(佛恩)과 스승, 시주, 감사하고 소중한 모든 인연들에게 조금이나마 보답할 수 있기를 바란다.

한 점의 티끌이라도 법계에 인연이 되듯이, 한 줄기 빛이 어두움을 깨뜨릴 수 있듯이, 오늘 이 조그마한 씨앗이 인연 있는 중생들에게 전해져 함께 밝음으로 나아갈 수 있고 함께 일체 종지를 원만하게 이룰 수 있기를 서원해 본다.

불기 二五六八年 正月 보름

사문 海沙 합장

692

해사海沙(韓貞美)

동국대학교 문화예술대학원에서 한국음악학 석사, 동방문화대학원대학교에서 불교문예학 박사학위를 받았으며, 국가무형문화재 제50호 영산재 이수자이다. 동방불교대학 범패학과 교수, 옥천범음대학 교수, 동방문화대학원대학교 평생교육원 강사, 동방문화대학원대학교 불교문예연구소 연구원을 역임하였으며, 현재 동국대학교(경주) 불교문화대학 강사, (사)한국불교금강선원 부설 한국문화예술대학 교수로 있다.

저서로『영산재·각배재의범』,『예수재의범』,『불상점안의식 연구』,『點眼儀式集』이 있고, 주요 논문으로「상주권공재의 구성 체계와 정합성 검토」,「불교의식의 作法舞 연구」,「佛像點眼儀式에 관한 研究」,「佛像點眼時 點筆에 나타난 思想과 意義 고찰」,「佛教儀禮舞의 淵源과 甘露幀畵에 나타난 作法舞 고찰」,「범음성梵音聲에 관한 고찰-경전을 중심으로-」,「『석문의범』의 삼동결제에 나타난 의례종류와 특징」,「복장의식腹藏儀式의 작법절차에 관한 연구」,「한국불교 동발銅鈸전래와 바라무 전개」외 다수가 있다.

불교상용의범

초판 1쇄 인쇄 2024년 3월 18일 | 초판 1쇄 발행 2024년 3월 28일
편찬 해사 | 펴낸이 김시열
펴낸곳 도서출판 운주사

(02832) 서울시 성북구 동소문로 67-1 성심빌딩 3층

전화 (02) 926-8361 | 팩스 0505-115-8361

ISBN 978-89-5746-775-6 93220   값 50,000원

http://cafe.daum.net/unjubooks 〈다음카페: 도서출판 운주사〉